Beverage & Bar Management

주장실무관리

박 인 규 · 최 민 우 공저

기문사
www.kimoonsa.co.kr

음료란 인간이 먹는 식료를 제외한 마시는 것을 총칭해서 음료라 할 수 있겠고 그 기본이 되는 것은 물이라 할 수 있겠다. 모름지기 인간의 신체를 구성하고 있는 70%가 물로 구성되었다고 하니 물의 중요성은 두말 할 필요가 없으리라 생각된다.

현대 호텔 식음료 산업에 있어서도 음료 · 주장 부분의 중요성은 날로 깊이 인식되어지고 있는 추세이고 식당의 주 수입원이 식료와 음료로 나뉜다면 음료부분의 매출이익 공헌도가 식료에 비해 월등히 높다는 것은 누구나 주지하는 사실이다.

이런 연유로 유능한 식음료 책임자들은 발빠르게 음료 매출의 중요성을 인식하고 있고 물과 십년 전만 해도 상상할 수 없었던 음료 전문가를 따로 두고 식당 업무의 특성상 손님이 일시에 집중하게 되면 식료 서비스에만 집중되던 것을 음료 전문가들이 기술적으로 담당하게 하여 식전음료, 식사음료, 식후음료 등 각각의 주력 아이템을 선정하고 음료 지식을 충분하게 갖춘 전문가를 키워내고 교육시켜 식음료 영업장내에서 음료만을 전문적으로 담당하게 하는 시스템을 갖추게 하여 탄탄한 음료상식을 바탕으로 자연스럽게 손님에게 어필하여 음료 매출 증진에 힘쓰고 있는 추세이다.

본 서는 이러한 추세에 보조를 맞추기 위해 먼저 이 길을 걸어온 선구자적 입장에서 이제 막 호텔 외식업계에 관심을 갖고 식음료 산업의 미래를 이끌어 나가기 위해 준비하는 관광, 호텔, 외식 관련 학생들을 위해 기초적인 부분에서부터 칵테일에 이르기까지 실무위주로 집필하였으며 저자들 또한 특1급호텔 식음료 업계에서 10년 이상 재직한 탄탄한 실무 경험을 바탕으로 꼭 필요하다고 생각되어지는 사항을 중심으로 구성하였습니다.

특히 본 교재는 교육부 재정지원 주문식 교재개발 계획의 일환으로 산업체 관련 인사와의 지속적인 협의와 회의를 거쳐 산업체의 요구사항을 적극 반영하고자 노력하였으며 현재 산업체에서 실무에 몸담고 계시는 분들의 고견을 듣고 그것을 본 서에 담아내기 위해 노력하였다는 것을 밝힙니다.

본 서의 구성은 총 3편 8장으로 구성되었는데, 제1편은 음료의 이론을 설명하였고 제2편은 칵테일 실무편 마지막 3편은 부록으로 구성되었다.

제1편의 이론편인 제1장에서는 음료의 일반적 개념, 제2장에서는 양조주인 와인에 대하여 설명하였으며, 제3장에서는 양조주인 맥주에 대하여 언급하였다. 제4장은 증류주인 위스키, 진, 보드카, 럼, 브랜디, 데킬라, 아쿠아비트, 제5장은 혼성주, 제6장은 청량음료에 대하여 기술하였다.

제2편 실무편의 구성은 제7장 칵테일 개론, 제8장에서는 주장경영에 대하여 기술하였으며, 제3편의 부록에서는 조주사 필기 예상문제 및 실기문제, 칵테일 레시피, 음료관련 용어를 피력하여 연구에 도움을 주고자 하였다.

시작은 의욕적으로 역서를 내기 위해 출발하였으나 막상 출판을 앞두니 졸서로 인해 부끄럽기 그지없습니다. 여러므로 미숙한 점은 지속적으로 보완해 나갈 것을 약속드리며 많은 지도와 격려를 부탁드립니다.

마지막으로 이 책이 세상으로 나올 수 있도록 지도해 주신 호텔외식업계의 선후배들에게도 이 자리를 빌어 깊이 감사드리고, 출판을 위해 심혈을 기울여 주신 기문사 한인환 사장을 비롯한 관계자 여러분에게도 깊은 감사를 드립니다.

2001. 2. 16

저자일동

목 차

제 I 편 이론편

제 1 장 음료의 일반적 개념

제 2 장 양조주 - 와인(Wine)

제 3 장 양조주 - 맥주(Beer)

제 4 장 증류주(Distilled Liquor)

제5장 혼성주(Compounded Liquor)

제6장 청량음료

제Ⅱ편 칵테일실무편

제7장 칵테일 개론

제8장 주장경영

제Ⅲ편 부록편

제 I 편 이론편

제1장 음료의 일반적 개념

우리의 식생활이 점차 서구화되면서 식탁에 와인이나 다른 음료를 곁들이는 빈도가 높아가고 있다. 구미각국에서는 손님이 방문을 하면 제일 먼저 술 한잔을 권하는 것이 인사이며 에티켓이다. 우리나라도 최근에 일반 가정에서 다양한 술을 비치해 놓고 손님이 방문하면 홈 바에서 술을 접대하고 있다.

이렇듯 음료는 우리생활의 자연스러운 일부분이 되었고 관광산업에 종사하는 종사원이나 장차 관광산업에 근무를 희망하는 학생들은 고객들에게 음료를 직접 서브해야 하는 기회가 많아 질 것이다. 그렇기 때문에 종사원으로서 필요한 지식을 차분히 쌓아 두는 것이 유익하다.

제1절 음료의 개요

1. 음료의 역사

수분은 인간에게 절대적으로 필요하기 때문에 음료의 역사는 인류 태동의 시기까지 거슬러 올라간다. 인류가 농경문화를 가지면서 과일이나 곡식에서 자연스럽게 생겨나고 발달한 술의 역사에 대한 기록은 그리스 로마 문학과 성경 등에서 술에 대한 언급이 되어 있다. 1919년에 스페인의 발렌시아(Valencia) 부근 아라니아 동굴 암벽조각에서 봉밀을 채취하는 인물이 발견되었는데, 이것은 약 1만년전의 것으로 추측이 되었다. 그러므로 봉밀은 인류가 최초로 마신 소프트 드링크로 추측할 수 있다.

알코올성 음료가 처음 만들어진 것은 발효주로 원료는 과일과 곡물로 대별되며, 과일로 만들어진 발효주가 먼저이고 그 다음이 곡물로 만들어진 것이다.

특히 고대인들은 모든 사물을 신하고 직결되어 있는 것으로 생각하였는데, 모든 사물에 개개인의 신이 있는 것으로 생각하였다. 그 실례로 이집트인들은 오시리스(Osiris) 신을 주신(酒神)이라 하여 와인을 제주로 바쳤으며, 그리스인들은 디오니소스(Dionysos) 신에게 감사를 드렸다. 와인을 제조하는데 필요한 포도재배는 메소포타미아와 코코스 강유역이 최초의 포도밭으로 추정되며, 그 시기는 기원전 약 4000년에서 3500년으로 추산된다. 이집트에서는 기원전 3000년경에 이미 와인을 장례용으로 사용하기 시작하였고 이집트 왕조이전 시대의 묘에서 항아리 마개 위에서 와인에 관한 표지를 찾아볼 수 있었다. 또한 함무라비 법전(바빌론 기원전 2000년)에는 와인의 상거래에 관한 기록이 있다.

로마인들은 자연스럽게 그리스인들의 포도재배법을 계승하여 와인을 생산하였고 로마인들은 그들의 정복지와 점령지에서는 의례 포도경작을 하여 와인의 양조를 도모하게 되었다. A.D 92년경 로마의 황제 도미티엔(Domitine)은 와인의 과잉생산으로 인하여 식량공급에 문제가 생기자 포도경작지를 반으로 줄이는 법령을 선포하였다.

이러한 상황으로 유추해 볼 때 이 무렵 포도 경작이 광범위하게 경작되었음을 알 수 있고 프랑스를 위시하여 유럽에서는 아직도 로마인들의 포도재배 흔적을 그대로 찾아볼 수 있다.

그후 280년 프로뷔스(Probus) 황제에 의해 이 법령은 효력을 상실하게 되었고 이후 포도 경작지는 마르세이유, 보르도, 론 계곡, 이베리아 반도, 프랑스의 최북부 지방, 독일, 영국 등지까지 확대되어 나갔다.

로마제국이 멸망 후 수세기 동안에 교회의 수도사들에 의하여 전파되었는데, 수도사들에 의하여 포도재배 기술의 연구는 와인의 개량, 발전에 크게 공헌하였다.

특히 프랑스 중부 부르고뉴 지방에서는 이 무렵 곳곳의 사원령과 법령들이 포도재배지로 조성되었으며, 이 가운데서 본(Beaune) 지역에서 생산되는 와인은 로마까지 널리 알려질 정도였다.

서기 800년경에는 샤르러마뉴(Charlemagne) 대제가 그 자신의 포도밭을 일구었고 1100년경의 시토 수도회(Cisterciean) 수도사들은 부조(Vougeot)라는 포도밭을 일구어 그곳에서 샤블리(Chablis)를 생산했다.

13세기 중세기 초반 영국에서도 남부지방의 수도사에 의한 본격적인 포도재배가 시작되었으며, 1789년 프랑스 대혁명은 귀족과 수도원이 독점했던 포도원이 일반인에게 넘어가는 계기가 되었고 보르도를 중심으로 한 일부지역에서는 새로운 포도원 지주가 형성되기 시작했다. 1855년에는 최초로 메도크 지역을 중심으로 등급규정이 마련되어 와인을 등급화 하여 품질의 차별화를 가져 왔다.

이렇게 융성했던 포도밭도 1860년에서 1880년까지 약 20년에 걸쳐 유럽을 휩쓴 포도밭의 전염병(Phylloxéra)은 전 유럽의 포도밭을 황폐하게 만들었지만, 이러한 대재앙을 이기고 포도경작의 재건과 복구에 혼신의 힘을 기울였고 그 결과 오늘날 전세계의 46개국에서 약 300억리터의 와인이 생산하고 있다.

과일로 된 발효주 다음으로 곡류로 된 발효주는 맥주를 들 수 있는데, 맥주의 기원에 대하여 살펴보면 다음과 같다.

B.C 3000년경 메소포타미아의 슈메르인의 유적지에서 출토된 점토 판에는 맥주 양조법이 기록되어 있다. 이 방법은 맥아를 빻아서 빵을 만든 다음 빵에 물을 붓고 반죽하여 발효시킴으로써 맥주를 만드는 것이었다. 한편 고대 이집트에서도 피라미드 건설에 동원된 인부들에게 맥주와 마늘을 배급한 기록이 남아있다. 따라서 맥주 제조법 역시 와인 제조법과 마찬가지로 메소포타미아 지방에서 시작되어 이집트를 거쳐서 유럽 각

지로 전파되었다는 것을 알 수 있다. 그런데 북유럽에는 포도가 자라지 않았기 때문에 맥주가 이 지역 각지의 토속주로 자리 잡게 된 것으로 보인다.

그러나 고대 인류사회에서는 오늘날과 같이 일반인이 마음대로 술을 마시지 못하였는데, 그 이유는 특히 술은 인간의 몸과 마음을 가장 최고의 상태로 유지시켜주는 생명의수이며 제천(祭天)의 공물이기 때문에 최고의 음식으로 그 시대의 문화를 대변했다.

중세에는 와인과 마찬가지로 수도원에서 맥주의 양조를 담당했다. 봉건 영주들이 수도원에 양조권을 부여했기 때문에 수도원은 자신들이 소비하고 남은 맥주를 팔아서 많은 수익을 얻었다. 당시 최고의 두뇌 집단에 속하던 수도사들은 보리의 품종개량과 양조기술의 발전에 엄청난 기여를 했다. 그러나 기독교에서 성경에 언급된 와인의 해석에 관해 많은 논쟁이 벌어진 것으로 미루어 볼 때 술로 인한 폐단도 적지 않았을 것이라는 사실을 짐작할 수 있다. 13세기 보헤미아(체코)의 왕 웬체슬라스(Wenceslas)는 이미 1000여년 전 줄리어스 시이저가 찬미했던 것처럼 맥주를 고귀하고 전능한 음료로 생각했다. 그리하여 그는 교황에게 맥주제조 산업이 발달하게 된 원천이 되었으며, 이때부터 체코의 맥주가 전 유럽에 지대한 영향을 끼치게 되었다. 1516년 바이에른 공화국의 빌헬름 4세는 유명한 맥주 순수령을 반포하여 독일 맥주 산업 발전의 초석을 쌓았다.

이전까지만 해도 각지의 맥주에는 토속 향료 식물이 첨가되었는데, 그 가운데서 호프(Hop)는 맥주 제조를 위해 없어서는 안될 필수원료로 자리 잡게 되었다. 호프는 냉량성 작물로서 체코나 독일 등지에서 주로 생산된다. 호프는 상큼한 향기를 지니고 있어서 맥주의 쌉쌀한 맛을 내줄 뿐 아니라 맥주에서 윤택이 나도록 하는 청정작용도 한다.

18세기의 영국에서는 산업혁명 덕분에 맥주 양조 기술도 크게 발전했다. 그러나 20세기에 들어와 독일의 기술이 비약적으로 발전하면서 오늘날은 독일식 양조법이 전세계 맥주 양조법의 모델처럼 간주되고 있다.

2. 음료의 정의

물이란 우리 주변에서 생물체의 생명을 유지해 주는 절대적으로 소중한 물질로 지구표면, 지하, 대기 중에서 액체나 기체 고체 상태로 존재하고 있는 물질이다.

인간에게 물의 역할은 체내를 순환하며 외부로부터 섭취한 영양분과 탄소를 세포로 운반하고 세포에서 노폐물을 외부로 배출하게 한다.

이렇게 순환작업을 맡은 심장은 펌프(Pump)처럼 물을 체내 구석구석까지 공급하는 역할을 한다. 인간은 물을 체내에서 일정량의 수분을 항상 갖고 있어야하며 수분이 15%이하로 감소하면 생명의 위험을 가져온다. 인간이 이처럼 중요한 물을 여러 형태로 섭취하는데 차, 청량음료수, 우유, 수프, 야채, 비스킷 등 무의식적으로 다양하게 수분을 섭취하고 있다. 하루 필요한 물의 약 47%을 음료수로 섭취하고 39%를 식물로 섭취하고 나머지 14%는 세포호흡이라고 하는 생화학 작용의 부산물로 체내에서 자연히 만들어지고 있다.

음료(Beverage)는 동양과 서양의 어의에 뉘앙스가 차이가 있는데, 서양은 알코올성 음료(Alcoholic Beverage)와 비알코올성 음료(Non Alcoholic Beverage)를 포함하고 동양에서는 비알코올성 음료만 의미한다.

알코올성 음료는 하드 드링크(Hard Drink) 또는 스트롱 드링크(Strong Drink; Spirits)라고 하며 비알코올성 드링크는 소프트 드링크(Soft Drink)라고 한다.

특히 술은 인간의 몸과 마음을 가장 최고의 상태로 유지시켜주는 생명의 수이며 제천(祭天)의 공물이기 때문에 최고의 음식으로 그 시대의 문화를 대변했다.

우리나라 주세법에서는 술의 정의는 곡류의 전분과 당분 등을 발효시켜 만든 1%이상의 알코올성분이 함유된 음료를 총칭한다.

제2절 음료의 분류

음료의 분류는 크게 알코올과 비알코올로 구분되는데 알코올 음료는 일반적인 술로 양조주, 증류주, 혼성주로 분류되고 비알코올 음료는 청량음료, 영양음료, 기호음료로 나누어진다.

양조주는 효모균으로 발효를 시켜서 만든 술로 와인, 맥주, 막걸리, 풀케(Pulke) 등이 있으며, 증류주에는 발효주를 이용하여 술과 물의 끓는 기화점을 이용하여 알코올을 추출하여 만드는 방법으로 대표적인 것으로는 위스키(Whisky), 보드카(Vodka), 럼(Rum), 진(Gin), 브랜디(Brandy), 테킬라(Tequlia), 아쿠아비트(Aquavit) 등이다. 혼성주는 양조주나 증류주에 초근목피, 약초나 향료, 과실, 당분을 알코올 함유물에 침투시켜 증류하거나 과실주를 혼합하거나 당밀 등을 첨가하여 향이나 맛을 가공하여 만든다.

1. 양조주(Fermented Liquor; 발효주)

양조주는 발효주라고도 하며, 술의 역사로 보아 가장 오래 전부터 인간이 마셔온 술로서 과실(果實)의 당분을 이용하여 발효시켜 얻어지는 주정으로 와인이나 사과주와 같은 과실주가 있다.

다른 하나는 전분을 원료로 하여 그 전분을 당화시켜 효모균에 의하여 발효공정을 거쳐 얻어내는 것으로써 맥주와 청주가 있다. 양조주는 보편적으로 알코올 함유량이 3~18%이나 21%까지 강화된 것도 있다. 당분이 효모에 의해서 알코올과 탄산가스로 분해되는 것을 발효라고 그 화학공식은 다음과 같다.

음료의 분류

음료	구분	분류	종류	세부
음료 (Beverage)	비알코올성 음료 (Non-Alcoholic Beverage)	청량음료 (Soft Drink)	탄산음료(Carbonated)	
			무탄산음료(None-Carbonated)	
		영양음료 (Nutritious)	주스류(Juice)	
			우유류(Milk)	
		기호음료 (Fancy Taste)	커피(Coffee)	
			홍차(Tea)	
	알코올성 음료 (Alcoholic Beverage)	양조주 (Fermented Liquor)	맥주(Beer)	
			포도주(Wine)	
			과실주(Fruit Wine)	
			곡주(Grain Wine)	
		증류주 (Distilled Liquor)	위스키 (Whiskey)	스카치 위스키(Scotch Whisky)
				아이리쉬 위스키(Irish Whiskey)
				아메리칸 위스키(American Whiskey)
				캐나디안 위스키(Canadian Whisky)
			브랜디(Brandy)	
			진(Gin)	
			보드카(Vodka)	
			럼(Rum)	
			데킬라(Tequila)	
			아쿠아비트(Aquavit)	
		혼성주 (Compounded)	약초, 향초류(Herbs and Spices)	
			과실류(Fruits)	
			종자류(Beans and Kernels)	
			크림류(Creme)	

과실류

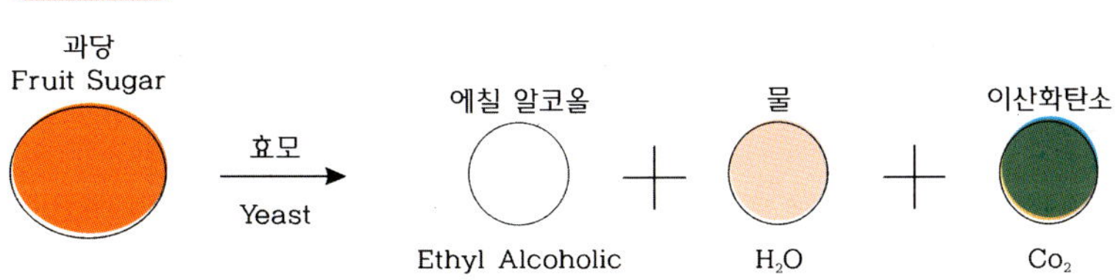

곡 류

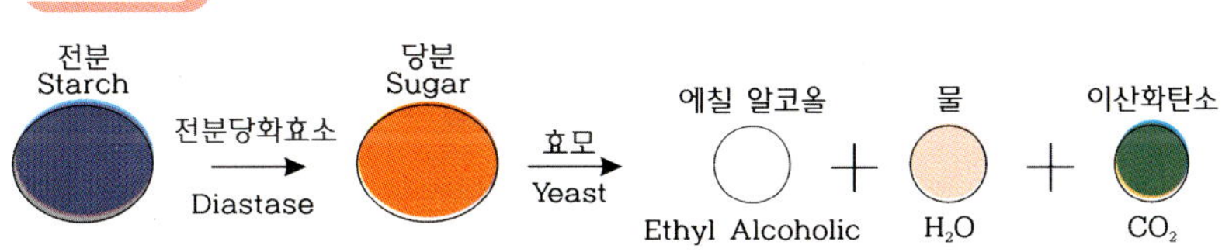

2. 증류주(Distilled Liquor)

곡물이나 과실 또는 당분을 포함한 원료를 발효시켜서 약한 주정분(양조주)을 만들고 그것을 다시 증류기에 의해 증류한 것이다. 양조주는 효모의 성질이나 당분의 함유량에 의해 대개 8% ~ 14 % 내외의 알코올을 함유한 음료를 산출하는데, 이를 더 강한 알코올 음료나 순도 높은 주정을 얻기 위해서 증류하는 것이다.

증류는 알코올 성분과 비알코올 성분을 분리하는 것으로 물의 비등점(100℃)과 알코올의 비등점(78.325℃)이 다른 것을 이용하여 증류를 한다.

3. 혼성주(Compounded Liquor)

혼성주를 리큐르(Liqueur)라 하며, 과일이나 곡류를 발효시킨 양조주나 양조주의 주정을 기초로 하여 증류한 증류주(Spirits)에 정제한 설탕으로 감미를 더하고 과실이나 약초류, 향료, 초근목피의 침출물로 향미를 붙인 혼성주이다. 세계 각지에서 그 지역의 특색에 맞는 수많은 종류가 있으며, 증류주를 기초로 하여 만든 술을 리큐르라고 부르다. 색체, 향기, 감미, 알코올의 조화가 잡힌 것이 리큐르의 특징으로 식후에 주로 즐겨 마시며 간장, 위장, 소화불량 등에 효력이 좋은 술이다.

리큐르의 어원은 라틴어의 리큐화세(Liquefacere)에서 유래된 말로 이 뜻은 녹는다는 의미를 함축하고 있다. 이것을 영국과 미국에서는 코디얼(Cordial)로 부른다.

제3절 음료의 용어

1. 식전음료(Aperitif)

식사 전에 식욕을 돋구기 위하여 마시는 음료로 와인을 기초로 만든 버머스(Vermouth) 종류와 증류주를 기초로 하여 만든 비터(Bitter) 종류가 있다.

에프리티프(Aperitif)는 공통적으로 쓴맛, 신맛을 지니고 미각을 자극시켜 식욕을 촉진시키는 음료로 대표적인 것으로는 버머스(Vermouth), 캄파리(Campari), 아멜 피콤(Amer Picom), 운데버그(Underberg), 드라이 쉐리(Dry Sherry), 비알코올성 음료로 탄산수, 청량음료, 주스류 등이 있다. 식전음료(Aperitif)의 종류에는 다음 네 가지로 대별 될 수 있다.

와인기주의 식전음료

위장병이나 식욕증진에 효과가 있으며 빈혈증에도 좋다. 버머스(Vermouth), 쉐리(Sherry), 두보넷(Dubonnet) 등이 여기에 속한다.

증류주(Spirits) 기주의 식전음료

대표적인 것이 앱센스(Absinth)이나 프랑스정부가 판매금지를 하고 있어 유사품으로는 아니세트(Anisette)나 뻬르노(Pernod) 등이 있다.

비터스(Bitters)

증류주에다 방향을 가미한 술로 일반적으로 쓴맛이 나서 스트레이트(Straight)로 마시지 않고 건위강장의 효과가 있어 칵테일의 약미주로 사용하고 있다. 일반적으로 칵테일 부재료로 사용하는데, 버머스나 비터주는 식전주로 마실 때 얼음을 넣고 소다수나 다른 청량음료를 섞어 마시거나 온 더락(On the Rock)으로 마시기도 하며 스트레이트(Straight)로도 마신다. 그 종류로는 앙고스트라 비터(Angostura Bitters), 오렌지 비터(Orange Bitters), 캄파리 비터(Campari Bitters), 진자노 비터(Cinzano Bitters) 등이 있다.

기타의 식전음료

아멜 피콤(Amer Picon), 아멜 콤렛(Amer Combret), 비터 세레스타(Bitter Cecresta), 브네캄푸(Boonekamp), 페너블랑카(Fernet-Branca) 등이 있다.

2. 버머스(Vermouth)

아로마티즈 와인(Aromatized Wine)의 일종으로 버머스의 어원은 앵글로 색슨어의 Wurmwood, 지금의 영어 Wormwood로서 쓴 쑥이나 영어로 버머스, 불어로는 베르못뜨, 이탈리아로는 비노 베르모우트라고 한다. 1786년에 승려인 Ant. Ben. Carpano가 제법을 전한 것으로 이 쓴 쑥은 고미제, 구충제, 강장제 등의 생약성분이 포함되어있는 약초와 그 외 10여종의 약초나 향초를 화이트 와인에 넣어 엑기스를 빼내어 여과하여 술통에 넣어 1~2년간 저장하여 주정도 15~16%와 당분 12~15%로 시판한다.

버머스의 원산은 이탈리아 북부 삐에드 몽떼(Piedmont)의 토리노(Torino)시가 생산의 중심지이며 가니시아(Gancia), 진자노(Cinzano), 마티니(Martini)가 이탈리아의 3대 회사이다.

현재 세계적으로 널리 호평을 받고 있는 버머스는 프랑스산으로 드라이 버머스(Dry Vermouth)이며 이탈리아산으로는 스위트 버머스(Sweet Vermouth)가 유명하다. 버머스의 종류는 마타니(Martini), 가니시아(Gancia), 진자노(Cinzano), 놀리 파트(Noily Part), 스타크(Stock), 카르파노(Carpano) 등이 있다.

3. 밀 드링크(Meal Drink)

식사와 마시는 음료로 일반적으로 와인을 마시며, 거의 드라이(Dry)나 미듐 드라이(Medium Dry) 와인을 마신다. 변형 방법으로 맥주나 칵테일, 커피 혹은 소프트 드링크로 마신다.

4. 디저트 드링크(Dessert Drink)

후식과 곁들여 마시는 음료로서 항상 브랜디나 단맛의 와인(Sweet Wine)을 마신다. 변형된 방법으로 커피나 청량음료 주스 등도 마신다.

5. 바 드링크(Bar Drink)

식사와 관계없이 마시는 음료로 바에서 칵테일이나 병맥주 혹은 생맥주, 탄산수, 청량음료, 주스류 등 다양하게 마시며 약간의 안주를 곁들이기도 한다.

예전에는 술을 보통 스트레이트 드링크(Straight Drink)로 마셨다. 즉 부재료를 섞지 않고 마셨지만 독하고 쓴맛을 약화시켜 마시는 방안으로 설탕물이나 주스 혹은 청량음료, 박하, 과일, 특수한 맛을 지닌 버머스, 비터 등을 섞어 마시게 되었다. 이것이 믹스드 드링크(Mixed Drinks)인 칵테일(Cocktail)이다.

6. 리커(Liquor)

이는 증류주를 일컫는 말로 스피리트(Spirit)로 표현하기도하고 독한 술이라는 뜻과 증류주라는 뜻이 포함되어있다.

7. 에이지드(Aged)

에이지드(Aged)는 묵혀서 숙성시키는 것을 뜻하는 것으로 모든 술을 묵히는 것이 아니고 위스키, 브랜디, 꼬냑, 와인 등을 숙성시키는데, 이 숙성이 술의 맛에 큰 영향을 미친다.

증류주 에이지드

증류주 중에서 위스키(Whisky), 브랜디(Brandy), 꼬냑(Cognac)을 묵히는 것을 말한다. 증류주의 에이지는 병 속에서 이루어지는 것을 에이지드(Aged)라 하지 않고 반드시 나무통 속에서 묵은 것을 에이지로 친다. 왜냐하면 증류주는 병에 담은 다음부터는 전혀 생화학 작용이 일어나지 않으며 나무통 안에 있는 동안에 나무의 탄닌(Tannin)물질이 나무의 마이크로 미세한 구멍으로 공기 호흡작용을 하는 과정에서 발생되는 생화학 작용에 의해서 증류주에 옮겨져 밀도(Body), 특성(Character)이 발전한다.

와인(Wine)

와인의 에이지드(Aged)는 자연조건에 의해서 정해지는데, 그것은 포도, 토질, 기후조건으로 그 중에서 가장 중요한 역할은 토질이다. 그것은 토질에서 얻는 포도의 영양 물질 속에서 탄닌(Tannin)이라는 물질이 있는데, 토질에 따라서 적게 혹은 많이 얻어져서 포도에 함유된 탄닌 물질의 양이 많으면 에이지(Aged) 와인이 될 수 있고 탄닌의 양이 적으면 영 와인(Young Wine)을 만들 수 있지만 영와인 밖에 안 되는 포도로 에이지드 와인을 만들 수 없다.

에이지드(Aged) 되는 동안 밀도(Body), 색채(Color), 향취ㆍ방향(Aroma), 향미ㆍ풍미(Flavor) 등이 발전하여 특성(Character)이 형성된다.

술이 기본적으로 구비해야 할 원칙은 색깔(Color), 밀도(Body), 향미ㆍ풍미(Flavour), 향취ㆍ방향(Aroma)이지만 와인일 때 아로마(Aroma) 대신 부케(Bouquet)로 표현하는데, 술은 이러한 요소를 구비해야한다.

8. 칵테일 파티 드링크(Cocktail Party Drink)

야외 혹은 정원의 넓은 장소에서 여러 사람이 함께 서서 마시는 파티 때 사용되는 음료를 말한다. 칵테일 파티라고 하여도 반드시 칵테일만 마시는 것이 아니라 와인, 주스, 맥주, 청량음료, 펀치, 칵테일 등 다양하게 마시지만 일반적으로 칵테일을 마시는 것으로 표현한다. 칵테일 파티는 여러 사람을 초대하여 대접하기에 편리하게 서서 마시고 여러 가지 음식도 포크나 나이프를 이용하지 않고 칵테일 픽(Picks)을 사용하여 먹도록 되어있다.

9. 알코올 도수(Alcohol Percentage) 표시

알코올 도수는 일정한 물에 알코올의 함유농도의 비중을 말하는 것으로 술의 강도를 표시하는 것이다. 이것은 술 속에 포함되어 있는 에칠 알코올의 양에 따라 결정되는 것이나 이러한 알코올분의 표시방법은 나라마다 약간씩 다르다.

현재 알코올 도수 표기방법은 대체로 프랑스인 게 루삭(Gay Lussac 약자로 GL)이 고안한 게 루삭식 용량분율 방법으로 온도 15℃에 있어서 원용량 100분 중에 함유하는 에칠 알코올의 용량을 말한다. 물은 알코올분 0%, 순수알코올은 100%라는 것으로 용량, 퍼센트(Volume by Percent)라고 표시한다. 따라서 주세법에 퍼센트의 숫자 및 도를 부쳐 위스키의 알코올분이 40도 혹은 43도의 표현을 사용하며 43도 혹은 43%라고 하는 것은 알코올분의 용적이 43/100이라는 것이다. 이 방식은 우리나라, 이탈리아, 오스트리아, 러시아 등의 국가에서 같은 방법의 퍼센트를 사용하고 있다.

미국의 도수표시

미국은 술의 강도표시를 푸르프(Proof) 단위를 사용하고 있다. 온도 60°F(15.6℃)의 물 0에 에칠알코올 200을 푸르프로 계산한다. 현재 한국의 도수에 그 배가 미국의 푸르프이다. 그러므로 1 푸르프는 한국의 0.5%이며, 86푸르프의 위스키는 우리나라 도수로 43%가 되는 것이다.

독일의 도수표시

지정학적으로 유사한 구라파에서도 독일만은 그 측정방법이 약간 다르다. 독일은 중량비율(Percent by Weight)을 채택하고 있으며, 100g의 액체 중 몇 g의 순수 에칠 알코올이 함유되어 있는가를 표시한다. 술 100g중 순수 에칠 알코올이 함유되어 있는가를 표시한다. 술 100g 중 순수 에칠 알코올이 30g 들어 있으면 30%의 술이라고 표시한다.

영국의 도수 표시

영국식 도수표시(British Proof)는 사이크(Syke)가 고안한 알코올 비중치에 의한 사이크 푸르프라고 부르며 영국은 51°F에 있어서 동용적의 침유수 12/13의 중량을 가진 스피리트(Spirits)를 알코올함유 음료의 표준강도라고 한다. 이러한 강도를 가진 술을 푸르프 스피리트(Proof Spirit)라고 부르며, 이것을 우리 한국의 도수로 계산하면 57.1%가 되는 것이다.

따라서 푸르프 스피리트를 100으로 해서 물 0, 순 에칠알코올을 175로 하여 그 계량을 175 등분하고 있으나 실제표시는 푸르프 스피리트 100을 0으로 해서 이것을 초과되는 강도의 술을 강한 의미로서 오브 푸르프(Over Proof)이며, 약식으로 O.P라고 표시한다. 그러므로 순수 에칠 알코올 175는 O.P 75%라고 한다. 또한 푸르프 스피리트가 약한 술은 언더 푸르프(Under Proof)이며 U.P 100%가 되는 것이다.

이상과 같이 영국의 알코올도수 표시방법은 다른 나라에 비해 대단히 복잡하다. 사이크 푸르프 방식의 공식을 살펴보면 다음과 같다.

① $X(U.P) = \dfrac{57.1 \times (100-X)}{100}$

② $X(O.P) = \dfrac{57.1 \times (100+X)}{100}$

위스키 40%의 U.P는 이 공식에 대입하면 다음 같다.

$$40\%\ U.P = \frac{57.1 \times (100-40)}{100} = \frac{57.1 \times 60}{100} = \text{약 } 34\%$$

그러므로 최근에는 수출품목 상표에 영국식 도수를 표시하지 않고 쉽게 알 수 있는 미국식 푸르프를 사용하고 있다.

제 2 장 양조주 – 와인(Wine)

제1절 와인(Wine)의 개요

1. 와인의 역사

와인은 인류와 함께 그 역사가 시작되었다고 할 수 있다. 동서양의 신화나 고담(古談)에서 알 수 있듯이 최초로 인류가 마신 술은 과실로 생성된 발효주였다. 와인에 관한 이야기는 성서에서도 512번이나 언급이 될 정도로 인류문명의 한 페이지를 장식해 왔으며, 오래 전부터 인간들은 와인은 신이 내린 선물로 생각했었다. 오늘날 우리 식탁을 풍성하게 해주지만 언제부터 인간이 와인을 마셔 왔는가에 대해선 정확한 기록은 없다.

다만 역사적 사료에 나타난 와인은 지금부터 6000년 전 소아시아지방에서 시작된다. 그 후에 와인은 페니키아인에 의하여 이집트, 그리스, 로마 등으로 퍼져나가며 발전하였다. 또한 기원전 4000년 전 코카서스강 유역이 최초의 포도밭으로 추정되며, 메소포타미아의 한 무덤에서 포도 압착기와 질항아리 포도 씨가 발견됨으로써 초기 신석기인들이 와인을 마셨다는 사실과 그 당시에 와인을 장례용으로 사용하였다고 추산된다.

와인이 최초로 문헌에 등장한 것은 기원전 1700년경으로 바빌로니아의 함무라비(Hammurabi) 법전(바빌론, 기원전 2000년)에서 와인의 상거래에 대한 기록이 있다.[1)]

이 법전에는 신전에 봉사하는 여성은 와인을 판매하지 못하며, 신전 내에서 부정을 금하고, 와인상인은 술버릇이 나쁜 자에게는 와인을 판매하지 못한다고 되어 있다.

고대인들은 와인은 신이 하사한 선물이었기에 신에게 감사하는 마음으로 받치는 제주(祭酒)로 사용했으며, 포도 경작도 이집트인은 오시리스(Osirus)신에게, 그리스인들은 디오니소스(Dionysos)신에게, 아르메니아인들은 자신들의 신인 노에(Noe)신에게 배웠다고 생각했다.

고대 이집트에서는 왕조이전 시대의 묘에서 항아리 마개 위에 포도나무재배에서 와인의 발효에 이르는 과정의 벽화를 찾아볼 수 있었으며, 포도원은 이집트의 람세스 3세(기원전 1198년 – 1168년)가 최초로 소유했다.

비슷한 시기에 그리스도 와인생산의 전성기를 누렸는데, 그 흔적은 키오스 섬을 비롯하여 이집트, 이탈리아, 러시아에서 발견되는 점토로 구워서 만든 '엠포라'라는 와인 용기를 통해서도 알고 있다. 특히 고대 그리스인들은 돌로 만든 양조 통에다 포도를

1) 와인 이야기, 원융희, 학문사, 1999, p.10.

짓이긴 다음 도기에 저장하여 숙성시켰는데, 그리스인들은 그들의 식민지인 시칠리아 섬과 이탈리아 남부 지역에서 포도를 재배했다.

그리스의 후계자인 로마인들도 자연스럽게 그리스인들의 포도재배법을 계승하여 와인을 생산하였으며, B.C 50년경 로마의 세력이 지금의 프랑스와 독일, 스페인, 포르투갈 등의 영역까지 미치게 됨에 따라서 로마군단은 점령지에서 포도나무를 심어 와인을 생산함으로서 병사들이 한가할 때 일거리를 주고 사기를 고취시켰다. 로마인들의 정복지에는 포도경작을 하게 된 흔적은 아직도 유럽의 곳곳에서 그대로 찾아 볼 수 있다.

로마인들은 포도재배를 수익성이 가장 높은 부문으로 간주하였으며, 포도 농사는 로마제국을 정치적, 군사적, 사회적 측면의 안정성 기여에 큰 공헌을 하는 것으로 간주하였다.

A.D 79년에 베수비우스 화산 폭발로 종말을 맞은 폼페이는 이 시기에 있어서 가장 중요한 와인의 생산지였다. 이때 로마 와인의 맛은 단맛이 강했으며, 포도 농사가 잘 안 된 해에는 납 용액이나 납 일산화물로 단맛을 내었는데 많이 사용하였다. 4세기초 콘스탄틴 황제의 기독교 공인이후 와인이 교회의 미사에서 성찬용으로 중요하게 사용되면서 포도재배는 더욱 활성화되었다. 그 후에 로마제국이 멸망하고 교회가 힘을 장악하여 수세기 동안 수도원에서 계속적으로 포도원을 늘려서 와인을 제조하였다. 기독교의 힘이 퍼짐에 따라서 와인의 문화도 보급되었다. 포도의 재배와 와인의 양조지식은 신대륙 탐험가와 전도사들에 의하여 세계 곳곳에 전파되었다.

전술한 바와같이 A.D 92년경에는 로마의 황제 도미티엔(Domitien)은 와인의 과잉생산으로 하여 식량공급에 심각한 문제가 발생하자 포도밭을 반으로 감소시키는 법령을 선포하였다.

그후 280년 프로뷔스 황제 시기에 크리스트교의 교세 확장과 더불어 프랑스 부르고뉴 지방, 론 계곡, 마르세 이유, 프랑스의 최북부, 독일, 영국 등지까지 확대되어 나갔다.

특히 부르고뉴 지방의 곳곳에 사원령과 보호령들이 포도재배지로 조성되었으며, 서기 800년경에는 샤르러마뉴(Charlenmagne) 대제가 그 자신의 포도밭을 소유하고 있었다. 1100년경의 시토(Cistercien) 수도회 수도사들은 부조(Vougeot)라는 포도밭을 일구어 그곳에서 오늘날까지도 유명한 샤블리 와인(Chablis Wine)을 생산하였다.

13세초에서 14세기초반에 이르는 동안에 영국에서는 남부지방의 수도사들에 의하여 본격적인 포도가 재배되기 시작하였으며, 보르도의 양질의 와인이 영국으로 수입되기 시작하였다. 또한 스페인산과 포루투갈산 와인도 함께 수입이 되었다.

1789년 일어난 프랑스 대혁명은 수도원과 귀족들이 독점했던 포도원이 소작인들에게 분배되어서 일반 서민들이 경작할 수 있도록 되었으며, 아울러 소규모화 되었다. 보르도를 중심으로 한 포도원의 지주가 새롭게 형성되었으며, 1855년 최초로 메도크 지역을 중심으로 와인등급 법령을 제정하여 와인을 등급화 하여 와인의 품질을 보호하게 되었다.

17세기에는 유리병이 만들어지면서 와인은 급속도로 발전하였으며, 오늘날에는 유럽을 중심으로 연간 약 3500만kℓ 정도가 생산되고 있다.

2. 와인에 대한 이해

포도의 종자는 덩굴 식물과에 속하는 학명 비티스(Vitis)인 포도는 인간이 재배한 가장 오래된 작물 중 하나로 지구상에 이 식물이 출현한 것은 1억년 전이었고, 포도가 열매가 열리는 품종인 비티스 비니페라(Vitis Vinifera)의 역사는 약 6천년 정도로 추측된다.

문명의 시초부터 오늘날에 이르기까지 생애의 중요한 사건의 동반자로 삼아서 종교행사용 축제용뿐 아니라 B.C 500년경 이미 와인을 발열이나 염증 완화에 사용하였고 치료, 진통, 소독 등의 의학용으로도 사용하였다.

와인(Wine)은 포도를 원료로 하여 당분이 발효되어 술로 변한 것으로 양조한 술이다. 와인은 포도를 수확하여 포도 껍질을 터뜨려서 그 껍질에 있는 천연의 효모에 의하여 자연 발효되어 이것을 걸러내어 술통에 넣어 약 15℃ 정도의 지하창고에 2, 3년간 저장하여 생산한다. 영어로는 와인(Wine), 독일어로는 봐인(Wein), 프랑스어로는 뱅(Vin), 이탈리아어와 스페인어로는 비노(Vino), 포르투갈어로는 비뇨(Vinho)라고 한다.

와인은 넓은 의미로 과실을 가지고 만든 술을 의미하나 포도를 가지고 만든 것을 와인이라 하고 다른 과일로 만든 와인은 과일이름을 와인 앞에 써준다. 예를 들면 배로 만든 와인은 피어 와인이라고 이름을 붙인다.

포도를 심어서 수확한 다음 눌러 짜서 자연발효 되어 당분이 분해하면서 알코올이 되고 탄산가스를 배출한다.

와인의 화학적인 발효작용은 이스트(Yeast) 즉 효모에 의해서이다. 이 효모는 싱싱한 즙 속에서 천연적으로 함유되어 있는 미세한 물질이 배출(생화학 작용)되는 현상 다시 말해서 생리작용을 하는 효소가 모여서 효모로 변한다.

효모로 된 물질은 함유하고 있는 당분을 분해시킨다. 분해된 당분은 알코올이 되고 한편으로는 탄산가스를 배출시킨다.

좋은 와인이 되기 위한 조건으로는 포도의 당도가 높아야만 일정한 알코올을 추출할 수 있으며, 산도가 높아야 와인의 향기와 감칠맛을 낼 수 있다. 그러므로 훌륭한 와인이 되기 위해선 포도의 당분과 산물질이 균형을 이뤄서 와인의 품질을 좋게 형성하는 역할을 한다.

특히 복잡한 현대생활에서 산성화된 현대인의 체질은 알칼리성 음료를 요구하고 있는데, 바로 와인은 훌륭한 알칼리성 음료이다. 생활의 수준이 날로 높아지므로 와인에 대한 관심은 더욱 커지고 있다.

3. 와인에 영향을 미치는 요소

와인은 거친 향기와 샘물같은 신선함, 어렴풋이 초록빛을 띠는 엷은 황금색, 부드러운 맛과 짙은 향, 바다처럼 신비스럽고 짙은 자주 빛의 다양하고 독특한 특성을 가지고 있다. 이러한 와인에 영향을 강하게 미치는 인자(因子)는 토질 · 기후, 포도의 품종, 기상조건, 양조기법이 4 대요소로 알려져 있다.

토질 · 기후

토질은 포도에 직접적으로 영향을 주는 요소로 토질에서 나오는 영양공급은 와인의 아로마 형성에 상당히 중요하다. 포도경작에 적합한 토질은 자양분이 많은 토양이나 일반적으로 식물이 잘 자라는 부식토성 토질보다는 석회석, 자갈, 모래, 진흙, 암반, 화강암 등이 적합하다. 토질에 함유되어 되어 있는 미네날, 붕소, 코발트, 구리, 니켈, 아연, 망간, 바나디옴, 모리부덴늄 등으로 이러한 물질이 너무 많이 함유되어 있으면 식물성장에 해가 되고 적당히 포함되어 있으면 식물생성에 좋다.

흙 속에 돌이 많은 경우는 돌들이 햇빛을 받아서 밤에 서서히 그 열을 발산함으로써 포도나무의 성장에 적합한 지열조정의 역할을 한다. 진흙은 수분이 급속한 누수를 방지하여 필요시에 뿌리의 수분을 공급해 주는 역할을 한다. 석회질 토질은 방향(芳香)이 좋고 알코올 함유량이 많은 좋은 와인이 생성되고, 규토질의 토양에서는 대체적으로 상큼한 와인이 생성되고, 황토가 많이 섞인 토질에서는 향이 풍부한 와인이 생산된다.

기상조건

포도 농사에 직접적인 영향을 주는 것은 기후로 햇빛, 비, 서리, 습기, 수분으로 적당히 추운 겨울과 긴 여름, 적당한 여름비, 늦가을의 추위나 이른 겨울은 포도나무의 좋은 휴식조건이 된다. 포도의 성숙에 적당한 일조량은 필수적이지만 지나친 햇빛은 포도의 산성을 앗아가기 때문에 해롭다. 혹한은 포도나무를 동사시킬 우려가 있고 충분한 일조량은 포도를 과육 속까지 익히므로 온대지역에서는 가능하면 늦게 수확한다.

포도나무의 성장에 가장 적합한 온도는 섭씨 28~30℃로 추운 외기를 이겨내는 범위는 영하 10℃ 이내이다. 포도는 약 6주간에 성숙이 지속되는데, 기상조건 중에 치명적인 것은 서리이고, 그 외에 심한 비와 포도표면의 물기 등은 양질의 와인 생성에 달갑지 않다.

그래서 포도밭은 호수나 강가에 너무 붙어 있으면 물의 냉기가 포도밭에 열을 식히므로 물가에서 조금 떨어진 곳에 포도밭을 조성하는 것이 좋다.

포도품종

포도품종은 와인의 맛과 특색을 결정하는 가장 중요한 인자(因子)로 포도품종에 따라서 맛과 특성이 달라지기 때문이다. 학명 비티스에는 50가지가 넘는 품종이 있는데 이 중에 하나인 '비티스 비니페라'는 현재 약 8천여 가지의 종류가 있다. 이러한 포도는 지구의 온대기후 지역인 런던이나 베를린보다 북쪽으로 조금 올라간 지역부터 튀니지의 수도 튀니스와 이집트의 수도 카이로보다 조금 더 남쪽으로 내려간 지역에 걸쳐서 자란다. 프랑스에서는 와인의 질을 보장하기 위하여 원산지 통제법(Appellation d´origin Contrôlée)으로 와인의 생산에 있어서 포도품종, 원산지, 수확량을 보증하는 심사제도가 있다.

양조기법

와인의 품질에 영향을 미치는 또 다른 요소의 하나가 와인을 만드는 사람의 정성이 들어가는 양조기법이다. 포도를 재배 · 수확하고 와인을 관리하는 모든 분야와 와인을 발효, 숙성, 보관하면서 장인의 혼과 정성을 깃들여 양조한 와인은 더할 나위 없이 좋은 와인이 된다.

각기 다른 포도밭에서 가져온 포도품종을 접목시키는 기법, 포도주를 빚는 사람들의 포도압착기법 등과 포도를 재배하면서 자연적 조건을 제대로 해석하지 못하면 아무리 좋은 기후, 토양이라고 해도 양질의 와인이 생산될 수 없다.

4. 와인의 성분

포도를 비롯하여 과일을 발효시켜 와인을 만들게 되는데, 이 과정에서 화학적 과정을 거치게 되므로 다양한 물질이 생성되게 된다. 이러한 요소들은 와인의 성격을 구성하는 요소가 되는데 하나하나가 와인 맛에 영향을 미친다.

와인 1ℓ에는 일반적으로 85~90%의 수분과 10%의 에칠알코올이 들어 있으며, 그 밖에 350여 가지에 이르는 갖가지 색소와 방향물질, 비타민, 미량원소, 여러 가지의 산이 들어 있다. 아무리 드라이한 와인이라도 100% 발효된 것이 아니기 때문에 당의 잔여물이 조금 남아 있다.

수분

수분은 와인을 형성하는 성분 중 가장 많은 분량으로 85~90%가 수분으로 되어 있다.

알코올

와인에는 3가지의 알코올 성분을 가지고 있다. 에칠알코올(Ethyl Alcoholic), 글리세롤(Glycerol), 알코올 슈페리에(Alcoholic Supérieurs)로 구성되어 있는데, 와인 1ℓ를 기준으로 했을 때 에칠알코올이 72~120g, 글리세롤이 5~10g, 알코올 슈페리에도 소량 포함되어 특히 방향(芳香)에 영향을 준다.

산(酸)

와인에는 산이 함유되어 있어서 와인이 고유한 산성 맛을 내는데 영향을 미친다. 와인에 들어있는 산의 종류는 6가지로 나누어진다.

타르타릭(Tartaric), 매릭(Malic), 씨트릭(Citric)산은 포도송이에서 생성되고, 슈시닉(Succinic), 랙틱(Lactic) 및 아세틱(Acetic)산은 발효과정에서 생성되어 아세틱산을 제외한 다섯 가지 산은 와인의 고유한 산성 맛을 내는데 기여한다.

염류(鹽類)

와인에 함유되어 있는 염류는 두 가지 상이한 염으로 하나는 인산염, 유황염, 염화물 등의 광물질산(Mineral Acid)에서 생성되는 것이며, 다른 하나는 탈트라트(Tartrates), 말라트(Malates) 및 랙타트(lactates)와 같은 포도 성분에서 추출된 것이다. 이러한 염류는 와인의 신선감을 주는데 기여한다.

쓴맛이 나는 물질(Bitter Tasting)

와인의 색깔과 맛(쓴맛 등)을 내게 하는 페노릭(Phenolic; 폴리페놀)이 있는바 이는 5가지 화학적 집단에 귀속된다. 앤토시아닌(Anthocyanins)은 붉은 색깔을 내어주고, 프레본(Flavones)은 노랑색깔을 내어 페노릭산(Phenolic Acid) 및 농축탄닌(Condensed Tannin)은 포도의 껍질, 줄기에서 생성되며, 카테칙 탄닌(Catechic Tannin)은 통나무에서 흡수된 탄닌이다.

기타 물질

와인에는 위에서 언급한 물질 이 외에도 니트로젠 물질(Nitrogenous substances)은 효모 활동에 이바지하고, 펙틴(Pectin)과 고무(Gum) 및 점액(Mucilage)은 와인의 선명도에 이바지한다.

그 외에도 휘발성 및 방향물질과 비타민이 있는데 비타민은 효모의 성장에 영향을 미친다.

제 2 절 와인의 포도품종

1. 포도성분

고급명주가 되기 위해선 특별한 포도가 제일의 조건인데, 여기에 영향을 주는 요인은 토질, 일조량, 강우량, 유효 적정한 온도 등이다.

와인의 기본 재료는 포도이고, 포도에 함유되어 있는 물질을 보면 물이 70~80%, 당분 12~17%, 탄닌 0.1~0.2% 질소, 팬틴, 능금산, 구연산, 주석산의 단백질, 아미노산 등으로 구성되어 있다. 포도의 껍질과 씨와 살 등의 하나 하나가 와인의 품격을 이룬다. 포도의 껍질은 색소와 탄닌을 내는데 결정적 역할을 하며 절정 시간은 색소를 얻는 방법은 포도의 즙과 껍질을 함께 발효시키는 것이다.

포도에는 탄닌물질이 있는데, 포도의 씨, 껍질, 줄기 등에서 나오는 탄닌 물질은 발효기간에 나오며 이 물질은 와인의 체위(Body)와 향기가 되며 끝까지 와인이 소유하게 되는 물질이다. 탄닌은 박테리아를 억제할 수 있는 능력이 있기 때문에 방부제 역할을 하고 탄닌의 양이 적으면 영 와인(Young Wine)이 되고 양이 많으면 에이지드 와인(Aged Wine)이 된다.

이 탄닌은 껍질에 절대량을 함유하고 있고 과육에도 조금 있는 물질로서 레드 와인과 화이트 와인의 탄닌 물질 함유량이 현저하게 다르다.

포도 씨는 탄닌 물질과 유질 그리고 음성물질이 있는데, 포도를 짤 때에 씨가 깨지지 않도록 주의하지 않으면 씨가 깨져서 그 속에 있는 음성 물질이 밖으로 나오면 와인 맛을 버리게 된다. 또 하나의 요소는 포도의 줄기(포도 알 꼭지)에 탄닌 물질이 많으며 와인을 발효할 때 와인을 부드럽게 하는 작용을 한다.

포도의 수확은 시기를 잘 잡아서 포도가 완전히 익을 때까지 기다려서 수확을 해야 하는데 늦은 서리나 비바람이 수확기에 닥치면 포도의 수확이 절감된다.

2. 와인의 주요 포도품종

와인의 특성을 결정하는 가장 중요한 것은 포도의 품종으로 와인의 맛과 개성을 창출하는데 결정적인 역할을 한다. 또한 와인에 있어서 포도품종을 숙지해야 하는 이유는 와인을 접할 때 와인의 라벨에 포도품종의 이름이 들어가기 때문이다.

세계적으로 와인의 제조에 사용되는 포도의 품종은 수천 종으로 다양하지만 포도 종자는 인도/유럽 산의 비티스 비니페라(Vitis Vinifera)에서 유래하였다.[2)]

2) 와인 이야기, 원융희, 학문사, 1999, p.10.

이 가운데 국제적으로 널리 알려지고 와인으로 많이 사용되는 것은 약 50여종으로 분류된다. 여러 품종 중에서 대표적인 몇 가지를 설명하기로 한다.

1) 화이트 와인의 포도품종

질바너(Sylvaner)

오스트리아가 원산지로 프랑스의 알사스(Alsace) 지방을 비롯하여 오스트레일리아, 칠레, 미국의 캘리포니아에 이르기까지 널리 재배되고 있다. 한때 독일에서 가장 인기 있던 품종이었던 것으로 이 포도는 빨리 익고 좋은 라이트 바디(Light Body) 화이트 와인을 만든다.

질바너 와인은 매우 엷은 색을 띠고 드라이하며, 가볍고 시간이 흐를수록 마른풀과 시든 꽃향기가 나지만 최상급의 와인이 되는 경우는 아주 드물다.

샤도네(Chardonnay)

샤도네는 프랑스의 버건디 지역과 미국에서 재배되는 최고의 백포도 품종으로 샴페인 샤블리 등 훌륭한 와인은 모두 이 품종으로 만들어지며 세계적으로 가장 널리 사용되는 화이트 와인의 주원료로 추위에 잘 견디고 생산량도 풍부하다.

샤도네 품종은 메마르고 돌이 많은 석회질 토양에서 잘 자라기 때문에 재배가 쉽고 샤도네 와인은 갓 빚은 와인을 작은 나무통 속에 넣고 발효, 숙성시켜 만들어 과실로서는 향기가 그다지 높지 않지만 사과, 파인애플의 향과 갓 구운 빵 냄새가 복합적으로 어우러진 듯한 미묘한 맛과 향이 난다. 그렇게 해서 얻어지는 와인은 볏짚처럼 노란색을 띠며 오랜 기간 숙성이 가능하다. 이 품종으로 와인을 만들면 드라이하며, 우수한 것은 병 속에서 약 10년 정도 풀 바디(Full Body)한 화이트 와인이 된다.

리슬링(Riesling)

리슬링의 특징은 푸른빛이 감도는 엷은 노란색을 띠는 경우가 많지만 최고의 품질 등급인 베렌아우스레즈(Beerenauslese)와 트록켄 베렌아우스레즈(Trocken Beerenauslese)의 당도 높은 와인은 황금색이며, 시간이 흐를수록 푸르스름한 황금색이나 호박색을 띤다.

리슬링은 독일이 주산지로 온난한 기후에 잘 적응하는 독일의 최상급 포도 품종으로 스위트하며, 산도의 조화가 이루어져 있다.

리슬링은 드라이한 와인을 만들고 숙성이 짧아서 금방 마실 수 있는 와인과 강하고 진한 단맛의 와인에 이르기까지 가장 다양하고 섬세한 와인을 만드는 품종이다. 샤도네와 더불어 대표적인 화이트 와인의 원료로 포도가 숙성되는 기간이 길기 때문에 아로마 향이 풍부하게 형성되고 당도는 약 20%정도로 이 품종으로 와인을 만들면 상쾌하면서 과일의 향이 풍부하다.

슈냉 블랑(Chenin Blanc)

이 포도 품종은 르와르(Loire) 계곡의 화이트 와인을 만드는데 사용하도록 프랑스가 법률(A.O.C)로 규정하였다. 맛은 간편하면서 과일 향이 짙은 산미가 강한 편이고 오래 동안 숙성할 수 있다.

드라이한 맛에서 스위트 타입까지 있고 세미 스위트(Semi Sweet)는 식전주로 식욕을 돋구는데 사용한다.

뮈스까데(Muscat)

그리스에서 이식된 품종으로 가장 오래된 재배용 포도 가운데 하나로 화이트 와인을 만드는 원료로 맛과 향기로 쉽게 식별할 수 있을 만큼 맛과 향기가 독특하다. 뮈스까데 종으로 만든 와인은 대체적으로 스위트하거나 베리 스위트한 맛을 내고 있어 주로 디저트용 와인으로 사용한다.

그래서 뮈스까데는 일명 멜론이라 부르기도 하는데, 르와르 지역에서 많이 재배되고 라이트하고 드라이 한 와인에 많이 사용한다.

트라미너(Traminer)

독일의 라인, 프랑스의 알사스, 이탈리아의 티롤 와인(Tyrol Wine)을 양조하는데 널리 이용한다.

일찍이 무르익어 강한 산성을 나타내는 이 품종의 특징은 설익은 과일 향이나 까치밥나무잎, 라일락 혹은 풀향기와 같은 와인으로서 뚜렷하고 향긋한 방향을 가지고 있다.

소비뇽 블랑(Sauvignon Blanc)

화이트 와인용 포도품종으로 보르도 지방에서는 경작되는데, 그라브 지구에서는 드라이 화이트 와인을 만들고 쏘테르네 지구에서는 스위트한 화이트 와인을 만든다. 허브, 올리브, 풀 냄새가 혼합된 듯한 독특한 향기가 인상적으로 구운 생선, 가금류 요리, 조개 등 간편한 해산물 요리와 잘 어울리며 대표적인 와인으로는 뿌리 퓨메(Pouilly Fume)와 쌍세르(Sancerre)가 대표적인 와인이다.

쎄밀뇽(Semillon)

프랑스의 그라브와 쏘테르네 지구에서 많이 재배되는 품종으로 무화과 향이 나는 특징이 있고 부드럽고 드라이 화이트 와인과 고전적인 디저트 와인을 만든다.

알리고떼(Aligote)

버건디에서 재배되는 2등급 포도 품종으로 생산 후에 곧 소비하는 산미와 상쾌한 맛을 지닌 화이트 와인의 원료로 사용한다.

트레비아노(Trebbiano)

이탈리아 북부와 중부지역에서 주로 재배되는데, 소아베(Soave), 오르비에또(Orvieto)를 만드는데 사용한다.

2) 레드 와인의 포도품종

까베르네 소비뇽(Cabernet Sauvignon)

까베르네 소비뇽의 원산지는 프랑스 메도크 지방으로 레드 와인을 만드는데, 적합한 검붉은 포도로서 가장 훌륭한 레드 와인의 포도품종으로 평가받고 있다. 까베르네 소비뇽은 성장력이 강하여 재배지를 변경해도 잘 자라서 세계 각지에서 재배되고 있다. 포도의 방향이 풍부하고 진흙 냄새를 머금은 연푸른 피망과 같은 향기를 지니고 있으며, 탄닌의 함유량이 많아서 장기숙성이 필요하다. 그러나 까베르네 소비뇽은 생산량이 다른 품종에 비하여 떨어지고 늦게 익는 것이 흠이다.

까베르네 프랑(Cabernet Franc)

보르도, 르와르 지역에서 재배되는 검은 딸기 향을 가진 와인을 생산하며, 까베르네 소비뇽(Cabernet Sauvignon)보다는 색깔이 엷고 탄닌 함량이 적다.

삐노 느와(Pinot Noir)

버건디 와인의 명성을 가져온 품종으로 꼬도르(Cote Dór)에서 재배된다. 삐노 느와 와인은 미숙할 때는 대개 특징적인 붉고 작은 열매 과일 향을 갖고 있으나 수년간 숙성 후에는 야생고기 향을 띈다. 이 포도는 샴페인을 만들 때 사용하기도 하고 와인은 딸기 냄새가 많으며, 과일 맛의 향기가 강하다. 포도가 일찍 익는 장점이 있지만 탄닌이 적어서 장기 숙성에는 부적합하다.

산지오베제(Sangiovese)

이탈리아 중부에 위치한 토스카니(Toscany), 즉 끼안띠(Chianti) 지역 제일의 레드 와인이다. 보통 와인 생산업자들은 포도가 완숙되도록 좀 늦추어 포도 색깔이 아주 진해지기 전에 수확을 하는데, 이때 알맞은 산도와 상큼한 향기의 포도를 맡을 수 있는 것이다.

시라 또는 세린(Syrah or Serine)

프랑스 론 계곡(Rhone Valley)에서 재배되는 가장 좋은 레드 와인용 포도로 색깔이 어둡고 탄닌성분이 많아 오래 저장할 수 있는 헤미타이지(Hermitage Wine; Valence 부근 산 와인)를 만든다.

오스트레일리아에서 쉬라즈(Shiraz)라는 이름으로 재배하고 있으며 훌륭히 재배에 성공하여 약 18,000에이커의 포도를 재배하고 있는데, 그것은 단독 또는 브랜딩(Blending) 되어 테이블 와인과 디저트 와인으로 이용하고 있다.

진판델(Zinfandel)

이탈리아 남부가 원산지이나 캘리포니아에 와서 특성이 많이 변했지만 캘리포니아 지역의 모든 레드 와인용의 포도품종이 되었다. 진판델은 다른 지역에서는 재배되지 않고 딸기 향을 풍기는 매우 가볍고 우아한 품종으로 화이트, 로제 와인도 만들 수 있다.

와인을 만들면 대체적으로 미듐에서 풀 바디 와인(Medium-to-Full Body)으로 맛은 드라이한 와인을 만든다.

메를로(Merlot)

까베르네 소비뇽과 매우 유사한 것으로 쌩떼 에밀리옹이나 뽀메롤 지방에서 주로 재배되는 레드 와인 원료이다. 메를로는 까베르네 소비뇽보다 탄닌 성분이 적고 당도는 18~20% 정도로 열매가 익는 기간도 빠르고 부드러운 맛의 와인을 만든다.

가메(Gamay)

보졸레이 지구에서는 상급의 레드 와인을 양조하는데 사용하나 다른 지역에서는 보통급의 와인을 만드는데 사용한다. 생산 후에 곧 마실 수 있는 순하고 과일 향을 지닌 드라이한 와인을 만들며 고상한 향기를 낸다.

그루나쉬(Grenache)

론(Rhone) 지역과 랑그독, 루씨용 지역에서 재배되며, 알코올 함유량이 높으면서도 풀 바디(Full Body)하고 유연한 맛의 진한 와인을 생산할 수 있다.

네비올로(Nebbiolo)

네비올로 종은 이탈리아 레드 와인용으로 가장 많이 재배되며, 삐에몬떼 지역에서 특히 많이 재배된다. 당분 함량이 높고 산도도 비교적 높은 편으로 맛은 묵직하고 그윽한 맛을 가지고 있어서 숙성을 잘하면 좋은 와인이 된다.

제 3 절 와인의 양조법

와인은 과실류의 대표적인 양조주로서 그 종류에 따라서 제조방법이 서로 차이가 있다. 원료는 포도로 수확된 포도를 즙을 내어 큰 술통에 넣어두면 포도가 지니고 있는 당분과 효모에 의해서 자연적으로 발효되는데 양질의 당도가 높은 포도일수록 좋은 와인을 만들 수 있으며 당분이 부족한 것은 가당하기도 한다.

와인은 포도를 수확하여 포도껍질을 터뜨려서 그 껍질에 있는 천연의 효모에 의하여 자연발효되어 이것을 걸러내어 술통에 넣어 15℃ 정도의 지하창고에 2, 3년간 저장하여 시판한다. 흑포도로 만들면 레드 와인이 되고, 백포도로 와인을 만들면 화이트 와인이 되며, 흑포도로도 화이트 와인을 만들 수 있는데 그 방법은 파쇄 후 즉시 껍질을 제거시키는 것이다.

화이트 와인과 레드 와인의 양조상 차이점은 화이트 와인은 압축(수평압축)후 발효시키고, 레드 와인은 발효 후 압축(수직 압축)시키는 점이 다르다

절정시간은 발효 후 2～3 일이면 색소의 농도가 서서히 짙어지기 시작하고 로제(Rose) 와인은 처음에는 즙과 껍질을 재빨리 즙과 분리시킨다. 화이트 와인은 처음부터 즙과 껍질을 분리시켜서 즙만 발효시킴으로서 화이트 와인을 만든다.

1. 와인의 제조과정

현재 알려진 포도의 품종은 8000여 종으로 양조용으로는 약 800여종이 있다. 그 중에 유명 종자는 약 50여종으로 특히 알려져 있다. 좋은 와인을 만들려면 알맹이가 완전히 영글도록 한 후에 와인을 제조해야 한다.

포도재배

포도를 재배할 때의 최종적인 목표는 포도에게 이상적인 양의 햇빛과 영양분을 충분히 공급하면서 포도나무를 건강하게 보존하여 잘 익은 포도를 만들고 수확량을 제한하는 것이다. 이때 고려할 사항은 포도나무의 나이도 중요한데, 오래된 나무는 가지치기를 많이 하지 않아도 양이 적고 실한 포도열매를 맺는다.

영하 18~20℃의 매서운 추위를 견디는 포도나무의 동면기인 12월에서 2월의 겨울에는 가지치기를 하는데, 가지를 한두 개 정도만 남기고 나중에 싹을 틔울 눈 몇 개만 남기고 짧게 잘라준다. 이때 이미 포도 수확량과 와인의 품질이 결정된다.
8, 9월에는 포도 열매가 햇빛을 한껏 받도록 다시 한번 무성한 잎을 쳐낸다. 이 시기의 햇빛과 따뜻한 기온이 필요한데, 이 때에 기온이 서늘하거나 장마비가 내리면 이는 알코올 생성에 필요한 당도를 저장하지 못하게 한다.
또한 세심한 주의를 기울여 포도를 재배하는 사람들은 포도송이가 많은 나무에서는 포도를 송이채 과감하게 잘라 버린다. 그 이유는 뿌리를 통해서 전달된 양분이 남아있는 포도에 집중될 수 있어서 훌륭한 포도주가 나오기 때문이다.

포도수확

잘 익은 포도를 프랑스, 독일, 이탈리아와 같은 북반구에서는 9월 중순부터 10월 하순에 걸쳐서 오스트레일리아, 아르헨티나와 같은 남반구에서는 3월경에 수확하여 양조장으로 운반한다.
와인을 생산하는 과정에서 결정적인 마법의 순간은 포도를 수확할 때로 포도의 당도가 절정에 달하고 산도가 너무 많이 감소하기 전에 수확을 해야 한다. 수확시기는 해마다 포도품종과 포도밭의 상태에 따라서 정한다.
화이트 와인용 포도는 조금 일찍 수확하는데, 그 이유는 포도의 산도나 과일 향이 떨어지는 것을 막기 위해서이다. 그에 반해서 레드 와인은 수확이 늦으면 늦을수록 색이 선명하고 당도와 타닌 함유량이 높다. 포도는 덜 익어도 안되고 썩어도 안되며 항상 건조한 상태로 유지해야 한다.
일반적으로 포도를 수확하는데 있어서 싱싱한 포도를 수확한다는 원칙이 있지만 때로는 수확시기가 지나도록 따지 않고 나무에 내버려두면 포도는 부패하게 되고 더욱 무르익어서 당이 훨씬 모이게 된다.
이렇게 부패하면 보트리티스균이 생기게 되는데, 이 균은 덜 익은 포도를 썩게 만들지만 고농도로 농축된 당과 산을 함유하게 된다. 이 균의 항생물질이 발효를 방해하기 때문에 포도즙은 완전하게 발효되지는 않는다. 하지만 이 보트리티스균에 의하여 와인의 부드러움과 부케 향을 완성시키는 아로마 물질을 생성한다.

화이트 와인의 양조

① 파쇄와 압착

포도수확을 마친 후에 포도를 줄기와 함께 파쇄기에 넣고 즙과 과육(果肉)이 나오도록 으깬 다음 화이트 와인의 경우에 껍질과 씨를 분리하여 포도줄기와 씨를 제거한다. 포도즙을 짜고 남은 포도 껍질과 씨, 줄기를 이용하여 그라빠(Grappa)와 같은 좋은 증류주를 만들기도 한다.
압착단계에서 너무 강하게 압력을 주게되면 포도껍질, 씨, 줄기가 함께 으깨어지게 되는데, 이 경우에는 와인이 떫은맛을 내게 된다.

② 여과

압착과정이 끝난 포도즙은 침전물을 분리하는 정제와 여과과정을 거치게 되는데, 중력을 이용해 와인 원액과 고형 성분(껍질, 포도 씨, 과육 등)을 분리한다.
이 과정에서 과거에는 일조량이 모자라는 해에 수확한 포도즙에는 설탕을 첨가하기도 했으나 최근 유럽 전지역에서는 고급와인에 설탕사용을 금지하고 있다.

③ 1차발효

화이트 와인의 경우에는 줄기와 씨를 제거하여 적당한 온도를 유지시키면 발효가 된다. 주정발효는 효소의 작용에 의하여 참나무나 코팅된 시멘트, 스테인레스 스틸 등으로 만든 발효조에서 1차 발효가 일어난다.
이때 당분을 보충하기도 하고 배양효모를 첨가하기도 하여 1주일이면 발효가 절정에 이르고 약 4주간 발효시킨다. 포도즙에 있어서 근본적으로는 많은 변화가 있는 것은 아니지만 이 과정에서 포도주의 특성이 거의 형성된다.
발효는 포도 껍질에 붙어 있다가 마스트(Must)[3] 속으로 들어간 효모가 세포 내에서 형성된 단백질 효소의 도움으로 마스트 속의 포도당을 분해하면서 알코올과 탄산가스를 생성하는 과정이다.

④ 2차 발효

2차 발효는 와인의 중후한 맛과 향을 더하기 위하여 실행하는 발효로 1차 발효가 끝난 와인을 여과하여 뚜껑이 있는 다른 통에 옮겨 담는다. 이 때는 공기의 접촉을 막아야 하므로 통에 가득 담아야 한다. 통에 가득 채워진 와인은 후 발효(2차 발효) 기간을 갖는다.
2차발효는 천연적으로 생성되거나 인공적으로 첨가되는 박테리아에 의하여 와인 속의 특정한 산(酸)을 제거하는 과정이다. 마스트에는 산(메릭산)이 너무 강하게 남아있기 때문에 이것을 그대로 두면 신맛이 강한 와인이 생성된다.
그래서 2차 발효에서는 박테리아가 마스트에 들어가서 부드러운 젖산과 탄산가스를 만드는데, 이 과정은 신중하게 조절해야 하기 때문에 너무 빠르거나 늦게 진행

3) 포도를 발효하기 위하여 뭉갠 포도즙을 말한다.

시켜선 안된다.

⑤ 발효온도

발효기간은 약 8~15 일정도로 발효 중에는 발효통 안에는 열이 발생하는데, 이 온도는 아로마 물질과 효모균의 기능과 관계가 있다. 화이트 와인은 10~17℃ 사이에서 가장 이상적인 발효를 한다.

발효온도가 이보다 높으면 화이트 와인은 아로마 물질을 파괴하고 효모균의 기능을 저하시켜 마스트의 당이 충분히 발효되지 않기 때문에 발효온도를 조절하는 것이 필요하다.

발효온도가 10~17℃보다 높으면 탄산가스와 아로마 물질을 많이 잃게되어 형편없는 와인이 되고, 역으로 온도가 너무 낮으면 아무 맛도 느낄 수 없는 와인이 된다. 발효 중에 발효 통을 열어서 공기와 접촉할 수 있도록 하면 풍부한 부케 향을 느낄 수 있는 와인이 되지만 와인이 발효 중에 밀폐된 통에서 숙성시키면 과일 향이 풍부한 와인을 만들게 된다.

⑥ 재여과

발효를 마친 와인을 발효 통에서 빼내어 순도 높고 훌륭한 와인을 만들기 위하여 와인을 다시 한번 여과를 하거나 미화과정을 거치게 된다. 미화과정은 계란 흰자나 화학물질을 통안에 넣어서 모든 불순물이 서로 결합하여 밑으로 가라앉게 한다.

이렇게 고형성분이 분리된 와인 원액은 죽은 효모, 주석결정(酒石結晶), 색소(色素) 등에 혼탁하다. 이들을 자연 침전(沈澱)과 여과를 통해 제거한다.

⑦ 저장

재여과 된 와인을 새통에 옮겨 담아 숙성하게 된다. 때때로 와인을 효모가 든 상태에서 바로 병에 채워 넣기도 하는데, 이렇게 하면 특별히 신선하고 향기로운 와인을 얻게 된다. 하지만 이런 와인은 되도록 빠른 시일내에 마셔야 한다. 경우에 따라서는 병입 전에 와인을 잠시 나무통에 그대로 저장하여 숙성시키기도 한다.

⑧ 숙성

숙성에 적합한 와인은 참나무통에서 1~2년간 보관되면서 완만한 성장을 거쳐 그 품질이 우수해진다. 통속에서 장기 저장을 하면 와인의 색이 흐려지고 산화가 빨라지므로 병에 옮겨 담아 10~15℃ 정도의 습기가 적은 장소에서 1~10년 정도 숙성시킨다.

레드 와인의 양조

① 파쇄

화이트 와인과 기본적으로는 유사하지만 포도수확을 마친 후에 포도를 줄기와 함께 파쇄기에 넣고 즙과 과육(果肉)이 나오도록 가볍게 으깬다.
압착단계에서 너무 강하게 압력을 주게되면 포도껍질, 씨, 줄기가 함께 으깨어지게 되는데, 이러할 경우에는 와인이 떫은맛을 내게 된다.
발효를 위하여 작은 통이나 탱크로 옮기고 색의 선명도를 올리기 위하여 즙을 잠시 가열하기도 한다. 전통적인 방법으로는 사람이 맨몸으로 들어가 바로 뭉개기를 하였지만 요즘은 발효시 거대한 회전식 스텐인레스 스틸 탱크를 사용한다.

② 발효과정

마스트는 탱크로 옮겨져서 발효과정을 갖게 되는데, 와인의 종류와 포도의 품종에 따라서 모두 다르며, 발효기간이 길면 길수록 타닌이 많이 나온다. 레드 와인의 발효도 화이트 와인과 마찬가지로 포도껍질에 함유되어 있는 효모에 의하여 포도당이 알코올로 변하는 과정이다. 때로는 발효의 촉진을 위하여 미량의 효모를 첨가하기도 하지만 전통적인 와인 생산국에서는 이 방법을 취하지 않는다.
탄닌은 레드 와인의 주요 성분이므로 풍부한 탄닌을 얻으려고 노력하는데, 이는 발효기간이 길수록 탄닌이 많이 나온다. 그러나 발효기간이 너무 길면 떫은맛을 내게 하는 설익은 맛을 내는 탄닌이 와인 속에 용해되기 때문에 이 발효기간을 너무 오래 가져서는 안 된다.

③ 압착 및 2차 발효과정

1차 발효를 거친 포도즙은 압착하여 걸러서 숙성을 통하여 신맛을 줄이고 부드러운 와인을 만들기 위하여 2차 발효과정을 갖는다. 1차발효는 효모에 의한 발효이지만 2차 발효는 박테리아에 의하여 신맛의 메릭산(Malic Acid)을 보다 순하고 부드러운 레틱산(Latic Acid)으로 바꾸는 과정이다.
발효과정이 끝난 와인은 더 훌륭한 와인을 얻기 위해서는 오크 통에 넣어서 숙성을 하게 되는데, 새 오크 통을 사용하면 강한 향과 바닐라 맛을 내게 되며, 낡은 오크 통의 경우에는 시큼한 맛을 내는데, 오크 통은 공기와 와인의 중간 조절역할을 한다.

④ **숙성**

와인이 풍부하고 복합적인 최종 상품이 되기 위해서는 일정기간의 숙성을 거쳐야 한다. 와인의 성격과 포도의 품종에 따라서 숙성기간이 틀려진다.

이러한 숙성을 통하여 부드럽고 맛과 향이 충분한 특성을 갖는 와인이 탄생하게 된다.

⑤ **브렌딩**

풍부하고 복합적이고 각 와인별로 특성 있는 맛을 내기 위해서는 브렌딩을 하게 되는데, 여러 포도 생산지에서 빚은 포도즙을 브렌딩한다. 여러 가지 토양에서 재배한 2~3가지 이상의 다른 포도로 빚은 와인을 브렌딩하는 경우가 많다.

1) 와인의 숙성과 보존

와인의 숙성과 보존은 까브(Cave)라는 지하창고에서 하는데 와인의 화학적 성질은 병입 후에도 완만한 변화를 계속한다. 좋은 까브는 와인의 품질 향상에 기여할 수 있도록 다음과 같은 조건들을 갖추어야 한다.

어두운 곳에서 와인 병을 수평으로 유지하는 것은 코르크 마개의 건조를 막아서 와인이 공기와 접촉하는 것을 막아준다. 지하창고의 이상적 온도는 11℃이나 14℃까지는 별 문제가 없다. 와인숙성에서 중요한 것은 와인의 숙성을 촉진시키는 온도의 급변을 피해야 한다는 것이다. 그것은 기온 변화와 같은 물리적인 충격은 와인에 좋지 않기 때문이다.

또한 주변 습도는 코르크의 상태에 큰 영향을 미치는데, 65~80%의 습도에서 코르크 마개는 건조되지도 않고 캡슐은 습기의 과잉으로 변질되지도 않는다.

2) 빈타지 와인(Vintage Wine)

고객이 와인을 선택하는데 있어서 관심을 갖는 것 중에 하나가 빈타지이다. 이 빈타지는 불어로는 밀레짐(Millsime)이라 하는데, 이것은 포도수확 연도의 표지로 와인의 출생연도이다. 빈타지는 포도가 성장하고 익는 과정에서 기후의 변화에 대한 기록이다.

포도의 성장과 결실은 그 해의 기상조건 즉 바람, 비, 습기, 일조량 등에 큰 영향을 받는다. 그리고 이러한 조건은 와인의 맛에 결정적인 영향을 미치므로 좋은 포도 수확이 있는 해를 영어권에서는 빈타지 와인(Vintage Wine)이라고 한다.

유럽 와인은 통상적으로 일정한 주기를 두고 빈타지를 나타내는 것으로 나타났는데, 그 이유는 포도작황과 관련되어 해걸이에 해당된다. 빈타지는 미국이나 오스트레일리아산 와인에서는 빈타지 말을 잘 사용하지 않는 까닭은 유럽에 비하여 기타 지역은 비교적 기상의 변화가 심하지 않기 때문이다.

3) 와인 라벨 읽는 요령

프랑스에서는 와인 라벨만 전문적으로 다루는 학원이 있을 정도로 여러 가지 다양하고 독특한 라벨이 있다. 그러나 라벨을 붙이는 목적이 와인병의 디자인적인 아름다움에 있는 것이 아니고 와인의 특성을 함축하여 알려주는데 그 목적이 있다. 따라서 와인의 라벨을 읽으면 원산지, 품질내용, 맛의 타입까지도 알 수 있다. 프랑스 와인의 라벨을 읽는 요령은 다음 같다.

프랑스 와인

1. 와인라벨
2. 원산지 명칭
3. 와인등급(AOC)
4. 수확연도
5. 와인제조회사이름 또는 무역상
6. 생산국가
7. 알코올 함량도수
8. 용량

독일 와인

1. 포도생산지역
2. 생산연도
3. 포도재배업자 또는 와인 생산업자
4. 포도품종
5. 와인타입
6. 와인등급
7. 용량
8. 알코올 함량도수
9. 와인재배조합

이탈리아 와인

1. 수확연도
2. 와인라벨
3. 포도품종
4. 포도재배지역
5. 병입지
6. 생산회사의 이름 및 소재지
7. 용량
8. 알코올 함량도수

2. 샴페인 제조과정

샴페인 지방은 프랑스 파리 북동쪽 약 100마일 지점에 위치한 대단히 유명한 지역으로 마르네(Marne)강을 끼고 삐노 느와(Pinot Noir), 샤도네(Chardonnay), 삐노 블랑(Pinot Blanc) 등의 포도품종을 재배하여 세계적으로 유명한 스파클링 와인(Sparkling Wine)을 생산해 내고 있다.

이곳의 토질의 백악질 토질로 샴페인은 샹파뉴 지방에서 나는 최고의 발포성 와인을 의미하는 것으로 지역은 샹파뉴 와인은 샴페인이라고 하고, 샹파뉴 이외 지역에서 생산되는 것은 스파클링 와인(Sparkling Wine)이라 한다.

샴페인은 보통 수요자의 입장에서 예주로 축배용이나 기념식 장소에서 많이 사용되며 그 마개를 뽑을 때 나는 소리와 황금빛깔의 비등이 식탁을 호화롭게 장식한다.

1) 샴페인의 유래

이 술을 처음 만든 사람은 돔 페리뇽(Dom Perignon)으로 17세기 말경에 오빌레드 대사원의 주고(酒庫)관리를 맡아보고 있다가 우연히 와인이 비등하는 특질이 있음을 발견하고 이러한 술을 만들었으며, 다음 해에 연구를 계속하여 이종(異種)의 포도를 혼합하여 우수한 술을 만들었다.

그리고 그 당시에는 마개가 마포에 올리브유를 발라서 수분 흐름을 방지하여 비등성이 있는 것에 불안정하게 사용하던 것을 코르크 마개를 사용하게 함으로써 양조사상 큰 공헌을 하게 되었다.

2) 샴페인의 제조법

착즙

샴페인 제조를 위한 대표적인 3가지 품종은 샤도네(Chardonnay), 삐노 느와(Pinot Noir), 삐노 뫼니에(Pinot Meunier)이다. 수확된 포도는 착즙실로 운반되어 포도의 과피, 과육, 줄기, 씨가 포도즙과 분리된다.

샴페인의 착즙은 화이트, 레드 와인과는 달리 보통 70%선으로 예를 들면 1kg의 포도에서 약700cc정도의 포도즙 생성에 그친다. 그 까닭은 과피, 줄기, 씨 등에서 나오는 불순물을 가급적 포함시키지 않기 때문이다.

1차 발효

불순물을 제거하여 착즙을 마친 순수한 포도즙은 거대한 발효탱크 통으로 옮겨져서 1차 발효에 들어간다. 발효란 포도 표피에 묻어 있는 미세한 효모균이 당분과 결합하여 화학작용을 일으키는 것이다. 발효는 모든 당분이 알코올로 전환될 때까지 계속되며 동시에 자연발생적으로 탄산가스(CO_2)가 생성된다. 여기서 발생하는 탄산가스는 외부의 공기를 차단하는 역할을 하여 포도즙이 발효하면서 산화되는 것을 막아주는 기능을 가지고 있기 때문에 결국은 탄산가스는 양질의 샴페인을 제조하는데 보호막이 구실을 한다.

퀴베(Cuvée)

샴페인의 1차 발효는 여러 밭의 포도를 속히 즙을 내서 혼합한다. 1차 발효가 끝나고 나면 각각 탱크 속의 와인은 각기 나름대로의 독특한 맛과 향을 지니고 있다. 이 퀴베는 샴페인 제조과정에만 있는데 제조 책임자(Cellar Master)는 각기 다른 와인의 품질 상태를 정확히 파악하여 자기 회사의 전통적인 맛과 향기를 창출해 내기 위하여 블렌딩하는 과정을 퀴베라고 한다. 퀴베 할 때 경우에 따라선 묵은 와인까지 동원하여 혼합하기도 한다.

병입

1차발효는 발효 탱크 속에서 진행되지만 2차발효는 병속에서 진행된다. 그래서 발효탱크에 있는 와인을 병속에 채우게 된다. 이때 병속에서 이루어지는 2차 발효를 유도하기 위하여 미량의 당과 효모가 동시에 투입된다. 1ℓ의 기압을 만드는데 요구되는 설탕은 4g이 소요된다.

따라서 1차 발효 때도 마찬가지로 약간의 알코올이 증가되며 동시에 탄산가스가 생성된다. 병속에서 자연적으로 기압이 높게 형성되는데, 그 수치는 약 6기압이나 되기 때문에 샴페인 병은 다른 와인 병보다 견고해야 한다. 또한 병속의 강력한 압력을 분산시키기 위해 샴페인 병 밑바닥에는 펀트(Punt)를 만든다.

2차 발효

2차발효 기간 동안 샴페인은 지하저장창고에서 옆으로 눕혀 숙성될 때까지 있게 된다. 숙성기간은 프랑스 법에는 1년 이상으로 되어 있으나 보통 3년 이상이며, 빈타지 샴페인의 경우는 10년 이상도 한다.

숙성

병입된 와인은 수평으로 누워있게 되며 이때 2차 발효가 끝난 후 죽은 효모나 부유물질이 가라앉아서 침전된 것이 보인다. 그 속에는 탄산가스와 퀴베 된 와인이 활발하게 움직여 샴페인의 높은 주질이 결정된다. 숙성기간은 최하 1년이지만 극치의 주질은 위해 근 10년까지도 숙성시키는데 숙성실의 온도는 연중 15℃ 상태이다.

리들링(Riddling; 침전물 병목 모으기)

리들링은 샴페인만이 갖는 유일하고 매우 흥미로운 작업으로서 오랜 숙성 기간 동안 형성된 병내 침전물을 병입구 쪽으로 모으는 과정이다. 이런 상태의 침전물은 매우 가볍고 약간의 충격만 가해도 다시 부유할 수 있는 가능성이 높기 때문에 매우 섬세한 배려와 정성이 요구된다.

이 작업을 위해서는 특수하게 고안된 리들링 랙(Riddling Rack; 삼각형 받침대)을 이용하여 수평상태의 병을 서서히 수직 상태로 전이시킨다. 셀러 마스터는 매일 랙에 꽂혀 있는 병을 조금씩 돌리는데 숙련된 셀러 마스트는 하루 약 3,000병을 돌린다. 병이 수평 상태에서 수직상태에 이르는 기간은 대략 6~8주 정도이다.

침전물 제거

침전물 제거는 불어로 데고르쥬망(Degorgement)이라 하는데, 탄산가스를 잃지 않고 침전물을 빼내는 과정으로 역시 매우 비밀스러운 노하우가 요구된다. 병의 목을 30도 경사로 하여 매일 병 흔들기를 6~8주 하면 침전물이 코르크에 부착하게 되는데, 병입구로 모아진 침전물은 순간 냉동의 과정을 거쳐서 응고되면 순간적으로 코르크를 뽑으면 잔재가 제거된다.

이때 침전물의 방출로 인한 양적 손실은 농축된 와인으로 재조정되어 항상 일정한 용량을 맞추어준다. 이 과정이 도자쥬(Dosage)로 설탕의 양에 따라 드라이(Brut Sec) 또는 스위트(Demi Sec) 샴페인으로 나눈다. 이렇게 해서 샴페인이 시장에 선을 보이기까지는 6년 이상이 소요되며, 샴페인이 비등하는 것은 포도당이 주정으로 변한 뒤 가하는 설탕에 의해서 생기는 것이다.

리큐르의 첨가율	
상표의 기재표시	리큐르의 함유량
도우(Doux)	12% 이상
미도우(Mi-Doux)	10%
데미 섹(Demi Sec)	5~8%
엑스트라섹(Extra Sec)	1~2%
브르(Brut)	1% 미만

※브르 : 아주 드라이한 것으로 2차 발효시 당분 첨가를 하지 않는다.

치장

상품으로서의 화려한 치장은 코르크를 막는 일, 와이어 네팅(Wire- Neting), 캡슐링(Capsuling)의 순서를 밟는다. 샴페인의 보존력은 전적으로 코르크(Cork)의 완벽한 상태에 달려 있으므로 샴페인의 코르크 마개는 변화무쌍한 외부환경을 차단한다. 와이어 네팅은 코르크 마개의 역할을 강화해 주는 기능을 갖고 샴페인의 화려한 캡슐은 샴페인 병을 더욱 아름답게 장식한다.

3) 샴페인의 구역별 유명회사

전세계에 걸쳐서 품질과 명성을 유지해 오고 있는 13개의 유명 샴페인의 샴페인 회사는 거의가 랭스(Reims) 시와 에페네(Epernay) 시에 있는데 소개하면 다음과 같다.

① 모에 샹농(Moet Chandon)
② 볼링제(Bollinger)
③ 샤롤 에디직(Charles Heidsieck)
④ 에드직 드라이 모노 뽈(Heidsieck Dry Mono Pole)
⑤ 크뤼(Krug)
⑥ 멈(Mumm)
⑦ 뻬리에 쥬에(Perrier Jouet)
⑧ 뻬뻬 에드직(Piper Heidsieck)

⑨ **뽈 로제(Pol Roger)**
⑩ **뽀므리(Pommery)**
⑪ **때띵제(Taittinger)**
⑫ **루이 로테레(Louise Roederer)**
⑬ **뵈브 끄리끄(Veuve Clicquot)**

4) 샴페인의 오프닝 방법

샴페인 병목은 안으로부터 코르크, 와이어 네트, 알루미늄 캡슐로 구성되어 있다. 샴페인을 마시기 위해서는 코르크 오프너가 따로 필요 없다. 샴페인은 매우 견고하고 신축성이 높은 양질의 코르크 마개와 함께 탄산가스가 있으므로 튀어나오는 것을 방지하기 위해 와이어 네트가 특별히 장착되어 있다.

① **철사와 호일를 같이 뜯어낸다.**
② **병을 45도로 기울이고 코르크 마개를 단단히 잡고 틀면서 빼낸다.**
③ **병속의 압력이 코르크를 밀어내므로 계속 병마개를 단단히 잡고 완전히 빼낸다.**
④ **부을 때는 두 번에 나누어 붓는다. 처음 붓고 나서 거품이 가라앉고 나면 재차 더 붓는다.**

5) 샴페인 서비스 방법

샴페인의 보존은 병 자체를 기울여서 코르크가 술에 젖어 있도록 하면 풍미의 방산을 방지되게 되며 샴페인의 글라스는 넓고 얇은 것이 좋으며 미리 차게 두었다가 서브한다. 샴페인의 터지는 소리는 점잖은 좌석에서는 냅킨으로 병을 싸고 소리나지 않게 병마개를 따는 것이 예의가 되겠다. 보관 온도는 15℃내외가 이상적이고 서브는 1.7℃~4.4℃정도에서 서브하면 바람직하다.

① 샴페인 운반시 절대로 흔들지 말 것.
② 코르크 오픈 시 손님이 앉아 있는 반대 방향으로 향하여 약 45도 기울여 오픈 한다.
③ 오픈 순간 뻥하는 소리가 나지 않게 살며시 오픈 한다.
④ 오픈 되는 순간 병에서 샴페인이 넘쳐흐르면 병을 잠시 45도정도 기울이면 샴페인이 넘치는 것을 막을 있다.
⑤ 글라스에 샴페인 서브할 때 타월로 싸도 좋고 안 싸도 좋으나 라벨을 손님이 볼 수 있게 따를 것
⑥ 한번에 글라스에 샴페인이 글라스 위로 넘치지 않게 따른다. 즉 처음 글라스의 1/3정도 약간 따르고 거품이 가라 앉으면 다시 따르는 방법이 좋다.

제 4 절 와인의 분류

와인의 분류는 다양하지만 색에 의한 분류, 탄산가스의 유무에 의한 분류, 알코올 첨가 유무에 의한 분류, 맛에 의한 분류, 용도에 의한 분류, 저장기간에 의한 분류에 의하여 여러 가지로 분류한다.

1. 색에 의한 분류

레드 와인(Red Wine; Vin Rouge)

레드 와인은 흑포도를 수확하여 포도의 알맹이, 껍질, 씨까지 포함하여 즙을 낸 후

발효시킨다. 이 발효를 전발효라 하고 와인의 색은 과피에서 우러나오는 색으로 인하여 적색이 되는데, 레드 와인은 암적색에서 담적색까지의 와인을 말한다. 레드 와인은 탄닌산과 기타 미네날의 함량성분이 많아 일반적으로 병 안에서의 숙성이 이루어지는데 이것을 후발효라 한다. 전체적으로 레드 와인의 숙성기간은 길고 이 숙성기간에 따라서 떫은 맛이 적으면서 순한 와인이 되거나 떫은맛이 많고 색이 진한 와인이 된다.

최근에는 레드 와인이 건강에 좋다는 의학계의 보고가 있어서 레드 와인의 소비가 증가하고 있으며, 풀 바디드한 레드 와인보다는 가벼운 레드 와인을 선호하는 경향이 있다.

로제 와인(Rose Wine; Vin Jaune)

레드 와인과 화이트 와인의 중간색으로 연한 핑크 색을 띄고 있으며, 일명 핑크 와인이라고도 한다. 로제 와인을 제조하는 방법은 두 가지가 있는데, 레드 와인과 화이트 와인을 절반씩 혼합하여 만드는 방법과 흑포도로 이용하여 와인을 만드는 중에 원하는 색에 이르렀을 때 과피를 제거하는 방법으로 로제 와인을 만든다.

화이트 와인(White Wine; Vin Blanc)

화이트 와인은 백포도와 흑포도를 이용하여 만들 수 있으며 연한 녹색으로부터 황색을 갖는 와인을 총칭한다. 레드 와인에 비교하여 당분함량이 적고 숙성기간도 짧고 탄닌산의 함량도 부족하여 양조한 후에 질과 색의 퇴화현상이 빨라지기 때문에 양조 후 단 시간 내에 마실 수 있다.
그러나 오래 저장 보관할 수 없는 단점을 함께 가지고 있다.

옐로우 와인(Yellow Wine)

화이트 와인을 술통에 담아서 장시간 숙성시키면 저장되어 있는 동안에 오크통에서 우러나오거나 한번 사용한 술통에 우러난 호박색이다.

2. 맛에 의한 분류

단맛이 나는 와인(Sweet Wine; Vin Doux)

달콤한 맛을 내는 감미 와인으로 완전히 발효가 되지 않고 당분이 남아 있는 것으로 주정분은 보통 13~15%로 이 주정분은 발효에 따라서 다르다.

스위트 와인을 양조하는 방법으로는 자체에 당분이 많아서 발효가 끝난 후(효모가 모두 죽은 후)에도 당분이 남아 있는 경우, 효모를 제거하거나 죽여서 발효를 중지시켜서 당분이 더 이상 분해되지 않도록 하는 경우, 설탕을 첨가하는 경우도 있다. 특히 프랑스의 쏘테르네(Sauternes) 지구, 발삭(Basac) 지구, 헝가리 산의 토카이 와인(Tokay Wine) 등이 스위트 와인에 속한다.

단맛이 없는 와인(Dry Wine; Vin Sec)

단맛이 없는 산미 와인으로 포도과즙에 함유된 당분의 대부분이 발효에 의하여 주정으로 변하는데, 주정분은 약 8~12%이다.

단맛이 조금 있는 와인

스위트 와인(Sweet Wine)과 드라이 와인(Dry Wine)의 중간 맛을 내주는 와인을 말하는 것으로 데미 드라이(Demi Dry) 혹은 세미 드라이(Semi Dry)라고 한다.

3. 알코올(Alcoholic) 첨가의 유무에 의한 분류

강화주(Fortified Wine)

주정분의 일부는 발효 때 생기며 또 일부의 주정분은 알코올 도수를 높이기 위하여 알코올 도수가 높은 증류주를 배합한 와인이다. 대표적인 강화주는 마데리아(Madeira), 포트와인(Port Wine), 쉐리 와인(Sherry Wine) 등이 강화주에 속한다.

비강하주(Unfortified Wine)

주정분이 순발효에 의해 생긴 와인으로 다른 것을 배합하지 않은 순수한 와인이다.

4. 탄산가스의 유무에 의한 분류

발포성 와인(Sparkling Wine)

와인에 탄산가스가 병입되어 있는 것을 발포성 와인이라고 한다. 발포성 와인은 발효가 완료되지 않은 것을 병에 넣어 병내에서 발효시키는 것과 탱크에서 탄산가스를 날려보내지 않는 법(Tank Method, 독일 Sekt)과 탄산가스를 첨가시키는 방법이 있다.

프랑스의 샴페인(Champagne), 이탈리아산의 아스티 수푸만티(Asti Spumanti), 독일의 젝트(Sekt) 등이 있다.

비발포성 와인(Still Wine)

발효가 완료된 후 병에 넣은 와인에 탄산가스를 완전히 증발시킨 일반적인 와인이다.

5. 용도에 의한 분류

식사와 와인과의 관계는 정확한 규칙에 의하여 연관이 되는 것이 아니라 와인이 생산되고 오랜 세월 동안 음식과 함께 음미되어 오면서 맛이 조화가 잘되는 것을 즐기게 되었고 당연히 그 수많은 경험에 의하여 터득이 된 것이다.

식전용 와인(Aperitif Wine)

식전에 입맛을 돋구기 위하여 마시는 와인으로 거의 쓴맛, 신맛이 있는 야릇한 맛이 나는 와인이다. 알코올도수가 16~20%의 비교적 도수가 높은 강화주인 달지 않은 와인으로 감미가 없고 향취가 강하며, 양이 적은 특징이 있다. 어쩌면 무슨 소화제 같은 약과 같은 맛이 나기도 하는데, 이것은 식사 때 음식을 더 맛있게 먹기 위하여 식욕을 돋구는 역할을 한다.

대표적인 와인은 쉐리 와인(Sherry Wine), 마데리아(Madeira), 마르살라 와인(Marsala Wine) 등으로 강화한 와인이다.

테이블 와인(Table Wine)

식사 중에 마시는 와인으로 흔히 테이블 와인이라 하기도 하는데, 음식과 가장 밀접한 관계가 있는 와인이다. 대체로 음식의 색에 맞추어지며 알코올도수가 10~14% 정도의 드라이 한 것을 마신다.

송어, 연어, 도미와 같은 흰 살 생선이나 굴, 새우, 바닷가재 등의 어패류 요리에는 드라이한 화이트 와인이나 스파클링 와인을 마시며, 앙뜨레(Entrée)나 전채(Appetizer)에는 드라이 와인, 미디엄 드라이 와인, 로제 와인이 어울린다.

육류요리 중 송아지 고기나 닭고기처럼 흰 색을 띄는 음식은 미디엄 드라이 화이트 와인이나 색이 연한 레드 와인이 알맞고 쇠고기, 돼지고기, 양고기, 칠면조고기처럼 짙은맛이 나는 요리와 수렵 육요리에는 향기가 짙은(Full Bodied) 레드 와인을 선택한다.

양념을 많이 한 요리는 주로 화이트 와인이 알맞고 소프트 치즈(Soft Cheese) 요리는 화이트 와인, 하드 치즈(Hard Cheese)에는 레드 와인이 어울린다.

이렇게 볼 때 대표적인 테이블 와인으로 레드 와인(Red Wine)은 끌라렛(Claret), 끼안띠(Chianti), 버건디 레드 와인(Burgundy Wine)을 들 수 있다. 화이트 와인(White Wine)은 보르도의 화이트 와인(White Bordeaux), 샴페인(Champagne), 버건디 화이트 와인(Burgundy Wine) 등이다.

단 와인이 모든 식사에 잘 어울리는 것은 아니고 식초(Vinegar), 피클(Pickle), 커리(Curry), 겨자(Mustard), 샐러드에는 마시지 않는 것이 좋다. 즉 와인의 맛을 제대로 느낄 수 없는 음식이나 자극성이 강한 음식에 와인(알칼리성)을 마시면 소화기관이 편하지 않기 때문이다.

식후용 와인(Dessert Wine)

식사를 마친 후에 소화를 촉진시키기 위하여 마시는 와인으로 식전와인과 마찬가지로 소량으로 알코올 도수가 높으나 스위트한 와인을 주로 마신다. 대표적인 식후용 와인은 포트 와인(Port Wine), 크림 쉐리(Cream Sherry), 마르살라(Marsala), 쏘테르네 마데리아(Sauternes A.O.C Madeira) 등이 있다. 샴페인과 로제 와인은 식사의 전과정에서 어느 때라도 잘 어울리는 융통성 있는 와인이다.

이상에서 볼 때 식사가 시작될 때는 드라이 와인으로 시작하고 식사가 끝날 때는 스위트 와인으로 마친다. 여러 가지 와인을 한꺼번에 마실 때는 저장기간이 짧은 와인에서 저장 기간이 긴 와인의 순서대로 마시는 것이 좋다. 즉 영 와인(Young Wine), 에이지드 와인(Aged Wine), 그레이트 와인(Great Wine)의 순이다.

6. 저장연도에 의한 분류

발효를 마친 후에 창고에서 와인은 포도의 품종에 따라서 어느 정도 숙성기간을 갖는가와 와인의 성분에 탄닌과 같은 함유량이 많으면 장기간 보관할 수 있고 그렇지 않으면 단기간에 마셔야 한다. 와인은 저장기간에 따라서 영 와인, 에이지드 와인, 그레이트 와인으로 분류된다.

영 와인(Young Wine)

1~2년 저장한 와인을 말한다.

에이지드 와인(Aged Wine)

5~10년 저장한 와인을 말한다.

● 그레이트 와인(Great Wine)
15~20년 저장할 수 있는 와인이다.

제 5 절 지역별 와인의 특성

세계의 대표적인 와인 산지는 프랑스, 이탈리아, 독일이 와인의 생산량이나 질에서 다른 어느 나라에 비하여 우수하다고 할 수 있다. 그 이유는 포도를 재배하기에 적합한 토질, 기후, 재배기술, 국가에서 법률로 와인을 보호하는 정책 등을 통한 노하우이다.

1. 프랑스 와인(French Wine)

프랑스 포도 재배의 역사는 고대 그리스, 로마인에 의해 마르세이유에서 로트 강을 거슬러 올라가며 재배가 이루어졌다. 프랑스 와인이 일반에게 대중화 된 것은 로마제국 멸망(486 년)이후 15 세기에 이르는 기독교 전도에 편승해서이다. 특히 프랑스 혁명(1789년)이 있었던 나폴레옹 시대 초부터 19세기 중반 무렵까지가 최고로 융성했던 시대이다. 프랑스 혁명에 의하여 왕과 귀족 그리고 교회는 붕괴되었고 포도원은 민중의 손에 넘어갔다. 또 귀족이 거느리고 있던 요리사들은 데미송과 리용시로 나와서 개업을 하였다. 따라서 프랑스 요리와 와인이 연결되었고 일반인에게는 한층 더 친근하게 되었다. 프랑스는 우리나라보다 위도가 높은 북위 45~49도에 위치하는데 난류의 영향으로 포도재배에 알맞은 기후조건이 되어 프랑스 각 지방에서 품질이 뛰어난 포도가 생산되고 있다.

그러므로 프랑스는 와인 생산량에 따라서 GNP가 좌우된다. 프랑스 국민 중에서 약 120만 명이 와인 및 포도 농사에 종사한다. 포도밭의 면적은 125만 헥타에 달하고 와인 생산량은 연간 약 65억 리터에 달한다. 이 중에 75%는 레드 와인을 25%는 화이트 와인을 생산하고 있다.

A.O.C급 와인은 6~9억 리터, V.D.Q.S급 와인은 2~4억 리터, 테이블 와인은 45억 리터로 프랑스 연간 와인 소비량을 56억 리터, 수출량은 35억 리터 수입량은 연간 25억 리터로 프랑스는 수출 할 수 있는 한 수출하고 모자라는 양은 외국으로부터 수입하여 충당한다.

프랑스 와인 생산량은 이탈리아에 이어 세계 2위 생산량을 자랑하며, 그 다음이 스페인, 포르투갈 순이다. 프랑스는 포도의 관리와 분리, 한계를 명확하게 정해서 운영을 하고 와인을 하나의 보석처럼 다루는 정성과 감정적이면서 조직적이고 규율적인 국민성으로 와인 생산자를 보호하는 것과 동시에 와인 소비자를 함께 보호하는데 역점을 두 프랑스는 여러 지방으로 나누고 지방을 다시 지역으로 지역을 지구로 세분하고 그 지구에는 몇 개의 구역이 있다.

프랑스 와인을 알기 위해서는 우선 프랑스 각 지역의 지방명, 지구명을 잘 알아두어야 한다. 왜냐하면 프랑스 와인은 그 지방별, 지역별로 독특한 와인을 생산하며 바로 그 지명을 보고서 와인의 특성을 알 수 있기 때문이다. 프랑스의 대표적인 6대 와인 생산지는 보르도(Bordeaux), 부르고뉴(Bourgogne), 꼬뜨뒤론(Cotes du Rhone), 발드 르와르(Val de Loire), 꼬뜨 드 프로방스(Cote de Provence), 알사스(Alsace)이다.

프랑스 와인은 E.U의 와인 법에 의하여 품질에 따라서 4등급으로 나누어 법령으로 관리를 하고 있는데, 다음과 같다. 프랑스 정부의 법률에 의해 엄격한 규제를 통하여 프랑스 와인 자체의 명성을 보호하고 그 품질을 유지하지 위하여 아펠라숑(Appellation)이라는 어구 아래 사용되고 있다.

프랑스의 와인산지

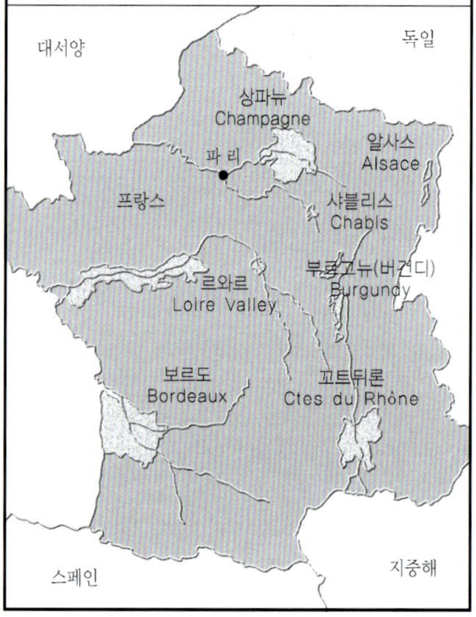

A.O.C(Appellation d'origine Contrôlée)

A.O.C는 원산지 통제 명칭으로서 우수한 와인이 생산되는 원산지를 지정하고 일정한 품질이 되도록 규제를 실시하고 있는데, A.C 와인이라고도 한다. 이는 최고급 와인으로 어느 지역에서 생산되었고 어떤 포도품종으로 만들어졌으며 포도의 재배방법, 생산량 제한 최저 알코올 함유량 포도의 당분, 함유량, 숙성의 조건 등을 규정하고 있다.

1935년 불란서 정부는 우수 와인 생산업자 및 우수한 질의 와인을 보호하기 위하여 원산지 명칭권을 법률로 정하였다. 전국 원산지 명칭 협회가(INAO)가 정하고 농림부령으로 공인된 생산조건을 만족시키는 와인이다. A.O.C의 규제 사항은 다음과 같다.

① **A.O.C가 지정한 지역에서 재배된 포도로 만들 것**
② **재배품종에 대한 규제**
③ **최소 알코올 도수에 대한 규제**
④ **생산량의 제한**
⑤ **포도 재배법에 관한 제규정(전지, 비료사용, 면적당 심는 포도나무 그루수 등)**
⑥ **발효전의 당도규정**
⑦ **관할구역 정확한 한계**
⑧ **와인제조법**

V.D.Q.S(Vin Délimlité de Qualité Supérieure)

V.D.Q.S는 1949년 정부령으로 품질 분류상 A.O.C 와인 다음 급의 고급와인에 속하며 규정항목으로 포도생산지역, 포도품종, 재배법, 양조법, 최저 알코올 도수 등을 규제하고 있다.

V.D.Q.S는 우수한 품질의 와인이라는 뜻으로 A.O.C 와인과 같이 규정된 법률에 의해 감독 생산되는 와인이지만 그 엄격함에 있어서 A.O.C에 미치지 못하지만 각 지방 포도재배연합회 관리하에서 품질관리 한다.

뱅드 빼이(Vin de Pays)

뱅드 빼이 규정항목은 포도품종, 알코올 도수, 양조법 등을 규제한다. 생산지역 와인으로 1973년 정부령에서 프랑스 와인 품질상 제3급으로 분류되며 라벨에는 산지명과 지주 보증마크가 기재되어 있어 각 지방 특유의 특성을 갖고 있다. 알코올 도수는 8.5%이상이 되어야 하며 반드시 와인협회로부터 지주(地酒)로서의 규격에 합격해야 뱅드 빼이 등급이 될 수 있는데, 불합격품은 뱅드 따블(Vin de Table)와인으로 판매한다.

뱅드 따블(Vin de Table)

원산지무기명 와인으로 특정한 법률에 의한 통제 없이 양조된 와인을 주상(酒商)들이 임의로 구입하여 자기들의 기술에 의해 블렌딩(Blending)하여 제품화한 후 자사의 상표를 붙여 판매하는 와인으로 9.5%이상의 알코올 도수를 유지해야 하며 의무적으로 그 도수를 병에 표기해야 한다.

1) 보르도(Bordeaux) 지방

보르도 지방의 와인 산지

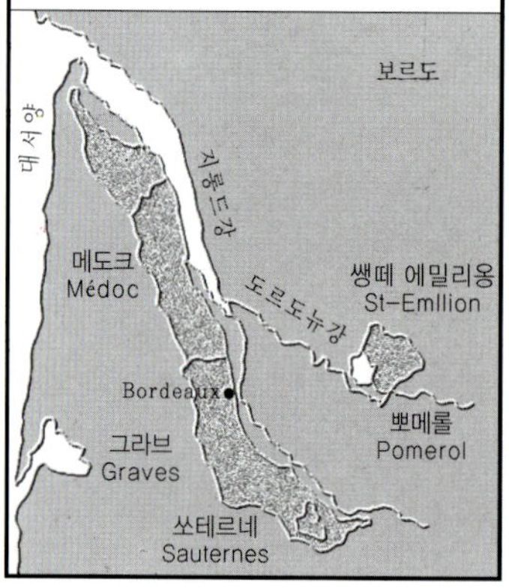

프랑스 보르도 지역은 파리 다음으로 큰 프랑스 제2의 도시이며, 혜택받은 자연환경에서 육성된 여러 가지 포도를 조합하여 세계에서 질, 양 모든 측면에서 최고의 우수한 와인을 생산하는 가장 넓은 지역이다. 보르도 지방은 남쪽에서 북으로 흐르는 가론느 강과 내륙에서 서쪽으로 흐르는 도르도뉴(Dordogne) 강이 만나서 지롱드(Gironde) 만을 이룬 곳으로 프랑스 와인 생산의 1/4을 차지하고 있다.

보르도는 지질과 지형의 변화가 다양하고 토질은 진흙, 자갈, 모래들이 섞인 아주 훌륭한 토질로서 포도재배지로 적당하며 보르도 지방의 와인은 장기 숙성을 요하며, 섬세한 풍미와 향기로 인하여 와인의 여왕으로 호칭 받기도 한다. 레드 와인은 선명한 홍색으로 특히 영국에서 애칭으로 끌라렛(Claret)이라고 한다.

화이트 와인은 이 지방의 전체 비율에서 약 30% 정도이고, 쏘테르네 지역의 화이트 와인은 스위트하며, 드라이한 와인도 타지방에 비하여 결코 뒤지지 않는다.

보르도 지방의 5개 지구가 유명한데, 각 지구에서는 꼬뮨으로 불리는 여러 개의 촌이 있다. 그 지명은 메도크(Médoc), 그라브(Graves), 쌩떼 에밀리옹(St-Emillion), 뽀메롤(Pomerol), 쏘테르네(Sauternes)가 있다.

보르도 지방의 와인은 크게 샤또(Château) 와인과 네고시앙(Negociant; Shipper Wine)와인으로 구분되는데 샤또는 포도원 소유자가 자기의 포도원에서 재배한 포도를 발효 양조하여 포도원의 이름과 주소를 기재하여 와인의 전 생산과정을 그 샤또가 보증한다는 의미 네고시앙 와인은 자기의 포도원을 소유하지 않은 주상(酒商)들이 아직 숙성되지 않은 와인을 여러 포도원으로부터 구입하여 자기의 독창적 기술로 블렌딩 한 후 병에 넣어 지하 창고에 저장, 보관했다가 자기의 이름 또는 상사의 이름을 병의 라벨에 표기하여 출고하는 와인이다.

대표적인 네고시앙(Negociant)은 깔베(Calvet), 에쉔아우어(Eschenauer), 들로(Delor),

지네스떼(Ginestet), 바르똥 게스띠에(Barton & Guestier; B & G), 메종 시쉘(Maison Sichel), 꼬르디에(Cordier), 질베이 드 루덴느(Gilbey de Loudenne) 등이 있다.

자기 소유의 포도원을 가지고 있어 원내에서 양조한 와인을 그곳 창고에서 병입하지 않고 시중한 창고에 운반 그곳에서 숙성한 후 블렌딩하는 와인이 있다.

그러한 와인을 병입 시에 다음과 같은 문구를 와인 병의 라벨에 적어 준다.

① 미정 뿌떼이으 빠르르 프로프리에떼르(Mis en Bouteilles Par Le Proprietaire)
② 미드 라 프로프리에뜨(Mis de La Propriete)
③ 미정 뿌떼이으 아 라 프로프리에뜨(Mis en Bouteilles á La Propriete)

▸ 지역별 와인병의 형태

[보르도지역 와인병] [버건디지역 와인병]

▸ 병의 명칭

메도크(Médoc) 지구

메도크의 지역명칭은 라틴어의 Medio Aguae(Between the Water)로서 물과 물 사이를 의미한다. 즉 지롱드 강과 대서양 사이에 메도크 지역이 위치하고 있음을 뜻한다. 메도크 지역은 지롱드 강 하구의 좌안 띠 모양으로 펼쳐져 있으며, 메도크(Médoc)는 하류의 바 메도크(Bas-Médoc)와 상류의 오 메도크(Haut-Médoc)로 분리되며 대부분의 명주가 오 메도크에서 생산된다. 오 메도크는 다시 28개의 동으로 나누어지는데, 이것을 꼬뮌느(Commune) 라고 한다.

메도크 지구의 토질은 모래와 자갈로 덮여 있고 구토, 석회암 점토가 있어 지력이 약하지만 배수가 잘되어 포도가 자라는데 매우 적합하다.

오 메도크(Haut-Médoc)의 6대 와인 산지는 쌩떼 에스떼쁘(Saint- Estephe), 뽀약(Pauillac), 쌩떼 줄리앙(Saint-Julien), 마고(Margaux), 물리(Moulis), 리스트락(Listrac)으로 구분할 수 있다.

① 쌩떼 에스떼쁘(Saint- Estephe) 구역

쌩떼 에스떼쁘 와인은 메도크의 와인 중에서 탄닌의 함유량이 가장 많아서 향기가 강하고 섬세함은 부족하지만 뚜렷한 특성을 지닌 우아한 와인이다. 이 구역의 와인은 다른 지역에 비하면 토양에 점토질이 많고 토질이 약간 무겁기 때문에 와인의 색조가 약간 진하고 과실이 농축된 방향을 가진 묵직한 맛(Full Bodied)의 와인이 많이 생산된다.

초기에는 떫은맛도 강하지만 숙성 후에는 끌라렛 와인 중에서도 좋은 와인이 되며, 쌩떼 에스떼프의 유명한 와인을 나열하면 다음 같다.

2 등급 와인은 샤또 꼬 데스 뚜르넬(Château Cos d'Estournel), 샤또 몽트로즈(Château Montrose), 3등급 와인은 샤또 깔롱 쎄귀르(Château Calon Segur), 4등급 샤또 라퐁 로쎄(Château Lafon Rochet), 5 등급 샤또 꼬 라보리(Château Cos Labory) 등이 생산된다.

② 뽀약(Pauillac) 구역

보르도 지방에서 최고급 레드 와인을 생산하며, 뽀약을 흔히 메도크의 왕이라고 한다. 이는 뽀약에 위대하고 명예로운 포도원들이 많이 존재하고 있기 때문이다. 뽀약은 메도크의 5 개 초특급 레드 와인 중 샤또 라피뜨 로췰드(Château Lafite Rothschild), 샤또 라뚜르(Château Latour), 샤또 무똥 로췰드(Château Mouton Rothschild) 등 3개의 마을을 보유하고 있기 때문이다.

메도크 지구에서 가장 큰 구역으로 와인의 특성은 감칠맛이 나고 수명이 길고 풍부한 향기와 섬세한 감촉, 아름다운 색깔로 사람들의 마음을 사로잡는다.

뽀약 지역의 유명 와인을 나열하면 다음 같다.

1 등급은 샤또 라뚜르(Château Latour), 샤또 라피뜨 로췰드(Château Lafite-Rothschild), 샤또 무똥 로췰드(Château Mouton Rothschild)가 생산되고, 2등급은 샤또 삐숑 롱그빌 바롱(Château Pichon-Longueville Baron), 샤또 삐숑 롱그비 꽁뜨스 드 라랑드(Château Pichon-Longueville-Comtesse-de Lalande), 3등급의 와인은 생산되지 않으며, 4 등급의 와인으로는 샤또 뒤아르 밀로 로췰드(Château Duhart-Milon-Rothschild), 5등급의 와인은 샤또 뽕데 까데(Château Pontet Canet), 샤도 린쉬 바쥬(Château Lynch Bages), 샤또 바따이(Château Batailley), 샤또 오 바따이(Château Haut Batilley), 샤또 크르와제 바쥬(Château Croizet-Bagesx) 등이 생산된다.

③ 쌩떼 줄리앙(Saint-Julien) 구역

쌩떼 줄리앙은 오 메도크의 중앙에 위치하고 있으며, 오 메도크의 6개의 꼬뮌느

(Commune) 중에서 가장 작은 지역이다. 쌩떼 줄리앙은 강가에 위치하고 포도재배에 알맞은 자갈 섞인 밭으로 이곳에서는 레드 와인만을 생산한다. 특징은 부드럽고 힘차며 자색을 띤 진 황색 와인이며 해가 갈수록 원숙미가 더해진다. 쌩떼 줄리앙에서 생산되는 유명 와인을 살펴보면 다음 같다.
이 지역에서는 1등급 와인은 알려진 것이 없으나 2등급 와인으로 샤또 레오빌 라까즈(Château Leoville Las Cases), 샤또 레오빌 뽀와뻬레(Château Leoville Poyferre), 샤또 레오빌 바르똥(Château Leoville Barton)과 3등급으로는 샤또 라그랑쥬(Château Lagrange), 랑고아 바르똥(Château Langoa-Barton)이 생산된다. 4등급 와인은 주상(酒商)인 꼬르디에(Cordier) 소유의 샤또 딸보(Château Talbot)이다.

④ 마고(Margaux) 구역

메도크의 꼬뮌느(Commune) 중에서 가장 큰 지역인 마고는 홀로 메도크의 남쪽에 위치하고 있다. 마고는 뽀약(Pauillac) 못지 않은 유명한 구역으로 와인의 특징은 부드러운 감촉과 매혹적인 향기의 레드 와인은 보르도 지방에서 가장 섬세하다고 평하는 사람도 있다. 메도크 지역 중 가장 거친 사력 층과 엷은 토양을 갖고 있어 배수에 좋으며 메도크의 남쪽지역에 위치하고 있다.
마고 구역에서 생산되는 유명 와인으로는 다음 같은 상품이 있다.
1등급 와인은 샤또 마고(Château Margaux)가 있고, 2등급 와인은 샤또 로쟝 쎄글라(Château Rausan-Sagla), 샤또 로장 가씨에(Château Rauzan-Gassies), 샤또 라스꽁브(Château Lascombes), 샤또 브란느 깡떼냑(Château Barane-Cantenac), 3 등급와인으로는 샤또 팔메(Château Palmer), 샤또보이 깡떼냑(Château Boyd-Cantenac), 샤또 깡떼냑 브라운(Château Cantenac-Brown), 샤또 지스꾸르(Château Giscours), 샤또 디쌍(Château d'Issan), 샤또 키르방(Château Kirwan)이 있으며, 4등급 샤또 마르뀌-드-떼르므(Château Marquis de Terme), 샤또 뿌제(Château Pouget), 샤또 프리에레 리씬느(Château Prieure Lichine)이 생산된다. 그리고 5등급의 와인은 샤또 도작(Château Dauzac), 샤또 뒤 떼르트르(Château Du Tertre) 등이 생산된다.

⑤ 물리(Moulis) 구역

물리는 보르도로부터 지롱드 강을 따라 직선으로 뻗어진 도로의 서쪽 내륙에 위치하여 마고(Margaux)와 쌩떼 줄리앙(Saint Julien) 사이에 위치 내륙 가까이 있는 마을로 토양의 사토로 향기가 높고 부드러운 와인이 만들어진다. 물리는 등급이 메겨진 포도원은 없고 메도크 와인의 장점을 갖춘 와인을 만들어 내고 있다. 물리에서 생산되는 유명 와인은 샤또 샤스 스플렌(Château. Chasse Spleen), 샤또 모카이유(Château Maucaillau), 샤또 물리(Château Moulis) 등이 있다.

⑥ 리스트락(Listrac) 구역

물리(Moulis)의 이웃에 있는 마을로 최고 등급(Top Class)에는 못되지만 샤또 글라크(Château Clarke), 샤또 칸테그릭(Château Cantegric) 같은 상당히 매력적인 레드 와인을 생산하고 있다.

그라브(Graves) 지구

그라브는 보르도 시 남쪽에 위치한 가론느(Garonne) 강 내륙으로 자갈과 모래의 경사지를 그라브(Graves)라 칭한다. 그라브는 자갈이란 의미로 이 지역은 레드 와인과 화이트 와인을 생산하고 있는데, 북부지방에서는 레드 와인(Red Wine), 남부지방에서는 화이트 와인(White Wine)이 생산된다.

레드 와인은 색깔도 짙고 세련된 향기가 특징이고 화이트 와인은 드라이(Dry) 한 맛과 남쪽으로 가면서 미듐 드라이(Medium Dry)한데, 드라이(Dry)한 타입이 좋은 것이 많다. 주요 상품명 샤또 오 브리옹(Château Haut Brion), 샤또 라미숑 오 브리옹(Château La Mission Haut Brion), 샤또 라 뚜 오 브리옹(Château La Tour Haut Brion), 샤또 페랑드(Château Ferrande) 등과 같은 명주가 생산된다.

그라브 지구에서 생산되는 유명 와인은 특등급으로는 샤또 라미숑 오 브리옹(Château La Mission Haut Brion), 샤또 라뚜 오 브리옹(Château La Tour Haut Brion), 샤또 페랑드(Château Ferrande), 빠쁘 끌레망(Château Pape Clement), 샤또 스미스 오 라피뜨(Château Smith-Haut-Lafite), 1등급은 샤또 오 브리옹(Château Haut Brion)이 있다.

쏘테르네(Sauternes) 지구와 바작(Barsac)

프랑스 최고의 화이트 와인 생산지로 쏘테르네와 바작을 꼽을 수 있다. 이 지역은 스위트(Sweet)한 맛을 내는 와인으로 세계에서 최고로 순한 맛의 화이트 와인으로 이곳 와인과 비교할 만한 와인이 없다.

이 지역에서 생산되는 와인은 독특한 자연적인 과정을 거쳐서 만들어진다. 이는 보트뤼티스 씨네레아(Botrytis Cinerea)[4] 곰팡이와 기후인데, 이 곰팡이는 익은 포도에 생겨서 껍질을 뚫고 침투하여 뜨거운 태양이 수분을 증발시키고 포도즙을 농축시켜 꿀같은 향이 나는 스위트 와인을 만들 수 있게 한다. 이 지역에서 와인으로

4) 버섯의 일종인 씨네리아 식물.

사용되는 포도 품종은 쎄밀뇽(Semillion)종과 소비뇽(Sauvignon)종인데 포도가 완전히 익을 때까지 기다렸다가 수확을 하기 때문에 포도의 당분이 높고 향기가 높은 와인이 되며 포도를 수확할 때 8~9번 정선하기 때문에 늦은 9월에 시작해서 12월말까지 노블 로트(Noble Rot)가 생긴 포도 알만을 골라서 따는 것이다.

노블 노트가 생긴 포도 알만 골라서 와인을 담그면 아무리 넓은 면적이라도 적은 양의 와인밖에 낼 수 없게 되며, 스위트 와인(Sweet Wine)이 되는 것이다. 샤또급 쏘테르네 와인(Sauternes Wine)은 장수하는 특징이 있다. 다른 화이트 와인과 달라서 10년 세월이 흘러서 훌륭한 와인으로 꽃피며 특히 40~50년 묵은 와인은 시간이 갈수록 향취와 향미가 좋아지면서 차츰 브라운 칼라(Brown Color)로 변하면서 단맛도 서서히 감소한다.

쏘테르네 지구에서 생산되는 유명 와인으로는 특등급 와인은 샤또 디껨(Château d'Yquem)이 있으며, 1등급 와인으로는 라뚜르 블랑쉬 봄(La Tour-Blanche Bommes), 라포리 빼이라게이 봄(Lafaurie-Peyraguey), 끌로 오 빼이라게이 봄(Clos Haut Peyraguey), 라인느 비뇨 봄(Rayne Vigneau Bommes), 쉬디로 프레냑(Suduiraut Preignac), 꾸떼 바작(Coutet Barsac), 끌리망 바작(Climens Barsac), 귀로 쏘테르네(Guiraud Sauternes), 씨갈라 라보 봄(Sigalas Sauternes), 라보 프로미 봄(Rabaud-Promis Bommes), 리오쌕 쏘테르네(Rieussec Sauternes) 등이 있다. 또한 2등급으로는 디쉬 쏘테르네(d'Arche Sauternes), 필로 쏘테르네(Filhot Sauternes), 부로스떼(Broustet), 바작(Barsac) 등이 있다.

쌩떼 에밀리옹(Saint-Emillion) 지구

쌩떼 에밀리옹은 도르도뉴 강의 우측을 내려다보는 경사진 언덕에 위치하여 메도크 지방보다 더 많은 와인을 생산한다. 많은 양의 와인이 어떤 특정 포도원이 아닌 쌩떼 에밀리옹 단독 명으로 시장에 나온다. 레드 와인산지이며 힘찬 남성적 와인의 성격으로 맛이 강하고 색이 진하다. 보르도의 레드 와인 중에서 섬세하고 부드러운 촉감의 와인으로 보르도 중에서 가장 맛이 깊고 진한 와인이 이 지역에서 생산되어 보르도의 부르고류라고 한다. 토질은 석회암질 토양으로 포도 품종은 메를로(Merlot)종이 주종이다. 쌩떼 에밀리옹 지구에서 생산되는 유명상표의 와인은 다음 같다

1등급은 샤또 슈발 블랑(Château Cheval Blance), 샤또 오존(Château Ausone), 샤또 보세쥬느 (Château Beausejour), 샤또 카농(Château Canon)과 같은 명주가 생산되고, 2등급 와인으로는 보세쥬느 베콩(Beausejour-Becot), 보세쥬느(Beausejour) 등이 생산되고 있다.

뽀메롤(Pomerol) 지구

1923년 쌩떼 에밀리옹(Saint-Emillion) 지구에서 독립한 작은 구역으로 보르도에서 25마일 동쪽으로 도르도뉴강을 끼고 위치하고 있는 세계에서 가장 구석진 곳이라 할 수 있다. 뽀메롤(Pomerol)은 특별히 어느 마을의 이름을 사용하지 않으며 집집마다 가족과 함께 와인을 생산하고 있다. 동쪽으로 쌩떼 에밀리옹(St-Emillion)으로 토질은 모래흙과 자갈의 토질로 진흙땅이다.

뽀메롤에서 생산되는 와인은 비교적 가벼운 맛을 낸다

2) 부르고뉴(Bourgogne) 지방

원래의 이름은 부르고뉴(Bourgogne)가 정식명칭이나 영어로 지금은 버건디(Burgundy)로 통용되고 있다. 부르고뉴는 보르도와 쌍벽을 이루는 세계적인 와인 생산지로 부르고뉴(Bourgogne)라는 이름은 기원전 5세기경 게르만 민족의 하나인 부르군드 족이 세운 부르군드 왕국의 이름에서 유래한다.

양적으로는 보르도의 절반정도이며, 그 중에서도 2/3정도를 보졸레이 지구의 영 와인이 점유하지만 질적으로 뛰어난 와인을 다수 생산하고 있다.부르고뉴는 여러 종류의 포도품종을 사용하지 않고 소수의 포도품종으로 와인을 만든다. 그렇기 때문에 와인이 개성이 강하고 맛이 중후하며, 보르도 와인이 와인의 여왕으로 호칭된다면 부르고뉴 와인은 와인의 제왕으로 불리듯이 제왕의 광채가 번뜩인다. 부르고뉴의 주요 포도품종은 삐노 느와(Pinot Noir), 가메(Gamay)종으로 레드 와인을 만들고, 화이트 와인은 샤도네(Chardonnay), 알리고떼(Aligote) 종으로 만드는데 화이트 와인이 부르고뉴에서는 특히 유명하다.

부르고뉴 포도밭은 보르도와 같이 대규모로 경영되지 않고 소규모 단위로 나뉘어져 있다. 이는 프랑스 혁명군의 직접적인 산물로 1789년 프랑스 혁명군은 카톨릭 수도원의 대부분이 버건디 포도원을 소유하고 있는 것을 탈취하여 반교회 반귀족들에게 분배하였다. 반면에 보르도의 큰 포도원은 계속 귀족계급에서 소유하였다. 왜냐하면 영국과 오랜 친밀한 관계로 반 카톨릭의 입장에 있었기에 혁명군들의 분노에서 벗어날 수 있었다.

프랑스의 수도 파리가 머리라고 한다면 부르고뉴는 배에 해당하고 부르고뉴는 크게 5대의 와인 생산 지역지역으로 분류된다.

5대 와인 생산지역을 살펴보면 샤블리(Chablis), 꼬도르(Cotes D'or)[5], 꼬뜨 샬로네즈

5) 이 지역은 꼬뜨 뉴(Cote De Nuits)와 꼬뜨 본(Cote De Beaune)을 합친지역으로 분리하여 설명하면 부르고뉴는 6대 와인 산지가 된다.

(Cotes Chalonnaise), 마꼬네(Maconnals), 보졸레이(Beaujolois)의 5개 지역으로 나눈다.

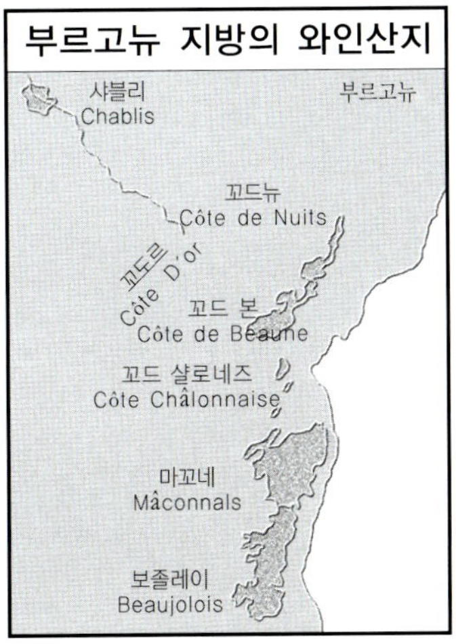

샤블리(Chablis) 지구

샤블리 지역은 부르고뉴에서 동떨어진 지역으로 마치 하나의 작은 섬처럼 샴페인 지역에 근접해 위치하고 있다. 샤블리는 용느마을의 거리이름에서 유래하였으며, 부르고뉴 황금의 문으로 칭송된다. 부르고뉴에서 최북단에 위치한 지역으로 계곡마다 갈대밭이 강을 낀 작은 지역으로서 세계적으로 드라이 와인(Dry White Wine)하면 샤블리(Chablis)를 연상할 만큼 유명한 지역이지만 밭의 면적은 4,700 에이커밖에 안 된다.

전세계 어느 고급식당을 방문해도 샤블리 와인이 있을 정도로 이곳 와인 메이커들은 요구되는 수요에 최대한 공급을 하려고 생산을 게을리 하지 않는다.

포도 품종은 샤블리 무똥네(Chablis Moutonne)종으로 토질은 백악질이며 햇빛을 충분히 모두 받을 수 있는 좋은 지리적 조건이다.

A.O.C법은 샤블리 와인을 4등급으로 구분하여 판매하도록 규정하는데, 특급 그랑 끄루 샤블리(Grand Crus Chablis), 1급 쁘리미어(Premier Crus), 2급 샤블리(Chablis), 쁘띠 샤블리(Petit Cablis)로 분류된다. 그 중에 그랑 끄루 샤블리(Grand Crus Chablis)는 강하고 신맛이 약간 나며 거칠지 않고 섬세하며 미네날이 풍부하고 아주 부드러운 와인으로 10년쯤 묵히면 골든 색이 매우 아름답게 된다. 쁘띠 샤블리(Petit Chablis)는 변두리 밭에서 생산되는 와인으로 값이 싼 와인이지만 좋은 와인이다.

샤블리 지구에서 생산되는 유명 와인은 몇 가지 되지 않는데, 쥬브리 샴발땡(Gevery Chambertin), 쌩떼 조지(Saint Georges)가 있다.

꼬도르(Cotes D'or)지구

꼬도르(Cotes D'or)은 부르고뉴 중부에 위치하여 디종(Dijon)에서 상뜨니(Santeny)까지 길게 포도밭이 연결되어 있으며, 이 지역이 부르고뉴에서 제일 큰 와인 생산 지역이다. 이 지역은 꼬뜨 뉴(Cote De Nuits)와 꼬드 본(Cote De Beaune)을 합친 지역이다.

① 꼬드 뉴(Cote De Nuits)

꼬드 뉴(Cote De Nuits)는 부르고뉴 지방의 심장부에 해당하며, 레드 와인이 더 유명하다. 꼬드 뉴의 의미는 황금의 언덕이라는 뜻이다. 지역에 가을이 되면 단풍이 든 포도 잎으로 언덕의 일대가 황금빛 물결로 변하는데서 유래한다.

이 지역에서는 저장하기 좋은 와인을 생산하며 와인이 영 와인(Young) 일 때는 거칠지만 저장 성숙되면은 비단같이 부드러워져서 아주 훌륭한 와인이 된다.

꼬드 뉴의 주요 와인 모쌀트(Meursault), 몽트라쎄(Montrachet), 꼬동 샤르마뉴(Corton Charlemagne) 등 이 3가지 와인은 샤블리, 뿌이 퓌세와 더불어 부르고뉴 화이트 와인의 성가를 높이는 위대한 와인이다. 꼬드 뉴 지구의 유명 와인을 살펴보면 다음과 같다.

쥬브리 샴발땡(Gevery Chambertin), 모레이 쌩떼더니(Morey St-Denis), 플라제-에슈제오(Flagey-Echezeaux), 부조(Vougeot), 보슨 로밍스(Vosne Romance), 뉘쌩떼 죠르쥬(Nuits St-Georges) 등이 있다.

② 꼬드 본(Cote De Beaune)

꼬도르((Cote D'or)의 남쪽에 위치하여 꼬드 뉴가 레드 와인으로 유명하다면 이 지역은 화이트 와인이 더 유명하고 녹색을 띤 황금색으로 유연한 풍미의 부드러운 와인이다.

이 지역의 화이트 와인은 충분한 감칠맛과 풍부한 부케(Bouquet)을 겸비하여 드라이 화이트 와인 중에서는 세계 최고의 평판을 얻고 있다. 꼬드 본 지구에서 생산되는 유명상표 와인을 열거하면 다음 같다.

레드 와인은 코통(Conton), 포마(Pommard)가 있으며, 화이트 와인은 모쌀트(Meursault), 몽투라쎄(Montrachet) 등이 유명하다.

꼬드 샬로네즈(Cotes Chalonnaise)

이 지역은 코드본과 마꼬네 사이에 위치하여 한 때는 부르고뉴 지역에서 잊혀졌던 지역이다. 꼬드 샬로네즈는 레드 와인용으로 삐노 느와가 주 품종이고, 화이트 와인은 삐노 느와(Pinot Noir), 샤도네(Chardonnay), 알리고떼(Aligote)가 주 품종이다. 꼬도르(Cotes D'or)가 귀족적이고 보졸레이(Beaujolaise)가 서민적이면 그 중간에 속한다.

꼬드 샬로네즈의 유명와인은 부르고뉴 알리고떼 부즈롱(Bourgogne Aligote-Bouzeron), 릴리(Rully), 메르뀌레(Mercurey), 지브리(Givry), 몽따니(Montagny) 등이 있다.

마꼬네(Maconnais)

꼬드 샬로네즈에서 20km정도 떨어진 곳에 위치하고 있다. 지형은 이회암질[6]이며, 화이트 와인을 생산하는 남부는 점토 석회질 토양이다. 마꼬네는 과일 풍미의 방향을 지닌 화이트 와인 생산지나 레드 와인과 로제 와인(Rose Wine)도 생산된다.

이 지역에서 제일 유명한 것은 뿌이 퓌쎄(Pouilly Fuisse)인데, 이 와인은 녹색을 띈 금색의 드라이 와인으로 일반적으로 숙성을 거치지 않고 마시나 10년 이상의 보관 기간을 거쳐도 향기를 잃지 않는 세계적으로 알아주는 와인이다.

마꼬네에는 유명한 와인 마을이 있는데, 첫째 뿌이 퓌쎄(Pouilly-Fuisse)의 5개 마을인 퓌쎄(Fuisse), 뿌이(Pouilly), 솔리트레(Solutre), 베르자송(Vergission), 샨트레(Chaintre), 둘째 맥콩(Macon)을 중심으로 한 맥콩지구 전체에 A.C는 5개가 있다. 우선 단순한 맥콩(Macon), 알코올도수가 약간 높은 마콩 수페르에르(Macon Superieur), 그 위에 마을 이름이 붙은 맥콩(Macon)이 있다. 그리고 마을 이름 맥콩에 준하는 맥콩 빌자쥬(Macon Village)가 있다.

셋째는 센 브렁(Sain Veran)을 중심으로 한 마을로 보졸레이 지구 경계에 접하는 8개 마을에서 나는 화이트 와인의 총칭인데 근년에 A.O.C가 되었다.

보졸레이(Beaujolais)

부르고뉴의 최남단으로 토질은 화강암이며, 보졸레이는 크게 남북으로 지역이 나누어지는데, 고품질의 와인은 북부에 다수가 있다.

포도의 품종은 주로 가메(Gamay)를 사용하며, 와인 생산량도 많고 와인은 신선한 과일 향 밝은 색조 경쾌한 풍미의 와인을 생산한다. 프르티(Fruity)하고 영 와인(Young Wine)이 세계적으로 유명하다.

영 와인은 단명이기 때문에 일부를 제외하고는 수확한 이듬해에 모두 소모한다 또한 수확한 당해 연도의 11월 3번째 목요일부터 누보 와인이 출

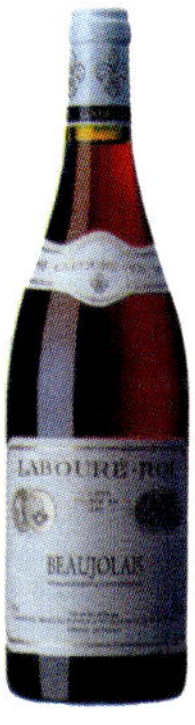

6) 탄산석회와 점토가 섞여서 된 수성암

하된다. 보졸레이 누보는 전체 보졸레이의 절반 이상을 차지하고 있다.
보졸레이의 유명 와인은 1등급 와인은 보졸레이에 9개 지역에서 생산되는 끄르 보졸레이(Crus Beaujolais), 쌩떼 아무르(Saint Amour), 쥴리에나(Julienas), 플랭아 방 슈나(Moulin a Vent), 슈나(Chenas), 프레리(Flerie), 쉬루블(Chiroubles), 모르공(Morgon), 꼬뜨 드 블루이(Côte de Brouilly), 블루이(Brouilly)과 2등급 와인은 보졸레이 빌라쥬(Beaujolais Villages), 3등급 와인은 보졸레이 쉬페리에르(Beaujolais Superieur), 4등급 와인은 보졸레이(Beaujolais)이다.

3) 꼬뜨뒤론(Cotes du Rhone) 지방

꼬뜨뒤론의 토질은 화강암으로 부르고뉴 남쪽에 위치하여 비엔느(Vienne)에서 아비뇽까지(Avignon)까지 론(Rhone) 강을 따라서 이어지는 포도밭이다.
약 200㎞의 길이로 길게 북에서 남으로 포도밭이 있으며 기후와 토질이 남부는 평지가 많은 지역적 특성과 북부는 낮은 구릉지대의 특성을 지니고 있어서 조금씩 다르기 때문에 재배되는 포도품종도 13가지나 된다.
이것을 조합해서 각기 다른 타입의 레드, 로제, 화이트 와인을 생산한다. 화이트 와인은 북부에서 많이 생산되고 남부에서는 소량생산 되는데, 가볍고 알코올 도수가 높지 않다.
레드 와인은 탄닌 물질이 풍부하고 태양의 자손이라고 부른다. 와인의 색깔이 짙으며, 알코올 도수가 기후와 풍토 포도의 품종에 의해서 다른 와인보다 좀 높다. 이 중에서 유명한 와인은 레드 와인의 경우 북부에서는 시라종을 주원료로 하여 농후한 색과 풍부한 맛을 자랑하는 꼬드로띠에와 에레미타쥬가 있고 남부에서는 그레나체종을 중심으로 하여 여러 가지 품종을 혼합하여 만든 강건한 느낌의 샤또느프두파프가 있다. 남부의 따벨 지구는 로제 와인으로 유명한데 드라이하면서도 조화로운 풍미와 감칠맛이 있어서 프랑스 가정의 테이블에 자주 등장하는 와인으로 알려져 있다. 꼬드뒤론의 유명 와인 산지를 분류하면 다음과 같다.

① **꼬뜨 로띠에**(Cote Rotie)
② **꼬뜨 두 론**(Cote du Rhone)
③ **꼬뜨 두 빌라쥬**(Cote du Villages)
④ **샤또느프 두 파프**(Chateauneuf du Pape)
⑤ **따벨**(Tavel)
⑥ **꼬뜨 두 벤투**(Cot du Venatoux)

⑦ 에레미타쥬(Hermitage)
⑧ 리락(Lirac)

4) 알사스(Alsace)지방

알사스 지방은 프랑스이면서 와인은 독일의 성격을 지녔다고 한다. 알사스는 독일과 접경지역으로 프랑스와 독일간에 서로 영토를 차지했었기 때문에 독일식 언어를 사용하기도 하지만 와인은 독일인과는 정서적으로 다르다. 독일 사람은 와인을 응접실이나 가든 용으로 생각한다면 알사스 사람들은 와인을 식탁용이나 음식을 조리할 때 첨가용으로 생각한다. 이곳 알사스는 여러 가지 독특한 요리(음식)가 있는데 이 지역산 와인이 아주 매치가 잘 된다.
약 440개의 마을 3만호의 인구가 와인 생산에 종사하고 있으며 연간 6~7천만 리터의 와인을 생산한다.
와인의 이름은 마을이나 포도밭의 이름을 사용하지 않고 포도품종의 이름을 사용하므로 A.O.C 와인은 아펠라송 알사스 꼰트롤레(Appellation Alsace Contrôlée)로 단일화되어 있다.
독일와인은 당도를 중요시 하지만 알사스 와인은 부케(Bouquet)와 알코올 농도를 중요시한다.
포도품종은 리슬링(Riesling), 질바너(Sylvaner), 트라미너(Traminer), 게바츠트라미너(Gewürzrtaminer), 뮈스까데(Muscadet) 등을 사용한다.
알사스의 유명와인은 리슬링 드 리쿠비르(Riesling de Riquewihr), 게뷔르츠 프라미네트 드 리쿠비르(Gewürztraminar de Riquewihr), 질바너 휴겔(Sylvaner Hugel), 뮈스까데(Muscadet) 등이 생산된다.

5) 르와르(Val de Loire)지방

프랑스 중앙부인 파리 서남부로부터 시작하여 약 1000㎞를 흘러서 대서양으로 들어가는 르와르 강은 화려한 고성(古城)들이 곳곳에 서있는 아름다운 유역으로 프랑스의 정원이라고 일컬어지고 있는데, 이곳이 르와르 와인의 고향이기도 하다.
뮈스까데 종은 부르고뉴 지방의 무룡종을 이식한 것인데 낭트(Nantais)지구로 오자 뛰어난 와인을 낳게 되었다. 뮈스까데(Muscadet)는 신선한 와인을 즐길 수 있는 와인으로 화이트 와인 보졸레이라고 불리며, 2~3년 내에 모두 마시는 것이 좋다.
르와르는 다양한 토양과 기후를 가진 르와르 강의 제방을 따라서 4개의 주요 와인산지가 형성되어 있다. 르와르 지방은 페이낭트(Pays Mantais) 지구, 앙주와 소뫼르 지구(Anfou & Saumur), 뚜렌(Touraine) 지구와 중앙 포도재배지역(Central Vineyards)으로 분류된다.

르와르 와인 중에서 최고의 와인은 뿌이 퓌메(Pouilly Fume)로 마꼬네의 뿌이 퓌세(Pouilly Fuisse)와 혼동하는 경우가 있는데, 뿌이 퓌메는 소비뇽 블랑(Sauvignon Blanc)종 포도로 만들고 뿌이 퓌세는 샤도네종으로 만든다.

페이낭트(Pays Mantais) 지구

뮈스까데(Muscadet)종으로 만들어지는 쓴맛, 화이트 와인 산지로 포도 포도품종이 와인명이 되었다.

뮈스까데종은 부르고뉴 지방의 무룽종을 이식한 것인데 낭트(Nantais)지구로 오자 뛰어난 와인을 낳게 되었다. 뮈스까데 종은 신선한(Fresh) 점을 즐길 수 있는 와인으로 화이트 와인 보졸레이라고 불리며 2~3년 내에 모두 마시는 것이 좋다.

앙주와 쇠메르(Anfou & Saumur) 지구

앙주(Anfou) 지구는 까베르네 소비뇽종으로부터 제조된 약간의 스위트한 로제 와인이 유명하며, 소미르 지구(Saumur)는 병내 2차 발효에 의하여 발포성 와인을 주로 만든다. 그리고 양질의 화이트 와인도 생산하는데 쏘테르네(Sauternes) 타입의 스위트 타입이다.

뚜렌(Touraine) 지구

뚜렌(Touraine) 지구는 이 지역에서 가장 오래된 포도산지로 그 역사는 로마시대까지 거슬러 올라간다.

중앙 포도재배지역(Central Vineyards)

중앙 프랑스 지역에서는 주로 화이트 와인이 생산되는데, 그 중에서 소비뇽 블랑종을 주원료로 만든 썅세르(Sancerre)와 뿌이 퓌메(Pouilly Fume)는 향기가 뛰어난 드라이 와인이다. 이 뿌이 퓌메는 루이 16세의 왕비인 마리 앙뜨와네뜨가 가장 즐겨 마셨다고 한다.

6) 드 프로방스(Cote de Provence) 지방

지중해 연안에 인접해 있는 프로방스 지방은 프랑스 재배지역 중에서 가장 오래된 역사를 차지하고 있다. 그 기원은 지중해 연안에 자리잡았던 최초의 그리스 식민지 시대이다. 2만2천 헥타의 원산지명칭 포도원과 우수품질제한 포도원을 포함한 약 11만6천 헥타의 포도원이 펼쳐져 있다.

프로방스 지방의 와인은 햇빛을 많이 받게 하기 위해서 포도알이 영글 때 포도나무 잎을 쳐준다.

프로방스의 유명 와인 산지 꼬뜨 드 프로방스(Cote de Provence), 빨레드(Palette), 까씨스(Cassic), 방돌(Bandol), 꼬또 댁 상 프로방스(Coteaux d'Aix en Provence), 레 보-드 프로방스(Les Baux-de Provence) 등이 있다.

2. 독일 와인(German Wine)

1) 독일와인의 개요

독일의 와인생산은 프랑스 생산량의 1/8로 세계 와인생산의 약 3%를 생산하고 있다. 독일 와인의 주요산지는 라인(Rhein)과 모젤(Mosel)지역이다. 라인 지역의 와인은 맛이 강하고 연수가 경과함에 따라 좋은 질로 변하는 화이트 와인이다. 모젤 지역에서 생산되는 와인은 라인지역의 와인보다 주정 함유량이 적고 산미가 더 많다.

독일은 멀리 북쪽에 위치하여 기후 조건이 맞지 않아서 다른 농작물을 비롯하여 포도가 겨우 익는 상태의 어려운 여건에서도 세계적으로 훌륭한 와인을 내고 있다. 와인을 만드는 방법은 포도의 당분과 산도를 잘 조절하는데 있다. 당분이 많고 산도가 낮으면 와인은 싱거워지고 역으로 산도가 높고 당분이 적으면 와인은 거칠어진다.

독일은 10년에 2~3번 정도의 좋은 포도를 수확하는데, 수확이 좋은 해에는 두 가지 균형이 잘 맞으나 평년작 포도는 인공적으로 당분과 산도의 균형을 잡아 주는데, 이것을 브리드(Breed)라 한다.

포도 수확이 좋은 해에는 와인에 당분을 첨가하지 않는데, 이러한 와인은 와인 라벨에 천연 와인(Natur Wein; 나투어 봐인)이라고 표기한다. 포도 수확이 좋지 않을 때는 포도즙에 당분을 첨가하는데, 이 와인을 계량된 와인(Verbesserte Wein; 페르베쓸트 봐인)이라고 하며, 늦가을이나 초겨울 영하의 기온에서 얼은 포도로 매우 스위트(Very Sweet)한 아이스 바인(Eis Wein)을 생산하는 것으로 유명하다. 그래서 독일 와인은 일반적으로 알코올 도수가 낮으나 향취와 향미는 특수하다. 독일 와인은 95%가 블렌드(Blended)하여 만들고 포도의 품종은 리슬링(Riesling)종과 질바너(Sylvaner)종으로 화이트을 내며, 화이트 와인이 전체의 85%가 된다. 삐노 느와(Pinot Noir)종으로 소량의 레드 와인을 생산하지만 질도 그다지 좋지 않다. 레드 와인은 모두 국내에서 소비하고 화이트 와인은 수출만 하는데 와인 수입량은 수출의 20배에 달한다.

와인 병의 색구분은 라인(Rhein)와인은 독일 전통의 갈색을 사용하며 모젤(Mosel) 와인은 녹색을 사용하고 있으며 알코올 도수는 10% 정도의 순하고 부드러운 맛의 와인을 생산한다.

2) 독일 와인의 등급

독일 와인의 등급을 결정하는 특징은 포도의 숙성정도와 알코올 수준을 기준으로 하고 있다. 현행 독일 와인의 등급제도는 1971년부터 프랑스 와인처럼 와인의 품질을 검사하여 4가지 등급을 정하기 시작하여 1982년 개정되었다. 일반적인 타펠 봐인, 란트봐인, 고급주인 Q.b.A급 와인 특별 고급주인 Q.m.P급 와인으로 나누고 있다.

이 중에서 두 가지 등급인 타펠 봐인과 란트봐인은 거의 국내 소비용이므로 생산량과 유통에서 그다지 중요하지 않다. 그래서 독일 와인의 등급은 고급주인 Q.b.A급 와인과 특별 고급주인 Q.m.P급 와인이 중요하다.

타펠봐인(Tafelwein)

독일의 일반적인 테이블 와인이란 뜻으로 여러 품종을 섞어서 만든 블렌디드 와인(Blended Wine)으로 평범한 대중 식탁용이다. 발효과정에서 설탕을 첨가한 와인으로 유럽경제동맹기구(E.E.C)에서 수입한 와인과 혼합하는 것이 허용된다.

란트봐인(Landwein)

토산 와인 즉 지방특색이 있는 와인으로 이 등급의 와인은 규제가 거의 없거나 아주 느슨한 편으로 프랑스의 뱅드 빼이(Vin de Pays)와 유사하다. 이 와인도 전체 포도산업에 주는 영향은 저조하다. 이 등급의 와인은 17개의 란트봐인 지역에서 대량으로 나오고 있다.

쿠베아 봐인(Q.b.A Wein)

쿠베아(Q.b.A)는 특정지역에서 생산되는 고급와인으로 포도의 당분함량 등을 규정하고 있다. 크발리테트봐인 베슈팀터 안바우게비트(Qualitätswein bestimmter Anbaugebiete)의 약어로 이 등급은 타펠봐인과 란트봐인의 2개의 등급보다는 고급와인이라서 정부와 지역 심판관이 통제한다.

쿠베아(Q.b.A) 등급은 독일 전역에 걸쳐서 발달된 13개의 생산지에 국한하여 이 등급이 주어진다. 생산지의 특성과 맛을 잘 살리고 보장할 수 있을 만큼 제대로 숙성되고 인정된 포도로 만들어지고 있다.

포도의 숙성과 반드시 오래지 않아도 좋고 알코올을 늘리기 위해서 설탕을 첨가하는 것도 허용된다.

쿠엠피 봐인(Q.m.P Wein)

쿠엠피 봐인(Q.m.P Wein)은 크발리테쯔봐인 미트 프레디카트(Qualitätswein mit Prädikat)의 약어로 이는 우수한 질 좋은 와인이란 뜻을 갖는다. 독일 와인 중에서 가장 최상의 등급으로 설탕이나 다른 첨가물은 들어가지 않는다. 이 등급은 다시 6개 등급으로 나누어지고 라벨에 품질 등급(Prädikat) 중 하나가 붙는다.

① 카비네트(Kabinette)

충분히 잘 익은 포도로 제조하며 포도즙 당도가 가장 적은 와인으로 맛은 섬세하다.

② 슈페트레즈(Spätlese)

당도를 올리기 위해 가장 잘 익은 포도를 늦게 수확하여 제조한 것으로 중후한 맛을 낸다.

③ 아우스레즈(Auslese)

슈페트레즈보다 조금 더 나은 와인으로 완전히 익은 포도 중 조금 덜 익은 포도는 골라내고 만든 와인이다.

④ 베어렌 아우스레즈(Beerenauslese)

잘 익은 포도송이 중에서 상질의 포도 알맹이로만 제조하는 것으로 매년 생산되는 것이 아니라 수확이 좋은 해에만 제조된다. 10년에 2～3회 정도만 제조 가능하다.

⑤ 트로켄 베어른 아우스레즈(Trokenbeerenauslese)

포도가 과숙되어 포도 알이 시들은 것으로 제조한 와인으로 늦가을에 포도나무에서 거의 건조된 얼린 포도(Eiswein)를 사용하여 제조한 와인이다.

3) 주요 생산 지역

독일 와인은 1106년에 베네딕터스(Benedictus) 파의 수도승이 요하네스버그(Johannisberg)의 유명한 포도원을 일으켰으며 에버바흐(Eberbach)의 승들이 1131년에 스테인베르그(Steinberg)의 포도원을 시작하였다.

독일은 포도산지가 강과 깊은 인연을 갖고 있는데, 프랑스는 구릉에 포도원이 위치하고 있는 것과는 대조적으로 강안(江岸)의 가파른 언덕에 위치하고 있다. 독일 와인은 13개 지역으로 나뉘어지는데, 이들 포도원은 예외 없이 강이나 작은 강의 지류에 연결하여 발달되어 있다.

이 가운데 독일의 와인 생산지는 강의 흐름이 굴곡지고 강안(江岸)의 유역은 포도를 재배하기 좋은 토양으로 재배에 장점이 많다. 이 중에서 포도 주산지는 서남부의 라인(Rhein) 강과 모젤(Moselle) 강의 두 지역으로 대별한다.

독일의 와인 주요 생산지

라인(Rhein) 지역

독일의 포도원은 라인강과 그 지류를 따라 분포하며 라인가우, 라인헷센, 라인팔쯔 등으로 라인지역의 와인은 화이트 와인이 많이 생산되고, 맛이 강하며 연수가 경과함으로써 보다 양질로 변한다.

① 라인가우(Rheingau) 지구

라인가우는 라인강이 동쪽에서 서쪽으로 흐르는 지형 특성 때문에 포도밭이 거의 남향이다. 그래서 충분한 일조량과 라인강의 혜택으로 일교차를 줄일 수 있어 포도재배에 이상적인 입지조건이 된다. 이곳의 토질은 혼성토질로 프랑스 부르고뉴 지역과 비슷하며 리슬링 포도품종으로 독일 최고의 와인을 만든다. 리슬링 종으로 화이트 와인을 만들고 삐노 느와(Pinot Noir)종으로 레드 와인을 만드는데 와인은 가볍고 풍미는 강하다.

② 라인헷센(Rheinhessen) 지구

독일에서 최초로 포도를 재배한 지역으로 라인팔쯔 다음으로 포도재배 경작이 넓은 지역이다. 라인헷센은 행정구역으로 라인팔쯔에 속하고 라인팔쯔에서 옆으로 구부러지며 흐르는 강을 라인헷센이라 한다. 이 지역이 포도재배로 적합한 까닭은 건조한 기후로 서리가 거의 없고 가을철에도 온난한 날씨가 계속된다. 여기에 이회토(泥灰土), 석영(石英), 석회석으로 구성된 토양도 큰 요인으로 작용한다. 포도품종은 질바너(Sylvaner)종으로 묵직한 과일 향이 특징이고, 여성와인이라 불리듯 그 맛이 가볍고 산미도 온화하다.

③ 라인 팔쯔(Rheinpfalz) 지구

라인강의 좌측 연안에 있는 와인지구로서 라인가우와 같은 양질의 화이트 와인을 생산하고 있다. 라인니쉬 파란티나테(Rhenish-Palatinate) 지역은 독일 최대의 와인 생산지로 이 지역 포도원수는 700개 이상이나 된다. 라인헷센과 더불어 독일에서 가장 큰 포도재배지역으로 기후도 매우 좋고 땅도 비옥하여 독일의 곡창지대라고 불린다.

라인팔쯔는 전원지대라는 느낌이 들게끔 끝없는 평원이 펼쳐지며, 평지에서는 감자를 주로 한 야채, 청과가 재배되며 경사면에서는 포도가 재배된다. 독일의 레드 와인의 절반 가량이 이곳에서 생산되며 포도품종으로는 뮈스까데(Muscadet), 질바너(Sylvaner), 리슬링(Riesling) 등이 있다.

모젤(Mosel) 지역

룩셈부르크 국경에서 코브렌즈 사이를 총칭한다. 모젤 강으로 흘러 들어가는 기류의 수는 많지만 그 중에서도 트리어(Trier) 시의 상류에서 합류되는 자르(Saar)강과 하류의 루버(Ruwer)마을에서 흘러 들어가는 루버(Ruwer)강을 따라서 좋은 와인이 생산되는데, 이 지역을 모젤-자르-루버(Mosel-Saar-Ruwer)라 부른다.

모젤 와인은 다른 와인에 비하여 숙성이 빨라 알코올도수가 낮기 때문에 감미가 없어 극히 건강한 와인으로서 상용되며 또한 류마치스 환자의 약용으로 마시고 있다. 모젤 와인은 최고급의 혹크(Hock; 화이트 와인의 일종)보다 고가라는 기현상을 볼 수 있다. 품종은 리슬링종으로서 풍미에 미묘한 부케와 상쾌감으로 세계적으로 애호를 받고 있다.

① 첼(Zell) 지구

첼(Zell)은 셀러(Celler)를 의미하는 말로 옛날 로마군의 저장고가 이곳에 있었기 때문에 유래한 이름이다. 첼 지구의 검은 고양이가 그려진 와인은 이 지구의 와인을 대표하는 것으로 유명하다.

② 바랑카스텔(Berndastel) 지구

바랑카스텔 다리를 건너보면 포도밭이 높고 길게 되어 있다. 모젤 지역의 중앙으로 와인은 향기가 같은 엷은 골든 색의 장수하는 화이트 와인을 생산한다.

③ 자르, 루버(Saar, Ruwer) 지구

자르와 루버는 와인의 성격이 서로 판이하게 다르다. 자르 와인(Saar Wine)은 엘레강트하고 섬세하며, 루버(Ruwer Wine)는 남성적이고 복잡한 뉘앙스가 있다.

4) 젝트(Sekt)

독일의 발포성 와인으로 젝트(Sekt)는 독일의 법률용어로서 뷔르츠부르크(Würzburg) 지구에서 만드는 것을 샤움봐인(Schaumwein), 보름스(Worms) 지구에서 만드는 것을 젝트(Sekt), 코블렌츠(Koblenz) 지구에서 만드는 것을 슈파클링 모젤레(Sparkling Moselle)로 나누어져 있다.

3. 이탈리아 와인(Italian Wine)

이탈리아 와인은 그 역사가 로마시대로 거슬러 올라가기 때문에 2000년 이상으로 프랑스 와인보다 역사가 길다. 좋은 와인을 많을 생산해 오다가 유럽의 정치와 문화의 중심이 북쪽으로 이동하면서 와인의 중심지도 프랑스로 옮겨가게 제2차 세계대전인 1930년대 후반기는 와인의 생산량이 반감하게 되었다. 그후 설비의 근대화를 꾸준히 이룩한 결과 이탈리아 와인은 급속히 부활하여 현재는 이탈리아는 프랑스와 더불어 질 좋은 와인을 다량으로 생산하는 국가이다. 이탈리아 와인 생산량은 연간 6천6백만 헥타리터로 세계 1위이나 거의가 국내 소비하고 약 4백만 헥타리터만 해외로 수출한다.

포도재배에 종사하는 인구가 약 126만명(7.6%)으로 약 30% 정도가 스스로 와인을 양조하지만 프랑스와 같은 높은 지명도를 가진 와인 생산자는 극소수이다.

그래서 이탈리아 정부에서는 와인의 지명도를 높이기 위하여 1963년 주법을 개정하였는데, 프랑스의 A.O.C와 같은 D.O.C(Denominazione di Origine Controllata) 법령을 이탈리아 협회에서 공인함으로써 정부에서 법으로 제정하였다.

이리하여 법에 등록된 와인 생산자를 보호하고 수출을 권장하기로 하여 와인가격을 조정하고 오랜 전통을 지닌 수준급 와인으로 분리하였다.

그 생산액은 세계 산출 와인의 약 19%를 차지하고 있다. 이탈리아의 와인은 대부분 조잡하여 우량품은 없으나 프랑스 와인의 2급에 해당하는 우량품으로 생산하고 있다.

물론 프랑스의 샤또 마고(Château Margaux)나 독일의 요하네스버그 스흐로쓰(Johannisberg Schloss)와 같은 명주에 어깨를 겨룰만한 일품은 볼 수 없으나 최상위라고 함은 론(Rhone)의 우수품 정도의 것이다.

1) 와인의 등급

이탈리아 와인 법규인 D.O.C에 의한 와인 등급은 현재 5등급으로 분류된다.

D.O.C.G(Denominazione di Origine Controllata Garantita)

D.O.C.G의 원명은 데노미나지오네 디 오리지네 콘트롤라타 가란티타(Denominazione di Origine Controllata Garantita)로 이탈리아에서 생산되는 와인 중 최상의 등급으로서 최고 품질지역에서 만든 와인을 테스트한 것에만 붙여진다. D.O.C.G와인이 되기 위해서는 병입되고 봉인 될 때까지 생산자나 책임 있는 사람의 정부의 인장을 얻어야 한다. 즉 와인의 전 생산과정을 정부가 규제하고 품질을 보증하는 와인이다.

D.O.C(Denominazione di Origine Controllata)

D.O.C 원명은 데노미나지오 디 오리지네 곤트롤라타(Denominazione di Origine Controllata)로 원산지 통제표시 와인으로 품질을 결정하는 위원회에 의하여 특정 포도품종, 와인제조 방법, 제한된 수확량, 숙성기간 등이 갖추어진 와인에 붙여진다. 특정 포도품종, 전통적인 와인 제조방법, 제한된 수확, 적절한 숙성기간, 타당성 있는 기록 등이 갖추어져야 한다. 이러한 조건을 충족시킨 와인에만 정부공인의 D.O.C 표기를 라벨에 붙일 수 있다.

비노 티피코(Vino Tipico)

D.O.C의 엄격한 통제를 받는 것은 아니지만 그들 지역을 나타내는 것이 공식적으로 인정된 원산지가 정해지고 증명된 새로운 와인의 카테고리이다.

비노 다 타보라 콘 인디카지오네 게로그라피카(Vino da Tavola Con Indicazione Geografica)

지리적 유래가 명시되었으나 정해진 규칙은 없다. 포도품종이 명시되어있는 와인은 그 품종의 원산지도 명시해야 된다.

비노 다 타볼라(Vino da Tavola)

가장 기본적이고 통제되지 않는 것

2) 주요생산지역

이탈리아에는 북쪽의 삐에몬떼(Piedmont), 론바르디(Lonbardy)에서 남쪽은 시칠리아(Sicily)에 이르기까지 18개소의 명산지가 있으며 여기에서 유명한 와인을 140가지 이상 생산하고 있다. 이탈리아는 양질의 포도재배에 적합한 이상적인 지중해성 기후와 풍부한 수분을 함유한 토양을 갖고 있어서 와인 생산에 최적지라 할 수 있다. 그래서 이탈리아는 남북으로 긴 국토 전역에서 와인을 생산하여 전 국토가 포도원이라 해도 과언이 아닐 만큼 포도를 재배하고 있다. 옛날에는 남부에 유명한 와인 산지가 밀집해 있었지만 현재에는 생산량 면에서 남부가 많지만 지명도 면에서 뛰어난 와인은 북부에 많다.

이탈리아 와인의 주요 산지를 분리하면 삐에몬떼(Piemonte), 베네또(Veneto), 에밀리아 로마냐(Emilia Romagna), 토스카나(Toscana) 등이 있다.

이탈리아의 와인 주요 생산지

삐에몬떼(Piemonte) 지역

삐에몬떼는 이탈리아 최고의 와인 산지로 북서부에 위치한 알렉산드리아(Alessandria), 아스띠(Asti), 쿠네오(Cuneo)가 대표적인 지역이다. 이탈리아 3대 레드 와인 지역은 삐에몬떼, 끼안띠, 베네토 있고, 그중 가장 훌륭한 이탈리아 레드 와인 지역은 삐에몬떼이다. 삐에몬떼(Piemonte)는 알프스산의 문턱이라는 뜻으로 삐에몬떼 지역은 이탈리아 북서쪽에 위치하고 있어서 겨울은 춥고 여름은 더우며 가을은 길어서 포도가 충분히 영글 수 있다. 이것은 알프스 산의 영향을 받아 여름은 뜨겁고 가을은 안개가 끼는 기후 조건을 지녔다. 그래서 이탈리아 최북단 알프스산 기슭에 토리노(Torino)시를 중심으로 한 지역으로서 양과 질이 이탈리아 제일의 산지이다.

삐에몬떼의 와인은 쓰고 단맛이 나는 버머스(Vermouth) 와인과 수프만떼 와인(Spumante Wine)[7]이 생산되는데, 세계적으로 유명하다.

이 지역의 유명한 와인은 바롤로(Barolo), 돌쎄또(Dolcetto), 그리롤리노(Grinolino)가 있는데 지방명과 포도명을 와인 명칭으로 사용한 와인들이며, 와인은 강하고 진하고 독특하고 숙성이 잘되어 있다.

① 바롤로(Barolo)

바롤로(Barolo)는 알코올 도수 12~15%의 강한 와인으로 3년을 저장해도 찌꺼기가 뜨므로 병을 세워서 저장한다. 최소한 3년간을 오크통에서 숙성시키며 병 속에서 3년간 숙성시킨다. 바르바레스코보다 더 위대하고 포도의 풍미가 있으며 더 짙은 중후한 맛을 낸다. 알코올도수가 12%에 도달하지 못하면 바롤로 이름을 사용할 수 없다. 향기는 산딸기, 낙엽, 버섯냄새가 나고 이탈리아 와인 중에서 가장 기가 막힌 향기를 발한다.

② 바르바레스코(Barbaresco)

타나로(Tanaro) 강으로부터 가을의 서리에 의해 영향을 받으며 바롤로와 유사한 와인이지만 전체적으로 볼 때 더 가볍고 섬세한 와인이다. 바롤로나 바스바레스코는 로스트(Roast) 된 음식과 잘 어울린다.

③ 화이트 와인(White wine)

무스카토(Moscato) 포도로 만들어지는 무스카토 다아스티(Moscato d asti)와 아스티 수프만떼 와인(Spumante Wine)이 생산되는데, 이것은 스파클링 와인으로 맛은 가볍고 스위트하여 세계적으로 유명하다. 또한 드라이 화이트 와인인 가비와인(Gavi Wine)은 이탈리아의 유명한 와인 중에 하나로 이탈리아의 화이트 버건디(White Burgundy)라고 말해진다.

베네토(Veneto)

베네토는 삐에몬떼, 끼안띠 다음으로 훌륭한 이탈리아 레드 와인 생산지역이다. 이곳은 다른 주요 와인 생산지인 에밀리아 로마냐, 뿔리아, 시실리아와 생산량으로 경쟁하고 있다. 베네토의 중심지구인 베로나 지구는 로미오와 줄리엣의 무대로 유명한 지역이다.

① 소아베(Soave)

가장 인기 있는 화이트 와인 중의 하나이며 뚜렷한 맛이 없고 싱싱함, 균형, 섬세

7) 이탈리아에서 생산되는 발포성 와인(Spakling Wine)을 의미한다.

함이 돋보이며, 엷은 짚색이 특징이다. 소아베는 생선 요리에 아주 잘 어울린다.

② 바르돌리노(Bardolino)

베네토에서 생산되는 대표적인 레드 와인으로 부드럽고 상쾌하다.

③ 발포리첼라(Valpolicella)

레드 와인으로 가벼운 느낌을 주면서 마시기 쉬운 특징을 가지고 있다.

에밀리아 로마냐(Emilla Romagna)

이 지역에서 가장 많이 재배되는 3가지 포도품종은 람부르스코(Lambrusco), 트레비아노(Trebbiano), 알바나(Albana)이다. 이 지역의 주요 생산와인은 람부르스코 디 소르바라(Lambrusco di Sorvara), 람부르스코 글라스파로사 디 카스테베트로(Lambrusco Grasparossa di Castelvetro), 람부르스코 살라미노 디 산타 크로세(Lambrusco Salamino di Santa Croce)로 알코올 함유량이 10.5~11%로 낮은 편이며, 신선하고 마시기 쉬우며 맛이 상쾌한 와인이다.

토스카나(Toscana)

이곳은 르네상스의 발상지인 플로렌스를 끼고 있어서 건축물, 자연풍광, 농업의 역사가 깊고 심오하다. 특히 이 지역은 음식과 와인으로 유명한 끼안띠(Chianti)가 있는데, 이탈리아 중부는 토스카나(Toscana) 지역과 끼안띠(Chianti) 와인을 연상할 만큼 널리 알려진 곳인데 토스카나는 곧 끼안띠 지역이다. 포도재배 지역 중에서 중앙부분의 가장 좋은 지역은 끼안띠 클라시코이다.

끼안띠를 생산하는 일정한 방식은 한때 수상을 지내기도 했던 바로네 리카솔리(Barone Ricaso)에 의해 그의 브로일오(Brolio) 포도원에서 1세기 전에 확립되었다. 그의 와인은 네 가지 또는 다섯 가지 포도품종을 사용하여 생산되었고 이중에서도 산지오베제(Sangiovese)가 주 포도품종이었으며 소량의 말바지아(Malvasia) 화이트도 인정이 되었다.

이 개념은 현행 DOC법 오래 전에 형성되었다. 1963년 DOC법규가 끼안띠 와인을 정의하였을 때 백포도 함량이 30%까지는 인정하였다.

전통적인 끼안띠는 발효가 끝난 후 건포도로 만든 발효되지 않은 와인을 첨가함으로써 색다른 방법으로 와인에 활력을 불어넣는다. 이 결과 와인은 포도수확 해의 포도의 신선함이 신비스럽게 와인에 풍기게 된다.

리저바(Riserva) 끼안띠는 병입되기 전 오크통에서 3년간 숙성시킨다. 이 와인은 짚으로 싸지 않은 보르도 타입의 병에 병입되어 구분된다. 끼안띠 포도품종은 산지오베제(Sangiovese), 말바시아(Malvasia), 카나이올오(Canaiolo), 트레비아노(Trebbiano)이며 개인 포도원에서 병입되는 끼안띠는 리카솔리, 안띠노리, 프레스코발디, 베기오마죠 등이 있다.

토스카나에는 3가지 D.O.C.G 와인을 자랑하고 있는데, 강한 레드 와인인 비노 노빌레디 몬테풀챠노(Vino Noblredi Montepulciano)는 이탈리아 와인 중에서 처음 D.O.C 와인이었으며, 그 뒤를 이어 부루넬로 디 몬탈치노(Brunello di Montalcino) 그리고 앞서 언급한 끼안띠이다.

끼안띠는 레드 와인과 화이트 와인을 혼합하여 만드는 레드 와인으로 보통품질의 끼안띠와 최고급의 끼안띠 클라시크가 있다.

전통적인 끼안띠 와인은 발효가 끝난 후 미량의 발효되지 않은 포도 액을 첨가하여 색다른 방법으로 와인에 활력을 넣음으로써 포도의 신선함이 와인에 스며들게 하는 비일반적인 방법으로 제조된다. 토질은 자갈과 모래의 언덕으로 포도와 올리브가 풍성하게 자라고 있다.

끼안띠 지역의 1/3에 해당하는 포도밭을 끼안띠 클라시코(Chianti Classco)라고 이름하며 최상급 와인이 생산되는 밭으로 되어 있으므로 끼안띠 와인 중에 최상급이다.

아주 좋은 끼안띠 와인(Chianti Wine)은 오크통에 오래 묵혔다가 병에 담으며 와인 병은 땅딸막한 특수한 모양으로 보릿짚으로 병의 밑부분을 감싸 놓은 것이 다른 와인병과 특이한 점이다.

3) 기타지역

롬바르디(Lombardy)

이 지방의 토지는 비옥한 토지가 못되어 좋은 와인이 많지 않다. 이 지방에서 유명한 와인을 보면 바텔리나(Valtellina)는 일류 레드 와인으로 알려져 있다. 그 외에는 사쎌라(Sassella), 인페르노(Inferno), 게르멜로(Gurmello), 그리지오네(Grigioni) 등 4가지 종류가 있다.

티롤오안(Tyroloan)

이 지방은 스위스, 독일, 오스트리아에 인접하여 독일 와인타입에 흡사하다. 이곳 레드 와인은 화이트 와인보다 우수하다.

베로나(Verona)

가르다(Garda) 호수의 서쪽에 위치한 도시를 중심으로 하여 베로나 계곡을 말한다. 베로나 계곡은 소아베(Soave) 계곡과 연결되어 있으며 이탈리아에서 제일 유명한 스위트하거나 독하고 드라이 한 와인이다.

알토 애디제(Alto Adige)

애디제 계곡 위쪽을 말하는 것으로 이탈리아 동북부에 속해 있다. 베르로나와 알토 애디제 지역은 베니스와 오스트리아의 영향을 받아 포도품종은 멜비오로(Mebbiolo)종 포도로 레드 와인을 만들며, 프로셀로(Prosello)종 포도로 드라이와 스위트한 화이트 와인을 낸다.

움부리아(Umbria)

이 지방산의 오르비에또(Orvieto)는 토스카니(Toscany) 타입과 달리 트레비아모(Trebiamo)종의 포도를 원료로 향이 높은 화이트 와인을 생산한다. 드라이한 것은 오르비에또 섹코(Orviet Secco), 스위트한 것은 프리비에트 아보카또(Prviet Abboccato)라고 부른다.

라티움(Latium)

로마근교의 라티움 지방에서는 Est! Est! Est!라고 하는 가벼운 화이트 와인이 만들어지고 있다. 보르세나호의 주변에 있는 몬테 피아스코네(Monte-Fiascone)촌이 산지로서 무스카토종의 포도를 원료로 하고 있다.

캄파니아(Campania)

이 지방산으로 카프리(Capri)는 그레코 종의 포도로 생산하는 것으로 드라이 화이트 와인이다. 이 지역에서 생산되는 와인은 양질은 별로 없으며 레드 와인은 아주 헤비(Heavy)하다.

시칠리아(Sicily)

시칠리아섬 산의 와인으로 유명한 것은 주코(Zucco)로서 디저트 와인 중에서 일품으로 알려져 있다. 이 주코(Zucco)는 두 종류로서 하나는 드라이 황금색, 알코올도수가 높고 방향이 있는 아쉬우또(Asciutto)와 또 하나는 시라쿠사(Siracusa)의 무스카토(Moscato)는 15%의 천연 알코올이 함유되어 아주 달며 약간 짙은 감이 있다.

시실리섬의 북쪽 리파리(Lipari)의 섬에서도 말바시아(Malvasia)종의 포도를 재배하여 전통의 말세이(Malmsey)를 생산하고 있다. 인접의 살인아(Salina), 스트롬

볼이(Stromboli)의 두 섬에서도 생산하고 있다. 그 외에 에프리티프 와인(Aperitif Wine)도 생산하고 있다. 이 종류의 와인을 아마로(Amaro)와 에프리티보(Aperitivo)로 분류하고 있다. 아마로(Amaro)의 대표적인 것으로 아마로 펠시나(Amaro Felsina), 아마로 코라(Amaro Cora), 치나(China), 이리시르 치나(Elixir China), 에프리티보(Aperitivo)로서는 아메리카노(Americano), 스트라베 코라(Stravei Cora), 로소 아메리카노(Rosso Americano)가 있다.

4) 이탈리아 와인의 단어풀이

- Tenementi : 소유주나 특수한 회사에서 관리한 와인
- Vendemmia : 빈타지 와인(Vintage) 와인
- Riserva : 상급 와인
- Classico : 상급 와인 산지에서 나온 와인
- Imbottigliato(Nelorigine, DEL Produttore All Orrigine) : 소유지에서 병에 담은 와인
- Bianco : 흰 색(White)
- Rosso : 붉은 색(Red)
- Nero : 짙은 레드
- Chiaretto : 엷은 레드
- Rosta : 로제(Rose)
- Secco : 드라이
- Amaro : 조금 더 드라이
- Dolce : 단맛(Sweet)
- Casa Vinicola : 와인 회사
- Vin Liquorose : 베리 스위트(Very Sweet)
- Stravecchio : 완숙된 혹은 오래 묵은 와인
- Cotto : 끓여서 농축한 와인
- Vino Santo : 햇빛으로 말린 포도로 담은 와인
- Orvieto : 스위트 한 화이트이지만 디저트 와인은 아니다

4. 스페인 와인(Spanish Wine)

스페인은 와인은 지리적으로 피레네(Pyrénées) 산맥에 의하여 다른 유럽지역과 고립이 되어있고 토양도 척박하다. 이러한 여건이지만 스페인은 프랑스, 이탈리아 다음으

로 세계 제3위의 와인 생산국으로서 국내소비량은 적으나 수출량은 세계 제1위이다. 스페인의 가장 유명한 술은 쉐리(Sherry)이며, 이는 세계적인 술로 그 인지도가 상당히 높다.

스페인의 와인의 시초는 이베리아 반도에 페니키아 상인과 그리스인들 그리고 로마군이 이주와 진주를 해오면서이다. 다른 지역과 마찬가지로 로마 군들이 점령하는 곳에는 반드시 포도나무를 재배하여 와인을 생산할 수 있는 체재를 갖추었다.

쉐리 와인의 주생산지는 스페인의 남부 지브랄타 해협 면에 있는 까디즈(Cadiz) 주의 예르제 드라 프론테라(Jerz de la Frontera) 가의 중심이다. 본래 쉐리(Sherry)의 명칭은 최초 그 양조지의 헤레즈(Jeres)의 이름에서 따 쉐르(Xer)라고 하여 당시 스페인어의 X는 영어의 sh와 같은 발음으로 하였기 때문에 쉐리(Sherry)로 전환한 것이라 한다.

주원료는 당분이 많은 파로미아(Palomia) 종의 백포도로서 페드로 시메네즈(Pedro Ximenes) 종을 재배하여 블렌드(Blend) 용으로 사용하고 있는데, 상업상 약하여 P.X 라고 한다.

1) 스페인 와인 생산지역

스페인은 전 국토에 걸쳐서 골고루 포도생산지가 분포되어 있다. 이 가운데서 와인 생산지로서 잘 정리되고 체계화가 된 곳은 헤레스와 리오하의 두 지역이다. 이 지역에서는 리오하는 1926년에 헤레스는 1935년에 와인법령의 시행을 감독하기 위한 주관기관(Regulatory Council)이 설치될 정도로 오래 전부터 지속적으로 관리되어 왔다. 스페인에서 상급와인이 생산되는 지역은 위의 두 지역과 몬틸리아(Montilla) 지역과 카탈로니아(Catalonia) 지역으로 모두 4지역에서 생산된다.

헤레스 지역(Jerez)

기후는 해양성으로 포도경작에는 이상적이며 포도품종, 기후조건 등이 어울려져 훌륭한 레드 와인을 생산해 내고 있다.

15세기 무렵부터 헤레스의 지명이 영어식 발음인 쉐리로 바뀌어서 현재까지 쉐리로 불리고 있다. 그 이유는 헤레스 지역의 최대고객은 영국이기 때문에 영어식으로 발음하기 되었다.

헤레스 지역의 유명 와인은 쉐리주로 그 종류는 타입이나 명칭과 상사에 따라 다소 차이가 있다. 대체로 수출품의 주정도는 18%, 국내품은 15~16%이다.

쉐리주는 다음과 같은 종류의 것이 있다.

① **피노(Fino)**
화이트 와인으로 식전주(Aperitif)에 더욱 좋은 술로 색은 투명한 황갈색을 띤다. 풍미는 데리케이트 하며 가벼우며 차게 하여 사용한다. 알코올 도수는 15.5~17%로 맛은 드라이하고 팔마(Palma)로부터 만들어진다.

② **만자닐라(Manzanilla)**
피노와 유사한 유형으로 맛이 좋은데 약간 짠맛의 느낌을 주는 특징이 있다.

③ **아몬틸라도(Amontillado)**
위의 두 가지보다 더욱 노숙한 와인이 생산되는 곳으로 데리케이트한 방향을 가지고 있으며, 색은 희고 짙은 토파즈의 빛깔을 띄운다. 일부 쉐리는 30~40년의 숙성을 하는 것도 있는데, 그런 쉐리는 매우 고가로 판매하기도 한다.

④ **오로로소(Oloroso)**
페드로 시메네즈(Pedro Ximenez)종의 반건조한 포도를 사용하여 만든 특이한 감미가 있는 와인으로 질감이 중후하며, 짙은 적갈색을 띤다. 오로로소 쉐리는 알코올 도수는20%로 드라이 한 에피타이저 쉐리(Aperitif Sherry)와 스위트 한 식후용 쉐리의 중간 것이다.

⑤ **크림 쉐리(Cream Sherry)**
크림 쉐리는 북유럽과 북미시장에 상당히 인기가 있다. 알코올 도수는 17~18%로 페드로 시메네즈(Pedro Ximenez)종의 화이트 와인과 오로로소를 브렌딩 한 와인이다.

헤레스 지역의 유명 쉐리 와인은 다음과 같은 상품이 있다.
발레스피노(Valdespino) 회사의 이노센트 피노(Ynocente Fino), 이노센트 아몬틸라도(Ynocente Amontillado), 이노센트 로얄 크림(Ynocente Royal Cream)과 곤잘레스 비아스(Gonzalez Byass) 회사의 티오 페페(Tio Pepe), 엘레간테 피노(Elegante Fino) 그리고 페르난도 데 테리(Fernando de Terry) 회사의 테리 크림(de Terry Cream), 테리 아몬틸라도(de Terry Amontillado), 테리 오로로소(de Terry Oloroso) 등이 있다.

리오하(Rioja) 지역
리오하 지역은 45,000 헥타에 이르는 스페인 포도의 원산지로 스페인의 까디즈

(Cadiz) 지방에 있는 안다루시아(Andalucia)의 남쪽 연안에 위치하여 에보르(Ebro) 강을 따라 쉐리 와인을 생산하는 지역이다.
이 지역 일대에서 만드는 와인을 리오하(Rioja)라고 하며, 레드 와인을 주로 생산하는데, 프랑스의 보르도 지방의 근처에 위치하고 있기에 주로 프랑스 와인의 양조법을 모방한다.
리오하 와인은 숙성기간을 중요시하는 특성이 있어서 최소 2~5년의 숙성기간이 필요로 하고 완성된 와인은 진홍빛을 띠면서 강렬한 향을 가지고 있다. 숙성연도별로 와인의 이름이 틀린데, 2년 숙성의 와인은 추수와인(Harvest Wine), 3년 숙성의 와인은 에이지드(Aged Wine), 4년 이상의 것은 비하르 레제르바(Viejas Reserva)라 불린다.

리오하 지역의 주요 와인 명은 다음과 같다.

① 마르케스 데 리스칼(Marque s de Riscal)
② 포르틸(Portil)
③ 파우스티노 1세, 5세(Faustino I,V)

카탈로니아(Catalonia) 지역

카탈로니아는 지중해 연안에 위치하여 프랑스 국경과 가장 가까운 지역으로 그 지역 특성상 로마시대 이전부터 교역이 활발하게 이루어졌던 지역이다. 이러한 활발한 교역 덕택으로 일찍이 포도재배를 시작하여 와인 양조의 중심지가 되어 왔다. 인지도가 높은 와인은 그다지 없지만 드라이 화이트 와인이 쓸만하다. 이 지역의 주요 와인 명은 다음과 같다.

① 산그레 드 또로(Sangre de Toro)
② 코로나(Coronas)
③ 비나 솔(Vina Sol)
④ 산 발렌티노(San Valentino)
드 카스타 로사도(De Casta Rossado)

몬틸라(Montilla)

헤레스 지역에서 내륙으로 약 100마일 정도 들어가 코도바(Cordoba) 근처에 위치한다. 쉐리 와인의 유명세에 눌려서 빛을 못 보는 지역이지만 좋은 와인이 생산되는 곳이다. 여기서 생산되는 와인은 주로 식전주 와인으로 많이 사용하고 와인

회사는 몬틸라(Montilla)와 모릴네스(Moriles)의 두 회사가 있다.

2) 쉐리주의 양조

쉐리주의 양조는 그 기법이 복잡하여 아주 고도의 기술과 특수한 지식을 필요로 한다. 우량 쉐리주는 잘 발달한 방향과 양조기술과 연대에서 오는 미묘한 미각을 갖고 있으며 그 색에 있어서는 갈색, 짙은 갈색, 호박색 등이 있다. 맛은 스위트한 것과 드라이한 두 종류가 있다.

쉐리주의 제조는 주로 백포도를 원료로 하여 제 1차 발효가 끝난 후 1~5%의 브랜디를 첨가하여 두면 플로라(Flora)가 핀다. 이것이 번식되어 일종의 향미를 만들어 내는 점이 특징이다.

이 플로라의 번식도와 저장연월에 따라 피노(Fino) 급과 아몬틸(Amontill)급으로 이루어진다. 쉐리는 술통에 오래 저장하면 할수록 좋아지므로 백년, 수백년을 저장할 수 있다. 제2차 발효가 진행되면 와인의 액면에 피막이 생긴다.

쉐리주의 양조단계에 있어서 다음 3종류로 분류한다.

팔마(Palma)

제일 맛이 좋고 데리케이트한 와인으로 드라이 한 피노(Fino), 아몬틸나도(Amontillado)는 이 클라스의 저장 통에서 만들어진다. 알코올도수가 낮아서 브랜디(Brandy)를 가하여 15%까지 높인다.

라야(Raya)

숙성한 성질의 와인으로서 골든 쉐리(Golden Sherry), 그린 쉐리(Green Sherry)가 있다. 질이 나쁜 것을 증류하여 브랜디(Brandy)를 만든다.

포로코르타도(Polocortado)

알코올도수가 높은 와인으로서 이 저장 술통에서 장래 오로로소(Oloroso), 아머로소(Amoroso) 등의 감미있는 쉐리가 되는 것이다.

3) 스페인 와인의 등급제도

스페인 정부의 주도로 와인산업을 육성시키기 위한 노력은 1919년 처음으로 와인에 대한 원산지지정(Denominnacio de Origen: D.O)에 대한 입법이 조치되었다.

이 법령은 포도의 재배, 생산, 양조, 숙성, 병입 등 전반에 걸친 엄격한 통제가 뒤따른다. 리오하는 1926년에 헤레스는 1935년에 와인법령의 시행을 감독하기 위한 주관

기관(Regulatory Council)이 초기에 설치되었고, 현재는 스페인 전역의 39개 지역이 원산지 지정 또는 VQPRD(Quality Wines Produced in a Specific Region)의 생산지역으로 공식적으로 지정되어있다. 스페인 와인은 현재 3등급으로 구분된다.

D.O.C(Denominacion de Origen)

스페인의 최상급의 와인으로 1991년에 도입된 제도이며 리오하가 이 D.O.C에 처음으로 적용된 지역이다.

D.O(Denominacion de Origen)

원산지 지정 지역에서 생산된 포도 품종으로 만들어진 와인으로서 프랑스의 A.O.C와 같은 성격이다.

Vino de la Tierra

이 와인은 가장 보편적인 일반 와인으로서 프랑스의 뱅드 빼이와 같은 성격으로서 그리 흔하게 쓰이지는 않는다.

5. 포르투갈 와인(Portugal Wine)

포르투갈의 와인의 역사는 다른 국가와 마찬가지로 로마 군이 진주하면서 시작되었는데, 모래 토양과 대서양기후의 혜택으로 포도의 작황은 매우 좋다. 포르투갈은 대륙의 끝에 위치한 이베리아반도에 위치하여 일찍이 와인을 생산하여 독특한 포르투갈 와인의 문화를 열었다. 포르투갈의 포도 경작지는 35만헥타에 생산량은 3/4이 레드 와인으로 포르투갈은 특히 포트 와인(Port Wine)과 로제 와인이 유명하다. 포트(Port)는 영어이며, 포루투갈(Portugal)어로는 비노 드 포트(Vinho de Porto)라고 한다.

포트(Port)의 명칭은 1831년 영국인 조셉 제임스 포레스터(Joseph James Forrester)가 도우루(Douro) 지역에서 수출항인 오포르토(Oporto) 항까지 운반하는 와인 통을 가볍게 하기 위하여 특별한 와인을 만들었는데, 이것이 지금의 포트 와인인 것이다.

1) 포르투갈 와인의 생산지

포르투갈의 주요 와인 생산지는 서북부의 미뇨(Minho)와 도우루(Douro) 지역, 북부 중앙지대의 다오(Dao) 그리고 대서양상에 있는 아열대의 마데이라(Madeira) 섬까지 골고루 분포되어 있다.

비뇨 베르드스(Vinho Verdes) 지역

서북부의 미뇨(Minho)와 도우루(Douro) 지역으로 이 지역은 지형은 대서양 연안에 입지하고 산악이 있어서 바람을 막아주고, 강수량이 풍부하면서도 기후가 온난하다. 포도재배 경작은 35,000 헥타에 이르며, 전국 생산량의 20%를 점한다. 대표적인 마을이 리마(Lima), 바스또(Basto), 브라가(Braga), 아마란뜨(Amaranta), 몬차오(Moncao) 등이 있다. 이 지역 와인의 특징은 포도가 완전히 익기도 전에 수확하여 포도를 빚음으로서 과일 향기가 풍부하고 상큼한 맛이 있는 싱싱한 푸르름에 있다.

다오(Dao) 지역

다오는 포르투갈 북부 중앙지대로 기후는 계절에 따라서 상당히 무덥고 추운 편이다. 토질은 화강암과 편암질 토양으로 레드 와인이 주종을 이루고 탄닌이 강하게 느껴지고 부드러운 감촉을 준다.

마데이라(Madeira) 지역

마데이라의 뜻은 나무숲이라는 의미로 탐험가들이 섬을 발견 당시 꽉 들어찬 숲을 보고 붙인 이름이다. 마데이라는 모로코 해안에서 400마일 떨어진 섬으로 약 500년 전에 해양 탐험가 앙리가 발견하였다. 그후에 100여년이 지난 후에 400여년 전부터 와인을 제조하기 시작하였는데, 그 동기는 마데이라 섬의 자연산 야생 포도를 뱃사람들이 따서 배 밑이 창고에 두었던 포도가 자연 발효된 와인을 브랜디와 함께 마시면서 마데이라 와인이 시작된 동기이다.

이 지역은 화이트 와인이 독특한 향기를 가지고 있는데, 특히 미국인들의 취향에 알맞은 것으로 알려졌다.

2) 포르투갈 와인의 종류

포르투갈에서 주목할 만한 와인은 세계적으로 유명한 포트 와인과 로제 와인이 유명하고 그 외에도 마데리아 와인이 있다.

포트 와인(Port Wine)

포트 와인의 원산지는 포르투갈 북부 도우루(Douro) 강 상류 지역의 알토 도우루(Alto Douro) 지구이다. 포트 와인(Port Wine)은 포르투갈 정부에 의하여 보호정책으로서 다음 3개의 조건에 합당하지 않으며 포트 와인이라고 부를 수 없다.

- 도우루(Douro) 강 상류 길이 60마일, 폭 30마일의 알토 도우루(Alto Douro) 지구내에서 양조하는 술일 것.
- 이 술은 도우루(Douro) 강을 통하여 하구 오포르토(Oporto) 항에 운반하여 빌라 노바드 가이아(Villa Nova de Gaia)의 주고에 숙성하여 오포르토 항에 수출하는 것.
- 알코올분이 16.5% 이상일 것.

로제 와인(Rose Wine)

포르투갈의 로제 와인은 프랑스 레드 와인과 독일의 화이트 와인과 더불어 세계적으로 인기가 있는 와인이다. 스페인 근처의 도우로 강 주변의 핀넬(Pinhel)에서 생산되며, 주요 와인 상품명은 매터스 로제(Mateus Rose)와 랑세스 뱅 로제(Lancers Vin Rose)가 있다.

마데이라 와인(Madeira Wine)

마데이라 와인은 브렌드(Blend) 제품으로 색은 연한 호박색에서 짙은 적갈색까지 있으며 맛은 베리 스위트(Very Sweet)에서 베리 드라이(Very Dry)까지 많은 종류가 있다.

마데이라 와인의 제조는 푼샬(Funchal) 상사에서 행하며 1차 발효를 끝낸 액을 비뇨 클라로(Vihno Claro)라고 하는데, 이것을 에스투파스(Estufas)라는 특별히 설계된 온실에 옮겨 화씨 100～140℃의 열처리를 가하여 발효를 중지시켜 새로운 술통에 넣어 브랜디를 가하여 주정 20%로 높인다. 이것을 비뇨 헤네소로(Vinho Henesoro)라 하며, 약 6년간 저장하여 숙성시킨다. 예외로 우량년의 제품은 비뇨 마데이라(Vinho Madeira)라고 하여 판매하나 보통 블렌드(Blend)하여 스탠다드(Standard) 품으로 제조한다.

마데이라 와인의 주요 품명은 글로리아 문디(Gloria Mundi), 에 레(Ei Rei), 니넨티 니네(Ninenty-Nine), 캄포네자(Camponeza), 까라베라(Caravela) 등 여러 가지가 있다.

3) 포트 와인의 제법 및 분류

한 종류의 포도로서 만들지 않고 도우루(Douro) 지구에서 생산되는 여섯 종류의 포도를 동시에 배합하여 라가(Lagar)라는 화강암제의 술통에 넣어 발로 밟아서 그 포도액을 곧 발효하여 1/2~2/3정도 진행한 후 큰 술통에 옮겨 그 발효액에 5~10%의 브랜디를 가하여 보강과 동시 발효를 정지한다.

이것을 지방 창고에 저장 후에 오포터 항에 운반하여 빌라 노바드 가이아(Villa Nova de Gaia)의 영국상관의 창고에 저장 숙성한 후 이것을 제품화한다.

포트 와인에는 화이트와 레드의 두 종류가 있으며, 화이트 와인에는 주로 프랑스나 러시아로 나가며 레드 와인은 영국으로 나간다. 단 레드 와인의 하급 품은 인도 등지의 열대지방으로 나간다.

① 빈타지 포트(Vintage Port)

최고급품으로서 특별히 작물이 잘된 해의 것을 블렌드(Blend) 하지 않고 병에 넣어 15~40년간을 저장 숙성한 것이다.

② 쿠스티드 포트(Custed Port)

빈타지(Vintage)에서 만든 고급품으로 빈타지 포트(Vintage Port)를 수년간 술통에 넣은 후 병에 넣은 것을 말한다.

③ 타와니 포트(Tawny Port)

타와니(Tawny)는 황갈색이라는 뜻으로 술의 색에서 딴 명칭이다. 연도별로 다른 와인을 브렌디(Blend)한 것으로 술통에 넣은 오포르토(Oporto)의 주고 내에서 숙성한 것이다. 술통에서 숙성 중갈색으로 변하며 알코올도수가 낮아진다. 경쾌한 디저트 와인으로서 병에 넣은 후 전연 숙성하지 않는다.

④ 루비 포트(Ruby Port)

빈타지 포트(Vintage Port)와 타와니(Tawny Port)의 조합 품으로서 오포르토(Oporto)에서 조합한 것이다. 런던에서 조합한 것도 있으며 최하급 품이다.

4) 포르투갈 와인의 등급

와인의 품질보장에 관한 포르투갈의 제도는 반드시 원산지 증명을 받아야 한다. 그래서 모든 와인은 반드시 원산지 증명을 받아야 하며, 최상품에는 데노미나카오 디 오리젠(Denominacao de Origen)의 표지를 부착해야 한다.

D.O.C(Denomonacao de Origen Controlada)

포르투갈의 와인 품질관리는 어느 나라보다도 엄격하고 종전의 레기아노 데마르카다(Regiao Demarcada)로 등급 되어졌던 것이 D.C.O로 바뀐 것이다. 현재는 이 등급의 14개 지역이 있다.

IRP(Indicacao de Proveniencia Regulamentada)

이 등급은 D.O.C급의 다음으로 31개의 포도재배지가 이 등급지역으로 지정되어 있다. 이 지역에서는 D.O.C급으로 승격하기 위한 노력을 지속적으로 기울이고 있다.

제 6 절 와인취급방법과 서비스

1. 와인의 취급방법

와인글라스는 투명한 글라스를 선택하여야 하며 색깔이 있는 글라스는 피하여야 한다. 글라스에 와인을 따를 때는 글라스 반쯤에서 2/3정도가 적당하다. 먼저 와인 색을 보며 다음에는 향을 맡고 즐기며 마신다.

와인을 보관하는 온도는 12℃의 서늘한 곳에서 통풍이 잘되고 햇볕이 들지 않는 창고가 좋다. 와인을 마실 때의 온도는 화이트 와인은 차게 레드 와인은 실내온도로 마시는 것이 상식으로 되어 있으나 실온이라도 장소나 계절에 따라 차이가 있다.

실온의 평균온도는 대략 17℃ 정도로 겨울보다는 여름의 실내온도는 이 온도 보다 찬 것이 좋다. 현재처럼 냉ㆍ온방이 완비한 시대 또는 사계 온도의 변화가 큰 곳에서는 먼저 와인에 적당한 온도의 표시가 필요하다고 생각된다. 그리하여 다음에 중요한 와인 제공을 적정 온도에 알아본다.

1) 와인의 보관요령

와인은 섬세하고 민감해서 일반음료처럼 쉽게 보관하기 힘든 음료로 잘못 보관하면 동일한 장소에서 동일한 재료로 같은 사람이 양조를 해도 변질되기 때문이다.

그 이유는 와인은 병 안에 들어가서도 지속적으로 숙성이 되고 있기 때문으로 항상 와인 병을 뉘어서 보관해야 한다. 왜냐하면 섬세한 성질을 지닌 와인이 제멋을 지키려면, 보관방법에도 상당한 주의와 배려가 있어야만 한다.

와인을 오랫동안 보관하려면 가장 신경을 써야할 부분이 온도로 와인의 변질을 막기 위해서는 코르크가 항상 마르지 않게 보관을 하는 것이 관건이다. 그래야만 병 속의 와인과 외부 공기를 차단하여 와인의 변질을 방지할 수 있다.

와인의 병은 코르크로 막는데, 이 나무는 참나무의 일종인 리무진으로 만드는 것으로 절연성을 갖는 동시에 탄력성과 유연성이 다른 물질보다 탁월하다. 이 코르크는 미세한 구멍이 있어서 그 구멍으로 공기가 병 속으로 들어오면 와인이 산화하게 되어 와인으로서의 기능이 뒤진다. 그렇기 때문에 공기를 차단하여 와인의 품질을 유지하기 위해서는 병을 뉘어서 보관하는 것이다.

와인을 판매하거나 마실 때는 양조주가 모두 그렇듯이 선입선출법을 적용하여 먼저 들어온 와인을 먼저 사용해야 한다. 또한 와인은 직사광선을 피하고 습기가 없는 장소에 보관하면서 환기가 잘 되는 곳이면 더욱 좋다.

와인 저장실(Wine Cave) 관리

와인 셀러에는 고객에게 서비스하기 전에 저장되는 장소로 고전적인 와인 저장실은 지하실이나 땅속을 깊게 파서 지면에 둥근 지붕을 만들고 좋은 기류를 통하게 하면 된다. 좋은 까브(Cave; 지하창고)는 와인의 품질향상에 기여할 수 있도록 다음과 같은 조건을 갖추어야 한다.

① 실내적정 온도는 11~15℃가 적당하다.

저장실이 너무 차가우면 와인의 숙성이 중단되고 반면 너무 더우면 숙성이 너무 빨리 촉진된다. 중요한 것은 와인의 숙성을 촉진시키는 온도의 급변을 피해야 한다. 기온 변화와 같은 물리적임 충격은 와인에 좋지 않다.

② 습도는 65~80%정도 유지가 적당하다.

습도는 코르크 마개와 캡슐의 변화에 큰 영향을 미치므로 와인저장에 중요한 요인이 된다.

그래서 와인 저장실은 인공적으로 공기조절기를 설치하여 습도를 조절하여 코르크 마개가 건조하여 그 틈이 생겨서 와인의 향을 잃는 것을 방지해야 한다.

③ 와인 저장실에 직사광선이나 빛이 너무 들면 좋지 않다.

와인이 직사광선에 비치게 되면 혼탁해지거나 갈색으로 변한다. 네온 불은 와인 저장실에 절대적으로 금하고 전기불도 너무 강하면 좋지 않다.

④ 와인 저장실은 와인만 저장하는 것이 바람직하다.

와인을 보관할 때 기름, 페인트, 음식 조리냄새, 가스, 생선 등의 냄새를 접하게 되면 와인이 상품적으로 손실을 입게 된다.

⑤ 저장실은 난방을 해서는 안 된다.

와인은 저장 시에 적합한 온도를 맞추어야 하는데, 화이트 와인은 서늘한 장소가 필요하다.

또한 레드 와인은 실온에서 저장되고 서브되는 것이 알맞기 때문에 저장실에 난방을 해서는 안 된다.

⑥ 와인은 라벨이 위쪽으로 올라오게 하여 진열장에 뉘어져야 한다.

와인 리스트 상에 기재되어 있는 와인카드를 보고 쉽게 찾을 수 있는 방법으로 라벨이 잘 보여야만 하기 때문에 와인 라벨을 위로 오게 한다. 와인 병을 수평으로 유지하는 것은 코르크 마개의 건조를 막아서 와인이 공기와 접하는 것을 막아준다.

⑦ 와인 저장실은 외부와의 진동과도 격리되어야 한다.

외부 복도나 에스컬레이터, 차고 등에 접해 있는 와인 저장실은 와인에 진동을 연결되면 와인이 손상된다.

▸ **까브(지하창고)와 와인 셀러**

와인선반

와인을 창고에서 운반하여 왔을 때에는 상자나 병 케이스에서 빼내어 와인선반이나 저장소에 상표가 위로 눕혀야 하고 병 속의 와인이 코르크와 접하여 촉촉하게 보존되어 있어야 한다.

와인은 종류별로 놓여져야 하며 바깥쪽에서 카드가 잘 보여야 한다.

와인 저장실 기록카드

저장실 장부가 정확히 기재되어야만 재고량 확보, 주문, 서비스에 만전을 기할 수 있다. 즉 적정 재고량을 확보하여 충분한 서비스를 할 수 있도록 적기에 주문을 하여 고객이 원하는 와인을 제공하여 판매하지 못하여 발생하는 판매손실을 막아야 한다. 또한 와인의 구매에서 판매까지의 기간도 파악할 수 있는 여러 가지 장점이 있기에 기록카드를 철저히 기록하여야 한다.

와인 저장실 기록 카드에 기록할 내용은 와인 타입, 와인 이름, 빈타지 연도, 공급 회사명, 최종 주문일자, 주문된 수량, 입고일자, 최종점검일자, 재고 수량 등이다.

2) 와인과 온도

음료를 정확히 음미하기 위해선 제공되는 음료의 온도를 알맞게 하여 제공해야한다. 각종 주스류, 청량음료, 꼬냑, 맥주와 같은 음료가 온도에 민감한 영향을 미치지만 특히 와인은 맛과 향취 그리고 독특한 풍미가 있어서 그것을 잘 살려주는 온도에서 마시는 요령이 필요하다.

에프리티프 와인(Aperitif Wine)

쉐리(Sherry), 두보넷(Dubonnet), 버머스(Vermouth), 진자노(Cinzano), 캄파리(Campari), 리카드(Richard), 뻬르노(Pernod) 등의 식전주 형식의 와인은 대체적으로 차게 마시는데, 고객의 취향에 따라서 낮게는 7~10℃ 높게는 18℃로 제공한다. 때때로 에프리티프 와인은 얼음과 함께 온 더락이나 하이볼 형식으로 소다수, 물, 주스류 등과 제공되기도 한다.

테이블 와인(Table Wine)

식사 중에 마시는 와인으로 와인의 색에 따라서 참 맛을 즐기는 온도가 각각 다르다. 화이트 와인은 10~12℃ 정도, 레드 와인은 숙성이 짧은 영 와인 경우에는 온도를 낮게, 올드 와인은 보다 높은 온도로 제공하지만 대체적으로 실내온도와 같은 17~20℃, 로제 와인은 14℃ 정도, 샴페인은 4~7℃로 하는 것이 좋다.

디저트 와인(Dessert Wine)

포트, 마데리아, 스위트 포트 등의 디저트 와인은 실내온도에서 와인 쿨러에 제공하지 않으며 보통 실내온도에 맞추어진 곳에서 보관한다.

2. 와인 서비스

1) 와인주문 받기

고객 테이블의 왼쪽으로 접근하여 상냥하게 인사하고 주빈에게 와인 리스트(Wine List)를 내놓는데, 고객이 놀라지 않도록 주의해야 한다. 이때의 와인 리스트는 항상 오물이 묻어 있지 않고 낙서가 없는 깨끗한 상태로 보존되어야 하며, 모서리가 닳지 않은 것이어야 한다.

와인 주문을 받을 때는 와인에 대한 지식을 충분히 갖추고, 추천하는 판매기술을 효과적으로 사용한다. 주문한 요리와 잘 어울리는 와인을 추천하고 단골고객의 경우에는 선호하는 음료를 꼭 기억해야 한다.

와인은 보통 소믈리에가 담당하고 있지만 누구나 식당에서 근무하는 종사원은 와인에 대한 기초지식을 가지고 있어야 하는데, 와인을 취급하는 종사원은 매출의 증대, 직업에 대한 자신감, 고객의 입장에선 최선의 선택이 될 수 있도록 주문을 받아야 한다.

2) 와인 오프닝 방법

고객이 와인을 주문하면 주문을 받아쓰고 즉시 와인을 와인 쿨러에 45도 정도 비스듬히 담아 다른 부속 서비스 비품과 함께 꺼내온 다음 와인의 라벨을 고객이 볼 수 있도록 테이블 위에 놓는다. 그 후 사각형으로 접어 와인 쿨러를 덮은 냅킨을 집어 와인 병의 한쪽으로부터 코르크의 위에 가볍게 씌운 다음 왼손으로 냅킨이 씌워진 병목을 단단히 움켜쥐고 오른손으로 천천히 코르크 마개를 조금씩 돌려 풀면 코르크는 쉽게 빠져 나올 것이다.

그러나 만약 코르크가 병목에서 빠지지 않은 채 부서지거나 쉽게 빠져 나오지 않을 때에는 코르크스크류(Corkscrew)를 이용하여 뽑아내야 하는데, 와인 스크류를 사용하는 방법은 다음 같다.

① 코르크스크류는 나선 모양의 마개뽑이를 가지고 있고 병 뚜껑을 따는 장치와 와인 병의 캡슐제거를 위한 작은 칼을 가지고 있다.

② 칼을 이용하여 와인병목 부분의 캡슐을 돌려서 깨끗하게 잘라낸다. 이때 가급적이면 와인 병을 돌리지 않도록 한다.

③ 캡슐을 잘라낸 후 코르크의 나선 끝 부분을 코르크의 정 중앙 부분에 놓고 천천히 아래 방향으로 돌린다. 이때 코르크 스크류를 너무 깊게 돌려 코르크를 통과하지 않도록 조심한다.(코르크 조각이 와인에 떨어질 수 있다.)

④ 스크류의 지레를 병목 테두리 부분에 걸친 후 천천히 위쪽으로 잡아당긴다. 이때 코르크가 부서지는 것을 방지하기 위해 수직 방향 위쪽으로 잡아당긴다. 비스듬히 또는 억지로 당기지 않도록 조심한다.

⑤ 코르크를 조심스럽게 뽑아 낸 후 냅킨을 이용하여 병입구 부분을 깨끗이 닦아

낸다.

⑥ 와인을 주문한 사람의 와인 잔에 소량의 와인을 따른다. 시음 후 승인을 얻은 후 다른 손님들에게 와인을 서비스한다. 와인을 글라스의 2/3이상 따르지 않도록 한다.

⑦ 와인을 글라스에 따른 후 손목을 이용해 빠르게 회전하며 병을 세워 와인 방울이 테이블 또는 병에 흘러내리지 않도록 한다. 와인을 서비스하지 않는 다른 손에는 냅킨을 준비하여 와인 방울이 떨어져서 일어날 수 있는 테이블 또는 손님의 옷의 손상을 방지한다.

▸ **와인 서비스**

병목의 볼록한 부분을 도려낸 후 전두리 바깥쪽을 닦는다.

코르크 마개의 가운데 스크류를 중분히 집어 넣은 후 부드럽게 열고

병목의 안쪽을 깨끗하게 닦는다.

▸ **코르크스크류 사용법**

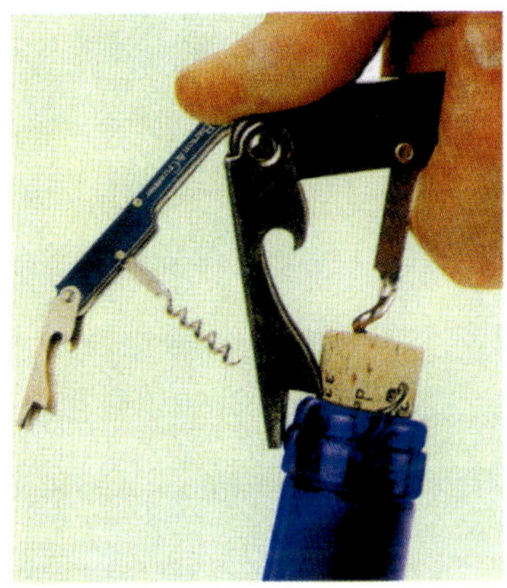

3) 와인의 서비스 요령

와인 서비스에 필요한 도구

와인을 즐기기 위해서는 와인글라스, 와인 바스켓, 와인 쿨러 등의 와인 서비스에 부수적으로 필요한 소도구가 요구된다.

와인글라스의 모양은 위에는 튤립형과 아래는 스템(Stem)이 달린 글라스를 사용한다. 그 이유는 와인은 온도에 민감한 음료로 우리 손에는 온도가 항상 있어서 손의 열이 글라스 안의 와인에 전달되지 않도록 하기 위하여 스템이 달려 있다. 와인글라스가 튤립형인 것은 와인의 향기를 극대화를 위한 것으로 와인의 향기를 글라스 안에서 오래 남아있게 하기 위하여 입이 닿는 부분은 안쪽으로 오목하게 되어 있다.

① 코르크스크류(Corkscrew)

모든 접객원이 갖추어야 할 기본 도구로 와인의 코르크를 오픈 할 때 사용한다.

② 와인 버켓(Wine Bucket)

고객의 테이블에서 화이트 와인이나 샴페인을 차게 서비스하기 위하여 사용한다. 와인 버켓에 사용의 요령은 얼음을 이용하여 얼음물을 3/4 정도 채운 후에 와인을 빨리 차갑게 하기 위하여 깊이 얼음에 담근다. 서브할 때는 얼음물이 떨어지면 닦아 내기 위하여 와인 버켓에 냅킨을 걸친다.

③ 와인 바스켓(Wine Basket)

레드 와인을 바스켓에다 서브하는 식당도 있고 그냥 테이블에다 병을 올려놓는 곳도 있다. 와인 바스켓을 이용하는 기본 목적은 성숙한 레드 와인을 창고에서 테이블까지 안전하게 운반하기 위해서이다.

④ 와인 디켄터(Wine Decanter)

와인 디켄터는 하우스 와인을 서브할 때 상용하는 도구로 사용하는 방법은 오른손으로 디켄터 목 부분을 잡는다. 와인이 흐르는 것을 방지하기 위하여 냅킨을 준비하고, 필요하면 병 밑부분을 왼손으로 받친다. 디켄터에 담긴 레드 와인은 테이블 위에 놓고, 화이트 와인과 로제 와인은 와인 버켓에 넣어둔다.

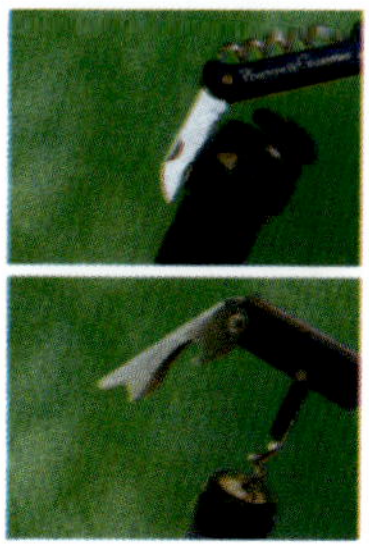

[코르크스크류]

[와인 버켓]

[와인글라스]

와인 서비스의 절차

화이트 와인과 로제 와인을 서비스하는 절차의 시작은 와인 버켓(Wine Bucket)을 호스트(Host) 오른 쪽에 놓고 호스트에게 오른 쪽에 서서 고객이 주문한 와인을 확인시킨다.

와인 병을 보여 드릴 때는 냅킨을 접어서 손으로 받치고 호스트가 상표를 분명하게 볼 수 있도록 한다. 화이트 와인과 로제 와인의 서비스 절차 및 규칙은 다음과 같다.

① 호스트가 테스트를 할 수 있게 와인을 1온스 정도 와인글라스에 따른다.
② 와인을 서브할 때 바닥에 떨어뜨리지 않기 위해서는 와인 병을 와인글라스 가까이 닿지 않을 정도로 하여 와인을 글라스에 제공하고 와인 병을 약간 틀어서 병목을 든다. 이 동작으로 마지막 술방울을 잔에 떨어뜨리게 된다. 만약 와인을 바닥에 떨어뜨릴 우려가 있을 때에는 냅킨으로 떠받치는 것도 요령이다. 만약 침전물이 있는 와인인 경우에는 침전물이 와인에 섞일 정도로 흔들지 않도록 주의해야 한다.
③ 호스트가 와인이 마음에 들면 시계방향으로 여성고객, 고령자 순으로 먼저 서비스한다.
④ 원칙적으로 고객의 지시대로 따르되 지시가 없으면 우선 레드 와인은 글라스의 반이 안되게 따르며, 화이트 와인과 스파클링 와인은 잔의 2/3만큼 정도로 따른다. 그러나 샴페인(Champagne)은 두 번의 동작으로 따르는데, 처음에는 거품이 잔 가득히 찰 때까지 따르고, 두 번째는 적당한 높이까지 따른다.
⑤ 호스트를 마지막으로 서비스하고 남은 와인 병은 와인 버켓(Wine Bucket)에 넣어 둔다. 와인 바스켓에서 레드 와인을 따르는 경우에는 오른손으로 병이 담겨진 바구니 위를 단단히 움켜 쥐고 따른다. 이때는 침전물이 와인에 섞일 염려가 있으니 와인 병이 흔들리지 않도록 주의 한다.
⑥ 첫 번째 와인 병을 비운 후에 두 번째 병을 호스트에게 권한다. 두 병을 동시에 주문 받았을 경우에는 주빈에게 오픈여부를 물어서 허락된 다음에 병을 따도록 한다.
⑦ 모든 고객에게 와인을 골고루 분배해야 하므로 와인의 량을 고객에게 분배할 량을 고려한다.
⑧ 와인을 서브할 때는 상표가 고객에게 잘 보이도록 한다.
⑨ 와인이 남아 있는 경우에는 고객에게 여쭈어 보고 와인을 자주 글라스에 채운다.
⑩ 와인글라스의 2인치 위에서 와인을 제공한다.
⑪ 화이트 와인과 로제 와인은 서브하기 전에 차게 해야한다. 와인을 너무 차게 하면 와인의 향기가 감소한다.
⑫ 찬 와인을 서브할 때는 병을 접은 냅킨으로 싸거나 흘리는 것을 막기 위하여 냅킨을 휴대한다.
⑬ 디켄터나 까라페(Carafé)로부터 와인을 따라내는 경우에는 디켄터 등의 하단 상부를 오른손으로 감싸쥐고 한 손가락으로 디켄터 목을 고정하여 조절하면서 따른다. 이때도 술 방울이 바닥에 떨어지지 않도록 위 아래로 가볍게 들어 올렸다가 따라 마지막 방울이 잔에 떨어지도록 한다.

4) 와인 서비스시 주의사항

와인을 서비스할 때에도 지켜야할 사항이 있어서 그다지 간단하지만은 않다. 절도 있는 자세로 기품 있게 따를 때 와인의 가치는 물론이고 그 와인을 마시는 고객의 기쁨도 크게 증가될 수 있는데, 와인 서비스시 주의 사항은 다음과 같다.

① 그 자리를 주최하는 사람에게서 와인을 주문 받고 또한 주최자가 원하는 와인인가를 반드시 확인시킨다.
② 상표를 확인시킨 후 먼저 코르크마개를 덮고 있는 알루미늄 포장을 칼로 깨끗하게 잘라 내고 코르크스크류가 코르크 마개를 관통하지 않을 정도로 깊이 꽂아서 잡아당긴다. 이때 병이 흔들려서는 안 되는데 이는 레드 와인의 경우 앙금이 떠오르기 때문이다.
③ 코르크는 와인을 주문하신 고객에게 보여드린다.
④ 먼저 주최자의 글라스에 와인을 조금 부어 맛을 확인시킨다. 허락이 있을 경우 서비스를 시작한다.
⑤ 주최자로부터 시계방향으로 돌면서 좌중에서 가장 나이가 많은 숙녀부터 글라스에 6부정도 따른다.
⑥ 와인을 따를 때 글라스와 병이 부딪히는 소리가 나면 좋지 않다. 와인글라스 넓이만큼 병을 띄워서 와인을 따르고 글라스에 6할 정도 차면 와인 병을 옆으로 살짝 돌리면서 들어올린다. 이것은 와인 방울이 떨어지지 않도록 하기 위한 조심성이다.
⑦ 고객의 글라스에 먼저 따른 다음 주최자는 제일 나중에 따른다. 또 레드 와인일 경우 병속의 와인을 전부 따르지 않고 조금 남긴다. 이것은 레드 와인의 앙금(Sediment)이 있을 것을 대비한 예의이다.
⑧ 고객에게 따라준 다음 와인 병은 주최자가 대동한 호스테스나 주최자 앞에 병의 상표가 고객에게 잘 보이도록 놓는다.
⑨ 와인을 모두 따라낸 빈 병을 주최자의 승낙 없이는 치우지 않는다.

5) 와인 맛보기(Tasting Wine)

와인의 맛을 한 마디로 잘라서 말할 수 없는 것이 와인의 맛이다. 와인은 생명의 탄생, 성장, 숙성, 쇠퇴의 사이클을 가지고 있다. 와인은 이들의 순환 과정마다 맛이 틀려질 수 있기 때문에 와인의 맛을 보기 위해서는 맛을 보고자 하는 와인을 최적의 상태로 만들어야 한다. 우선 와인을 테스팅하기 위해서 선결되어야할 조건이 있는데, 그것들을 살펴보면 맛을 보기 위한 장소가 태양이 비치는 맑은 곳, 심한 냄새가 없는 곳이어야 한다. 특히 와인을 맛보기 위해서는 화려한 의상이나 화장이나 향수, 루즈 등의 사용은 금물이다. 그 이유는 와인은 주변의 미세한 환경에서도 와인의 맛이나 향에 영향을 미치기 때문이다.

와인 테스팅은 오감을 통하여 느낄 수 있지만 크게 아래와 같이 세 가지로 나누어 볼 수 있다.

시각(Sight)

와인의 시음은 눈으로 시작한다고 할 수 있으며, 코나 입으로 느끼는 것에 비하여 눈으로서 평가 할 수 있는 것은 즉시적이고 객관성이 있다. 시각으로 하는 테스팅은 크게 3가지로 나누며 그것은 와인의 색깔(Colour)과 선명도(Clarity) 그리고 점착성이다.

색깔은 진함 또는 옅음정도를 보고, 선명도는 탁함이나 맑음을 구별하고, 점착성은 묽거나 걸쭉함을 평가하는 것이다. 우선 눈으로 맛보기 위해서는 뒷 배경이 무늬가 없는 흰색이어야 한다.

만약 준비가 되어 있지 않는 레스토랑에서는 흰색의 종이, 흰색의 테이블 클로스, 흰색의 식사용 냅킨을 이용하는 것이 좋다.

와인을 눈으로 살피는 이유는 일정기간 이상의 보관을 요하는 와인이 가질 수 있는 와인의 결점을 예상하고 찾아내기 위한 작업이다. 여기서 와인의 빛깔이 엷고 선명하지 않으며 흐릿할 때에는 보관상의 문제가 있는 경우가 많다.

화이트 와인은 아주 여린 노란색에서 거의 무색에 가까운 투명한 색, 초록색을 연상시키는 색상도 있다. 레드 와인은 일반적으로 젊었을 때 맑은 진홍색을 띄고 있다가 원숙함이 절정에 달했을 때는 붉은 색의 갈색의 여운을 지니게 된다.

후각(Smell)

와인은 꽃, 과일, 식물 등의 복합적인 향취를 발산하며, 5백가지 이상의 방향성 물질이 발견된다.

와인의 시음에 있어서 사람의 코는 수천 가지의 냄새를 맡을 수 있고 후각은 주관적이기도 하다. 후각적인 음미를 위하여 와인 글라스를 흔들지 않고 향취의 발산을 돕기 위하여 신중하게 글라스를 돌리면서 흔든 후에 후각으로 음미를 한다. 냄새감각은 맛의 감각에 비해 무려 1만 배나 발달해 있으며, 와인의 그 매료한 향을 구별하기 위해서는 수천 내지 수만 번의 훈련이 필요하다.

사람의 후각은 사람마다 냄새에 대한 민감도가 다르고 선호도도 다르다. 와인의 향은 그 유형에 따라서 세 가지로 구별한다.
제1차 향은 포도열매 그 자체의 천연 향으로 이것을 아로마(Aroma)라고 한다. 제2차 향은 알코올 발효과정에서 형성되는 향이다. 제3차 향은 발효나 나무통, 병에서 숙성할 때 생기는 숙성 향으로 부케(Bouquet)라고 한다.
일반적으로 와인의 질이 낮으면 낮을수록 그리고 나이가 어리면 어릴수록 향이 단순하고 깊지 않다. 반대로 질이 좋고 오래된 와인일수록 향과 부케는 복잡하고 여러 다양한 향의 조화가 탁월하다[8].
이렇게 본다면 레드 와인은 숙성에 의한 향이 강하여 천연 향은 거의 없고 숙성에 의한 부케 향만 느낄 수 있다. 반대로 화이트 와인은 천연 향인 아로마 향이 강하다. 코로 향을 구별할 때의 순서와 향은 아래와 같다.

첫째, 포도품종 그 자체의 향을 구별한다.
둘째, 포도품종이 혼합된 새로운 향을 구별한다.
셋째, 만드는 과정(발효, 숙성)에서 생긴 향을 구별한다.

미각(Taste)

눈과 코로 즐기는 과정도 쉽지 않지만 입으로 하는 시음이 사실상 가장 복잡하고 어렵다. 그것은 입안에서 감지하고 느낄 수 있는 것은 다양하면서도 복잡하기 때문이다.
입으로 맛보는 와인 테스팅은 테스팅 단계의 마지막 과정으로 제일 중요하고 시간도 가장 길다. 우리의 혀로 느낄 수 있는 맛은 단맛, 쓴맛(떫은맛), 신맛, 짠맛의 4가지이다. 와인을 맛볼 때의 단맛은 설탕, 알코올, 글리세린 등에 의해 느낄 수 있으며, 신맛은 PH나 산도(Acidity)로 쓴맛은 소금, 나트륨, 클로라이드 등으로 우리 신체에 매우 중요하지만 와인에서는 그다지 중요하지가 않다. 그래서 와인에서는 일반적으로 단맛, 신맛, 쓴맛의 세 가지만으로 맛을 구별한다.

혀의 각 부위는 특정한 맛만 감지하는 능력이

8) 문화를 와인병에 담은 나라 프랑스. 장홍, 도서출판 고원, p.251.

있기에 맛을 보기 위해서는 혀가 맛을 감지할 수 있는 부분을 잘 알아야 된다. 단맛은 혀의 앞쪽, 신맛을 혀 중앙의 바깥부분 그리고 쓴맛을 혀의 제일 안쪽 부분이다. 동일한 와인이라도 처음 혀에 닿는 부위에 따라서 느끼는 맛이 달라지며 대표적인 와인의 맛은 아래와 같다.

① 단맛(Sweet)[9]

일반적으로 사람이 단맛을 느낄 수 있는 정도는 물 100㎖에 설탕 10g정도가 되어야 하지만 와인에서는 이 보다 적은 양으로 구분한다. 보통 드라이 와인은 0.1~0.2%(1~2g/L)의 당분을 함유한 것을 말하지만 0.5%(Demi-dry)까지는 드라이 하다고 하며 그 이상은 스위트하다고 볼 수 있다.
드라이와 스위트 와인 두 개로만 구분한다면 0.75%의 당분 함유량을 기준으로 그 이상은 스위트, 그 이하는 드라이로 보고 있다.

② 신맛(Sour)

와인에서 사워하다는 것은 원료포도의 산도가 너무 높을 때 수확을 했거나 보관을 잘못하여 와인이 산화되어 시큼한 맛인 상태를 말하는 좋지 않은 의미로서의 신맛이며 보통 좋은 의미로서는 다른 신맛(Acidity, 과일의 상큼한 신맛)을 사용하고 있다. 일반적인 와인은 약 0.4~0.9% 정도의 산도를 가지고 있다. 신맛의 함유량은 거의 비슷하며 당분의 함유량에 따라 스위트한 와인도 되고 드라이한 와인도 된다. 물 100㎖에 한 개의 레몬 과즙을 섞은 정도의 맛을 사워하다고 한다.

③ 쓴맛(Bitter)

쓴맛은 보통 목으로 와인을 넘기고 난 다음에 느낄 수 있는 맛으로 이것도 사워와 마찬가지로 좋지 않은 맛이며 레드 와인에서 쓴맛은 박테리아 발생 그리고 산화 때문에 생기는 맛이다. 물론 탄닌 때문에 생기는 떫은맛과 혼돈해서는 안 된다.

6) 와인 테스팅의 일반절차 및 핵심

와인 테스팅의 일반절차

와인을 테스팅 하기 위해선 와인을 테스팅 하기 위한 준비물과 절차가 필요하다.

① 깨끗한 글라스에 약간의 술(1~2온스)을 따른 뒤 잔을 들고 와인의 색깔과 선

9) 양주와 칵테일론, 백재현, 형설출판사, p.42.

명도를 알아본다.

아니면 테이블 위에 흰 천을 깔고 그 위에 잔을 약간 기울여 이 액체의 투명도를 알아본다.

② 와인 잔을 잘 흔든 뒤 아로마나 부케의 향을 코로 맡는다. 이때 잔 속에서 우러나오는 와인 향을 코로 들이켜 후각으로 확인한다.

③ 한 모금 입안에 술을 넣고 맛을 본다. 입안에 술을 굴리듯이 하여 미각이 닿는 입안 모든 부분에 접촉시켜 가면서 와인이 갖고 있는 특성을 알아본다. 화이트 와인의 경우 상큼한 맛, 감미, 신맛, 쓴맛, 레드 와인의 경우 약간 짠맛(Salty), 떫은 맛, 감미, 질감의 농도 등을 알아본다.

④ 와인을 삼킨 연후에도 입안에 남은 뒷맛을 느껴본다.

여러 종류의 와인을 한 자리에서 테스팅 할 때에는 입안에 든 술을 삼키지 말고 내뱉어도 좋다. 흔히 와인 시음장에서 볼 수 있는 풍경이기도 하다.

와인을 시음할 경우, 모든 와인을 동일한 온도에서 행하는 것은 아니다. 와인의 종류에 따라 각기 다른 온도가 필요하며, 얼음에 차게 한 샴페인은 결코 시음에 쓰이지 않는다.

와인 테스팅의 핵심

와인 테스팅에 있어서 어떤 것을 핵심적으로 봐야하는지를 정리해보면 다음과 같은데, 이는 세계적 소믈리에 영국인 바셋(Gerard Basset)의 언급을 인용하였다.

첫째, 와인은 원래 당도(Sweetness), 산성(Acidity), 알코올(Alcohol) 및 탄닌(Tannin)이 적절한 양으로 조화가 잘 이루어져야 한다.

① 산성이 지나치게 많으면 와인은 설익은 느낌이 든다. 이 경우에는 찬 기후에서 생산되었거나 포도가 덜 익은 경우가 많다.

② 지나치게 알코올이 많으면 따뜻한 느낌, 심지어는 타는 듯한 감을 주기도 한다. 이러한 원인은 더운 기후에서 생산됐거나 포도가 너무 익은 경우이다.

③ 지나치게 탄닌 성분이 많으면 레드 와인은 딱딱한 느낌을 줄 것이며, 심하면 떫은맛이 난다. 이 원인은 잘못 익은 포도로 빚은 와인의 경우가 대다수이다.

④ 참고로 알아야 할 일은 레드 와인이 숙성이 덜 되었을 때는 약간 설익은 듯한 맛을 보이지만 해를 거듭하면서 술은 부드러워져서 훌륭한 와인이 된다는 사실이다.

⑤ 와인의 맛은 기분 좋은 것이라야 하고 불쾌한 느낌이 남아서는 안 된다.

둘째, 와인의 맛(Flavor)은 방향(Aroma)과 입안에서 느낀 다른 맛을 함께 감지시켜주어야 한다.

① 포도의 품질과 양조 공정이 좋을수록 훌륭한 맛을 내는 와인이 나온다.
② 양질의 와인에는 알맞게 맛이 함께 잘 몰려 있음을 느낀다. 그러나 지나친 경우에는 오묘한 본래의 맛을 제대로 지니지 못하게 되는 흠이 있다.

제 7 절 와인과 음식의 조화

1. 코스별 음식과의 조화

와인은 식사와 밀접한 관계를 맺고 있는데, 와인을 용도별로 분류하면 에피타이저 와인(Aperitif Wine), 테이블(Table Wine), 디저트 와인(Dessert Wine)의 세 가지로 나눈다. 와인은 식사와 밀접한 관계를 갖고 있다. 와인을 마실 경우 요리가 주가 되며 잘 어울리는 와인이 선택되어져야 훌륭한 식사를 꾸밀 수 있다.

음식과 잘 어울리는 와인을 찾는 방법은 어떠한 기술적인 방법이나 엄격한 규정이 있는 것이 아니고 개인적인 식성이나 음식 미각의 경험지식에 따라서 유동적인 것이라고 볼 수 있다. 일반적으로 육류에는 레드 와인, 어류에는 화이트 와인, 식전에는 드라이 와인, 식후에는 스위트이나 이것이 절대적인 원칙은 아니다. 식전에 감미 있는 술을 마실 수 있는 것처럼 어류에 레드 와인이 어울리는 것도 있으므로 이것은 와인 선택의 하나의 방법일 뿐이다. 어느 요리에 어느 와인이 좋다는 것은 옛날부터 여러 번 시험한 후 가장 어울리는 와인을 알게 된 것이다.

에피타이저와 와인(Appetizer; Hors d'Oeuvre and Wine)

에피타이저는 우리말로 전채요리를 의미하는 것으로 본격적인 식사하기 전에 먹는 음식을 의미한다. 전채는 음식이 소량이며, 신맛과 짠맛으로 입맛을 돋구며, 지방색과 계절감을 띄어야 하는 특성이 있다. 신맛과 짠맛 등으로 입맛을 돋구기 위해선 단맛의 와인은 그다지 바람직하지 못하다.

에피타이저에 잘 어울리는 와인은 베리 드라이 와인(Very Dry Wine), 샤블리 와인(Chablis Wine), 드라이 그라브 와인(Dry Graves Wine), 드라이 저먼 와인(Dry German Wine), 드라이 쉐리(Dry Sherry), 드라이 버머스(Dry Vermouth) 등이 있다.

수프와 와인(Soup and Wine)

식사의 수프코스에서는 수프를 위하여 와인을 별도로 주문을 하지 않으며 전채요리에서 마시던 와인이 남아 있으면 그대로 마시면 좋다. 또한 수프를 만들 때 사용된 와인이 있으면 그와 유사한 와인을 마시는 것이 좋다.

수프에 잘 어울리는 와인은 드라이 쉐리(Dry Sherry), 로제 와인(Rose Wine), 드라이 샴페인(Dry Champagne), 화이트 와인(White Wine) 등이 있다.

생선과 와인(Fish and Wine)

생선요리는 주정이 약한 화이트 와인이 잘 어울린다. 그 이유는 생선의 비린내를 제거시켜주고 입안을 상쾌하게 해준다. 생선요리에 스위트 와인을 제공하면 스위트 와인에 함유되어 있는 탄닌이 생선의 맛을 감소시킨다.

육류요리와 와인(Meat and Wine)

쇠고기, 돼지, 양과 같은 육류요리에는 최소한 3~4년 정도 숙성시킨 레드 와인이 잘 어울리며, 적당히 냉각된 로제 와인이나 샴페인도 마실 수 있다. 레드 와인이 잘 어울리는 이유는 레드 와인의 탄닌 성분이 육요리의 지방질을 분해시켜 소화를 도와주며 육요리의 단백질은 탄닌의 떫은맛을 완화시켜주는 역할 때문에 서로 잘 어울린다.

희고 부드러운 고기에는 가벼운 타입의 레드 와인, 특히 보르도의 메도크나 그라브(Glaves), 부르고뉴(Bourgogne)의 보졸레이(Beaujolais), 저먼 와인(German Wine)이 어울리고, 검은 색 고기는 쌩떼 에밀리옹(Saint Emilion), 뽀메롤(Pomerol) 등의 부케(Bouquet)가 강한 레드 와인이 좋다.

샐러드와 와인(Salad and Wine)

원칙적으로는 샐러드, 식초, 커리와 같이 맛이 강하거나 와인의 맛을 느끼지 못하게 하는 요리에는 와인을 곁들이지 않지만 샐러드 코스만을 위하여 와인을 주문하지 않는다. 다만 수프처럼 그 전의 코스에 마시던 와인이 있으면 그 와인을 계속 마신다.

샐러드에는 와인이 어울리지 않지만 구태여 와인을 제공한다면 로제 와인이나 샴페인 정도가 어울린다.

후식과 와인(Dessert and Wine)

후식은 식욕을 감소시키는 역할을 하기 위하여 단맛의 음식을 제공한다. 단맛을 가지고 있는 음식에 어울리는 와인은 스위트 와인이 잘 어울린다. 대표적인 와인이 크림 쉐리, 포트와인, 샴페인 등이 있다.

상기의 요리와 와인의 조화에서 보면 드라이 샴페인과 로제 와인은 코스에 관계없이 어느 음식과도 어울릴 수 있는 와인이다.

2. 음식과 조화되는 와인 판매기법

와인 주문을 받을 때는 와인에 대한 지식을 충분히 갖추고, 정확한 정보를 주고, 고객이 필요로 하는 것에 민감하게 대처하여 추천하는 판매기술을 효과적으로 사용한다. 주문한 요리를 기억하여 잘 어울리는 와인을 추천하고 단골고객의 경우에는 선호하는 와인을 꼭 기억해야 한다. 그 외에도 와인을 판매하기 위해선 다음과 같은 사항을 숙지하고 있어야 한다.

① 와인 리스트의 품목을 숙지하고 있어야 한다.
② 와인 주문은 호스트에게 받는다.
③ 추천하는 판매기술을 효과적으로 사용한다.
④ 와인이 결정되면 언제 서브해야할 지 호스트에게 묻는다.
⑤ 와인 리스트에 나온 와인과 샴페인의 이름을 잘 발음할 수 있어야 한다.
⑥ 와인의 선정은 고객의 기호에 알맞게 추천하도록 하고 고객이 선정한 와인에 대하여선 절대로 불만을 표시해선 안 된다.

제3장 양조주 - 맥주(Beer)

제1절 맥주(Beer)의 개요

맥주를 뜻하는 영어 단어 Beer의 유래는 라틴어 마시다라는 비베레(Bibere)에서 전래되었다는 설과 게르만족의 언어 중 곡물을 뜻하는 베오레(Bior)에서 왔다는 설이 있으나 후자가 더욱 정설에 가깝다. 맥주는 제조방법에 따라서 약간의 차이는 있지만 대맥아(Malted Barley)를 발효시켜 쓴맛을 내는 호프(Hop)와 물, 효모(Yeast)를 섞어 저장하여 만든 탄산가스가 함유된 알코올성 음료이다.

오늘날 전세계적으로 애음 되고 있는 맥주는 고고학자들의 연구에 따르면 그 탄생이 기원전 7천년경 인류가 농경생활을 시작함과 동시에 시작된 오랜 역사를 자랑하고 있다.

인류 최초의 발생지인 슈메르 문명에도 이미 맥주가 있었으며 그후 아카토, 앗시리아, 바빌로니아 등 각 문명에서도 맥주는 애음 되어진 것으로 짐작되는데, 그 문헌적 근거는 기원전 2000년 제정된 함무라비 법전 중에도 맥주에 관한 법률을 볼 수 있다. 그 한가지 내용을 소개하면 그 당시 이미 각지에 양조주나 비어홀이 만들어져 맥주를 물로 연하게 만들어 놓은 맥주홀에서 모반의 상담을 하고 있을 때 신고가 없으면 가게 주인도 동일한 죄가 되는 등 맥주에 관한 여러 가지 규칙이나 제칙이 공포되어졌다.

한편 유럽에서는 기원전 1800년경에 맥주가 만들어졌던 것으로 전해지는데 로마제국시대 다키오도스는 그의 저서 게르마니아에서 그들은 봉밀의 술을 그 밖의 다른 곡물로부터 음료수를 만들고 커다란 모서리에 입을 대고 마셔 배를 채우고 따뜻함을 취하기 위해 그것을 마시고 있다. 이 음료수는 아주 저질의 와인과도 같다라고 적혀 있었으며, 그후 중세에 접어들면서 더욱 질 좋은 맥주가 수도원에서 만들어졌다.

기독교의 계율이 엄격했지만 수도원에서 맥주는 일상의 음료로 수도원의 생활에서 맥주를 만드는 전문 부서가 수도원 속에 있었다. 그래서 결국시대가 흐름에 따라 맥주는 유일한 수도원의 주요 재원의 하나가 되었고 맥주의 발효기술중 하나인 하면 발효기술이 15세기경에는 베네딕트파 수도원에서 발명되는 등 수도원 양조장은 융성하게 되었다.

중세에서 근세로 넘어 오면서 도시가 발전하고 길드제도가 정착함과 동시에 맥주 양조는 점차 수도원에서 시민의 손으로 이동되어 갔다. 이 무렵에는 맥주 품질을 향상시키려는 움직임이 일어나기 시작해서 독일에서는 1516년 대맥, 물, 호프 이외에는 원료로 사용해서는 안 된다는 맥주 순수령도 나타나게 되었다.

19세기 중엽에는 맥주 양조기술에 화학의 매스를 된 프랑스의 대화학자 루이 파스테르(1822~1895년)가 등장했다. 루이 파스테르는 효모의 움직임에 의한 것을 명확하게 하고 맥주 효모가 60℃이하의 온도에서는 작용하지 않는 것을 발견했다.

그 연구의 연장으로 술의 재발효를 방지하기 위한 방법, 저온살균법을 발견했다. 이 방법은 그의 이름을 따서 파스트리제이션이라고 불려졌고 맥주는 이 방법을 사용함으로써 장시간 변질되지 않는 것이 가능하게 되어 이후로 급속도로 보급되어 갔다.

또한 맥주에 유해한 미생물의 연구나 그의 침투 감염을 막는 미생물 관리 기술의 연구도 정비되어져서 처음으로 질 좋은 맥주를 실패하지 않고 양조하는 기술이 완전하게 확립되어 맥주 양조가 오늘날과 같이 거대산업으로 발전하는 기초가 되었다. 우리나라의 경우 1933년 일본의 대일본맥주 주식회사가 조선맥주를 설립한 것이 그 시초이며, 같은 해 12 월에는 일본의 기린 맥주 주식회사가 소화기린맥주(동양맥주전신)를 설립하였다.

해방과 더불어 1945 년 적산 관리 공장으로 지정되어 미국 군정에 의해 관리되어 오다가 1951년에 이르러 민간인에게 불하되었다. 이것이 현재의 하이트(Crown)와 진로쿠어스, 동양맥주(OB)로 되어 오늘에 이르고 있다.

제 2 절 맥주의 양조

우리나라 주세법 제3조에서는 맥주는 양조주로서 맥아 및 호프(호프 엑기스 포함)와 백미, 옥수수, 고량, 감자, 녹말, 당질, 캐러멜 중의 하나로 또는 그 이상의 것과 물을 원료로 발효시킨 여과제성한 것으로 규정하고 있다.

1. 맥주의 원료

맥주의 원료는 보리, 호프, 물, 효모를 필요로 하나 주원료인 보리 대신에 밀, 귀리가 사용되기도 하며 녹말로 대체하는 경우도 있다. 맥주의 종류에 따라 보리 대신에 밀, 귀리가 사용되고 또 담글 때 맥아의 일부를 곡류(쌀, 옥수수, 밀 등)나 녹말로 대체하는 수가 있다. 당의 함량을 조절하거나 특별한 향을 내고자 할 때 발효가 되는 부원료를 사용할 수 있으며 그 양은 맥아 중량의 50%를 초과하지 않도록 되어 있다.

보리

맥주를 만들 때 보리는 대맥의 맥아 즉 싹이 난 상태로 사용되는데, 그 이유는 발아할 때 생기는 효소가 전분을 분해하고 당분을 만들어 내기 때문이다. 보리는 이삭의 형태에 따라서 2줄 보리, 4줄 보리, 6줄 보리가 있는데, 이 중에서 보리 알의 생육이 좋고, 알이 균일하며 전분질이 많고 단백질이 적은 2줄 보리가 맥주원료로 적합하다. 일반적으로 양조용의 보리의 조건은 다음과 같다.

① 껍질이 얇고 담황색을 하고 윤택이 있을 것.
② 알맹이가 쭉 고르고 95% 이상의 발아율이 있을 것.
③ 수분함유량은 10% 내외로 잘 건조된 것.
④ 전분 함유량이 많은 것.
⑤ 단백질이 적을 것.

호프

호프의 어원은 기어오르다라는 뜻으로 6m정도 크기의 뽕나무과의 덩굴 풀은 자웅이 서로 다른데, 맥주제조에는 암컷인 솔방울 모양의 열매를 8월에 수확해서 사용하는데 호프의 생산지는 차고 서늘한 곳이다.

맥주가 세계적인 술로 발전하게 된 것은 호프 때문으로 호프는 맥주에서 쓴맛과 향을 만들기 위해서 빠뜨릴 수 없는 원료로 가장 특색 있고 중요한 것이다. 이러한 작용은 호프의 주성분인 황금색 꽃가루처럼 수진(나무의 진)입자의 활동에 의한 것이다.

호프의 역할은 다음과 같다.

① 맥주의 독특한 향과 경쾌한 맛을 내는 것.
② 여분의 단백질을 침전, 분리시켜 맑고 투명하게 하는 것.
③ 잡균의 번식을 막고 부패를 방지하는 것.
④ 맥주의 거품을 보다 좋게 하는 것.

물

맥주의 약 90% 이상이 수분이며 맥주를 만들기 위해서는 맥주 1kℓ 제조에 물 15~20kℓ가 필요하다. 그러므로 맥주 양조에서 물은 무시할 수 없는 존재이다. 맥주 양조에 사용되는 물은 무색, 투명한 무향, 무미로 잡균 등에 오염되지 않은 것이 중요한 조건이다. 일반적으로 보통 맥주로 대표되는 옅은 색 맥주에는 칼슘, 마그네슘, 탄산염 등의 함유량이 비교적 적은 경수가 좋다고 되어있다. 오늘날은 물을 사용할 때 경수든 연수든 자유롭게 만들지만 공장입지를 결정할 때에는 양질의 물을 충분히 얻을 수 있는지 어떤지가 중요한 포인트이다.

효모

맥주 효모란 미생물로 맥주를 발효시켜주는 효모를 말한다. 이것은 보리 맥아를 당화시킨 맥즙 속에 호프(Hop)이라는 약초를 첨가하고 효모의 종자균을 넣는 것이다. 그 맥즙 속에 맥아당이 알코올과 탄산가스로 분해된다.

미국의 영양학자 아델데이비스는 맥주 효모는 자연식품 중 가장 완벽한 것이며, 많은 영양소를 함유하고 있어 매우 훌륭하다고 밝히고 있고 우유와 꿀 다음으로 제3세대를 이끌어갈 영양문제 해결의 완벽한 식품이라고 전망하고 있다.

현대 의학이 고도로 발달된 오늘날에 와서는 건강생활의 개념은 약이 아닌 자연식품에 두고 있다. 이렇듯 많은 사람들이 자연식품에 관심을 갖고 있는 상황에서 맥주 효모의 효능을 통해 건강한 생활에 접근할 수 있다.

맥주 효모에는 50% 상당하는 양질의 단백질을 함유하고 있으며 신경영양에 중요한 비타민 B5와 아미노 엑시드가 많이 함유되어 있다. 맥주 효모는 정장 작용과 소화촉진 및 식욕 증진제로도 널리 사용될 것이다.

2. 맥주의 제조공정

맥주의 여러 가지 성분 중에서 가장 중요한 것은 좋은 물이다. 그것은 맥주를 구성하는 성분을 살펴보면 수분이 87~92%, 알코올이 3~6%, 엑기스가 4~8%, 이산화탄소가 0.2~0.4%로 물에 대한 비중이 크기 때문이다.

맥주양조의 제조과정은 맥아의 제조, 당화, 발효, 저장의 4단계로 나누어지는데, 각 공정이 모두 중요하지만 특히 맥주원료를 잘 선택하는 것도 중요하다.

맥아의 제조법

맥아(麥芽)는 우리말로 엿기름으로 맥아의 제조과정은 다음 같다. 보리는 제진기를 거쳐 먼지를 제거한 뒤 선립기에서 알맹이를 고른다. 다음은 침맥조라는 탱크(Tank)에 3일 전후로 담가 수분을 흡수시킨다. 이것을 발아조에 넣어 공기와 온도를 조절하여 약 5~8일이 지나면 맥아가 되는데 이것을 그린 몰트(Green Malt)라 한다. 그린 몰트는 45% 정도의 수분을 함유하고 있으므로 건조실에 보내 열풍으로 건조시킨다. 이후 맥아의 뿌리를 제거하고 약 20℃의 맥아 저장실에서 6~8주간 수분이 3% 될 때까지 잠재운다. 이렇게 건조한 맥아를 드라이 몰트(Dry Malt)라 한다.

당화

마른 맥아(Dry Malt)를 분쇄기에 걸어 잘게 부순 후 통에 담고 여기에 5~6배 무게의 온수를 넣어 죽과 같은 상태의 매시(Mash)를 만든다. 이 매시를 자비부(솥)로 옮겨 끓이며 이때 호프가 가해진다. 호프를 가함으로써 맥아 속의 단백질은 응고, 침전하고 액을 맑고 깨끗하게 만든다. 동시에 맥주의 독특한 쓴맛도 생긴다. 그 뒤 호프 제거기에 넣어 호프를 제거하고 냉각기에서 발효에 적당한 온도까지 얼린(0℃) 다음 여과기와 원심분리기로 고형물이나 침전물을 제거하면 투명한 액체가 되고 그것이 발효조로 옮겨진다.

발효

발효조의 맥아 액은 상면발효 효모나 하면 발효 효모를 가함으로써 발효를 시작한다. 효모는 발아 액의 당분을 분해하여 알코올과 탄산가스를 만드는 것이다.

발효는 약 1주일에서 10일 정도 걸리는데 이렇게 만들어진 맥주는 아직 쓴맛도 강하고 탄산가스도 불충분하여 어린 맥주라고 한다. 이를 주발효 혹은 전발효라 한다.

저장

이 어린 맥주는 저장 탱크에서 약 60~90일간 0℃에서 숙성을 계속한다. 이를 후발효라고 한다.

이 기간 중에 발생하는 탄산가스가 밀폐된 탱크 속에서 맥주에 녹아 들어가 효모나 기타 응고물은 침전하여 원숙한 맥주로 성장하는 것이다. 이것을 규조토 여과기로 여과하여 술통에 따라 두는 것이 생맥주(Draught or Draft Beer)이다.

이는 신선하나 보존성이 없기 때문에 보존성을 유지하기 위해서는 저온 살균한 것이 보통 말하는 병맥주(Lager Beer)이다

제 3 절 맥주의 종류

맥주의 종류는 효모가 발효되는 온도, 맥아의 색, 살균처리 유무, 알코올 농도에 따라서 그 종류를 분류할 수 있다.

1. 효모 발효법에 의한 분류

하면 발효맥주(Bottom Fermented)

세계맥주 생산량의 약 70%를 점유하고 저온에서 발효시키며 발효 중에 밑으로 가라앉게 되는 효모를 이용하며 순하고 산뜻한 향미의 맥주가 만들어진다. 활발하게 발효하지 않는 염기성 효모를 사용하여 발효를 하는데, 발효 온도는 5~10℃ 정도의 저온을 필요로 한다.

상면 발효맥주(Top Fermented)

활발히 발효하는 호기성 효모를 사용하여 발효를 하는 방법으로 10~20℃ 정도의 높은 온도로서 제조된 맥주이다. 영국, 미국의 일부, 캐나다, 벨기에 등지에서 생산되며 발효 중 표면에 떠오르는 효모를 사용함으로 알코올 함유량이 비교적 높고 독특한 향미가 있는 것이 많다.

2. 맥아의 색에 의한 분류

담색맥주(필센타입)

체코의 필센(Philsen)에서 유래한 타입으로 보통의 담색맥아를 사용해 맥아 향이 약하고 맛이 담백한 맥주로 오늘날 대부분의 맥주가 담색맥주이다. 짙은 색의 맥주보다는 소비량이 많고 깨끗한 맛이 난다.

농색 맥주(뮌헨타입)

독일의 뮌헨에서 유래한 타입으로 흑맥아, 뮌헨맥아 등 짙은 색 맥아를 섞어 향미와 색을 부여 한 것으로 맥아 향이 강하다. 담색맥주에 비하여 깊고 풍부한 맛이 있고 진한 풍미를 갖고 있다.

3. 살균처리에 의한 분류

병맥주(Lager Beer)

흔히 우리가 마시는 병맥주는 상당기간의 보존을 위하여 저온살균과정을 거쳐 병입 된 것이며 효모의 활동을 중지시킨 것이다. 또한 맥주는 일광에 약하고 직사광선에 노출되면 맥주성분이 햇빛에 반응하여 맛이 변할 수도 있다. 때문에 일광을 차단하는 다갈색이나 짙은 녹색의 병을 사용한다.

생맥주(Draft Beer)

효모의 작용을 멈추게 하는 보통 맥주와 달리 열처리를 하지 않아 효모가 살아있어 맥주 고유의 맛과 향은 병맥주보다 우수하다. 살균하지 않은 것이므로 저온에서 운반과 저장해야 하며 장기보존에 어려운 문제점이 있다.

4. 맥즙 농도와 알코올 농도에 의한 분류

저알코올 맥주(Low Alcoholic Beer)

원맥즙의 당도를 낮게 하여 칼로리나 알코올 함량이 종래의 맥주보다 낮은 것으로 가볍고 부드러운 맛을 가진 라이트(Light Beer)의 맥주이다.

저칼로리 맥주(Low Caloric Beer)

발효시 당분을 최대한 알코올로 변화시켜 맥주의 당도를 적게 하여 상대적으로 알코올의 농도를 높임으로써 마실 때 단맛 대신 부드럽고 담백한 느낌을 강조한 저칼로리 드라이 타입(Dry Beer)의 맥주이다.

5. 맥주의 종류

하면발효맥주

① 라거 비어(Lager Beer)

일반적인 병맥주로 탱크에서 저장 숙성하여 여과하여 병에 넣은 후에 저온 살균하여 만든다. 라거 비어는 발효효모에 의하여 2~10℃의 낮은 온도와 약 6개월의 긴 발효기간을 통하여 발효하는 것으로 이 과정을 라거링 과정이라고 한다.

② 드라프트 비어(Draft Beer)

일반적으로 말하는 생맥주로 발효균을 완전히 살균하지 않은 맥주를 말한다.

③ 필스너 비어(Pilsner Beer)

체코슬로바키아 산의 투명하고 연한색의 맥주로 필센지방에서 1842년부터 생산된 것이다.

연수를 양조용수로 사용하고 담색맥아를 사용하기 때문에 맥아 향기가 약한 황금색의 담색맥주이다. 필스너 비어는 쓴맛이 강하고 상큼하다.

④ **뮌헨 비어(München Beer)**

경수를 양조수로 이용하여 맥아향기가 짙고 감미로운 맛이 나는 대표적인 농색 흑맥주로 알코올 함량은 4%정도이다.

⑤ **도르트문트 비어(Dortmund Beer)**

경수를 사용하여 만든 맥주로 알코올 도수는 3~4%로 향미가 산뜻하며 쓴맛이 적은 담색맥주이다.

⑥ **보크 비어(Bock Beer)**

보크 비어는 독일에서 유래한 라거 비어의 일종으로 보크 비어는 보통 알코올 도수가 높고 맥아가 많이 함유된 진한 맥주이다. 겨울 내내 긴 라거링 과정을 가짐으로 충분히 숙성되어 씨앗을 뿌리는 봄에 즐기는 맥주이다. 맥주의 특징은 짙은 색의 맥주로 향기가 짙고 단맛을 띤 강한 맥주이다.

상면발효맥주

① **포터 비어(Porter Beer)**

영국의 대표적인 맥주로 맥아즙 농도, 발효도 호프 사용량이 높은 강하고 진한 흑맥주이다. 이 맥주는 연수를 사용하여 런던 지방에서 많이 즐긴다.

② **에일 비어(Ale Beer)**

에일 비어는 상면발효효모에 의하여 실내온도와 가까운 온도인 18~21℃에서 발효되는 것이다. 이 맥주는 일반 맥주보다 1.5~2배 정도의 호프를 더 넣고 후숙기간이 짧아서 탄산가스, 거품이 적고 쓴맛이 강하다.

③ **스타우트 비어(Stout Beer)**

색깔이 매우 검으면서 포터 비어와 제조과정이 유사하지만 알코올 도수가 8~11% 정도로 강한 맥주로서 더 검고 호프의 맛이 매우 독특하다. 약 6개월 이상의 후숙기간을 가지며 최종발효는 병속에 담아서 시키고 있다.

④ **램빅 비어(Lambics Beer)**

램빅은 에일 비어의 일종으로 벨기에의 브리셀에서 만드는 맥주로 뜨거운 발효 전에 맥아즙을 외부 공기에 노출시킴으로써 야생효모와 기타 미생물이 맥아즙 표면에 닿게 되어 적당한 온도로 식는 것과 동시에 발효를 시작하게 하여 만든다. 일반 매주보다는 후숙기간이 긴데 약 2~3년 걸린다.

기타 맥주

위에서 언급한 맥주 외에도 맥주의 알코올 농도, 품질에 따라서 다음 같이 구분하기도 한다.

① **드라이 비어(Dry Beer)**

드라이 비어는 일본에서 개발되었는데, 일반 맥주에 남아있는 약간의 당분을 없애기 위하여 특수한 효모를 첨가하여 완전히 발효시킴으로써 단맛이 적고 뒷맛이 없이 깨끗한 것이 특징이다.

② **라이트 비어(Light Beer)**

라거 비어의 일종으로 알코올과 칼로리를 적게 한 맥주로 부드러운 맛을 가지고 있다.

③ **몰트 비어(Malt Beer)**

순 몰트를 원료로 사용하여 만들었기 때문에 올 몰트 비어(All Malt Beer) 또는 몰트 리커(Malt Liquor)라고도 불린다. 몰트만을 사용하여 일반 맥주에 비하여 구수한 맛이 한층 더 난다.

④ **아이스 비어(Ice Beer)**

후레쉬 생맥주의 일종으로 비열 처리한 맥주이나 여과하기 전에 −1.5~−4℃ 정도로 얼려서 마이크로 필터로 여과하여 제품화 한 것이다.

⑤ **후레쉬 비어(Fresh Beer)**

병맥주는 살균처리를 하여 장기간 보관이 가능하지만 맥주의 신선도가 감소된다. 맥주의 신선한 맛을 유지하기 위하여 비열 처리한 맥주이지만 병에 담고 생맥주보다는 장기간 보관 가능한 것이다.

⑥ 블랙 비어(Black Beer)

하면발효로 만드는 맥주로 몰트(엿기름)를 오랜 시간 동안에 건조시켜서 캐러멜화 된 상태에서 맥주를 만들기 때문에 색깔이 진하고 엿기름향이 강한 맥주이다.

⑦ 슈퍼 드라이 비어(Super Dry Beer)

일반 맥주보다는 1%가 더 높은 약 5%의 맥주로 단맛은 거의 없는 담백한 맥주이다.

⑧ 프리미엄 비어(Premium Beer)

양질의 원료를 사용한 고급맥주로 알코올 함량이 5%정도이고 대표적인 이 타입의 맥주는 하이네켄이 있다.

⑨ 샌디 비어(Sandy Beer)

맥주와 레몬 향을 혼합하여 알코올 함유량이 1~2%인 저알코올 여성 맥주이다.

제 4 절 맥주의 취급방법 및 특성

맥주가 양조장에 만들어진 상태로 맛과 향기를 유지하고 상하지 않게 하기 위해선 몇 가지의 주의할 사항이 있다. 직접 햇빛이 비치는 곳에 진열 또는 보관하거나 적당한 온도 (5~10℃)를 맞추지 않은 채 장기간 보관하면 품질이 변할 우려가 있다.

1. 맥주의 저장

맥주가 얼지 않도록 할 것

얼어버린 맥주가 다시 녹으면 혼탁해질 우려가 있다. 따라서 얼게 되면 성분 중 단백질이 응고되어 혼탁이 오기 쉬우므로 얼지 않도록 각별히 유의하여 보관하여야 한다.

심한 온도 변화를 주지 말 것

찬 곳에서 더운 곳으로 더운 곳에서 찬 곳으로 자주 옮기게 되면 또한 맥주 혼탁이 일어난다. 특히 여름철에 조심하여야 한다.

그늘진 곳에 보관할 것

맥주는 직사광선을 오래 받으면 단백질이 응고 침전되어 뿌옇게 변질될 우려가 있다. 따라서 진열시에 이 점을 유의하여 직접 햇빛이 비치는 장소를 피하여 그늘진 곳에 보관하고 바람이 잘 통하는 곳이면 더욱 좋다.

너무 장기간 보관하지 말 것

장기간 보관하게 되면 혼탁이 오기 쉽고 맥주병 상표에는 생산일자가 기록되어 있으므로 생산일자가 빠른 것을 앞쪽에 진열하여 먼저 생산된 것을 소비하도록 한다. 또는 생산일자를 수시로 점검, 오래된 맥주는 혼탁여부를 알아내어 교환토록 해야 한다.

2. 재고 순환

병맥주나 캔 맥주는 살균되어 있는 상태이므로 실제 저장온도에 따라서 성질이 유지할 수 있는 것은 아니다.

너무 장기간의 저장과 단기간일지라도 직사광선이나 고온에 노출시킨다는 것은 맛의 변화를 가져온다. 가장 좋은 저장 방법은 5~20℃의 실내온도에서 통풍이 잘되고 직사광선을 피하는 지하실에 습기가 없는 건조한 장소의 어두운 곳이 가장 적합하다. 이렇게 저장된 맥주는 오래 저장하여 그 맛과 향기를 잃게 해서는 안되기 때문에 입고된 제품의 순서대로 선입선출(F.I.F.O System)방법을 사용하여 맥주의 신선도를 유지해야 한다. 만약 37℃ 이상이 되면 맥주의 독특한 향취가 급속도로 감소된다.

3. 맥주의 서비스

맥주의 온도

지방별, 계절별, 기후에 따라 약간씩 차이는 있으나 차다든지 너무 식으면 식욕이 감퇴되어 매상에 영향을 준다.

비어쿨러온도(Beer Cooler Temperature)는 비어쿨러에서 약 3.5~4℃ 정도로 될 수 있도록 하여야 한다. 맥주를 빨리 냉각시키기 위하여 온도를 너무 낮게 고정하여 놓는 경우도 있으나 이것은 좋지 않다. 만약 너무 오랫동안 냉각되어 너무 차게 된다면 맥주병을 열 때 맥주가 넘쳐흘러 나오는 경우가 종종 있다. 맥주를 마시는 온도는 사람들이 기호에 따라서 차이는 있지만 계절별로 차이가 조금씩 있다. 여름에는 약 6~8℃정도로 마시는 것이 좋다.
생맥주는 미살균 상태이므로 온도를 적정 온도 2~3℃를 항상 유지하고 4℃에서 마시는 것이 좋고, 12~14 파운드의 압력을 유지할 수 있는 시설이 요구되며 7℃ 이상으로 더워지면 생맥주의 맛이 시어지게 된다.

맥주의 거품

맥주거품은 청량감을 주는 탄산가스가 새어 나가는 것은 물론 맥주가 공기 중에서 산화되는 것을 막아주므로 맥주를 따를 때에는 2~3㎝정도 거품이 덮이도록 해주는 것이 좋다. 맥주를 부을 때 거품이 적당히 솟지 않는 것은 이산화탄소가스가 전부 맥주 속에 들어 있기 때문에 고객이 그 맥주를 마시면 포만감을 느끼게 되므로 맥주 매상이 감소된다.

맥주 글라스 취급

맥주 글라스는 특별한 주의가 필요하다. 바텐더들이 성실하게 일을 하며 항상 중성세제를 사용하여 세척을 하고, 뜨거운 물로 소독을 한다. 소독을 마친 글라스는 맑은 물에 헹구어서 마른 클리닝 타월로 맥주 글라스를 반짝거릴 때까지 닦는다. 맥주 글라스에 기름기나 비누, 염분이 남아 있으면 맛과 향취를 죽여 버리게 된다.
이와 같이 철저한 위생관념과 손질, 비누질, 헹굼, 건조 등이 잘되었다 할지라도 사용할 때의 글라스류 취급이 부주의하게 다루어지면 아무런 효과가 없다.

① 글라스는 불쾌한 냄새나 연기, 먼지, 기름기가 없고 환기가 잘 통하는 장소에 보관한다.
② 글라스를 차게 할 때는 식재료 보관창고에 넣지 말고 냄새가 전혀 없는 냉장고에 넣어 프로 스팅(Frosting)해야 한다.
③ 얼음으로 프로스팅 할 때에는 반드시 냄새가 없는 얼음인가 확인한다.

서비스 요령

깨끗한 글라스를 준비하여 서비스 온도에 특별히 주의하여 제공할 것은 물론이지만 맥주 따르는 법과 서브는 맥주의 맛과 그 신선한 향취를 완전히 즐기기 위해서는 정확한 서비스 요령이 필요하다.
맥주병이나 깡통을 글라스 위에서 4~5㎝정도 떨어져서 글라스의 8부정도 붓고 그 위에 컵 위쪽으로 약간 볼록하게 거품이 솟도록 하면 가장 이상적이다.

맥주와 요리

맥주의 쓰는 맛은 거의 모든 요리에 잘 어울리며 조화를 이루지만 크림소스나 거품을 낸 크림디저트 등에는 잘 어울리지 않는다. 맥주는 매운 음식이나 진한 맛의 요리에는 특히 잘 어울린다.

맥주는 기본적으로 정찬에서는 마시지 않는 것이 예의이나 가까운 사람들과의 만남에서는 마실 수도 있다. 테이블 석상에서의 맥주는 목이 마를 때 마시는 물과 같은 것으로 식사 중간 중간에 조금씩 물 대신 마시는 것이 이상적이다.

4. 맥주의 특성

여러 공정을 걸쳐서 제조된 맥주는 다른 음료에 비하여 독특한 특성을 있는데, 맥주의 특성은 다음과 같다.

색깔

맥주의 색깔은 대부분 맥아와 호프에서 유래되는 것으로 농색 맥주, 중간색 맥주, 담색 맥주로 구분되기도 한다. 대부분의 맥주는 담색맥주로 색조는 광택 있는 황금색깔을 최상으로 여기며, 농색 맥주는 캐러멜화 시킨 맥아를 사용하여 짙은 색으로 만들어지는 것이다.

맛

맥주의 향미에 대해서는 정확한 표현을 하기가 어려우나 대체로 다음의 맛을 구비해야한다.

① 순수한 맛

맥주의 4대 원료인 보리, 호프, 효모, 물로서 형성된 맥주 본질의 맛이다.

② 온화한 맛

쓴맛, 단맛, 신맛 등이 잘 조화된 맛으로 어떤 맛이든 그 강약이 맛에 불쾌한 자극을 주지 말아야 한다.

③ 싱거운 맛

약한 맛과 반대되는 맛으로 주로 맥주의 교질상태에서 비롯된 맛이다.

④ 상쾌한 맛

상큼하고 시원한 맛은 바로 맥주 중의 탄산가스(CO_2)에서 비롯된다.

변질된 맥주의 경우 혼탁에 의한 오염취, 효모와 호프에 의한 이상향취가 나타날 수 있고, 그 외에 신선한 향을 잃거나 병맥주를 일광에 오래 쪼일 경우 지린 냄새와 비슷한 일광취가 나는 경우도 있다. 그리고 맥주가 얼어 버릴 경우 물과 기타 원료가 분리되어 김빠진(Flat)맥주가 되거나 아이스크림과 같이 변형되어 상품적 가치를 상실하게 된다.

거품

맥주의 거품은 맥주 중의 청량감을 주는 탄산가스가 새어 나가는 것을 막아 주고, 맥주의 산화를 억제하는 뚜껑과 같은 역할을 하는 중요한 것이다. 맥주는 거품의 형성과 그 거품의 지속성이 좋아야 한다. 거품이 생기는 이유는 맥주에 포화되어 있던 탄산가스가 뚜껑이 열려 맥주 글라스에 따라지면서 압력이 감소하고, 컵의 벽에 부딪쳐 공기가 혼입되어 교반상태를 조성하여 거품으로 되어 맥주의 표면에 올라오기 때문이다. 맥주를 따를 때에는 맥주 윗부분에 2~3㎝정도의 거품이 있게 해주는 것이 좋다.

맥주의 영양가[10]

맥주의 열량은 일반 라거(Lager) 맥주 1ℓ 당 약 400㎉ 정도로서 쇠고기 200~300g, 빵 약 200g, 우유 약 600g의 열량에 해당하며, 따라서 500㎖ 맥주 2병을 마시면 쇠고기 반근을 먹는 것과 비슷한 열량을 얻을 수 있다. 이외에도 비타민 B군이 다량 포함되어 있으며, 단백질, 칼슘, 인 등 미네날 성분도 많이 들어 있다.

제5절 기타 양조주

1. 애플와인(Apple Wine, Cidre; Cider)

포도를 원료로 발효시킨 것을 와인이라고 하고 포도 이외의 과실을 원료로 한 발효주는 후르츠 와인(Fruits Wine)이라 통칭한다. 대표적인 후르츠 와인으로 애플와인을 들 수 있으며 그밖에도 복숭아, 살구, 앵두, 딸기, 석류, 파인애플, 서양 배 등 매우 다양하다. 제조방법은 대개 와인과 비슷한데 영국과 프랑스에서는 아주 대중적인 주류로

10) 주장경영론, 윤대순 · 금경호, 대왕사, 1999, p.227.

서 널리 음용되고 있다.

2. 미드(Mead, 벌꿀주)

벌꿀과 물에 이스트를 넣고 발효시킨 술로 자연발효가 용이하여 와인에 못지 않은 오랜 역사를 지닌 것으로 생각된다. 과즙 및 천연향료 따위를 첨가하여 독특한 향미를 낸다.

3. 유주(乳酒)

우유, 마유, 산양유 등을 발효시켜 만드는 술로 러시아산인 캐피트(Kefir), 쿠미스(Kumys, Kumiss), 몽고의 유주 등이 대표적인 술이다. 유주는 우유로 만든 술로 알코올분이 낮고 산미가 강한 맛을 낸다.

4. 풀케(Pulque)

멕시코 특산의 용설란 발효주로 용설란의 일종인 마게이라는 식물의 밀크상태 수액을 말가죽 통에 넣어 발효시킨다. 알코올분은 7% 전후로 멕시코 사람들은 이 술을 맥주처럼 널리 음용하며 여기에 레몬이나 소금 또는 콜라 등을 타서 마시기도 한다. 이 술을 증류하면 테킬라(Tequila)라는 증류주가 된다.

5. 미린(味淋)

감미를 지닌 일본고유의 술로 미국(쌀죽) 및 증미에 소주를 가하여 20%정도의 알코올분으로 하고 효소 작용만을 이용하여 30~59일간 숙성시켜 만든다. 음용보다는 조미료로서 요리에 주로 사용되는 독특한 주류이다.

6. 호앙츄(黃酒)

중국에서 쌀을 원료로 제조되는 술을 총칭하는 말이다. 예전에 라오츄, 첸츄라고 불렸던 주류인데 특히 샤오싱츄(紹興酒)는 예로부터 명주로 알려져 있다. 호앙츄는 찹쌀을 연료로 맥국(보리)을 이용하는데 두충, 계피 등의 한약재를 첨가하여 발효시킨다.

7. 토디(Toddy)

야자수 즙액을 발효시켜 만든 양조주로 동남아 지방의 특산물이다. 주정도는 약 5%로 제조과정은 사탕야자의 씨가 덜 익었을 때 감미의 즙을 대나무통에 받는다. 대나무통에는 전에 발효할 때의 효모가 남아 있어서 자연발효가 있어나고 흰 거품이 발생한다.

이것을 모아 용기에 넣고 발효를 계속시키면 토디가 되는데, 토디를 증류하면 아락(Arrack)이 된다.

제4장 증류주(Distilled Liquor)

일반적으로 과실이나 곡물로부터 양조하여 만드는 양조주는 효모의 성질이나 당분의 함유량에 의하여 대개 3~18%내외의 알코올을 함유한 음료를 산출할 수 있는데, 더욱 강한 알코올 음료나 순도 높은 가음주정을 얻기 위해서는 이 양조주에서 알코올을 분리해 내는 방법을 강구하게 되었으며 이때 사용되는 방법이 증류법이라고 할 수 있다.

이 방법은 알코올이 포함되어 있는 혼합물(Alcoholic Liquid)로부터 알코올을 분리해 내는 작업을 뜻하는데, 이것은 성질이 다른 두 가지 이상의 물질은 다른 기화점을 가지고 있다는데서 착안된 것이다.

물과 알코올이 혼합되어 있는 것을 가열하면 176°F(78.325℃)에서 알코올은 액체에서 가스로 기화하며, 물(H_2O)은 212°F(100℃)에 도달할 때까지 기화현상을 일으키지 않는다. 따라서 176~212°F사이의 온도를 유지하면서 가열하면 알코올만의 가스를 만들 수 있다.

이것을 격리하여 다시 176°F이하로 냉각하면 그 가스는 다시 액화되어 액체 알코올로 되돌아오게 되며, 이것은 대단히 순도가 높은 알코올이라 하겠다. 이와 같은 원리를 이용하여 알코올을 분리해 내는데 그 방법은 단식 증류기(Pot Still)와 연속 증류기(Patent Still)가 있다.

증류주는 이상과 같은 원리로 제조되어지고 종류에는 6대 스피리츠인 위스키, 진, 보드카, 브랜디, 럼, 테킬라가 있다.

제1절 위스키(Whisky)

1. 위스키의 개요

위스키는 증류주 중에서 가장 종류가 많으며 인기 있는 술로써 Whisky는 고대 게릭어(Gaelic)의 위스게 바어(Uisge- Beatha)에서 파생된 말이다.

위스게 바어(Uisage-Beatha)에서 Usque-Baugh(아일랜드어), Whisky-Bae, Whiskey, Whisky로 변화하였으며, 어원이된 Uisque-Beatha는 라틴어의 아쿠아 비떼(Aqua Vitate)에 해당하며 북유럽의 화주(火酒) 아쿠아 비떼(Aquavit)와 불란서의 브랜디를 오우더뷔(Eaux de Vie)라는 것은 동일한 의미의 말로서 생명의 수(Water of

Life) 란 뜻이다.

아일랜드와 미국은 Whiskey로 쓰고 스코틀랜드와 캐나다는 ky로 끝나는데 이 차이점은 세월이 지남에 따라 관습적으로 변화한 것으로 큰 차이는 없다.

위스키 그레인(Grain)과 몰트(Malt)와 같이 전분질이 있는 곡물을 사용하여 발효 후 증류시켜 만드는데, 위스키는 주로 옥수수, 호밀, 보리, 밀, 맥아 등이 주재료이다.

증류해낸 술은 오크통에 묵혀서 숙성시키고 오크통에 숙성시킬 때 향미와 향취 그리고 위스키로서의 품격을 얻는다.

위스키는 곡류를 대맥 맥아로써 당화하여 발효시켜서 당을 알코올로 바꾼 다음 증류해서 오크통에서 숙성시킨 것을 풍미의 기본으로 삼는 술이라 할 수 있다.

세계적으로 유명한 4대 위스키 산지는 스코틀랜드의 스카치 위스키(Scotch Whisky), 아일랜드의 아이리쉬 위스키(Irish Whiskey), 캐나다에서 생산되는 캐나디안 위스키(Canadian Whisky), 미국에서 생산되는 아메리칸 위스키(American Whiskey)이다.

2. 위스키의 제조과정

곡류 맥아의 효소, 효모균(Distaste)을 당화하여 그 당액을 발효시켜 이것을 증류하여 만든 최저 190 프로프의 증류주를 쉐리의 빈 오크통에 넣어 5년, 10년, 30년 저장하여 성숙시킨 다음 80 ~86 프로프로 하여 병에 넣어 시판한다.

대맥의 침수와 발아

위스키의 원료는 보리, 옥수수, 호밀, 기타 곡류 등으로 이는 위스키의 품질을 결정하는 중요한 요소이다.

위스키의 맛을 좌우하는 몰트 위스키는 맥아로 보리를 싹틔운 것이 맥아이다.

원료를 창고에서 불출시켜 수맥조에 넣어서 보리의 더러운 것을 씻어내고 거친 보리를 제거한 후에 보리에다 수분을 주어서 발아를 준비한다. 약 3일간 침수한 후에 5~8일간에 걸쳐서 발아시켜야 하는데, 이때는 온도나 습도를 적당한 상태로 유지하여야 발아가 된다.

건조 및 분쇄

발아한 대맥은 적당한 시기에 성장을 멈추게 하여 건조과정을 갖는데 발아가 완료되면 불필요한 뿌리를 제거한다. 이것을 제근이라 하며 방법은 두드리면 간단하게 제근된다. 따라서 당화하기 좋게 하기 위하여 곱게 분쇄하는데, 이것이 매시(Mash)이다.

당화

분쇄가 완료된 원료는 양조수(뜨거운 물)가 섞여서 당화조로 보내진다. 당화가 완료되면 여과한 뒤 냉각이 된다. 이때 효모균의 번식에 적당한 온도까지 냉각이 된다. 즉 곡물을 부수어 갈은 다음 볶은 뒤 엿기름과 섞어서 걸쭉하게 만드는 과정에서 녹말이 당화되는 것이다.

발효

냉각된 액체는 발효조로 옮겨져 효모가 섞어지며 발효가 시작된다. 여기에서 당분은 알코올과 탄산가스로 분리되며 보통 2일 정도면 발효가 완료된다. 여기에서 알코올 성분 5%정도의 보리술이 생긴다.

증류

보리술을 증류기에 넣어 78℃정도로 열을 가하면 비등하기 시작하여 증기화하여 위스키가 되는 것이다.

① 단식증류(Pot Still)법

[단식증류기]

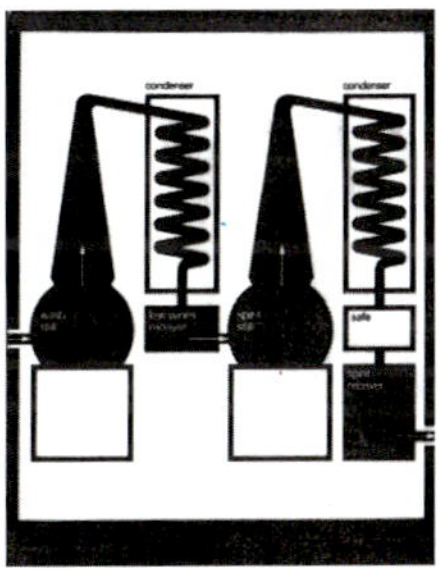

구리로 만들어진 커다란 솥과 흡사한 구조가 간단한 증류기로 밀폐된 솥과 관으로서 구성되어 증발되어 나오는 증기를 모아서 냉각시키는 전통적인 방법이다. 단식증류기는 시설이 간단하여 시설비가 적게 들며 원료의 맛과 향(Flavor)이 적게 파손되므로 주성분이 되는 중요한 부분을 얻는데 이점이 있는 반면에 대량생산이 불가능하며 처음 증류한 부분과 마지막 증류한 부분에 대해서는 재증류해야 하는 번거로움이 있다.

[연속증류기]

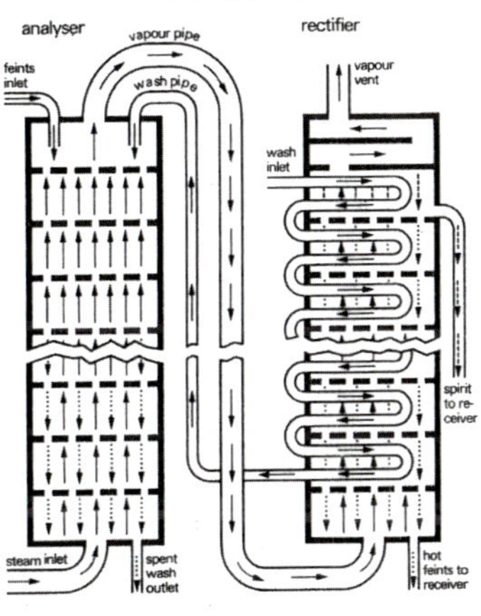

② 연속증류(Patent Still Or Continuous Still) 법

근대적인 연속식 증류기는 단식 증류기를 수십 개 연결해 놓은 형태로 1831년 코페이(Coffey)에 의해 개발된 이 증류법은 두 개의 컬럼(Column)으로 구성되어 있어 컬럼 스틸(Column Still)이라고도 한다. 알코올, 고급 알코올 퓨젤유(Fusel Oil), 물 등을 각각 다른 비등점, 증기의 비중을 이용하여 분단적으로 증기를 모아 별도로 각각 응축시켜 얻어낸다. 높은 온도에서 연속적으로 대량 생산할 수 있어서 생산원가가 단식증류보다 적게 들고 한쪽으로부터 원료를 넣으면 다른 쪽으로 남은 찌꺼기가 추출되어 재래식인 단식증류법(Pot Still)과 같이 갈아서 넣을 필요가 없어 연속작업이 가능하다는 특징을 갖고 있으나, 반면에 높은 온도에서 증류하기 때문에 중요한 성분을 잃게 되고 현대적인 자동설비를 해야 하므로 시설비의 부담이 크다.

저장

갓 증류된 무색투명 한 알코올은 오크통에 담아서 저장하는데 저장용 통으로 화이트 오크(떡갈나무, 참나무)가 사용된다. 반년쯤 지나면 엷은 황색으로 변하기 시작하며 숙성이 진행됨에 따라 깊은 호박색으로 착색이 된다.

처음에는 알코올 도수 160~190 푸로프의 높은 알코올을 함유하다가 나무통의 기공을 통하여 들어간 공기가 위스키에 접촉되어 산화를 일으키며 위스키 성분간의 반응이나, 알코올 분자간의 물리 화학적 변화가 일어나 위스키는 점차 향미가 좋아진다. 저장기간은 캐나다 2년, 영국은 3년, 미국에서는 4년으로 법령에 따라 의무적으로 숙성기간을 정하고 있지만 경우에 따라서는 20~30년 동안 저장하는 경우도 있다.

혼합(배합)과 병입

위스키를 배합하여 일정한 맛과 향의 위스키로 만드는 과정이 블렌딩인데 혼합하는 업자에게 보내어 진미, 부드러움, 순도를 적절한 비율로 혼합하여 만든다. 혼합하는 방법에는 두 가지 형식이 있는데 동일 증류소에서 만들어진 물트 위스키를 혼합하는 싱글 몰트 위스키와 싱글 몰트 위스키끼리 혼합한 것을 배티드 몰트(Vatted Malt Whisky)라고 한다.

3. 증류주의 배합상 3종류

몰트 위스키(Malt Whisky)

대맥 맥아를 이탄 불로 건조하여 그 당액을 발효시켜 증류한 것이다. 이 이탄의 냄새가 술에 침투해서 스카치 위스키의 독특한 풍미를 자아낸다.

그레인 위스키(Grain Whisky)

호밀(Rye), 귀리(Oat), 밀(Wheat), 옥수수(Corn) 등의 곡류에다 맥아(보리의 싹)를 15~20%정도 혼합하고 당화 발효하여 연속증류기로 증류한 위스키로 캐나디언 위스키가 대표적인 이 종류의 위스키이다.

블렌디드 위스키(Blended Whisky)

대다수의 스카치 위스키와 버번 위스키(Bourbon Whisky)가 대표적인 블렌디드 위스키로 이것은 위의 두 가지를 주조를 자신의 규격으로 혼합 조제한 것이다. 현재 전세계 시장에서 인기 독점하고 있는 스카치 위스키는 대다수가 블렌디드 위스키로서 대체적으로 몰트(Malt) 4할에 대하여 그레인(Grain) 6할 정도로 혼합 조제한 것이다.

4. 위스키의 산지별 분류

1) 스카치 위스키(Scotch Whisky)

영국 북부의 스코틀랜드에서 증류되고 숙성된 위스키를 스카치 위스키라 하는데, 스카치 위스키는 12세기경 영국 아일랜드의 원주민 켈트(Kelt)인에 의하여 제조되기 시작하여 17세기경에는 스코틀랜드로 전래되어 많은 품질개선을 되었으며, 18세기 후반에 시장에 나왔다. 그후에 지속적인 성장으로 현재는 전세계 위스키 생산량의 약 60%~80% 정도의 생산량을 점유하고 있다. 스코틀랜드에서 증류주의 제조가 처음으로 공문서에 나타난 것은 1494년 스코틀랜드 재무성 기록이다.

스카치 위스키를 줄여서 스카치라고도 하는데, 스카치의 뜻은 스코티쉬(Scottish)의 단축형인 스코틀랜드인, 스코틀랜드어의 뜻이 함축된 형용사이다

처음에는 위스키를 증류한 직후 마셨기에 소주와 같이 무색투명한 것이었는데, 18세기 영국 정부가 부족한 재원을 마련하기 위하여 위스키에 높은 세금을 부과하자 위스키 증류업자들은 스코틀랜드의 산간으로 들어가 위스키를 밀조하기 시작하면서이다.

그때 위스키 증류업자들은 대맥아를 건조시킬 연료가 부족하여 산간에 묻혀있던 피트(Peat) 탄을 이용하였는데, 이로 인해 위스키 특유의 향이 발생되었고 이것이 피트의 훈연 때문인 것을 알게 되었고 그후 증류업자 들은 밀조된 술이 많이 축적되자 위스키를 보존하는 데에 스페인에서 수입해온 세리 와인을 마시고 난 빈 통에 담아 두었다. 당시에는 스페인으로부터 와인을 다량 수입했기 때문에 빈 통을 쉽게 구할 수 있었다. 나중에 술을 팔기 위하여 술통을 열어보니 시간의 경과와 더불어 통의 영향으로 투명한 호박색의 짙은 향취와 부드러운 맛의 술이 되었다. 그후부터 스카치 위스키는 피트 향 나무통의 숙성으로 제품화하는 것이 기본 조건이 되어 오늘에 이르고 있다.

스카치 위스키의 제조법 상 분류

스카치 위스키의 제조법 상 분류를 하면 몰트 위스키, 그레인 위스키, 블렌디드 위스키로 분류할 수 있으며 몰트 위스키는 다시 퓨레 몰트 위스키(Pure Malt

Whisky)와 스트레이트 몰트 위스키(Straight Malt Whisky)로 분류할 수 있다.

① 몰트 위스키

스트레이트 몰트 위스키(Straight Malt Whisky)

대맥 맥아(Malt)만으로 만들어진 위스키, 맥아를 건조시킬 때 피트(Peat, 이탄)[11]의 훈연으로 스모키 플레이버를 낸다. 이 피트드 몰트를 당화, 발효시켜 단식(Pot Still)로 증류한다. 그레인 위스키에 비하여 알코올 농도가 낮고 미세한 양이지만 수백 종류나 되는 성분을 함유한다.

화이트 오크로 된 통에서 천천히 장기간 숙성시킨다. 저장된 몰트 위스키는 갖가지 요인으로 각 통마다 미묘하게 다른 성격을 지니고 있다. 그 개성은 강렬하고 뚜렷하여 블레디드 위스키의 골격을 결정 짓는다.

퓨레 몰트 위스키(Pure Malt Whisky)

여러 증류소에서 만들어진 서로 다른 몰트 위스키까지 섞은 배티드(Vatted Malt Whisky)와 단일 증류소에서 만들어진 몰트 위스키만을 사용해서 제품화한 위스키, 각 통마다 따로 제품화한 싱글 몰트 위스키(Single Malt Whisky)로 나눈다.

② 그레인 위스키(Grain Whisky)

옥수수, 호밀, 밀, 귀리 등의 곡류를 보리 맥아로 당화, 발효시킨 다음 연속식 증류기로 증류한다. 몰트 위스키는 성격이 강하여 라우드 스피리트(Loud Spirit)로 불리는 반면 그레인 위스키는 풍미가 순하고 온화한 성격 탓으로 사일런트 스피리트(Silent Spirit)이라고 불린다.

높은 알코올 농도로 증류되며 몰트 위스키와 마찬가지로 통에 저장된다.

③ 블렌디드 위스키(Blended Whisky)

블렌디드 위스키는 몰트 위스키와 그레인 위스키를 적당히 블렌드한 것으로 우리가 마시고 있는 거의 대부분이 블렌드 위스키이다.

블렌디드 위스키를 만드는데 있어서 한 종류의 몰트 위스키와 한 종류의 그레인 위스키밖에 사용하지 않는 예는 거의 없고 대개 몇 종류에서부터 2~30 종류 이상의 몰트 위스키를 먼저 블렌디드(Blended)하여 풍미의 성격을 결정한다. 그리고 나서 한 종류 또는 그 이상의 그레인 위스키를 블렌드하여 제품화한다.

11) 스코틀랜드의 들판에 무성한 히드(Heath) 따위의 들풀이 땅속에 묻혀 반쯤 탄화(炭化)된 상태를 이탄이라고 부른다. 이것을 태워서 맥아(Melt)를 건조시키면 위스키 특유의 스모키 플레이버(Smoky Flavor)가 생긴다. 피트로 가공된 맥아를 피티드 몰트(Peated Malt)라 부른다.

블렌디 위스키의 고급품, 즉 프리미니엄 위스키(Premium Whisky)의 경우 양질의 몰트 위스키를 정선해서 사용하며 그 배합 비율도 70%이상 높다. 스탠다드 위스키는 그 반대로 그레인 위스키(Grain Whisky)의 배합률이 높은데 일반적으로 65% 이상 블렌딩 되어 있다고 생각하면 된다.

스카치 위스키의 특징

세계 위스키 생산량의 60%를 차지하고 있으며, 맛과 향에서 다른 지역의 위스키와는 비교가 되지 않는다.

① 스코틀랜드가 원산으로 2300여 종류가 있다.
② 전세계 위스키의 60%를 생산한다.
③ 보리(Barley)의 몰트(Malt; 엿기름)를 주원료로 하여 스코틀랜드의 맑은 샘물이나 시냇물을 이용하여 만든다.
④ 순이 난 엿기름은 피트(Peat; 泥炭 또는 土炭 이라고도 함) 탄불에다 건조시킨 후 가루로 만들어서 발효시킨다.
⑤ 스코틀랜드의 이탄(泥炭; Peat)은 제품의 구운 냄새를 강하게 하여 향기를 북돋아 준다.
⑥ 증류시킬 때 단식(Pot Still)법으로 증류하며 2~3회 한다. 이러한 방법으로 만들어진 스카치(Scotch)는 다른 나라에서 아무리 똑같은 방법으로 만들어도 맛과 향이 다르다.
⑦ 순수한 몰트 위스키는 맛이 너무 농후하기 때문에 이것을 혼합하는 업자에게 보내어 진미, 부드러움, 순도를 위하여 적절한 비율로 혼합하여 만든다.
⑧ 스카치에는 드물기는 하나 스트레이트 스카치(Straight Scotch)가 나오며, 이는 곧 중화곡주(Grain Whisky)와 브렌딩(Blending)하지 않는 순수한 몰트 위스키(Malt Whisky)를 의미한다.

스카치 위스키의 유명상표

스카치를 생산하는 유명한 회사는 헤이그(Haig) 사, 존 듀워(John Dewar) 사, 조니 워커(Johnnie Walker) 사, 제임스 부크아나(James Buchanan's) 사, 화이트 호스(White Horse) 사 등 5개회사가 스카치 위스키의 5대 메이커이며, 이들은 합동으로 D.C.L(The Distilled Company Ltd)라는 커다란 조직을 만들어 전 영국 위스키 생산량의 60%를 장악하고 있다.
존 헤이그사의 창업자인 John Haig씨는 로우랜드(Lowland) 지방의 대주류업자 그레인 위스키 5대사와 손을 잡아 6개사 연합의 The Distilled Company Limited

를 주식회사 조직으로 1877년 발족하여 조업관리를 하면서 업계를 안정시켰다. 한편 D.C.L은 몰트 위스키 증류업자와 브렌디드 위스키 제조업자를 가입시켜 더욱 거대한 조직으로 발전하고 1925년에는 헤이그, 블랙 앤 화이트, 화이트 라벨, 조니 워커, 화이트 호스를 산하에 넣어 영국제일의 거대한 주류기업으로 자리를 굳혔다. 스카치 위스키의 대표적인 상품을 살펴보면 다음 같은 유명상표가 있다.

조니 워커(Johnnie Walker)

우리나라에도 잘 알려진 위스키로 조니 워커는 스카치 위스키 중에서도 세계 제1위의 매출액을 자랑하고 있으며, 스코틀랜드(Scotland) 농민의 아들로서 1920년경 갈마노크란 조그만한 마을에서 식품점을 경영하면서 그 집에서 대대로 위스키를 판매했었다. 그리하여 이 위스키에 눈을 돌려 값이 비싼 주단에 기념품으로서 위스키 한 병씩을 끼워주었다.

이후 조니 워커(Johnnie Walker)의 명성이 영국뿐만 아니라 국외까지 소개되었으며 2대에 와서는 알렉산더 워커가 사업가로서 영국내의 판매망을 가지고 수출시장에 까지 미치게 했으며 선전효과를 내기 위해 마차에 술을 싣고 거래선을 돌아다니며 판매하기 시작했다.

이러한 조니 워커의 상표는 1908년 유명한 도안가 Tom Brouin이 고안한 모델이 현재에 이른 것이다. 조니 워커 사에서 제조되는 위스키 상품명은 조니 워커 레드(Johnnie Walker Red), 조니워커 블랙(Johnnie Walker Black), 15년을 숙성시킨 조니 워커 스윙(Johnnie Walker Swing), 30년을 숙성시킨 조니 워커 올드 하모니(Johnnie Walker Old Harmony) 등의 라벨이 있다.

① 조니 워커 레드(Johnnie Walker Red)

조니워커 상품 중에서도 가장 많은 매출액을 자랑하며, 감칠맛이 나는 풍미와 물씬한 향기는 스카치의 전형이라고 할 수 있다.

② 조니 워커 블랙(Johnnie Walker Black)

12년을 숙성시킨 몰트를 듬뿍 쓴 디럭스 품으로 풍미는 마일드 하다.

③ 조니 워커 스윙(Johnnie Walker Swing)

15년 이상 숙성시킨 중후한 몰트를 사용한 최상품이다.

④ 조니워커 올드 하모니(Johnnie Walker Old Harmony)

30 년 이상 숙성시킨 올드 하모니는 마일드한 속에서도

가볍고 소프트한 풍미가 있는 블렌드로 되어 있다.

블랙 & 화이트(Black & White)

Buchanan's에 의하여 만들어진 James Buchanan's 사에서 제조되는 검은 병에 흰 상표를 붙여 판매한 것이 그 품질이 인정되어 Black & White 가 애칭 되었으며 그후 1892년 투견시합에서 승리한 스코치 테리아라는 개를 상표에 넣은 것이 오늘날의 블랙 & 화이트(Black & White)의 심벌이 되었다.

화이트 호스(White Horse)

마키 일가족이 만든 위스키로 마키 일가는 17세기 당시에 텐베라의 대단한 부호였다. 그 당시 유명한 사교장이 있었는데, 그것이 바로 화이트 호스(White Horse)인 백마관이 있었으며 마키 일가는 그 사교장인 이름을 위스키 상표로 사용하게 한 것이다.

올드 파(Old Parr)

그린리이스(Mac Donald Greenless DCL) 사에서 제조하는 위스키로 에텐베라 교외 리스에 본사가 있다. 알렉산더 맥도널드 사와 그린리이스 브러더스 사가 합병하여 만든 회사이다.

올드 파(Old Parr)라는 상표의 명은 만 152세까지 장생(長生)하였다는 영국의 슈로프샤의 농부 토마스 파의 이름을 인용한 것이다. 그는 80세에 초혼해서 1남1녀를 두었고 122세 때 재혼까지 하였다. 152세 때 그의 장수함을 전해듣고 아룬딜 영주가 당시 영국 왕 찰스 2(Charles Ⅱ)세에게 알현시켰다. 왕은 런던에 주택을 주어 살게 했으나 연로와 환경의 변화로 152세에 생애를 마쳤다고 한다.

국왕은 그의 죽음을 애도하여 웨스트 민스터 사원의 시인(詩人) 코너(Corner)에 묻게 하였다. 지금도 동 사원에 가면 토마스 파의 묘비를 볼 수 있다고 한다. 올드 파(Old Parr)의 독특한 사각병은 토마스 파가 매일 마시던 와인을 캐스크(Cask)에서 꺼낼 때 사용하던 디캔터(Decanter)의 모양을 본 딴것이라고 한다. 병위의 라벨(Label)에 있는 파(Parr)의 초상화는 17세기 인상파의 거장 루벤스의 작품이다.

패스포트(Passport)

윌리엄 롱모아(William Langmore) 사의 제품으로 동사는 시그렘(Seagram) 사 산하의 업체로 패스포트는 1968년에 신개발 품으로 탄생된 위스키이다. 패스포트(Passport)는 이 몰트(Malt)를 주축으로 만들고 있고 보틀 디자인(Bottle Design)은 고대 로마시대 통행증의 생김새 본을 딴 것으로 알려졌다.

스페이 로얄(Spey Royal)

W & A Gilbey LTD 회사 제품으로 스페이(Spey)는 하이랜드(Highland) 지방 작은 강의 이름으로 그 연안에서 수많은 위스키가 만들어지고 있다. 스페이 로얄(Spey Royal)이라고 하는 것은 그 가운데서도 왕자격이라는 의미이다 전형적인 스코틀랜드(Scotland)의 마일드 한 타입의 길베 진(Gilbey's Gin) 회사와 같은 회사이다.

배트 69(Vat 69)

윌리엄 샌더슨 & 산 사(William Sandesan & San LTD)의 제품으로 1863년에 창업한 회사로 1882년 처음으로 병들이 위스키를 발매하게 되었을 때 100종류에 가까운 블렌드를 시작하여 관계자들이 맛을 테스팅하였는데, 전원이 69번째의 술이 가장 훌륭하다고 평가하여 이 통의 번호를 그대로 붙여서 판매한 것이다. 즉 Vat 69이라는 것은 69번째의 캐스크(Cask)라는 뜻이다.

현재 John Begg 사의 우수한 몰트를 배급받아 40여종의 볼트를 배합해서 스모키(Smoky)하고 유연한 맛을 풍긴다.

Vat 69는 라이트 타입의 스탠다드품이며, 배트 리저브는 16년짜리 숙성한 몰트를 사용한 딜럭스 품으로 몰트 풍미가 물씬 풍기면서도 라이트하고 매끄러운 맛이 난다.

화이트 라벨(White Label)

스코틀랜드의 버어드 시에 있는 존 듀어 & 산즈사(John Dewar & Sons LTD) 제품으로 이 회사는 1846년에 존 듀워(John Dewar)씨에 의하여 창설되어 1885년경 런던에서도 알려진 메이커가 되었다. 화이트 라벨(White Label)이 탄생한 것은 1920년경으로 그때부터 충분히 숙성된 함유하고 있어 탄생할 때부터 현재까지 마일드한 맛이 변함이 없어 꾸준한 인기를 얻고 있다.

제이 앤 비(J & B)

저스테리니 & 브룩스 사(J & B LTD) 제품으로 이 회사는 1949년 이탈리안 청년

쟈코모 저스 테리니에 의해 설립되었는데, J & B 는 Justerini의 J와 Brooks의 B의 이니셜을 따서 J & B이라 한다. J&B는 수년 전만 해도 미국에서 단연 인기 제1위의 자리에 있었다. 창업자인 이 청년은 처음에 모국의 오페라 가수 마르그 리타 베리노 양을 사모해 그녀가 가는 곳마다 좇아 다니다가 그녀의 런던공연을 계기로 영국으로 넘어왔는데 하찮은 계기로 제조에 손을 대었다가 후에 후계자 알프레트 부룩스를 공동 경영자로 맞아들여 스카치 위스키 제조를 시작했다 J & B사는 1919년에 판매를 시작했는데 라이트 타입의 대표적인 존재로 로얄 에이지(Royal Ages)는 15년 저장의 고급품이다.

그랜츠(Grant's)

윌리엄 그랜츠 & 산(William Grant & San)사 제품으로 윌리엄 그랜츠 & 산사는 1886년에 하이랜드 지방에 글렌피딕(Glenfddich) 몰트 증류소를 창설해서 7년 동안 숙성시킨 몰트를 12월 크리스마스 시즌에 첫선을 보였다. 사업은 순조롭게 발전해서 1894년에는 파루베니 몰트 증류소를 설립하게 되었다.

그랜츠 위스키는 마일드한 맛 속에 남성적인 짜릿한 맛이 녹아 들어가는 것이 특징으로 스탠다드 품에는 Stand Fast라는 문자가 있지만 창립자는 "오래 전의 설립"이란 의미로 사용했다.

헤이그(Haig)

존 헤이그 사(John Haig & Co. LTD) 제품으로 헤이그 가는 17세기의 중엽부터 위스키의 증류에 손을 댄 회사로써 체계적인 회사의 면모는 1824년에 갖추었다. 현재 영국 최대의 주류기업 집사인 DCL의 중추적인 역할을 하고 있는 5대 스카치 메이커(Scotch Maker)의 필두로서 리더쉽을 발휘하고 있다. 영국 내에서는 베스트 셀러이며 헤이그 핀치(Haig Pinch)는 12년 숙성의 디럭스(Deluxe) 품으로 핀치(Pinch)라는 이름은 병 모양에서 명명되었다고 한다.

커티 샥(Cutty Sark)

베리브로스 & 러드 사(Bery Bros & Rudo LTD)의 제품으로 게일 어로 커틴 샥(Cutty Sark)은 짧은 셔츠(Short Shirt)의 뜻이다. 커티 샥은 1869년 스코틀랜드 덤바튼에서 완성된 배의 이름으로 로버트 번스 소설에 등장하는 전설속 마녀의 이름이자 그 당시 세계에서 가장 빠른 속도를 상징하는 무역선의 이름이다. 1887년 이 신예 범선은 호주에서 영국까지 단 69일만에 항해에 성공한 커티 샥은 그 당시 세계에서 가장 바른 배로 전해오고 있다.

범선은 얼마 후에 은퇴하여 현재 런던 교외의 기념물로 보존되어 있으며, 커티 샥은 이 배의 이름을 인용해서 1923년에 탄생을 보게 되었다. 맛에서 현대적인 풍미가 대표격이며 동양의 일본 등에서는 라이트 위스키(Light Whisky)의 붐을 일으킨 장본인이기도 하다. 이러한 커티 샥(Cutty Sark)과 병행하는 라이트 위스키로 J & B가 있는데 전자는 맛에서 여성적이고 후자는 남성적인 면이 있다.

이 상품의 디럭스(Deluxe) 품인 베리스 베스트(Berry's Best)는 10년 산이며, 커티 12년(Cutty 12 Years Old) 산도 있다.

시바스 리갈(Chivas Regal)

시바스 브러더스 사(Chivas Brother's LTD)의 제품으로 1801년에 창립한 회사 시바스 리갈(Chivas Regal)의 뜻은 시바스 가(Chivas 家) 왕자를 의미이다.

1843년에 빅토리아 여왕의 궁전에 납품을 했던 어용품으로 선정되었던 디럭스(Deluxe) 품이다.

로얄 샐루트(Royal Salute)

로얄 샐루트도 시바스 브러더스 사(Chivas Brother's LTD)의 제품으로 왕예포(王禮砲)를 의미하며, 영국 해군에서는 귀빈을 맞을 때 공포를 울려서 환영을 하는 의전 행사이다. 국왕의 경우에는 21발의 예포를 쏘게 되는데, 이것을 로얄 샐루트라 부르는 것이다. 이 위스키는 현 여왕 엘리자베드 2세가 즉위하던 해에 예포 21발을 쏜 것을 기념하여 21년 저장의 위스키만을 블렌디하여 발매되었다. 로얄 샐루트는 유리제품의 병이 아니라 도자기 종류의 항아리로 청색, 녹색, 갈색의 3가지가 있다.

글렌피딕(Glenfiddich)

하이랜드산 싱글 몰트를 재료로 만든 위스키로 그렌픽딕은 게일 어로 사슴이 있는 골짜기라는 의미로 맛은 산뜻한 맛의 드라이 타입으로 남성적인 풍미인데, 마일드한 맛도 있다. 몰트 스카치 위스키 중에서는 세계적인 베스트 셀러의 위스키이다.

발렌타인(Ballantine)

조지 발렌타인 앤 선(George Ballantine & Sun) 회사의 제품으로 현재는 캐나다의 거대한 주류기업인 하이럼(Hiram Walker) 사의 자회사로 되어 있다. 하이럼 워커 사의 스코틀랜드 진출은 1930년에 시작하여 올드 스머글더(Old Smuggder)를 만들고 있는 스토타트 사의 주(株)를 60%를 취득하여 스카치 업계에 교두보를 확보했다. 1936년에는 동사의 나머지 40%를 완전히 인수하여 완전 매수에 성공하였다.

그리고 동년 바렌타인 사를 휘하에 흡수하고 다바론에 하이럼 워커 사를 스코틀랜드에 설립하여 그후에 하이럼 워커 사는 하이랜드(Highland), 로우랜드(Lowland)의 몰트 증류 공장을 차례차례 합병해서 몰트나 그레인의 증류소를 신설하고 사업을 확장했다. 자기 회사의 이름보다 산하 자회사의 명의로 상품명을 정하고 있다.

딤플(Dimple)

조니워커 제조사인 유나이티드 디스틸러사의 또 하나의 명품으로 국내 맥주회사인 조선맥주가 수입하여 판매하면서 국내에 잘 알려졌다. 딤플은 12년 숙성의 몰트를 사용한 디럭스품으로 보조개를 뜻하며 술병모양이 보조개 형태이다.

앰버서더(Ambassador)

테일러 페거슨(Taylor & Ferguson) 사 제품으로 세계 탑 클래스 주류업자인 하이럼 워커사의 지회사인 발렌타인과는 자매관계이다. 앰버서더라는 이름은 20세기 초에 영국에 주재하고 있는 각국대사들이 위스키 산업의 중심지인 글래시고 시에 모여서 많은 위스키 중에서 영국을 대표하는 위스키를 선출하였는데, 이 영광을 획득한 것이 테일러 페거슨(Taylor & Ferguson) 사의 브렌디드 위스키이다. 이후에 이 술에 대하여 앰버서더라는 상표가 붙었다.

2) 아이리쉬 위스키(Irish Whiskey)

보리, 귀리, 밀, 옥수수 등 그레인과 몰트로 만든 아일랜드 공화국 위스키를 총칭하며, 역사적으로 스카치 위스키보다는 오래 되었지만 현재 생산량은 스카치 위스키를 따르지 못하고 있다.

아이리쉬의 역사가 오래 된 것은 15~16세기경에 이미 증류주를 제조에 관한 법률이 있었다.

1608년에는 토마스 필립스가 정식으로 첫 면허를 획득하여 북아일랜드 안트림(Antrim) 지방의 부쉬(Bush) 강둑 위에 증류소를 세우고 부쉬밀스(Bushmills)라는 세례명을 붙인 것이 공식적으로 등록된 최초의 증류소이다.[12)]

아이리쉬 위스키는 스카치 위스키보다 짙고 강하여 사실상 최고의 전통을 자랑하는 위스키이다.

아이리쉬 위스키를 표기할 때는 E자를 한자 덧붙인 Whiskey이다. 그것은 그 나라 사람들의 철자법이 그렇고 그것을 고집하는 이유는 몰트 위스키를 제일 처음 시작한 곳이 아이리쉬라는 주장 때문이다.

아이리쉬 위스키의 제조방법

몰트, 보리, 호밀, 밀 등을 사용하고 스카치 위스키와 제조방법은 유사하나 스카치 위스키처럼 이탄이 직접 사용원료에 닿지 않아서 스모키한 향은 없다. 증류법은 대형 단식증류기를 사용하여 세 번 증류한다. 첫 번째 증류는 거친 증류액이 만들어지는데, 이것을 다시 증류 솥에 넣어서 두 번째 증류를 한다.

아이리쉬 위스키의 특징

① 아이리쉬 위스키는 몰트(엿기름)의 비중이 많다.

② 몰트(Malt)를 이탄에 말릴 때 몰트가 불에 직접 닿지 않도록 해 특유한 냄새가 없다.

③ 아이리쉬 위스키는 세 번 증류하며 반드시 단식 증류기(Pot Still)를 사용하여 만든다.

④ 오크통에 묵힐 때는 4년 이상 혹은 7년 또는 그 이상을 묵힌 짙은 위스키(Full Bodied)이다.

⑤ 맛이 부드러우면서 커피와 가장 잘 어울린다.

아이리쉬 위스키의 유명상표

① 존 제임슨(John Jameson)

1780년 더블린에서 존 제임슨이 설립한 증류소로 오랫동안 아이리쉬 위스키의 고전적인 전통 증류법을 유지해온 전통 아이리쉬 위스키이다. 헤비 타입의 중후한 맛의 위스키를 제조하여 한때는 조업중단의 위기까지 몰렸으나 1974년에는 콘 위스키를 블렌드하여 소프트한 풍미의 제품인 노오드 아메리칸(North American) 블렌드를 개발하였다. 현재는 온 더락

12) 양주와 칵테일론, 백재현, 형설출판사, 1999, p.100.

으로 인기가 있어서 젊은 층이 즐기고 있다.

② 올드 부시밀스(Old Bushmills)

현존하는 아이리쉬 위스키 중에서 가장 오래된 것으로 1743년에 밀조주로서 출발하여 1784년에 정식 주류제조업자로 허가를 받아서 주식회사로서 시작했다. 부시밀스는 북아일랜드 주에 있는 도시의 이름으로 그 의미는 숲 속의 물레방앗간을 뜻한다. 영국령의 북아일랜드 주에서 생산되는 유일한 브랜드이며, 이 위스키는 전통적인 중후한 풍미를 지닌다. 올드 부시밀스는 디럭스 품으로 알려졌다.

③ 털러모어 듀(Tullamore Dew)

털러모어 듀는 아일랜드 중앙부에 번영해 온 아름다운 거리 털러모어의 이슬이라는 의미이다. 상표에 라이트 앤드 스무스(Light & Smooth)라고 표시되어 있듯이 매우 가볍고 매끄러운 맛이 특징이다.

3) 아메리칸 위스키(American Whiskey)

미국의 위스키 제조는 18C경(1770년) 시작되었으나 1789년 켄터키(Kenturky) 주 스코티(Scott) 지방에서 정식으로 탄생했으며, 처음 만든 사람은 엘리자, 크레크 목사가 죠지 타운(George Town)에서 제조한 것이 시초이다. 1920년 1월 1일부터 13년 동안 미국전역에서 금주령이 발동하여 1933년 12월 31일 해제되기도 하였다.

미국 위스키는 두 개의 그룹으로 구분하는데, 블렌디드 위스키(Blended Whisky)와 스트레이트 위스키(Straight Whisky)를 말한다.

① 스트레이트 위스키(Straight Whiskey)

옥수수(Corn), 호밀(Rye), 보리(Barley) 또는 밀(Wheat)의 곡류로 증류된 것으로 순 곡물 증류주(Neutral Grain Spirits) 또는 어떤 다른 위스키와 혼합되지 않는 것이다. 최소한 2년은 검게 태운 참나무통에 묵힌 것이다.

② 블렌디드 위스키(Blended Whiskey))

한가지 또는 그 이상의 스트레이트 위스키(Straight Whiskey)와 순 곡물 증류주(Neutral Grain Spirits)가 적어도 20% 함유된 것으로 최소한 80 푸로프로 병에 담은 것이다.

아메리칸 위스키의 따른 분류

① 버번 위스키(Bourbon Whiskey)

옥수수를 주원료로 하여 호밀, 맥아 등을 첨가한 후에 연속식 증류기로 증류한다. 미국 캔터키 주의 버번읍에서 버번 위스키의 80%가 생산되고 전 미국의 95% 이상이 이 상품이다.

버번(Boutbon)의 명칭을 사용할 수 있는 3대 조건은 첫째 옥수수(Corn)를 51% 이상 포함하여야 한다. 둘째 뉴 캐스크(New Cask; 오래된 통)를 사용할 경우 알코올 성분을 40~80% 함유하여야 하며 셋째는 뉴 캐스크(New Cask)를 사용할 경우(이때는 Cask의 안벽을 태워 사용) 알코올 성분이 40~62.5%의 몰트를 넣어야 한다.

위의 세 가지 조건을 만족시켰을 경우에 스트레이트 버번 위스키(Straight Bourbon Whiskey)라고 한다.

② 라이 위스키(Rye Whiskey)

미국 위스키의 역사에서 볼 수 있듯이 미국에서 위스키가 만들어지기 시작한 것은 펜실베이니아주이고 호밀을 주원료로 만들었다. 이렇게 본다면 버번 위스키보다 더 오래된 역사를 가지고 있는 것이 바로 이 라이 위스키이다.

제조 방법은 버번 위스키와 같지만 주원료로 호밀을 51% 이상 사용하며 다른 곡물과 섞어 연속식 증류기로 알코올 80% 이하의 증류액을 얻어 안쪽을 태운 화이트 오크통에다 2년 이상 저장 숙성하여 만든 위스키이다.

③ 블렌디드 위스키(Blended Whiskey)

알코올 도수 50%인 스트레이트 위스키를 20% 이상 섞어서 만든 위스키로서 일반 위스키나 중성 주정을 섞어서 만들어도 상관이 없으며 병에 담을 때 알코올 40% 이상을 유지해야된다.

블렌디드 버번 위스키, 블렌디드 라이 위스키, 블렌디드 콘 위스키, 블렌디드 휘트 위스키 등이 있다.

④ 테네시 위스키(Tennessy Whiskey)

테네시 주에서 만들어지는 독특한 위스키로 크게 분류하면 스트레이트 버번 위스키에 속하지만 버번 위스키와는 별도로 테네시 위스키라고 부르는 것을 법적으로 인정하고 있다.

그것은 테네시 위스키를 만들 때 버번 위스키와는 달리 증류한 후에 위스키 원주를 숯(사탕단풍 나무로 만든 숯)을 채운 탑을 통과하여 여과시킨 후 저장 숙성한다.

⑤ 몰트 위스키(Malt Whiskey)

몰트 위스키는 맥아에 피트 향이 스며들게 하여 건조시킨 맥아를 발효하여 단식증류기로 증류한 위스키를 말한다.

⑥ 그레인 위스키(Grain Whiskey)

곡물로 만든 위스키로 보리, 옥수수, 호밀 등을 당화시켜 발효한 다음 연속증류기로 증류한 위스키를 말한다. 그레인 위스키는 피트 향이 없으며, 부드럽고 담백한 맛이 특징이다. 그레인 위스키는 몰트 위스키와 혼합하여 블렌디드 위스키를 제조하는데 사용한다.

⑦ 콘 위스키(Corn Whiskey)

미국 남부에서 주로 생산되며, 옥수수 80% 이상을 사용하여 곡물, 맥아와 함께 당화, 발효, 증류시켜 만든 것으로 증류할 때까지는 다른 스트레이트 위스키와 유사하다. 그러나 안쪽을 태우지 않은 새 통이나 위스키의 저장에 한번 사용된 통을 다시 사용하여 저장과 숙성하는 것이 다르다.

아메리칸 위스키의 특징

① 곡물을 발효시켜 만든 양조주를 증류하여 95%이하의 알코올을 만든 다음 오크통에서 24개 월 이상 숙성시켜 알코올 농도가 40%이상으로 병입 한 것이다(미국연방 알코올 통제법)
② 세계에서 위스키를 가장 많이 소비와 수입을 한다.
③ 아메리칸 위스키의 생산은 버번 위스키가 주종이다.
④ 아메리칸 위스키는 진홍색이 많다.

아메리칸 스트레이트 위스키의 유명상품

① 아이 · 더블유 하아퍼(I · W Harper)

센레이(Schenlay) 사의 주력 브랜드로 이 상표가 탄생한 것은 1877년으로 술 이름은 아이작(I), 울프(W), 번하임과 더브나 하이퍼의 이름을 합쳐서 이니셜을 따온 것이다. 번하임은 증류전문가였고 하아퍼는 수완 있는 세일즈맨이었다. I · W 하아퍼는 출발 이래로 고품질로 정평이 나 있는데, 현재도 대맥, 라이보리의 사용 비율이 높아 그에 기인한 감칠맛과 품격 있는 풍미를 특히 느낄 수가 있다.

② 짐빔(Jim Beam)

짐빔은 1795년 제이콥 빔이 버번 군에 위스키 증류소를 세웠을 때부터 시작되었으므로 현존하는 미국의 증류회사 중에서 가장 오래된 역사를 가지고 있다. 버번 위스키의 탄생은 1789년으로 되어있으므로 버번의 역사와도 함께 했다고도 할 수 있다. 창업이래 약 190년이 되는 현재도 빔 집안사람들에 의하여 경영되고 있다. 맛이 부드러워 소프트 버번의 대명사로 인정받고 있다. 브랙 라벨은 고급품이며 라벨에 101개월이라고 적혀 있듯이 장기숙성에서 얻어진 마일드한 풍미가 특징이라고 할 수 있다.

③ 와일드 터키(Wild Turkey)

오스틴 니콜즈 디스틸링(Austin Nichols Distilling Company) 사의 제품으로 회사명이 라벨의 위쪽에 적혀 있으므로 고객들은 이 위스키를 오스틴 니콜즈라 부른다. 이 위스키는 해마다 개최되는 사우스캐롤 라이나 주에서 열리는 와일드 터키(야생 칠면조) 사냥에 모이는 사람들 용으로 1855년에 발매되기 시작한 것이다.

미국에서는 7년짜리 버번과 8년짜리 라이도 내놓고 있는데, 이 도수는 101 프루프라고 라벨에 적혀 있듯이 주정은 50.5%이다.

④ 올드 그랜드 대드(Old Grand-Dad)

올드 그랜드 대드는 이 회사의 창업자인 하이든 대령의 애칭으로 이 회사는 1769년에 창업되어 1882년부터 위스키를 만들기 시작하였다. 초기에는 50%의 위스키를 만들기 시작했으나 1958년부터는 43%의 버번을 발매하고부터 급속히 시장이 확대되어 톱 클래스의 유명 브랜드가 되었다. 스탠다드의 주질은 매우 마일드한 편이나 올드 그랜드 대드 스페셜 셀렉션은 통에서 그대로 병에 담은 순수한 버번 위스키로 향기가 매우 독특하고 알코올 도수는 50%이다.

⑤ 어얼리 타임(Early Times)

1860년 링컨 대통령이 취임한 해에 켄터키 버번 카운티에서 탄생한 버번 위스키로 전통적인 풍미가 있고 부드러운 감촉이 좋다는 평을 받고 있으며 미국 국내에서의 인기가 좋다.

⑥ 플라이슈만(Fleischmann's)

플라이슈만 사는 1870년 오하이오주에서 창업하여 현재는 미국과 캐나다에 8개의 공장을 가진 대규모 증류업자가 되었다. 블렌드한 것은 40%가 주류를 이루며 맛은 라이트한 풍미를 가지고 있다.

⑦ 메이커스 마크(Maker's Mark)

프리미엄 버번 위스키로 아메리칸 위스키의 대명사와도 같은 위스키로 풍부한 맛을 가지고 있으며, 메이커스 마크 마개부분의 붉은 밀랍은 마무리 과정에서 붉은 액체 밀랍액에 병을 담그는 과정에서 생긴 것으로 모든 병은 각기 다른 모양을 하고 있다. 미국 버번 시음대회에서 항상 1위를 차지하는 인기있는 브랜드로 일코올 도수는 45%이다.

⑧ 텐 하이(Ten High)

전형적인 미국산 버번 위스키로 가벼운 향의 5년산 위스키로 알코올 도수는 약 43%로 개척시대의 미국을 연상케 하는 남성적인 상쾌한 맛이 특징이다. 텐 하이의 이름은 포우커 게임의 최고의 행운인 텐 하이 스트레이트 플래시에서 인용한 것이다. 즉 최고의 버번이라는 자부심으로 붙여진 이름이다.

아메리칸 테니시 위스키의 유명상품

① 잭 다니엘(Jack Daniel's)

잭 다니엘이 만든 회사로 미국을 대표하는 이 위스키는 베스트 셀러 브랜드이다. 잭 다니엘은 소년시설에 위스키 증류 일을 돕다가 1846년 테네시 주 링컨 군 린치버그 마을에서 창업하였다. 초기에는 벨 어브 링컨, 링컨 군의 미녀라는 이름으로 판매하다가 나중에 자신의 이름을 붙이게 되었다. 블랙이 널리 판매되고 그린은 저장기간이 조금 짧다.

위스키 제조에 용이한 물이 석회석 층을 통과하면서 여과되고 사탕단풍 나무 탄으로 필터(여과)하고 나서 여과하기에 마일드한 맛이 생긴다.

② 조오지 디켈(George Dickel)

잭 다니엘과 똑같은 타입의 위스키로 조오지 디켈에 의하여 1870년 테네시 주 달라호마에서 제조되었다. 이곳 지역도 위스키 제조에 용이한 물이 석회석 층을 통과하면서 여과되고 사탕단풍 나무 탄으로 필터(여과)하고 나서 여과하기에 마일드한 맛이 생긴다.

4) 캐나디안 위스키(Canadian Whisky)

캐나다에서 생산되는 위스키를 총칭한다. 광대한 지역에서 보리(Barley), 호밀(Rye) 등 모두가 재배되므로 생산량도 지극히 많다. 주로 온타리오 주변에 위스키 산업이 집결해 있고 시장이 미국이기 때문에 미국 형태의 것을 많이 생산하고 있다. 아메리칸 위스키에 비해 호밀(Rye)의 사용량이 많은 것이 특징이다. 주재료인 호밀 51%와 곡류를 혼합하여 80 푸로프(Proof) 이상의 알코올 도수로 출고하며 생산과정을 캐나다 정부에서 감독한다.

스트레이트 위스키는 법으로 금지하고 블렌디드 한 위스키만 생산하며, 또한 4년 이상의 저장기간을 규제한다.

캐나디안 위스키의 제조방법

캐나다에서 위스키가 본격적으로 만들어진 시기는 미국의 독립전쟁 이후로 위스키가 발전하게 된 것은 19세기 중순경으로 1875년 워터루 지역에 제분소가 운영되기 시작하였는데, 이것이 나중에 씨그렘사의 증류소가 되었다. 일년 후에 1858년 하이렘 워커가 지금의 윈저 지방에 제분소겸 증류소를 창설하여 호밀을 이용하여 무겁고 진한 맛의 위스키가 생산되었다.

캐나다 위스키 원료는 호밀로 싹을 내어 호밀을 주원료로 하여 옥수수와 엿기름을 더해서 이것을 당화, 발효하여 19세기 후반부터 코페이가 개발한 연속증류기로 증류한다.

여기서 증류한 위스키는 약 84% 정도 알코올 성분을 얻는다. 이 때 곡물의 맛이 약간 남아 있으며 부재료의 배합이나 증류법에 의하여 여러 가지 개성이 강한 위스키가 만들어진다.

캐나디안 위스키의 특성

캐나디안 위스키의 가장 큰 특징은 호밀을 주원료로 한 위스키와 옥수수를 주원료로 한 위스키를 블렌드하여 연속 증류기로 세계에서 가장 라이트 한 위스키를 생산한다.

캐나다에서는 법으로 스트레이트 위스키(Straight Whisky)를 금지하고 있으며, 맛은 호밀을 원료로 하기에 단맛과 쓴맛이 난다. 캐나다 위스키의 주요 생산지는 온타리오(Ontario) 호 주변으로 대부분의 시장은 미국이다.
위스키 저장은 최소한 4년 이상 안쪽을 태우지 않은 통이나 버번 위스키에 사용된 빈 통을 사용하여 저장 숙성시켜야 하며, 수출품은 대략 6년을 숙성한다.

캐나디안 위스키의 분류[13)]

① 베이스 위스키(Base Whisky)
라이(호밀)나 옥수수를 주원료로 하여 엿기름을 당화, 발효하여 연속증류기로 94~95%의 알코올을 얻는다. 베이스 위스키는 다른 위스키처럼 특징은 그다지 없으며 라이트 그레인 위스키와 유사하다.

② 플레버링 위스키(Flavoring Whisky)
호밀을 주원료로 하여 여기에 옥수수와 엿기름을 더해 이것을 당화, 발효하여 연속식 증류기로 84% 정도의 알코올을 얻는다. 이 위스키는 곡물의 맛이 남아 있으며 부재료의 배합이나 증류법에 의하여 여러 가지 개성이 강한 위스키가 만들어진다. 이 플레버링 위스키가 캐나디언 위스키의 맛을 결정하는데 중요한 역할을 하며 배합시킬 때의 원료 비율이 호밀 50% 이상일 때 라이 위스키라고 부를 수 있다.

캐나디안 위스키의 유명상품

① 캐나디안 클럽(Canadian Club)
캐나디안 클럽보다는 우리에게는 애칭 C.C로 더욱 전 세계에 잘 알려진 1858년 창업된 하이뎀 워커사의 주력 상품이다. 위스키 라벨에 영국왕실의 문장을 넣어서 판매하는데 이는 1898년 이래로 영국왕실에 납품을 하고 있기 때문이다.

② 크라운 로얄(Crown Royal)
크라운 로얄의 모양은 왕관형태의 위스키로 1939년 영국국왕 조지 6세가 캐나다를 방문했을 때 정성을 다해서 시그램사가 만든 상품이다.

13) 양주와 칵테일론, 형설출판사, 백재현, p.109.

③ 시그램스 V.O(Seagram's V.O)

시그램사는 1924년 몬트리올에서 창업하여 현재는 세계최대 규모의 양주회사이다. 시그램사의 주력상품으로 호밀과 옥수수로 만들어진 6년 숙성의 블렌디드 위스키이다.

④ 블랙 벨벳(Black Velvet)

호밀과 옥수수를 주원료로 하여 제조한 술로 보드카와 유사한 맛을 내는 위스키이다.

제2절 진(Gin)

1. 진의 개요

진이란 말은 두송자(Juniper)의 불어 제니에브레(Genievre)에서 생겨난 말로서 영어로 전해지면서 축소하여 진(Gin)으로 불리게 되었다.

19세기 하반기에 네덜란드 라이텐 대학의 의학교수인 실비우스(Sylvius) 박사가 동부독일에서 활약하고 있는 네덜란드 선원과 식민지 사람들을 위하여 열대성 질병의 치료제 및 예방약으로 개발하였다는 설과 네덜란드(Holland)의 브리마우스 교단의 한 승려에 의해 만들어졌나는 실 등이 있다. 진은 대맥의 맥아, 라이매을 양조하여 3회 이상 증류를 거듭하여 순도 높은 주정을 만들어 이것을 다시 두송자(Juniper Berry)로부터 향미를 내게 한 무색주이다.

최근에는 보리, 밀, 옥수수, 당밀 등으로 증류하여 쥬니퍼 베리(Juniper Berry)와 레몬껍질 그 밖의 향료로 착미한 주정이 강한 알코올 40%의 증류주이다.

진은 초기에 술의 개념보다는 이뇨에 효과가 있고, 강장, 건위, 소독을 위한 약용이었으며, 주정의 불쾌한 냄새를 없애기 위해서 두송자를 넣었다. 당시의 영국 신사들은 진을 무조건 경멸하고 몹시 비난했으나 일반 저소득층은 다른 술과 달리 적은 비용으로 쉽게 구입할 수 있어서 노동의 고통을 잊는 하나의 수단으로 한층 더 즐겨 마시게 되었다.

진은 무색으로 유리제 탱크를 사용하여 거의 에이징(Aging)을 하지 않고 시판되므로 생산원가가 적게 든다. 따라서 시판가격도 저렴하여 모든 칵테일의 기본으로서 가장 널리 사용된다. 1736년 영국에서 진의 판매를 저지할 목적으로(중독자와 진의 질을 높이고자 함) 채택되었던 진 법령이 의회를 통과했다. 진(Gin) 법령은 1회 1갈론(약 5되, 9리터) 구입만 허용한다는 것이다.

이 진 법령은 이취자와 무질서가 오히려 늘어났고 밀조와 밀매를 낳게 되었으며 맹

렬한 반대에 부딪혀 7년만에 폐지되었다.

진은 여러 가지 증류주 가운데서 잘 취하지 않는 음료로 되어있다. 참고로 증류주 중에서 숙취로부터 회복율이 느린 순서를 열거하면 브랜디, 럼, 칼바도스, 버본, 라이 위스키, 스카치 위스키, 진, 보드카의 차례이다.

2. 진의 제조과정

맥아, 옥수수, 호밀, 귀리 등과 당밀을 혼합하여 매시(Mash; 엿기름)를 만들고 발효시킨 뒤 먼저 연속증류법(Patent Still)으로 증류하여 90~95%정도의 순수한 주정을 얻는다. 그 다음 주정을 약 60%까지 물로 섞어서 쥬니퍼 베리(Juniper Berry)와 다른 향료식물을 넣어서 증류액에서 잘 혼합하여 단식증류법(Pot Still)으로 재증류를 한다. 이때의 주정은 40~45%로 하여 즉시 병에 입고한다. 진은 원칙적으로 묵히지 않으며 제조자에 따라서 맛이 틀린다.

3. 진의 종류

네덜란드 진(Holland Gin)

1830년에 네덜란드 브리마우스 교단의 한 승려에 의하여 만들어진 진으로 대맥과 호밀의 비율을 1 대 2로 혼합한 후 단식증류법(Pot Still)으로 3회 증류해서 알코올 성분이 50~55%가 되도록 강한 술로 만들었다. 런던드라이 진에 비하여 농도가 낮고 곡물의 냄새나 맛이 어느 정도 남아 있는 것이 특징이며 두송의 맛과 향이 강하다.

네덜란드 종류로는 볼스 V.O(Bols V.O), 쥬네바(Geneva), 볼스 실버탑((Bols Silver Top) 등이 있다.

쥬네브 진(Genever Gin)

네덜란드에서 만들어지는 진으로 곡물을 주원료로 하여 발효시킨 후 단식증류기로 2~3회 정도 증류한다. 쥬네브 진은 오크통에 저장을 하며 몰트를 많이 사용하기 때문에 몰트 향이 강하다.

런던 드라이 진(London Dry Gin)

런던 드라이진에는 스코틀랜드 진, 에이레 진(Eire Gin)이 있으며, 원료는 대맥이고 연속 증류기로 정류해서 두송실과 쉐니과에 속하는 코엔드로라고 불리는 향을 넣는다. 숙성이 필요없이 마시며 성분은 옥수수(Maize) 75%, 호밀 10%, 몰트 15%

로 구성된 엿기름을 증류해서 만든 진이다.

아메리칸 진(American Gin)

런던 드라이 진과 같은 타입으로 대단히 드라이하고 알코올 농도가 높다. 유명상표 플라이슈만 진(Fleisehmann's), 하이럼 워커 진(Hiram Walker's Jin) 등이 있다.

드라이 진(Dry Gin)

무색투명하며 곡물에 곱향나무 열매 이외 수종의 향료를 원료로 배합하여 드라이 진 특유의 맛과 향을 내주며 감미가 없다.

드라이 진(Dry Gin)에서 가장 우수한 것이 런던 드라이 진(London Dry Gin)이다.

올드 탐 진(Old Tom Gin)

올드 탐진은 앞에서 설명한 드라이 진에다 2%정도의 당분을 넣어서 만들어서 감미가 나는 술로서 영국에서 생산된다.

플레버드 진(Flavored Gin)

이것은 리큐르 타잎의 진으로서 진에 두송자 대신에 여러 가지 과일, 약초, 씨앗, 뿌리 등으로 향을 만드는 진으로 오렌지, 레몬, 박하, 생강 등을 원료로 하여 감미가 풍부하고 배합된 원료에 맛과 향이 강하다. 스위트 진으로 칵테일보다 스트레이트로 마시기가 좋다.

슬로 진(Sole Gin)

이 술은 연속 증류된 진에다 야생자두(Sloe Berries)를 원료로 하여 짙은 적색에 감미와 과일의 맛이 풍부하여 여성들이 즐겨 마시며 이 술은 진이라기보다 코디얼(Cordial)에 가깝다.

4. 진의 특징

진이 칵테일의 기본 술(基酒)로서 가장 잘 어울리는 이유는 색이 없다는 것과 다른 술과 맛이 조화가 잘되기 때문이다. 알코올도수는 45% 전후의 것이 많으며 증류로서는 다음과 같이 분류된다.

① 진의 증류는 다른 술과 달리 정류(精溜)란 말을 쓰고 있다. 즉 두 번의 증류를 통하여 불술 물이 완전히 제거된 증류주이다.

② 산뜻하게 퍼지는 향기의 신선함과 음주시 청량감이 있다.
③ 다른 술이나 리큐류(Liqueur) 또는 주스 등과 잘 조화를 이룬다.
④ 영국 진은 저장을 하지 않는다.
⑤ 특유한 방향(芳香)성의 무색투명 한 증류주이다.
⑥ 드라이 진(Dry Gin)은 감미(甘味)가 없는 증류주이다.
⑦ 착미(着味)한 주정이 40%나 되는 독한 알코올성의 증류주이다.
⑧ 올드 탐 진(Old Tom Gin)은 영국산 진으로서 설탕시럽을 첨가시킨 약간 달콤한 맛의 진을 말하다.

5. 진의 유명상표

진의 유명한 상품은 영국, 네덜란드, 미국, 독일에서 주로 생산되는데 그 상품들의 특징은 다음과 같다.

네덜란드 진(Holland Gin)

① 볼스 진(Bols Gin)
볼스 사는 세계에서 가장 오래된 증류회사로 1575년 창립된 최고의 전통을 가지고 있다. 본사는 시이담에 위치하고 있으며, 이곳은 진의 중심지로 전성기에는 약 300개의 증류업자가 있었다.

② 실버 톱 진(Silver Top Gin)
볼스 사에서 만든 영국타입의 상쾌한 타입의 진이다.

영국 진(England Gin)

① 비이피터 진(Beefeater Gin)
비이피터는라벨에서 보여주듯이 런던 탑에 주재하는 근위병을 뜻한다. 1829년에 런던에서 설립된 버로사의 제품으로 그 특징은 상쾌한 향기와 매끄러운 풍미이다.

② 고오든 진(Gordon´s Gin)
진으로는 세계 최고의 회사로 1769년 런던의 템즈강 남안(南岸)에서 창업하였다가 나중에 런던시 북부의 고즈웰가로 옮겼다, 1898년에는 차알즈 탱커레이 사와 합병하여 2대 브랜드를 가진 제1급의 진 메이커로 재출발하여 현재에 이르고 있

다. 고오든 사의 진은 드라이 진과 올드탐 진으로 나누어지는데, 드라이 진은 주니퍼, 커리앤더, 감자, 귤류의 과피로 향미를 낸 진이다. 올드 탐 진은 드라이 진에 소량의 시럽을 첨가하여 당도를 2% 정도 첨가한 진이다.

③ 탱커레이 진(Tanqueray´s Jin)

1830년에 설립되어 런던의 맑은 물로 제조한 술은 1898년 고오든 사와 합병하여 판매, 수출을 상호 협력하고 있다. 이 진의 맛의 드라이 타입이기 때문에 최근에는 미국에서 인기가 있다.

④ 봄베이 진(Bombay Gin)

런던에서 생산되는 드라이 한 풍미의 진으로 1781년에 회사가 창립되어서 지금도 그때의 전통을 계승하여 진을 제조하고 있다. 곡류로 술을 제조한 후에 세계 각지에서 생산되는 약초를 수집하여 증기를 이용하여 향기를 내었다.

⑤ 길비 진(Gilbey´s Gin)

길비 사는 1857년 길비 가의 월터, 알프레스 형제에 의하여 창업을 하여 일본의 닉까 사에서 기술제휴하고 있다. 1887년에는 스카치도 제조하기 시작하였으며, 현재 길비 진의 모양은 네모 모양으로 이 디자인은 미국에서 금주법이 시행되었을 때 위조상품이 많이 나돌았을 때 위조품을 방지하기 위하여 고안된 것으로 레드 라벨은 알코올 도수 37%, 그린 라벨은 47.5% 정도이다.

미국 진(American Gin)

① 플라이슈만 진(Fleisehmann's)

미국에서 진을 만든 최초의 메이커로 창업당시에는 오하이오주에서 현재는 아이오아에서 제조하고 있다. 플라이슈만 사는 현재 버튼 리큐르 등 다양한 제품을 생산하고 있지만 1870년에 진의 생산으로 시작하였다. 알코올 주정은 40% 정도로 상쾌한 맛을 느끼는 진이다.

② 하이럼 워커 진(Hiram Walker's Jin)

미국에서 생산되는 진이나 캐나다의 하이럼 워커 & 산즈 사가 미국의 일리노이에 있는 공장에서 만들고 있다. 백 라벨에 여러 국가에서 생산되는 향료와 오렌지 과피 등을 명기하고 있다.

제3절 보드카(Vodka)

1. 보드카의 개요

보드카는 러시아, 폴란드와 같은 슬라브 민족의 국민주라고 할 정도로 애음되고 있으며 감자와 곡류를 원료로 하여 발효, 증류한 술이다. 그것은 먹고 남은 곡식이 감자밖에 없기 때문에 원료가 감자로 이용되었다.

보드카의 어원은 노어의 우오다(Voda)로 영어의 Water와 비슷한 것으로 생명이 물이라고 불리는 위스키나 브랜디와 같은 뜻으로 해석된다.

1794년 세인트 페테르스부르크의 루이스 교수가 보드카를 자작나무 활성탄을 이용한 여과기술도 비밀사항으로 되어있던 수수께끼의 술이었다.

보드카는 러시아의 마지막 3대에 걸친 황제들이 애용하던 신비한 술로서 제조법을 엄격히 비밀에 붙쳤던 것을 공산혁명 때 그 제조기술이 백인 계통의 러시아인에 의하여 남유럽에 전해졌으며 미국에서는 금주법의 폐지와 더불어 더욱 알려지게 되었다.

보드카는 오래 전부터 혹한의 나라 러시아인들에게는 몸을 따뜻하기 위한 수단으로 노동자나 귀족계급 할 것 없이 누구나 마시는 술이었지만 그 역사는 명확하지 않다.

보드카의 제조법이 다른 나라에 전해진 것은 러시아 혁명 후로 혁명이전에 모스크바에서 대표적인 보드카 제조업자로 활약하고 있던 스미노프사의 사장 우라디미트 스미노프씨는 백인계 러시아인으로써 혁명과 함께 해외로 추방당하여 파리로 망명했다. 그곳에서 소규모의 보드카 공장을 세워 망명 러시안인을 상대로 스미노프 브랜드의 보드카 판매를 시작하였다. 미국에서는 1933년 파리의 스미노프 공장에서 미국으로 건너온 백인계 러시안인 코네트가 찾아와 미국 및 캐나다에서 스미노프 보드카 제조권과 상표권을 매수하여 미국으로 돌아갔다. 이것이 세계 제1의 판매량을 자랑하는 미국산 스미노프 보드카 탄생의 유래이다. 그후 1958년 미국에서는 보드카의 생산량이 본국인 구소련을 능가하여 세계 제1위의 생산국가가 되었다.

2. 보드카의 제조과정

감자나 고구마, 밀, 호밀, 옥수수 등 원료를 쪄서 맥아를 넣고 당화시킨 다음 효모를 넣어서 발효시킨다. 이렇게 해서 만들어진 액으로 95%정도의 주정을 취한다. 보드카는 냄새를 없애기 위해 증류한 후 자작나무의 활성탄과 양질의 모래로 40~50회 여과시킨다. 보드카와 진은 저장 숙성을 시키지 않기 때문에 생산비가 저렴하여 염가로 시판된다.

이에 따라 퓨젤유라든가 악취의 성분이 흡수되어 거의 중성알코올의 산뜻한 것이 된다. 여기에 나무뿌리, 풀, 종자 등의 엑기스를 스며들게 하면 독특한 풍미를 가진 각종 보드카가 된다.

끝으로 모래를 여러 번 통과시켜 목탄의 냄새를 제거한 후 증류수로 묽게 하여 병입된다.

탈취에는 일반적으로 두 가지 방법이 사용되는데 그 하나는 주정 탱크 내에서 분말숯(분말 활성탄소)과 교반시키는 방법이며 다른 한가지 방법은 컬럼 안에 엽상숯을 채워 넣고 주정을 통과시키는 것이다.

3. 보드카의 특징

보드카는 1917년·러시아 혁명 이전에는 외국에 수출하지 않아서 주조나 재료가 거의 베일에 가려졌던 술로 현재는 세계각국에서 만들고 있으며 무색투명 한 증류주로 어떠한 음료에도 잘 조화되기 때문에 칵테일 기주로 알맞다.

① 무색(Colorless), 무미(Tasteless), 무취(Odorless)의 특징이 있다.
② 190 푸르프 이상의 높은 알코올 도수로 증류시킨 후 여러 번 여과시켜서 이물질과 퓨젤 유(Fusel Oil)를 제거시킨다.
③ 병입시에는 80~110 푸르프 이내로 희석시켜서 병에 넣어진다.
④ 폴란드 등에서의 주정도는 45%(90 푸르프)이며 러시아의 주정도는 40%(80 푸르프)이다.
⑤ 보드카는 향료의 첨가 대신 활성탄(자작나무)으로 여과하여 냄새를 없앤다.
⑥ 러시아와 폴란드에서는 1온스 글라스에 아주 차가운 것을 스트레이트로 마신다.
⑦ 무색, 무미, 무취의 특성을 이용하여 각국에서는 칵테일의 기주로 많이 사용하고 있다.
⑧ 보드카의 원료는 밀, 감자, 호밀(Rye), 사탕 비트(Sugar Beet), 옥수수(Corn) 등이다.

4. 보드카의 유명상표

보드카를 생산되는 국가별로 유명한 상품을 열거하면 다음 같다.

① 러시아 보드카

모스코프스카야(Moskovskaya), 스톨리치나야(Stolichnaya), 스톨로바야(Stolovaya) 등

② 아메리칸 보드카

스미노프(Smirnoff), 사모바르(Samovar), 하이럼 워커(Hiram's Walker) 등

③ 네덜란드 보드카

볼스(Bols), 드 쿠퍼(De Kuyper) 등

④ 잉글랜드 보드카

고돈스(Gordon's), 길베스(Gilbey's) 등

제4절 럼(Rum)

1. 럼의 개요

럼의 발생지는 사탕수수가 많이 생산되는 카리브해의 서인도제도로 사탕수수 재배에 적당한 20℃ 전후의 해양풍이 불고 태풍이 없는 지역이다. Rum의 어원은 두 가지로 하나는 서인도제도의 토착민들은 럼 불리온(Rumbullion)이라 부르면서 스트레이트로 마시면서 흥분과 소동이란 의미에서 왔다는 주장과 다른 하나는 럼의 원료로 쓰이는 사탕수수는 라틴어인 시카룸(Sccharum)의 어미인 Rum으로부터 생겨난 것이라고 전해오기도 한다.

럼은 본래는 무색이지만 수년동안 성숙과정을 거치면서 연한 갈색으로 변하고 독특하고 강렬한 방향으로 남국적인 야성미를 가지고 있어 해적의 술이라고도 하며 색깔 및 풍미에 있어서도 다양함이 풍부한 술이다.

럼하면 빼놓을 수 없는 사람이 있는데 넬슨(Nelson)제독이다. 1805년 트라팔가(Trafalgar) 해전에서 제독은 나폴레옹 1세의 함대를 맞아 승리로 이끌었으나 결국 전사하게 되었다. 사체의 부패를 막기 위해 럼 술통 속에 넣어 런던으로 옮겨졌다. 이에 기인하여 닥 럼(Dark Rum)을 넬슨의 피(Nelson's Blood)라고 불렀다. 럼의 단어가 나오기 시작한 문헌은 영국의 식민지 발바도스(Barbados) 섬에 관한 고문서로 1651년 증

가 생산되었다고 한다.

이 술은 1659년 웨스트 인디아(West India)에서 배를 타고 원거리 항해를 하는 선원들의 괴혈병치료와 예방을 위해 개발되었으며 농장에서 일하는 노예들에게 마귀를 쫓는 황금의 술로 불리었다.

이 술을 마시면 흥분하는 요소가 있어서 영국의 선원이나 해적들이 즐겨 마시는 술이었으며 하급주라는 인상이 지금까지 남아있기 때문에 영국 왕실에서도 럼의 사용을 좋지 않게 생각하여 여왕이 입석하는 파티에는 사용하지 않았으나 약 40년 전에 럼을 처음으로 사용한 칵테일이 여왕이 참석한 파티석상에서 등장하였다고 신문지상에 대대적으로 보도된 적이 있다.

2. 럼의 제조방법

럼의 원료는 사탕수수를 롤러(Roller)로 부순 뒤 여과한 당액을 그대로 쓰는 경우와 제당공정의 부산물인 당밀을 쓰는 두 가지 방법이 있는데, 후자의 경우가 많이 사용된다. 원료가 이미 당분이므로 당화의 공정은 불필요하다.

당액을 발효시키는데 라이트 럼은 2~4일 정도이고 헤비 럼은 5~20일 정도에 걸쳐 서서히 이루어진다. 증류 후 몇 년씩 저장하기도 하며 저장한 것과 최근의 것을 혼합하여 주기도 하며 캐러멜을 색소로 사용하기도 한다. 병에 담을 때에는 80~169 푸로프의 독한 알코올도수로 담겨진다.

이 발효과정에 이스트의 영양분으로써 발효를 돕는 작용을 하는 던더(Dunder)를 첨가하는데, 이것이 특유의 독특한 방향을 내게 한다. 향기를 한층 강화하기 위하여 아카시아 수액이나 파인애플의 즙을 첨가 발효시키는 수도 있다. 다음은 증류주인데 헤비타입의 럼은 단식증류법(Pot Still)으로 하나 산지에 따라 라이트 럼은 연속증류(Patent Still)로 증류하는 수도 있다.

갓 증류된 럼은 미숙한 향미를 지니므로 오크통속에서 저장하여 향미를 증진시키게 되는데, 오크통의 내측을 태워 숙성효과를 높인다. 숙성기간은 보통 2~10년 헤비 럼의 경우는 대개 10~12년 때로는 15년까지도 숙성시킨다.

- 사탕수수를 압착하여 액을 얻는다.
- 여기에 효모를 첨가한다.
- 이것을 증류하여 얻은 주정에 태운 설탕(Caramel)으로 착색한다.
- 쉐리주의 빈 통에 넣어서 수년간 저장한 후에 마시게 된다.

3. 럼의 종류

럼은 맛과 향기에 따라 세 가지로 구분된다. 풍미가 가벼운 라이트 럼(Light Rum), 중간 타입의 미디엄 럼(Medium Rum), 풍미가 무거운 헤비 럼(Heavy Rum) 등이 있다. 이 같은 구분은 발효법, 증류법에 따라 결정하며, 특히 헤비는 다른 것보다 숙성기간이 길어야 한다. 이 럼은 블렌딩 기술에 따라 크게 좌우되며 착색은 캐러멜로 한다.

1) 맛에 의한 구분

헤비 럼(Heavy Rum)

헤비 럼의 주산지는 자메이카, 가나 등으로 이것은 당밀을 발효, 증류시킬 때 단식 증류기를 사용하며 오크통에다 3년 이상 저장 숙성시켜 만든다.

① 감미가 강하고 짙은 갈색이다.
② 자메이카(Jamaica)산이 유명하다.
③ 주요상품으로는 말티니크(Martinique), 트리니대드(Trinidad), 발바도스(Barbados) 등이 있다.
④ 플로리다 남쪽으로 내려갈수록, 영어, 불어 사용지역에서 헤비 럼을 생산하는 경향도 있다.

미디엄 럼(Medium Rum)

미디엄 럼은 말티니크가 주산지로 헤비 럼과 라이트 럼의 중간색으로 서양인들이 좋아하는 위스키나 브랜디의 색에 기호를 맞추어 캐러멜로 착색한다.

① 골든(Gold) 색이다.
② 감미와 향이 조금 있다.
③ 주요 생산지는 도미니카, 남미의 기니아, 말티니크(Martinique) 등이 있다.
④ 바카디 골드(Bacardi Gold), 올드 오크(Old Oak), 네그리타(Negrita) 등이 있다.

라이트 럼(Light Rum)

라이트 럼의 주산지는 쿠바, 멕시코 등으로 당밀을 물로 묽게 하여 발효시킨 후 이것을 연속식 증류기로 증류하여 스테인레스 통에 단기간 저장 숙성하여 만든다. 연속식 증류 방법으로 생산되므로 풍미가 가볍고 무색투명하여 칵테일 기본주로 많이 이용된다.

① 화이트 색이며 당밀의 향취가 적고 감미가 없다.
② 드라이 럼(Dry Rum)이다.
③ 쿠바 산, 푸에르토리코 산이 유명하다.
④ 주요상품 바카디 라이트(Bacardi Light), 그린 아일랜드(Green Island), 라케 포트(Racke Pott), 올드 자메이카(Old Jamaica), 핑가폰탈(Pinga Pontal) 등이 있다.

2) 색깔에 의한 구분

럼은 색깔에 의하여 화이트 럼, 골드 럼, 닥크 럼(Dark Rum)으로 크게 나눌 때도 있지만 맛과는 상관이 없으며 지금은 화이트 럼과 골드 럼의 중간색도 판매되며 블랙 럼도 판매되고 있다.

4. 럼의 유명상표

① 마이어즈 럼(Myers's Rum)
자메이카(Jamaica) 산의 헤비 럼으로 오크통에 담아서 영국의 리버플로 보내어 그곳에서 8년 숙성 후에 보틀링 된다. 이것은 온난한 영국의 기후가 럼의 숙성에 좋은 영향을 주기 때문이다.

② 론리코 럼(Ronrico Rum)
푸에르토리코 산 럼으로 이 섬은 현재 미국의 자치령으로 되어 있는데, 주민의 태반은 스페인 계의 혼혈아이다. 현재 이 섬에는 럼 메이커가 수 십개사가 있는데, 그중 미국의 금주법이 이전부터 조업해 온 것은 1860년 창업한 것은 이 회사뿐이다. 라벨에 창업이래 100여년…이라고 자랑스럽게 그 역사가 적혀있다. 론리코는 럼의 스페인어로 론(Ron)과 리치라는 뜻의 리코(Rico)를 합친 것. 론리코 럼은 화이트와 론리코 151이 생산되는데, 화이트 럼은 부드럽고 산뜻한 풍미로 라이드 타입이며, 론리코 151은 알코올 주정 75.5%의 강렬한 럼으로 헤비 타입이다.

③ 바카디 럼(Bacardi Rum)
럼 중에서 세계적으로 가장 지명도가 높으며, 모든 증류주 중에서도 뛰어난 제품의 하나로 꼽히고 있는 브랜드이다. 미국에서는 보드카나 위스키를 앞지르고 이 바카디 럼이 증류주 중 가장 많이 팔리고 있다. 바카디 사의 창업자는 1830년에 스페인에서 쿠바로 건너 온 돈파쿤드 바카디로 1862년에 중고 증류소를 매수하여

럼 제조를 개시하였다.

그는 당시의 럼이 조잡한 제법에 의한 자극이 너무 강한 풍미를 지닌 것에 만족하지 않고 불순물을 제거한 소프트하고 무색의 럼을 만들어내는데 성공하여 럼의 세계에 처음으로 라이트 럼을 출현시켰다. 현재 본사를 영국 버뮤다의 해밀턴시에 두고, 푸에르토리코, 바하마, 멕시코, 브라질에 주력 공장을 가지고 있다.

화이트는 샤프한 풍미 속에 마일드한 맛을 감추고 있다. 골드 럼은 마일드하고, 아네호는 6년 저장의 딜럭스품. 아네스호란 스페인어로(올드)를 뜻하며, 감칠맛 있는 풍미의 럼을 의미한다.

제5절 브랜디(Brandy)

1. 브랜디의 개요

좁은 의미의 브랜디는 포도를 발효한 후 증류한 술을 의미하지만 광의로는 모든 과실주를 발효증류하여 만든 것으로 독특한 방향과 감미가 강한 알코올(45~50%)성의 증류주이다. 포도 이외의 다른 과실을 원료로 할 때 브랜디 앞에 그 과실의 이름을 붙인다. 브랜디를 처음 시도한 사람은 연금술사들인데 그들은 와인을 생명의 물(Eaux-de Vie)이라고 불렀다. 브랜디의 시작은 17세기 꼬냑 지방의 불란서 샤롱트(Charente) 강의 라로셀(La Rochell) 항구에서 와인을 폴란드로 운송하던 네덜란드 선박의 선장이 험한 항로에서의 화물의 부피를 줄이기 위한 방법으로 와인을 증류한 것이 유래이다. 네덜란드어로 브란데비인(Brandewijn)이라 하였고 불어로는 브랜드 뱅(Blande Vin)이라 하고 이 말이 영어화하여 브랜디라 불리게 되었다.

브랜디는 주로 식후주(After Dinner Drinks)로 알려져 있고 유명한 지역은 꼬냑과 알마냑(Armagnac)이 있다.

브랜디는 성숙 정도가 중요한데 방향성(Furfural), 알데히드(Aldehyde) 및 에스테르(Ester) 등이 사람의 신체에 해를 끼치므로 저장기간이 길수록 인체에 대한 해가 적어지고 술의 품질도 좋아진다.

2. 브랜디의 종류

1) 꼬냑(Cognac)

꼬냑은 불란서 꼬냑 지방에서 생산되는 브랜드만을 꼬냑이라 명명할 수 있게 1935년 7월 30일 시행된 원산지 관리 증명법인 A.C법에 의하여 엄격하게 규제하고 있다. 꼬냑 지방에서 생산되는 포도만이 독특한 술을 만들 수 있는데, 여러 농가에서 백포도를 재배하여 수확한 다음 발효하여 농가에서 단식증류기로 증류하도록 규정하고 있다.

이곳 농가에는 두 집에 한 집 꼴로 증류기가 있으며 증류기는 단식증류법(Pot Still)으로 하며 주요 포도품종은 법적으로 허용된 으니 블랑(Ugni Blanc)이다. 이 포도 품종은 꼬냑 지방의 약 95% 이상의 재배면적을 점유하고 있으며, 이 포도 품종으로 만든 와인은 산도가 높고 당도가 적어 와인으로서의 맛은 그다지 없지만 브랜디를 만들면 와인의 산이 브랜디의 방향성분으로 바뀌어 포도의 맛과 향이 진한 브랜디가 된다.

꼬냑은 우선 와인을 만들고 이것을 스카치 위스키와 같은 방법으로 구식의 포트스틸 증류기로 두 번 되풀이 증류시킨다. 솥에서 나왔을 때는 주정도가 60%로 무색투명의 액체이지만 이것을 다시 참나무통에 담아 오래두면 참나무통의 색과 나무에서 나오는 탄닌으로 인하여 향기와 색이 붙어 아름다운 갈색으로 되는 것이다. 꼬냑은 겨울철에 증류하고 블렌디한 후 법적으로 2~5년 묵인 후 병에 입고하여 약 40%정도 되게 하여 출고한다.

꼬냑(Cognac) 지방

꼬냑은 프랑스의 서남부 지역으로 대체적으로 토질은 포도성장에 좋은 단단한 백악질이며, 석회질이 풍부하다. 프랑스 정부에서는 꼬냑 지방을 석회질 양과 와인에 관련된 여러 가지를 조사하여 샤란트(Charente)지구와 샤란트 앙페류르(Charente Inferienr) 지구에 속한 프랑스 법률에 따라 다음의 6개 지역으로 나눈다. 이 지역에서 만드는 브랜디만이 꼬냑이라고 표시하도록 허가하고 있다.

① 그랑드 샹파뉴(Grande Champagne)

그랑드 샹파뉴는 꼬냑 지방에서 석회질이 가장 많이 분포되어 있는 곳으로 가장 우수한 꼬냑을 생산하는 곳이다. 꼬냑의 성격은 브랜디의 향이 높으면서 전체적인 맛은 진하며 장기간 저장 숙성이 강하다.

② 쁘띠드 샹파뉴(Petite Champagne)

그랑드 샹파뉴 지방과 견줄만한 훌륭한 꼬냑을 생산하는 지역으로 꼬냑의 성격은 부드럽고 은은한 맛을 내며, 장기간 숙성은 하지 않는다.

③ 보르드리(Boderies)
맛이 짙고 발랄하며, 매우 끈기가 강하고 저장 숙성기간이 짧다.

④ 팡 보아(Fins Bois)
특징은 약하고 젊은 느낌을 주는 경쾌한 꼬냑으로 단기간의 숙성을 한다.

⑤ 봉 보아(Bon Bois)
술의 맛과 향은 가볍고 같은 종류의 술에 블렌드 용으로 사용하며, 고급품에는 사용하지 않는다.

⑥ 보아 오르디네르(Bois Ordinaires)
이 지역의 토질은 주로 사토로 양질의 술은 생산되지 않으며, 비교적 하급주로 봉 보아처럼 비교적 대중용으로 소비된다.
꼬냑은 위의 여섯개 지역에서 생산되는 원액을 혼합하여 만드는데, 그랑드 샹파뉴(Grande Champagne) 지역에서 양조되는 상표에 그랑드 피느 샹파뉴(Grande Fine Champagne)라고 표시할 수 있다. 또 법적으로 그랑드 샹파뉴 지역과 쁘띠뜨 샹파뉴 두 지역 내에서 생산되는 원주를 혼합하여 만들 때 그랑드 샹파뉴 지역의 원주를 50% 이상 혼합하여 양조하면 피느 샹파뉴(Fine Champagne)로 표시할 수 있다. 여기서 샹파뉴는 샴페인 생산지의 샹파뉴와는 아무런 관계가 없다.

꼬냑의 유명회사 및 상표

① 쿠르바지에(Courvoisier) 사
쿠르바지에 사는 1790년 파리의 와인 상이었던 에마뉴엘 쿠르바지에가 설립한 회사로 꼬냑시의 이웃에 위치한 자르낙 시의 샤랑트 강가에 본사를 두고 마아텔, 헤네시 사와 더불어 꼬냑 업계의 3대 메이커로 꼽히고 있다. 에마뉴엘 쿠르바지에는 나폴레옹의 친구이자 자가(自家)에서 증류한 꼬냑을 나폴레옹에게 헌상(獻上)한 적이 있는데, 그 이후에는 나폴레옹의 입상이 이 회사의 심벌마크가 되어있다. 쿠르바지에 사의 상품의 특징은 자기 포도원이나 자기 증류소가 없는 순전한 블렌드 업자로 구입한 원주의 막대한 저장량과 그것을 셀러에서 오크통에다 숙성한 다음 블렌딩하여 고품질의 상품화할 수 있는 높은 기술수준이 있다. 쿠르바지에 사 꼬냑의 맛은 약간 쌉쌀한 맛의 산뜻한 감칠맛을 추구하고 있다.

쿠르바지에 사에서 생산되는 상품은 동사(同社)의 약 80%를 점유하는 쿠르바지에 쓰리 스타, 약간 달콤한 타입의 쿠르바지에 V.S.O.P, 차분한 맛이 나는 쿠르바지에 나폴레옹과 쿠르바지에 엑스트라 비에이유, 20년 이상 저장하여 에레강트한 맛이 있는 쿠르 임페리얼, 장기 숙성된 다음에 정선된 원주를 블렌드한 쿠르바지에 나폴레옹 크리스탈 디캔터 등이 있다.

② 헤네시(Hennessy) 사

헤네시 사는 1765년 아일랜드 출신의 리차드 헤네시에 의하여 설립되어 현재는 모에샹동 사와 기업합동을 하고 있다. 자기 포도원을 가지고 있으나 이는 자사에서 만드는 브랜디의 약 10% 정도에 지나지 않기 때문에 부족한 분량은 소규모 증류업자들로부터 사들이고 있다.

따라서 헤네시 사는 증류업자라기 보다는 블렌드 업자라고 부르는 편이 적절하다. 헤네시는 독특한 블렌드 기술을 가지고 있는데, 그것은 브랜디를 숙성시킬 때 리무진으로 만든 새 오크통을 이용하여 새 통에서 용출성분(湧出成分)을 많이 배게하여 묵은 통으로 차분히 숙성시킨다.

헤네시 사에서 생산되는 꼬냑의 특징은 다른 제품에 비하여 주질(酒質)이 중후한 점이 특징으로 되 있다. 헤네시 사의 상표는 금으로 된 도끼를 들고 있는 무사의 팔로 별명은 금도끼라고 한다.

이 회사에서 생산되는 상품은 동사(同社)의 스탠다드 제품인 헤네시 쓰리 스타[14], 마일드하고 경쾌한 맛의 헤네시 V.S.O.P, 엘레강트한 헤네시 나폴레옹, 통숙성의 중후한 맛을 충분히 살린 고급품의 헤네시 X.O 등이 있다.

③ 마아텔(Martell)

영불해협에 있는 지아지섬 태생인 쟝 마아텔에 의하여 꼬냑지방에서 1715년 마아텔 사는 처음으로 꼬냑을 제조하기 시작하였다. 다른 회사와 달리 마아텔 사는 창업 이래로 직접 혈통인 자손들에 의하여 직접적으로 운영되는 독특한 회사이다. 마아텔 사 상품의 특징은 그랑드 샹파뉴 지방에서 생산되는 원주를 이용하여 숙성 하기 때문에 향기가 독특한 맛을 낸다. 마아텔 사 상품의 종류는 마아텔사의 베스트 셀러인 마아텔 쓰리 스타(Martell 3 Star), 마아텔 코르동 블루(Martell Gordon Blue), 마아텔 V. S. O. P(Martell V. S. O. P), 마아텔 엑스트라(Martell Extra) 등이 있다.

④ 레미 마르탕(Remy Martin) 사

14) 헤네시 사에서는 쓰리 스타(3 Star)를 한 때 브로 자메로(Bras Arme; 무장한 팔)이라고 했었다.

레미 마르탕 사는 1724년 창업하여 1931년에는 꼬냑의 정통을 보존할 책임이 있는 존재로 정부로부터 특별 허가증을 수여 받고 있다. 레미 마르탕은 꼬냑지구 전체의 9%에 미치지 못하는 그랑드 샹파뉴 지구, 쁘띠드 샹파뉴 지구의 약 1200개소의 포도원에서 포도와 와인을 수집한다. 수집된 와인을 소형 증류기로 증류하고 리무진 화이트 오크통으로 숙성하여 전 제품이 V.S.O.P급 이상의 상품만 만든다. 신주(新酒)는 10개월에서 1년 가량 새 통에서 숙성하기 때문에 통의 향기와 탄닌의 풍미가 생긴다. 그 다음부터는 1년마다 블렌드를 되풀이하여 5년 이상에 걸쳐서 숙성시킨다. 최종 브렌딩한 후에 묵은 통으로 옮겨서 2년 이상을 두면 V.S.O.P가 탄생한다.

레미 마르탕 사는 라벨에 200년 이상 회사의 심벌로 V.S.O.P급 이상의 제품에는 센토라는 이름이 붙는데 이것은 국제적으로 등록되어 있다. 이것은 그리스 신화에 나오는 반인반수신(半人半獸神)인 켄타우로스를 가르키며, 그 프랑스 이름인 산토오르를 부르기 쉽게 표기한 것이다.

레미 마르탕사의 주요 생산품은 레미마틴 V.S.O.P, 레미마틴 센토 나폴레옹, 레미마틴 센토 에이지 언노운(Remy Martin Age Unknown)[15], 루이 13 세(Luis XIII)가 생산되는데, 레미마틴 제품은 모두 핀느 샹파뉴(Fine Champagne) 호칭을 갖는 것도 특징이다, 특히 이 회사의 루이 13세는 현재 생산되는 브랜디 중에서 가장 최고가 품으로 유명하며 병의 모양은 루이 왕조를 상징하는 백합모양을 하고 있다.

⑤ 까뮈(Camus) 사

처음에는 바스티스트 까뮈가 협동조합 형태로 까뮈라그랜드 마아크 주식회사로 시작했으나 1930년대까지 라그랜드 마르크(위대한 상표)라는 명칭으로 통으로 판매하였다. 1934년 마셀 까뮈가 3대 사장으로 취임하여 브렌디한 꼬냑을 까뮈라는 이름으로 판매하고 있다.

까뮈 사는 현재 꼬냑 메이커로서는 세계 5위로 그 제품의 85% 이상은 세계 각지의 면세점에서 판매되고 있어서 여행 선물용품으로 입지를 굳건히 지키고 있다. 까뮈 사가 꼬냑 회사 가운데서 확고한 위치를 굳히게 된 것은 1969년 나폴레옹 탄신 200년에 맞추어 그 해에 숙성되는 원주(原酒)로부터 최고의 브랜디를 만들어 내어 까뮈 나폴레옹을 만들면서이다.

까뮈 사 꼬냑의 맛은 라이트 하면서 마일드한 맛을 내고 있었지만 대중 품은 약간 달큰한 평이었다. 나폴레옹 급은 통에서 녹아나는 성분이 확실히 느껴지며, 드라

15) 레미 마르탕 사에서는 Extra 대신에 Age Unknown을 사용한다.

이한 풍미가 특징이다.

까뮈 사에서 생산되는 제품은 까뮈 오 다즈(Camus Hors-D' age), 까뮈 나폴레옹(Camus Napoleon), 까뮈 V.S.O.P(Camus V.S.O.P) 까뮈 셀레브레이션(Camus Celebration), 까뮈 3 Star(Camus 3Star) 등이 있다.

[쿠르바지에]

[헤네시]

[레미 마르탕]

[까뮈]

2) 알마냑(Armagnac)

세계 제일의 브랜디 생산국인 프랑스는 꼬냑과 더불어 알마냑이라는 세계적 명주를 탄생시켰다. 프랑스 알마냑은 꼬냑과 비교할 수 있는 브랜디가 생성되는 곳으로 보르도의 남쪽지방으로 꼬냑과는 약 80마일 떨어진 피레네 산맥 근처의 가스코뉴 지역이다. 알마냑 토질은 모래흙이고 기후는 꼬냑 지역보다 더우며, 증류기는 단식증류법(Pot Still)과 연속증류법(Patent Still)을 절충한 반연속 증류기로서 반복해서 증류하는 장치가 있다.

반연속 증류기로 증류를 한 알마냑은 향은 짙지만 알코올 도수가 강하지 않고 숙성할 때는 향이 강한 블랙 오크통을 상용하기 때문에 숙성이 빨리 된다.

알마냑이 꼬냑과 다른 점은 캐러멜을 첨가하지 않아서 드라이하며, 스피이시한 맛이 입안에 오래도록 남는 독특한 술이다.

알마냑은 꼬냑과 견줄만한 양질의 브랜디를 생산하면서도 그다지 알려지지 않은 것은 산간 지역에 위치하고 있어 교통이 불편했기 때문이다. 알마냑은 1909년 국립 알마냑 관리국에서는 한방울의 알마냑까지도 철저히 관리하고 있기 때문에 알마냑은 그 어떤 브랜디와도 비교될 수 없는 향기와 깊은 맛의 전통이 세계 곳곳으로 알려지게 된 것이다. 또한 브랜디에 알맞은 포도 품종인 으니 블랑으로 교체하여 협동조합을 만들고 1950년 이후에 알마냑(Armagnac)으로 명칭하게 되었다. 알마냑이 늦도록 잘 알려지지 않은 것은 꼬냑같이 큰 업체인 헤네시, 마텔같은 회사가 없는 것도 하나의 원인이 되었다. 다만 중소 기업들이 모여서 각기 자기네 회사의 명칭을 상표로 하여 알마냑을 시장에 내고 있다.

알마냑 지방

알마냑 지방도 프랑스의 A.C법에 의하여 크게 3가지 지역으로 구분하고 있는데 그 지역은 다음과 같다.

① 바 알마냑(Bas Armagnac)

에오즈(Eauze)를 중심으로 한 바 사르마냑 지역에서는 부드럽고 은은한 향의 브랜디가 생산된다.

② 오 알마냑(Haut Armagnac)

오 알마냑의 토양은 점토질과 백악질로 되어 있으며, 해안에서 멀리 떨어진 내륙에 위치하고 있다. 특별한 알마냑은 생산되지 않으나 여기에서 재배된 포도로 만든 와인이나 브랜디는 일반적으로 평범하다.

③ 테나레즈(Tenareze)

테나레즈 지역의 알마냑 생산 중심지는 콘돔(Condom) 지역으로 이 지역에서 생산되는 알마냑의 특징은 향이 높고 강한 맛이 있어 부드러운 바 알마냑의 브랜디와 혼합하여 밸런스가 좋은 알마냑을 생산하고 있다.

알마냑의 유명상품

① 샤보(Chabot)

초기의 알마냑은 16세기초에 프랑스 초대 해군원수인 필립드 샤보가 자기 선박에 적재할 와인을 장기간의 항해에 견딜 수 있도록 증류하도록 한 후에 샤보 가문의 모든 와인도 증류토록 한 것이 알마냑의 기원이 되었듯이 알마냑에서는 전통 있는 브랜디이다. 이렇듯이 샤보는 창업자의 성으로 알마냑 중에서 가장 유명한 제품으로 원주의 질은 중후하지만 숙성으로 인하여 부드러운 풍미가 된다. 그것은 전통적인 증류법으로 1회만 증류하여 블랙 오크통에서 숙성하기 때문이다. 와인을 증류한 결과 통속에서 시간이 경과할수록 나무에서 우러나오는 탄닌 성분과 방향성분이 가미되어 양질의 우수한 브랜디가 되는 것을 발견했다.

처음에는 프린스 드 샤보(Prince de Chabot)라는 이름으로 판매해오다가 샤보(Chabot)로 바꾸어 사용했으며, 현재는 까뮈그룹에 속해있어 알마냑에서 가장 수출을 많이 하는 제품으로 알려졌다.

② 카르보넬(Carbonel)

미셸 카르보넬가 자가(自家)에서 1880년부터 제조하여 통 판매하던 술을 자신의 이름을 붙여서 병 제품화하여 판매하고 있다. 라이트 한 수질로 다른 알마냑은 1회 증류로 만들어지지만 이것은 2회로 만들어진다.

③ 말리악(Malliac)

말리악은 19세기초에 코르네이유 사를 인수하면서 출발하였는데, 현재는 꼬냑의 명문 쿠르브아제 사의 산하에 관련되어 알마냑 지방의 몽레알 마을에서 생산된다. 말리악 제품의 특징은 10년 이상의 숙성한 원주를 사용하고 있으며, 말리악 가의 문장을 라벨에 새겨 넣고 있다.

④ 자뉴(Janneau)

자뉴는 1851년에 설립되어 6대째 가업으로 계승되고 있다. 자뉴는 알마냑의 전통 증류법으로 1회만 증류를 하여 새로운 블랙 오크통에서 2년 동안 저장하여 통의 향기를 착향한다. 그 다음 묵은 통에 옮겨서 숙성하는 것이 특징이며, 이 때문에 자뉴의 제품은 맛이 중후한 감칠맛과 높은 향기가 특징으로 되어 있다.

3) 기타 브랜디

브랜디 중에서 꼬냑과 알마냑이 유명하지만 다른 지역에서 생산되는 브랜디도 좋은 맛을 자랑하고 있다. 오랜 숙성기간 중에 오크통에서 우러나오는 원숙한 향은 술의 제왕으로 불리고 있다.

칼바도스(Calvados)

칼바도스(Calvados)는 프랑스 노르망디 지방에서 생산되는 애플 브랜디(Apple Brandy)로 미국이나 영국에서도 인기가 있으며, 명칭도 미국과 영국에서는 애플 잭 브랜디(Apple Jack Brandy)로 부르고 있다.

● 킬쉬 - 킬쉬왓써((Kirsch-Kischuasser)

앵두로 만든 브랜디로 프랑스 알사스 지방, 독일, 스위스가 유명하고, 오크통에 저장을 하지 않기 때문에 무색투명하다.

● 오드비 드 마르(Eaux-de-Vie-de Mare)

프랑스에서 생산되는 브랜디로 포도주를 여과시키고 남은 찌꺼기를 증류하여 만든 브랜디로 줄여서 마르라고 한다.

● 그라빠(Grappa)

이탈리아에서 생산되는 브랜디로 와인을 만들고 남은 찌꺼기를 이용하여 만든다. 식사를 마치고 커피와 함께 즐겨 마시는 브랜디이다.

● 피스코(Pisco)

포도로 만든 브랜디로 페루를 비롯한 남미의 여러 나라에서 생산되는 것이다.

● 실보우츠(Slivouitz)

유고슬라비아에서 생산되는 서양 오얏(Plum: 자두종류)으로 제조한 플럼 브랜디(Plum Brandy)이다.

3. 브랜디의 제조 방법

● 와인제조

브랜디의 원료로 사용하는 포도품종은 생산지에 따라 다르나 프랑스에서는 으니 블랑(Ugni Blanc), 콜롬보(Colombar) 종을 주로 사용하는데 9월에서 10월 하순에 걸쳐 수확하여 곧바로 브랜디의 원료가 되는 와인이 만들어지는데 신맛이 강해서 와인으로서 맛은 아주 나쁘다 그러나 이 신맛이 고급 브랜디에는 필수 불가결의 요소이다.

● 증류

브랜디의 증류는 와인을 2~3 회 단식증류로 증류하는데 위스키와는 조금 다르다. 첫 번째 증류에서 알코올 성분 25%정도의 초류액이 얻어지는데 이것을 부루이이(Brouillis)라고 한다. 초류액을 다시 증류하여 알코올 성분 68~70%의 재류액이 얻어지는데 이것을 라본느 쇼프(La Bonne Chauffe)라 한다.
이렇게 2 단계로 나누어 증류하면 평균 8 통의 와인에서 1 통의 브랜디가 얻어진다. 여기서 더 좋은 브랜디를 얻으려면 다시 10~15시간에 걸쳐 세 번째의 증류를 한다.

저장

증류한 브랜디는 화이트 오크통에 넣어 저장한다. 술통은 새것보다 오래된 것이 더 좋다. 새 술통을 사용할 때는 반드시 열탕으로 소독하고 다시 화이트 와인을 채워 유해한 색소나 이취물질을 제거한 후 화이트 와인을 쏟아내고 브랜디를 넣어 저장한다. 저장기간은 최저 5년에서 20년이나 오래 된 것은 50~70년 정도 되는 것도 있다. 저장 중 브랜디의 양은 증발에 의해 줄어드는데 이는 술통의 나무 결에서 발산하므로 2~3년마다 다른 술통에 채워 넣는다.

배합(Blend)

브랜디도 위스키처럼 혼합을 하는데 가장 중요한 과정의 하나로 오랜 경험과 예리한 감각을 지닌 블렌더(Blender)에 의해 블렌드 된 브랜디는 다시 어느 정도 숙성시킨 후 병입되어 시판되는 것이다.

캐러멜 첨가

다른 증류기에 비해서 알코올 도수가 낮은 53% 밖에 내지 못함으로써 포도의 향기가 더 짙게 나는 술이 된다. 그래서 알마냑을 꼬냑보다 향미와 향취가 더 짙은 브랜디(Brandy)이다. 술통은 이곳에서 생산되는 블랙 오크(Black Oak)로 만들어서 술을 묵힌다. 이 흑색 오크통은 알마냑을 8년만 묵히면 화이트 오크통에 20년 묵힌 꼬냑과 동등한 색깔이 난다.

4. 브랜디의 등급(성숙도)

제품화된 브랜디는 저장연수인 숙성 연한에 따라 여러 가지 부호로 구분하여 표시하는데 법적으로 규정된 것은 아니고 각 회사의 관습으로 브랜디 자체의 품격을 곧 알 수 있다. 꼬냑 브랜디에 처음으로 별표의 기호를 사용한 것은 1865년 헤네시(Hennessy)사가 자기 회사의 제품의 급별과 품질보증을 위하여 별표시를 하기 시작하였다. 브랜디의 등급은 별의 수나 영어의 약자로 표시되어있다.

각 표시는 그 정도의 숙성기간을 뜻하며, 기재한 순서대로 고급화되었다고 생각하면 된다.

이외에도 다른 등급표시로는 헤네시(Hennessy) 사의 별셋(3 Star)급을 브와 자르므(Bras Arme)라고 표시하고 있으며 레미 마틴(Remy Martin)사에서는 엑스트라(Extra) 대신에 에이지(Age), 언노운(Unknown)이라고 표시하고 있다.

▶ 브랜디 숙성도의 표시

☆	一星	2~5년
☆☆	二星	5~6년
☆☆☆	三星	7~10년
☆☆☆☆☆	五星	10년 이상
V.O(Very Old)		12~15년
V.S.O(Very Special Old)		15~20년
V.S.O.P(Very Special Old Pale)		25~30년
X.O(Extra Old)		40~45년
Extra Napoleon		50~75년

※ 표에 나온 약어를 설명하면 V는 Very, O는 Old를 의미하고 S는 Special(or Superior), P는 Pale을 X는 Extra를 각각 의미한다.

5. 브랜디의 서비스 방법

브랜디는 주로 식후주(After Dinner Drink)로 서브되어 애음 된다. 브랜디를 즐기기 위해서는 스니프트 글라스(Snifter Glass)를 사용하는 것이 최상이다. 브랜디를 마시는 방법은 스니프트에 술을 1~2온스 붓고 두 손바닥으로 글라스를 어루만지듯이 감싸쥐고 천천히 움직여서 손바닥의 체온이 글라스 속에 골고루 전달되면서 섬세한 향기가 피어오른다. 먼저 눈으로 훌륭한 색깔을 즐기고 코로 향취를 음미한 후에 스트레이트로 마신다.

제 6 절 테킬라(Tequila)

1. 테킬라(Tequila)의 개요

테킬라는 멕시코의 국민주로 1968년 멕시코 올림픽이후 세계적으로 알려졌으며 칵테일의 기주(Base)로 애용된다. 선인장류의 식물인 용설란(Agave)의 수액을 발효하여 양조주를 만들고 이 플케주(Pulque)를 190 푸르프 이하로 증류하여 만든다. 이 술은 멕시코 중앙고원지대의 하리스코 주(Jalisco)의 테킬라 마을이 원산지로 이 지역을 중심으로 멕시코의 5개 지역에서만 생산된다.

테킬라는 일반사람들이 알고 있는 선인장 즙이 아니고 푸른 용설란 즉 아가베 테킬라(Agave Tequila)로 이것을 원료로 한 것만을 테킬라로 부를 수 있다. 테킬라의 어원은 여기서 생겼다. 보통 다른 지방이나 다른 품종의 아가베를 증류하여 만든 술을 메즈칼(Mezcal)이라고 한다.

테킬라는 저장 숙성시키지 않고 일부 생산업자들은 미국에서 수입되는 흰 참나무통에 넣어서 저장 숙성시킨다. 이 저장에서 테킬라는 황갈색을 띄게되며 맛이 순해지고 향기롭게된다. 이 술은 약간 독특한 향기를 갖고 있으며 멕시코에서는 스트레이트로 즐겨 마신다.

2. 테킬라의 제조방법

테킬라는 멕시코 인디언들에 의하여 창안 생산되었으며, 용설란은 2~3m 크기의 선인장으로 보통 7~10년이면 완전히 성장하는데 용설란의 줄기를 반으로 쪼개어 증기솥에 넣어 48시간 정도 열을 가하면 줄기 속의 이눌린(Innlin)이 분해하여 과당으로 변한다. 이것을 작게 조각 내어 롤러로 분쇄, 압착하여 액체의 즙으로 만든 후 당화액을 발효하면 멕시코 원주민이 즐겨 마시는 알코올 2%의 발효주인 플케주가 만들어진다.

이 플케주를 단시 증류기로 증류시킨 후 2년 이상 오크통에 숙성시킨 것인데 종류에 따라서 알코올 분을 40~50%로 상승시키며 단식 증류기로 두 번 증류하기 때문에 원료에서 우러나오는 독특한 향기가 있다. 그후에 알코올 농도를 조절하여 병에 담는데, 이때 증류를 끝낸 원주를 화이트 오크통에 넣고 약 3주일 동안 숙성시키면 무색이므로 화이트 테킬라 혹은 실버 테킬라로 부르고 있다. 골드 테킬라는 원주를 화이트 오크통에 넣어서 저장, 숙성시키는데, 술통의 향기와 색이 테킬라로 옮겨져서 호박색의 원숙한 풍미가 있게 하여 1년 묵은 것을 아네호(Anejo)라고 표시하고 2~4년 묵은 것을 무야네오(Muyanejo)라고 표시 구분한다.

3. 테킬라의 종류

테킬라는 얼마나 오랫동안 숙성됐는지를 기준으로 분류된다. 술은 나무통 속에서 숙성을 하는데, 숙성시간이 길수록 술은 부드러워지고 나무와 같은 성질을 띠게 된다.

테킬라 블랑코(Tequila Blanco)

영어권에서는 화이트 테킬라로 부르며, 용설란을 발효시킨 후 단식증류기로 두 번 증류하여 스테인레스 통에 단기간 저장하여 만든다. 이 술은 테킬라의 특성을 가장 잘 나타낸다. 그 이유는 나무의 영향을 가장 덜 받기 때문이다. 테킬라 중에서 골드 라벨이 붙은 것은 색소가 첨가된 블랑코이다.

또한 블랑코와 유사한 실버 테킬라(Silver Tequila)가 있는데, 이것도 숙성을 하지 않고 블랑코처럼 증류하여 곧 바로 병에 담은 것이다.

테킬라 레포사도스(Tequila Reposado)

2개월 이상 나무통에서 숙성시킨 것을 말하는데, 이 숙성기간에 나무통에서 향과 색깔이 베어 나온다.

테킬라 아네호(Tequila Anejo)

아네호는 스페인어로 올드(Old)를 뜻하며, 테킬라 아네호는 테킬라 블랑코와 만드는 방법은 같지만, 1년 이상 오크통에 저장, 숙성하여 만든다.

4. 테킬라의 서비스

테킬라의 일반적인 알코올 함유량은 40~52%로 칵테일의 주조에 많이 사용되지만 멕시코에서는 차게해서 스트레이트로 마시는 것이 습관이다. 원주민들은 레몬이나 라임의 즙을 손등에 바르고 그 위에 소금을 뿌린 다음 테킬라를 마시고 손등의 소금을 핥아먹는 습관이 있다. 그것은 멕시코 지역이 열대 지방이며, 건조한 지역인 관계로 염분을 섭취하고 신맛의 과즙을 섭취하기 위한 것이라고 한다. 하지만 테킬라는 모두 그렇게 마시는 것은 아니고 과거의 습관이 지금도 모든 사람들이 그렇게 마시는 것처럼 알려진 것은 잘못된 상식인 것이다.

5. 테킬라의 유명상표

쿠에르보 테킬라

쿠에르보(Curevo Tequila) 사는 사우자(Sauza) 사와 더불어 멕시코 사와 함께 양대 테킬라 메이커 사이다. 양사는 과거에는 상대 회사를 비방하는 적대관계에서 현재는 친척관계에 있으며, 특히 쿠에르보 사가 가장 먼저 1942년부터 테킬라 제품을 미국으로 수출하는 회사 중에서 현재는 가장 큰 매출액을 올리는 회사이다. 1795년 창업하여 쿠에르보 사의 테킬라는 감칠맛이 있는데, 주요 상품은 숙성을 하지 않은 쿠에르보 화이트, 2년간 통에 숙성을 시킨 쿠에르보 골드, 고급품의 쿠에르보 센테나리오, 장기 숙성하여 딜럭스 한 쿠에르보 1800 등이 있다.

아메리칸 디스틸드 스피리츠

미국의 증류회사 아메리칸 디스틸드 스피리츠 사가 멕시코에 진출해서 제조하고 있다. 풍미는 비교적 가벼우면서 라벨에 엘 토로(EL TORO)란 글씨와 투우의 광경이 그려져 있다. 엘 토로는 투우(鬪牛)의 의미가 있다.

테킬라에라두라

테킬라에라두라 사는 테킬라의 본 고장인 하리스코 주의 아마티탄에 있는 고품질 테킬라로 미국에서 인기가 높다. 에라두라는 말발굽이라는 뜻으로 라벨에 말발굽이 디자인되어 있는데, 그 속에 원료인 아가베의 수확 풍경이 그려져 있다.

올레 프로덕츠

미국의 거대 센레이 사가 멕시코에 공장을 설립한 제품으로 멕시코에서 제조하여 미국에서 보틀링하고 있다. 수정처럼 투명한 것이 이 테킬라의 특징으로 칵테일 베이스로 흔히 쓰인다. 라벨에 올레(Ole)라고 쓰여져 있는데, 올레는 투우할 때 내는 구령소리이다.

판초 빌리 사

판초 빌리(Pancho Villa) 사는 멕시코와 미국의 일부 테킬라 팬에게 인기가 있는 술로써 테킬라 최대량의 산지인 하리스코주 산으로 알고올은 55%로 스테인레스 탱크에서 저장하여 물을 혼합하여 40%정도로 희석하여 샤프한 향미를 맛볼 수 있다.

제7절 아쿠아비트(Aquavit)

1. 아쿠아비트의 개요

북구 스칸디나비아 지방의 특산주로 15세기 스톡홀롬시 재정보고서에 이미 아쿠아비트에 관하여 쓰여져 있었다. 당시 원료는 독일로부터 수입된 와인이었는데, 16세기에 이르자 독일의 와인 생산량이 줄어 곡물로 대체했다. 18세기에는 유럽에 감자가 보급되어 원료로 사용하면서 최근에는 아쿠아비트는 감자를 주원료로 하여 만든다.

아쿠아비트는 북유럽 여러 나라 특히 스칸디나비아(노르웨이, 덴마크, 스웨덴)에서 가장 즐겨 마시는 증류주로 그 어원을 생명의 물(Aqua Vite)라는 라틴어에서 온 것이다.

주재료는 곡물이나 감자로 감자를 발효시켜 연속식 증류기로 증류한 후 물로 도수를 낮추고 미나리과의 씨앗(Caraway Seed)으로 향기를 낸 연속식 증류기로 증류한 후 물로 도수를 낮춘 증류주이다.

스웨덴에서 가장 많이 생산되며 일명 스넵프스(Snaps)라고도 한다. 1498년 술이 처음 시판되었으며. 제조공정은 감자를 쩌서 전분질로 만들어 대맥을 혼합, 당화시킨다. 이때 회향(Caraway), 고수풀, 박하, 오렌지 과피 등으로 향을 가미한 후에 당화액에 이스트를 넣어 발효시키면 알코올이 되는 것이다. 진과 비슷한 증류주로 거의 저장을 하지 않는 무색투명한 것이 많이 생산되며, 약간의 색깔이 있는 것도 생산된다.

아쿠아비트는 국가별로 표기방법이 조금씩 틀린데, 덴마크에서는 Akvavit, 노르웨이에서는 Aquavit 그리고 스웨덴에서는 양쪽을 혼용하여 사용한다.

아쿠아비트는 단맛과 매운 맛이 있으며 스웨덴에서 나오는 제품은 감미이고 덴마크의 것은 신맛, 노르웨이산은 그 중간이라고 할 수 있다.

2. 아쿠아비트의 제조

아쿠아비트를 제조하는 방법은 두 가지 방법이 있는데, 진의 제조방법과 유사하다. 하나는 감자의 전분으로 제조하는 방법과 다른 방법은 보리로 만드는 방법이 있다.

감자원료

감자를 전분으로 만든 다음 가당하여 당화를 한다. 다른 증류주처럼 당화과정을 거쳐서 연속 증류기로 증류하여 가향 즉 착향하여 재증류의 공정을 거친다.

보리원료

보리를 맥아로 만들어 발효와 증류의 과정을 거쳐서 착향하여 아쿠아비트를 만든다.

두 종류는 증류하여 약 90% 정도의 고농도의 알코올을 얻은 다음 물로 희석하여 각종 향료 성분을 첨가한 후에 재증류한다. 아쿠아비트는 무색투명하며, 우리나라의 소주와 유사하다. 이것을 마실 때는 얼음에 아주 차게 해서 스트레이트로 마신다.

3. 아쿠아비트의 종류와 상품명

아쿠아비트의 종류와 상품을 국가별로 대표적인 상품을 나열해 보면 다음과 같다.

덴마크에서 생산되는 대표적인 상품은 다른 지역보다 비교적 라이트 한 맛의 스킵퍼(Skipper), 올버그(Aalborg)를 생산하고, 노르웨이에서는 헤비 한 타입의 보멀룬더(Bommerlunder), O.P 앤더슨(O.P Anderson)의 잘 알려진 제품이 있다. 그리고 스웨덴의 두 나라의 중간 타입의 맛을 가진 상품을 생산하는데, 대표적인 것이 스바르트 빈바르스(Svart-Vinbars), 스카네(Skane) 등이 있다.

4. 아쿠아비트의 서비스 방법

아쿠아비트는 양질의 보드카 서비스처럼 차게 스트레이트 글라스로 서비스 해야한다. 아쿠아비트 병은 얼음에 차게 보관하여 서브해야만 한다. 아쿠아비트는 겨울에 특히 추운 곳에서 막 들어온 고객들에게 특히 훌륭한 식전주이다 .

이상과 같이 우리에게 잘 알려진 증류주 외에도 각 지역별로 특산물을 이용한 증류주가 대단히 우수한 것이 많이 제조되고 있다. 대표적인 것으로는 아락과 오콜레히오가 있다.

아락(Arrack, Arak)은 인도네시아와 인도에서 생산되는 증류주로 어원은 아라비아어로 즙을 의미하는 아락(Araq)이다. 아락을 증류하는 방법은 3가지 방법이 있으며, 그 방법은 처음에는 야자열매의 즙을 발효하여 증류한 것과 사탕수수에서 얻은 당밀을 발효 증류한 종류 그리고 마지막으로 당밀에 쌀을 가하여 발효 증류한 방법이 있다.

오콜레하오(Okolehao)는 1790년경 영국의 한 증류업자가 하와이에 티(Ti)가 많이 자라는 것을 발견하고 이 식물의 뿌리를 당화시켜 만든 증류주이다. 연속 증류기로 증류하여 저장 숙성하여 스트레이트로 많이 마시지만 콜라나 진저엘이 잘 어울린다.

제5장 혼성주(Compounded Liquor)

제1절 리큐르(Liqueur)의 개요

리큐르(Liqueur)는 과일이나 곡류를 발효시킨 주정을 기초로 한 증류주에 정제한 설탕으로 감미를 더하고 과실이나 약초류, 향료 등 초근목피의 침출물로 향미를 배합한 혼성주이다. 즉 색채, 향기, 감미, 알코올의 조화가 잡힌 것이 리큐르의 특징이다. 식후주로 즐겨 마시며 간장, 위장, 소화불량 등에 효력이 좋은 술이다.

리큐르 어원은 라틴어의 리케화세레(Liquefacre)에서 유래된 프랑스어로 각종 향초와 약초의 성분이 녹아들었다는 의미가 있다. 프랑스에서는 리퀘르(Liqueur), 영국에서는 리큐르(Liqueur), 독일에서는 리코르(Likor)라고 하며 미국에서는 코디알(Cordial)이라고도 한다.

고대 그리스의 의사인 히포크라테스(기원전 460~377년) 때에도 약용으로 사용되어 오던 것을 증류에 의한 리큐르를 최초로 만든 것은 아로노드 빌누브(Arnaude de Villeneuve; 1235~1312)와 그의 제자 레이몽 류르(Raymond Lulle; 1235~1315)에 의해서였다.

당시에는 증류주에 레몬, 장미나 오렌지의 꽃 등과 스파이스(Spice)류를 가하여 만들어져서 이뇨, 강장에 효과가 있어 의약품으로 사용되었다.

200년 후인 1533년 이탈리아 피렌체의 카테리네 데 메디치(Cathcrine de Medicis; 1519~1589)가 프랑스 앙리 2세(Henry Ⅱ)의 왕비가 되었을 때 수행한 요리사가 포플로(Populo)라는 리큐르를 파리에 소개했다는 기록이 있다.

이후 각양각색의 리큐르가 제조되기 시작하여 입에 부드러운 과일 향이 있는 리큐르가 출현하게 된 것이다.

18C부터 서구의 식생활은 눈부시게 향상되어 미식학의 싹이 텄으며, 19C에 이르러 고차원의 미각에 부합되는 근대적인 리큐르가 개발되었는데, 그 예로 커피, 카카오 등과 바닐라 향을 배합한 리큐르들이다.

제2절 리큐르의 제조방법

리큐르의 특징은 알코올과 향과 감미가 있으며, 리큐르의 재료를 보면 과실류, 종자류, 향초류, 과피류, 크림류 그 외 계란이나 동물의 모유 등을 사용한 것들이다.

이 제법에는 크게 나누어 증류법, 침출법, 에센스법(향료첨가법)의 3가지로 분류한다.

1. 증류법(Distilled Process)

방향성의 물질인 식물의 씨, 잎, 뿌리, 껍질 등을 강한 주정에 담아서 부드럽게 한 후에 그 고형물질의 전부 또는 일부가 남아있는 채 침출액을 증류하는 방식으로 일명 핫(Hot Method) 방식이라 한다.

이렇게 얻은 향이 좋은 주정성 음료에 설탕 또는 시럽의 용액과 야채 엑기스나 태운 설탕의 형태로 된 염료를 첨가하여 감미와 색을 낸다. 대표적인 것은 화이트 큐라카오(White Curacao), 쿰멜(Kummel) 등이 있다.

2. 침출법(Infusion Process)

증류하면 변질될 수 있는 과일이나 약초, 향료 따위에 증류주(Spirits)를 가미해 향미성분을 용해시키는 방법이다. 열을 가하지 않으므로 콜드 방식(Cold Method)이라고 한다. 이렇게 만들어진 리큐르를 특히 코디알(Cordial)이라고 한다. 대표적인 것은 오렌지 큐라카오((Orange Curacao), 체리 브랜디(Cherry Brandy), 크렘 디 카카오(Creme de Cacao), 슬로 진(Sloe Gin) 등이 있다.

3. 에센스법(Essence Process)

향료첨가 방법으로 이는 주정에 천연 또는 합성의 향료를 배합하여 여과한 후 사카린(Saccarine)을 첨가하여 만드는데 이런 제품은 품질이 좋지 않고 값이 싸다. 독일에서 흔히 이 방법을 사용하고 있다. 대표적인 것들은 크렘 디 멘트(Creme de Menthe), 버데트(Virdette), 로제(Rose) 등이 있다.

제3절 리큐르 맛보는 법

유럽과 미국에서는 리큐르를 마시는 방법이 조금씩 다르다. 영국에서는 오후 5시의 티 타임(Tea Time)에 홍차를 마실 때 향기가 높은 리큐르를 타서 마신다. 프랑스에서는 간식 시간인 「구우테」 시간에도 케이크나 비스켓 외에 반드시 리큐르와 차가운 물을 내놓는다. 물론 식후의 디저트 코스, 마지막의 데미따세(Demitasse) 전에 즐겨하는 리큐르를 마신다. 국제 미식미주기자 연맹회장인 피에르앙도르씨도 꼬냑과 리큐르의 풍부한 색채와 풍미는 희귀한 술로써 조금씩 입술을 적시듯 마셔야 한다. 꿀꺽 꿀꺽 냉수 마시듯 하는 것은 마치 무관심하게 버리는 것과 같다라고 하였다.

그런데 미국에서는 과연 칵테일의 왕국답게 리큐르의 대부분은 칵테일의 부재료에 지나지 않는다. 감미료로써 또는 계절감을 내는 착색료로서 사용하고 있는 것이다.

「식탁의 심리학」의 저자인 오스틴드크로바는 리큐르는 눈, 입술, 혀로 조용히 애무하는 것이다라고 말하였다. 참으로 적절한 표현이라 할 수 있다.

제 4 절 리큐르의 종류 및 해설

압센스(Absinthe)

라틴어로 압상튜움(영어로 Worm Wood; 향쑥)에서 온 말로 녹색의 마주라고도 한다. 물을 가하면 오팔 모양이 되고 태양광선을 쏘이면 일곱가지 색으로 빛난다. 주정도는 68%정도이고 원료는 향쑥이다.

대용품으로 뻬르노(Pernal)를 사용하는데, 원료로는 국화, 향쑥, 안제리카, 육계, 회향풀, 정향나무, 파슬리(Parsley), 레몬 등의 향료나 향초류이다. 강정의 효과가 있다고 하나 상습적으로 마시면 압센스에 마취성의 화학성분이 함유되어 두뇌의 활동을 저하시켜 결국은 폐인처럼 되므로 제조판매를 금지하는 나라도 많이 있다. 그래서 프랑스가 주생산지이나 1915년부터 제조판매 금지를 하고 있는 실정이나 스위스에서는 만들고 있다. 원래 이 술은 프랑스인 오디나레 박사가 프랑스 혁명을 피하여 스위스에서 발명한 것으로 1797년에 그 제조법을 앙리 루이 뻬르노에게 팔아 뻬르노가 그 제조법을 인계 받아 술 이름을 뻬르노(Pernod)로 지어 현재에 이르렀다.

감초 비슷한 맛과 오팔색을 띤 이 술은 당시 알제리(Algerie) 주재 프랑스 병사들 간에 피로회복의 활력제도로써 폭발적인 인기를 얻었으며 그 후 프랑스, 스위스, 이탈리아 등에서 일반인에게 널리 애용되게 되었다.

스트레이트로 마시기는 너무 독하기 때문에 보통 약 4~5배의 물을 타서 마시고 있다. 또 물이 든 글라스에 뻬르노를 한 방울씩 떨어뜨려 물이 차츰 유백색으로 변해 가는 것을 보는 것도 즐거운 일이다. 뻬르노병의 뒷면 상표에도 이러한 음주법을 권하는 글귀가 있다.

녹 아웃(Knock-Out) 칵테일 등 많은 칵테일에 사용되는데 반드시 열탕에 씻지 않으면 그 향내는 쉽게 없어지지 않는다.

아니세트(Anisette)

아니세트는 회향의 일종으로 향이 나며 주정도는 25~30%로 아니스 열매(Aniseed), 레몬껍질, 코리앤더(Conriander) 등의 향미를 첨가한 리큐르이다. 아니스(Anise)는 지중해 연안의 특산 식물로써 프랑스, 이탈리아, 스페인 등 남부 유럽 국가에서 사랑 받고 있다. 식전 혹은 식후에 소화를 돕는 것으로 잘 알려져 있으며 우리나라 사람들에게는 구미에 잘 맞지 않는 술이다.

아드보카트(Advocaat)

네덜란드어의 아드보카트(Advocaat)는 영어로 아보카드(Advocate)에 해당하며 변호사라는 뜻이 있다. 네덜란드의 계란 술로써 유명한데, 주정도는 18%정도이다. 브랜디에 계란 노른자(Egg Yolk), 설탕을 섞어 바닐라 향을 곁들인 일명 에그 브랜드(Egg Brandy)로 마시기 전에는 병을 잘 흔들어서 따르고 개봉한 후에는 짧은 기간 내에 마시는 것이 좋다.

아마레또(Amaretto)

증류주에다 살구 핵, 아니스 등의 향료를 사용하여 설탕으로 단맛을 나게 하였으며, 아몬드 맛이 나는 리큐르이다.

에프리코트 브랜디(Apricot Brandy)

살구를 씨와 함께 으깨서 발효액을 증류한 것에 당분을 가한 리큐르이다. 프랑스에서는 리큐르를 다브리코라고 부르고, 특히 헝가리에서는 바라크 리켈이라 하여 국민주로서 애음하고 있다. 주정도는 30%~35%정도이다.

앙고스트라 비터(Angostura Bitters)

앙고스트라 아로마틱 비터(Angostura Aromatic Bitters)가 원어로 영국 군의관인 시이거트 박사가 베네즈엘라의 앙고스트라 마을에서 처음 만들었으며, 럼에다 40~80여종의 약초와 향초를 사용해서 만든 리큐르이다.

샤르트뢰즈(Chartreuse)

리큐르의 여왕으로 불리는 이 술은 프랑스의 고전적인 최고급 리큐르의 하나이다. 수많은 약초와 향초를 증류주에 침지한 후 증류하여 당분과 함께 수년간 저장 숙성하여 만들며, 그린 샤르트뢰즈와 옐로우 샤르트뢰즈 두 종류가 많이 시판되고 있다. 어느 쪽이나 수십 종의 약초를 사용하고 있고 주정도는 단맛을 약간 억제하는 그린 샤르트뢰즈가 55% 정도이며, 벌꿀 함량이 많아서 진한 감미가 있는 옐로 샤르트뢰즈가 43%정도이다.

이 리큐르의 탄생과 역사 이야기만으로도 책 한권이 될 정도로 유구하고 장황하다. 11C 때부터 이 술은 알프스의 약초를 와인에 침지하여 약주를 만들어 수도승들의 활력 증진을 위하여 애용되었으며, 그후 18C 중엽(1735년)에 수도원의 약제사이며 신부였던 새로움 모베크가 증류법을 도입하여 증류시킨 옐로 샤르트뢰즈의 샤로트뢰즈 리큐르(Chartreuse Liqueur)를 마침내 완성하였던 것이다.

처음에는 그린 샤르트뢰즈가 창제되어 상류 사회에서 애음되어 오다가 후에 옐로 샤르트뢰즈가 만들어지고 리큐르의 여왕으로 추대 받기에 이르렀던 것이다.

1789년 프랑스 혁명 때 수도사들이 추방되고 수도원도 황폐되었으나 1848년 수도원에 주둔했던 프랑스 육군 장교들에 의해 매혹의 술이라는 것을 인정받아 세계의 구석구석까지 애호가를 얻기에 이르렀다. 오랫동안 수도원내에서 만들고 있었으나 제1차 세계대전 이후 사기업으로 그 제조권이 이양되었다.

체리 브랜디(Cherry Brandy)

브랜디에 체리나 계피(Cinnamon), 클로브(Clove) 등의 향료를 침전시켜 만드는 리큐르와 체리 자체를 증류해서 만드는 것도 있다. 유명 상표명으로 덴마크의 체리 헤링(Cherry Heering)이 있으며, 주정도는 25%～30%이다.

큐라카오(Curacao)

큐라소로 불리기도 하는데, 남미 베네주엘라 북방의 카리브해에 있는 큐라카오 섬에서 재배되는 오렌지를 원료로 만든 것이 원조로써 큐라카오(Curacao)라 부르게 되었지만 현재로는 이 섬의 오렌지만이 사용된다고는 할 수 없다. 오렌지 껍질(Orange Peel)를 건조시킨 것과 스파이시(Spice)류로 만든 큐라카오를 일품으로 친다. 주정도는 30%～40%로 화이트 큐라카오(White Curacao), 오렌지 큐라카오(Orange Curacao), 브루 큐라카오(Blue Curacao), 그린 큐라카오(Green Curacao) 등이 있으며, 세 번 증류했다는 의미의 트리폴 섹(Triple Sec)은 화이트 큐라카오(White Curacao)에 해당하며, 코인트루(Cointreau)는 화이트 큐라카오(White Curacao)의 극상품이라는 것을 자부하여 그 이름을 술 이름으로 하고 있다. 또한 그랑 마니아(Grand Marniere)도 큐라카오 타입(Curacao Type)이다.

드람브이(Drambuie)

스코틀랜드 산의 유명한 리큐르로 스카치 위스키를 기본주로 해서 꿀(Honey), 약초류(Herbs)를 가하여 만든 술이다. 드람브이의 어원은 스코틀랜드의 고대 게릭어인 Dram Buid Heach로 사람을 만족시키는 음료라는 뜻이다.

1745 년 프랑스에서 생활하고 있던 영국의 찰스 에드워드(Charles Edward) 왕자는 계승해야 할 왕위를 탈환하기 위해 스코틀랜드를 침공했다가 실패하여 스카이 섬 호족이었던 매키넌 일가에 숨어 있었다. 나중에 프랑스로 망명하지만 그때 자기를 받들어 준 공로에 대한 은상으로써 왕가에 대대로 전해온 드람브이(Drambuie)의 비밀 처방을 가르쳤다. 그 비법은 오랫동안 매키넌 집안에서 계승되어 왔으며 1906년 그때까지 비밀로 되어 있던 드람브이의 처방은 말캄 매키넌에 의해 공개되었다.

아이리쉬 미스티(Irish Mist)

아일랜드에서 생산되는 담갈색의 리큐르로 아일랜드의 안개란 뜻이다. 주정도는 40℃이며, 병의 뒷면 상표에는 다음과 같은 글이 있다.

이 리큐르는 아일랜드 대평원의 중심부에 있는 틸라모어 지방에서 수세기에 걸쳐 계승된 비법으로 만든다. 히스(Heath)[16]의 꽃 꿀을 함유하는 이 술의 제법은 전혀 외부에 누설됨이 없이 지켜왔기 때문에 여러 가지 주문이나 술법 이야기가 이 술을 둘러싸고, 원료인 약초는 캄캄한 밤에 채집된 것이어야 한다고 전해져 왔다. 부디 아름다운 글라스에 부은 이 미주를 즐기며 마시도록 권한다. 또 이 술은 입에 머금으면 마치 어둠 속의 신비처럼 매혹적이고 아늑한 풍미가 있어 당신을 사로잡을 것이 틀림없다. 그것은 이 술 한 병에 마법의 매력이 꽉 채워져 있기 때문이다.

칼루아(Khlua)

멕시코 산의 커피 리큐르로 주정도는 26.5%로 그 외의 커피 리큐르는 자메이카산 티아 마리아(Tia Maria)와 터키산 파사(Pasha) 등이 있다. 파사의 병 모양은 모스크바의 예배당을 본 딴 호화로운 병이다. 이 술을 물 또는 잘게 부순 얼음과 같이 쉐이커하면 거품이 생겨 맛있는 음료가 된다.

16) 진달래과의 관목이나 이와 비슷한 관목의 총칭.

크렘 드 멘트(Créme de Menthe)

이른바 페퍼민트(Peppermint)라고도 하며 신선한 박하(Mint)향을 첨가한 리큐르로 그린(Green), 화이트(White), 핑크(Pink) 등이 있다. 시원한 청량감이 있는 리큐르로 식후용 칵테일을 주로 만들며, 여름에 시원한 청량감을 주는 칵테일에도 많이 사용한다. 화이트는 맛을 내는데 주로 사용하고 그린은 색을 내는데 주로 사용한다. 주정은 25~30%로 페퍼민트의 수많은 상표 중에서 특히 유명한 것은 프랑스의 게트(Get) 형제에 의해 1796년에 제조된 호리박 모양의 병에 담아져 있는 것이다. 이 상표를 자세히 보면 영국, 프랑스에서 'Peppermint'로 써야 할 것을 'Pippermint'라고 쓰고 있다.

크렘 드 카카오(Créme de Cacao)

카카오 열매를 빻아서 주정에 침전시켜 체리 브랜디나 바닐라를 가하여 감미 제조한 리큐르로서 초콜릿 맛을 낸다. 주정도 25~30%로 브라운(Brown)과 화이트(White)가 있다.

크렘 드 카시스(Créme de Cassis)

영어로 블랙 커랜트 브랜디(Black Currant Brandy)로 흑구즈베리(Black Currants)의 열매의 맛을 들인 심홍색이며 조금 산미가 있다. 프랑스 부르고뉴(Bourgogne) 지방의 디죤(Dijon)시가 본고장이다. 이 지방의 드라이 화이트 와인(Dry White Wine)과 크렘 드 카시스(Creme de Cassis)를 섞은 키어(Kir)라는 칵테일이 유명하다.

크렘 드 비오렛(Créme de Violet)

프랑스에서는 이베(Yvette) 또는 파르페 아므로(Parfait Amour; 완전한 사랑)라 불리고 있다. 제비꽃이나 기타 향초류를 주정에 담가 만든 아름다운 보라 빛으로 로맨틱(Romantic)한 리큐르이다. 비오렛(Violet)은 제비꽃 또는 보라색이란 뜻이며, 주정도는 30%정도이다.

큠멜(Kummel)

카라웨이(Caraway; 회향풀)로 만드는 리큐르(Liqueur)로 영어의 카라웨이가 독어로 큠멜(Kummel)이다.

1575년 네덜란드에서 처음 생산하였으나 지금은 독일을 비롯한 여러 나라에서 생산하고 있으며,화장품의 분냄새가 난다라고 할만큼 옛날에는 향이 강했었다.

주정이 30~40%정도인 큠멜은 여러 형태가 있는데, 베를린의 그다니스크 지방에서 생산되는 베를린 큠멜(Berlin Kummel), 러시아에서 생산되는 큠멜 다알쉬(Kummel d' Allash), 당분이 강한 알코올에 용해되지 않아서 설탕의 결정으로 남아 얼음처럼 보이는 아이스 큠멜(Ice Kummel)이 있는데 이는 다른 말로 크리스탈 큠멜(Crystal Kummel)이라고도 한다.

슬로 진(Sloe Gin)

슬로베리(Sloe Berry; 미국산 야생 오얏)를 진에 첨가해서 만든 리큐르로 진이라고는 하지만 증류주의 진과는 다른 리큐르이다. 주정도 30% 정도이다.

크렘 드 바나나(Créme de Bananas)

바나나를 원료로 배합한 술로 주로 미국에서 생산한다.

갈리아노(Galliano)

이탈리아의 밀라노 지방에서 생산되는 오렌지와 바닐라 향이 강하며 독특하고 길쭉한 병에 담긴 리큐르이다. 최근 갈리아노를 이용한 칵테일이 유행하고 있으며, 특히 유의할 점은 양이 적으면 전혀 다른 향이 되는 경우가 있다는 것이다. 그리고 리커 갈리아노(Liquore Galliano; Yellow, 70 Proof), 아마레또 드 갈리아노(Amaretto di Galliano; Pink, 56 Proof), 삼부카 드 갈리아노(Sambuca di Galliano; White, 84 Proof)의 세 가지가 있다. 리커 갈리아노(Liquore Galliano)가 들어가는 유명한 칵테일로는 골든 캐딜락(Golden Cadillac)과 하비 웰반저(Harvey Wallbanger)가 있다.

베네딕틴(Benedictine)

프랑스에서 가장 오래된 리큐르 중의 하나로 주정은 40%정도로 쥬니퍼 베리, 민트(Mint), 아니카(Arnica; 약초)꽃, 넛맥 등 약 27종의 약초와 향초를 사용한다. 이 술은 16C초(1510년경) 노르망디(Normandy)의 페칸에 있는 베네딕틴(Benedict)파의 사원에서 수도사인 돈 베르날드 빈시리가 창제하였다. 이 사원에서 현재도 만들고 있으나 직접 경영은 하지 않고 있으며 그 원료나 제법은 비밀로 되어 있다.

D.O.M의 표시는 라틴어로 데오 옴티모 맥심오(Deo

Optimo Maximo)의 약어이며, 이 말의 의미는 최대 최선의 신에게라는 뜻이다.

아나나스(Ananas)

증류주에 파인애플, 설탕 등을 사용해서 만든 파인애플 향이 강한 리큐르이다.

비앤비(B & B)

위에 설명한 베네딕틴을 60%정도 넣고 나머지 40%는 꼬냑 브랜디(5~6년)를 사용하여 만든 리큐르이다.

블랙베리 브랜디(Blackberry Brandy)

증류주(Spirit)를 기초로 하여 검은 딸기와 설탕을 넣어 만든 달콤한 리큐르이다. 미국에서는 블랙베리 플레버드 브랜디(Blackberry Flavored Brandy)라고 부른다.

캄파리 비터(Campari Bitters)

이탈리아 밀라노 시에서 만들어지며 럼에다 비터 오렌지, 캐러웨이, 코리앤더 등의 향료를 사용하여 만든 리큐르이다. 근래에는 캄파리 코디알(Campari Cordial)도 판매되고 있다.

찰스톤 폴리스(Charleston Follies)

증류주에 살구, 복숭아, 망고 등의 열대성 과일을 사용하여 단맛이 나게 한 리큐르이다.

코인트루(Cointreau)

화이트 큐라소 중의 고급품이며, 증류주(Spirit)에다 서인도산의 비터 오렌지 껍질과 스페인, 북아프리카 산의 스위트 오렌지껍질을 주원료로 사용하여 단맛이 나게 한 리큐르이다.

크렘 드 느와요(Créme de Noyau)

프랑스에서 생산되는 아몬드 맛이 나는 술로서 브랜디에다 살구 핵과 복숭아 핵을 주원료로 하여 단맛이 나게 한 리큐르이다.

말리부(Malibu)

1981년부터 판매된 새로운 타입의 리큐르로서 자메이카 산의 라이트 럼에 카리브해 산의 코코넛과 당분을 넣어 만든 무색투명 한 술

이다.

포비든 후르트(Forbidden Fruit)
미국에서 만들어지는 리큐르로 프랑스에서 수입된 꼬냑에다 샤독후르츠(Shaddockfruit; 자몽타입의 왕귤나무에서 열리는 열매)를 주원료로 사용하여 단맛이 나는 리큐르이다.

그랑 마니아(Grand Marnier)
오렌지 큐라소의 대표적인 상표로 3~4년 된 꼬냑에다 비터오렌지를 넣어 오크통에다 저장 숙성하여 단맛이 나게 한 리큐르이다.

만다린 나폴레옹(Mandarine Napoleon)
증류주에 스페인 산 만다린 오렌지(Tangerine Orange)껍질을 주원료로 하여 단맛이 나게 한 리큐르이다.

멜론 리큐르(Melon Liqueur)
달콤한 멜론 맛이 나는 리큐르로 증류주에 멜론, 당분 등을 넣어서 만들며 이 멜론은 열에 약하기 때문에 침지법으로 만든다.

빠르페 아무르(Parfait Amour)
빠르페 아무르란 프랑스어로 완전한 사랑(Perfect Love)이란 뜻이며, 제비꽃의 색(보라색)과 향을 가진 아주 달콤한 리큐르이다. 증류주에 여러 가지 향료, 당분 등을 넣어서 만든다.

피치 브랜디(Peach Brandy)
증류주에 복숭아, 설탕을 넣어서 만든 복숭아 향이 강한 달콤한 리큐르이다. 미국에서는 피치 플레버드 브랜디(Peach Flavored Brandy)라고 부른다.

리카드(Ricard)
증류주에 아니스의 씨앗, 감초 등을 사용하여 만든 리큐르이다.

록 앤 라이(Rock and Rye)
미국에서 만들어지는 리큐르로 라이 위스키에다 과일을 사용하여 록캔디로서 단맛이 나게 한 리큐르이다.

맛이 나게 한 리큐르이다.

삼부카(Sambuca)

증류주에 엘더베리(Elder Berry)를 주원료로 하여 아니스 등의 약초, 향초로 향을 내고 단맛이 나게 한 리큐르이다.

티아 마리아(Tia Maria)

커피 리큐르 중의 하나로 럼에다 세계 최고의 커피인 자메이카산의 블루 마운틴 커피를 주원료로 하여 단맛이 나게한 리큐르이다.

트리플 섹(Triple Sec)

미국에서 생산되는 화이트 큐라소의 일종으로 트리플 섹은 세 번 증류했다는 의미이다.

제6장 청량음료

제1절 청량음료의 개요

우리가 마시는 음료는 알코올 성분을 포함한 것과 알코올 성분을 포함하지 않은 음료의 두 가지로 분류할 수 있다. 알코올 성분을 포함한 것을 알코올릭 드링크(Alcoholic Drink) 혹은 하드 드링크(Hard Drink)라고 부르며, 알코올 성분을 포함하지 않은 것을 논 알코올릭 드링크(Non-Alcoholic Drink) 또는 소프트 드링크(Soft Drink)라고 한다.

인간에게 있어서는 체내에 물은 외부에서 섭취한 영양분과 산소를 운반하고 세포에서 노폐물을 외부로 배출하는 역할을 하기 위하여 하루에 필요한 물의 양은 평균 2.35ℓ에서 2.82ℓ로 물은 인간이 태동하면서부터 섭취하게 된 필요 불가결한 것이다.

인간이 최초에 청량음료로 사용한 것은 봉밀이라고 전해지고 있으며, 그 이후에 사이다, 콜라와 같이 탄산가스가 함유된 것과 과즙이나 구연산, 주석산 등의 유기산을 함유한 음료가 있다. 청량음료 즉 논 알코올성 음료는 청량음료와 영양음료 그리고 기호음료로 분류된다.

제2절 비알코올성 음료의 분류

청량음료는 마셔서 시원한 느낌을 주는 음료로 청량음료는 크게 탄산가스가 포함된 탄산음료와 탄산가스가 포함되지 않은 무탄산음료로 분류할 수 있다.

인간이 탄산가스를 사용하게 된 것은 자연적으로 솟아나는 광천수를 마시게 된데서 비롯되었고 어떤 광천수는 보통 물과 달리 인체나 건강에 좋은 효과를 알게 되었다.

18세기에는 영국의 화학자이자 목사인 죠셉 프리스트리에 의해서 인공탄산수의 제조가 발명되었고 탄산가스의 발명은 청량음료의 발달에 크게 기여하였다.

그는 프랑스 대혁명의 영향으로 보수파에 의하여 실의의 생활을 보내다가 1794년 영국을 떠나서 미국에 정착하여 1807년 탄산수에 향료의 성분으로 과실의 주스를 혼입하여 판매를 시작하였다.[17] 이것이 탄산가스 청량음료의 시작으로 볼 수 있다.

1. 청량음료

17) 한국관광식음료 학회, 음료학 개론, 백산출판사, P.245.

1) 비탄산가스 음료

물(Water)

물은 무색, 무취의 물질로 여기서 말하는 물은 우리가 흔히 마시는 깨끗한 물을 말한다. 사람의 몸은 약 2/3가 수분으로 구성되어 있다. 체내에서 수분이 1~2%만 감소되어도 갈증을 느끼며, 5%만 감소되어도 환각현상이 일어나며, 15%만 감소되어도 빈사상태에 빠진다.

물은 칼륨, 칼슘, 인과 같은 무기물의 함유량이 많은 경수와 무기물의 함유량이 적은 연수로 분류할 수 있다. 연수는 음료의 용도로 커피를 끓일 때 좋고 경수는 양주제공시 체이서(Chaser)로 적합하다.

광천수(Mineral Water)

광천수는 보통 우리가 마시는 물보다 칼륨, 칼슘, 인, 마그네슘 등의 무기물질이 많이 함유된 물을 말한다.

광천수는 탄산가스를 함유한 것과 함유하지 않은 광천수의 두 가지 종류가 있는데, 특히 수질이 나쁜 유럽 쪽의 국가들이 일찍이 상품화하여 판매하고 있다. 세계적으로 유명한 광천수는 프랑스 중부에서 나오는 광천수 비시워터(Vichy Water), 스위스와 프랑스 국경 근처에서 나오는 에비앙 워터(Evian Water), 독일의 비스바덴에서 나오는 셀처 와써(Seltzer Wasser)가 유명하다

2) 탄산음료(Carbonated Beverage)

탄산가스(Carbonated)를 포함하고 있는 발포성 음료를 총칭하는 것으로 탄산가스가 마실 때 청량감을 준다. 이 탄산가스는 미생물의 발육을 저지하고 향기의 변화를 보호한다.

탄산음료의 종류는 탄산가스가 함유된 천연 광천수, 순수한 물에 탄산가스를 함유한 것, 음료수에 천연 혹은 인공 감미료를 가하여 유기산으로 맛을 내어 여기에 탄산가스를 내게 한 것, 천연과즙에 탄산가스를 내게 한 것이 있다.

콜라(Cola)

콜라음료는 미국에서 생산되어 전세계에 널리 마시고 있는 것으로 미국 문화를 대표하는 드링크라고 할 수 있다. 1886년 펨버턴이란 약제사가 약용으로 코카콜라란 이름을 붙여 판매한 것이 콜라의 시작이다. 콜라나무의 열매(Cola nut)로 콜라엑기스를 만들어 물로서 묽게 하고 당분과 여러 가지 향료를 섞고 탄산가스를 넣

어서 만든다.

콜라의 나무는 서아프리카가 원산지이나 지금은 아프리카 서인도 여러 섬, 브라질, 세이론, 말라야 등의 열대지방에서 널리 재배하고 있다.

소다수(Soda Water)

소다수는 탄산가스와 무기염류를 함유한 물로서 처음부터 탄산가스가 함유되어 있는 천연 광천물과 물과 깨끗한 물에 인공적으로 탄산가스를 넣어서 인공적으로 제조한 것이 있다. 소다수의 이름은 탄산가스를 만들 때에 중탄산소다를 사용하는데서 기인한 이름이다.

외국에서는 프레인 소다(Plain Soda), 에리이터 워터(Aerated Water), 소다워터(Soda Water), 카보네이터 소다(Carbonated Water) 등으로 부르고 있다.

토닉 워터(Tonic Water)

소다수에다 키니네(Quinine), 레몬, 라임, 오렌지 등 여러 가지 향료, 당분 등을 배합하여 만든다.

여름철에 식욕부진을 방지하기 위하여 만든 청량음료였다. 그후 주로 식전주(Aperitif)로 사용하였으며, 제 2 차 세계대전 후 진과 잘 조화되어 진 토닉(Gin Tonic)으로 세계적으로 널리 마시게 되었다.

진저 엘(Ginger Ale)

생강 향이 나는 탄산음료로 적도 아프리카의 잔지바르나, 자메이카, 일본에서 생산하는 진저(생강)의 향을 친 소다수에 시네몬, 레몬, 설탕, 구연산과 그 외 다른 향료를 가하여 캐러멜로서 색조를 만든 음료이다. 일조의 자극의 맛을 내며 식욕증진의 효과와 정신을 상쾌하게 한다. 제품에는 드라이와 스위트의 두 가지가 있다.

세븐업(7up)

소다수에다 레몬, 오렌지 등의 에센스를 넣고 구연산, 당분 등을 사용하여 만든 탄산음료이다. 우리나라에서는 사이다라고 부르고 있지만 본래의 사이다(Cider, Cidre)는 사과를 발효시켜 만든 양조주이다.

가라나(Guarana)

남미 아마존 원산의 가라나의 열매에서 얻은 가라나 엑기스를 원료로 한 것이다. 제조방법은 콜라 음료와 마찬가지다. 가라나에는 정력 증강의 효과가 있다고 한다.

진저 비어(Ginger Beer)

진저 버어는 진저 엘(Ginger Ale)과 혼동하는 사람이 많지만 이 제법은 전연 다르다. 진저와 주석, 사탕의 혼합액을 물에 타서 여기에 이스트를 가하여 발효하여 만든다. 이것은 알코올 분이 없는 것이 보통이나 예외로 알코올 분 2%이하의 소량을 함유한 것도 볼 수 있다. 용도는 진저 엘과 대부분 동일하다.

2. 영양음료(Nutritious Drink)

영양음료는 말 그대로 마시면 우리 몸에 건강에 도움이 되는 음료이다. 그렇기 때문에 어느 정도의 영양소가 음료에 함유되어 있어야 한다. 영양음료에는 주스류와 우유류 그리고 봉밀로 만든 음료가 속한다.

과실음료(Fruit Juices)

과실음료는 인류가 B.C 6000 년경 바빌로니아 사람들이 레몬 음료를 마셨다는 기록으로 보아서 그 역사는 상당히 오래 되었다. 과일을 원료로 만든 음료는 다시 크게 분류하여 주스류와 넥타류를 들 수 있다.

① 주스류

칵테일용의 주스는 무가당 원액 주스로 설탕이 들어가지 않은 과즙을 짠 신선한 주스(Fresh Juice), 캔 주스(Caned Juice), 병 주스(Bottled Juice) 등을 사용한다. 주로 사용하는 주스로는 레몬 주스, 라임 주스(Lime Juice), 오렌지 주스, 파인애플 주스, 토마토 주스, 자몽 주스(Grapefruit juice) 등 여러 가지 각종 주스류가 사용된다. 주스류는 10% 이상의 원액 과즙이 함유되어야 한다.

② 넥타류

넥타는 파인애플, 그레이프 후르츠, 망고, 사과, 배, 오렌지, 복숭아와 같은 각종 과일을 가공한 음료인데, 과일의 종류만큼이나 다양하고 과일의 향기를 살리면서 탄산가스를 함께 믹스한 다양한 제품이 등장했다.

유제품 음료

유제품 음료에는 생유, 우유, 살균양유, 탈지유, 크림버터, 치즈, 무당연유, 가당연유, 전분유, 발효유, 요구르트 등 다양한데, 유제품음료에는 살균유제품과 미살균 유제품이 있다.

① 우유

생유는 젖소의 품종에 따라서 다르나 보통 유지방, 단백질, 유당 등의 많은 영양소를 가지고 있어서 영양식품으로 널리 알려져 있다. 우유는 생유를 그대로 두면 금방 부패해 버리기 때문에 살균을 하게 되는데, 살균방법으로는 62~65℃에서 30분 살균하는 저온살균법, 72~75℃에서 15초간 가열하여 살균하는 고온 순간 살균법, 120~140℃에서 1~3초간 가열하는 초고온 살균법이 있다.

우유에는 수분이 약 88.7%, 유지방이 3.2%, 단백질이 2.9%, 유당이 4.5%, 회분이 0.7%[18)]가 함유되어 있다.

칵테일용은 항상 신선한 우유를 사용해야 하고 개봉 후에는 공기 중의 미생물이 빨리 침투함으로 냉장보관 하는 것이 바람직하다.

② 크림

우유에는 유지방이 함유되어 있는데, 이것을 원심분리기로 분리시킨 후 모아서 만든 것으로 일반 우유보다 유지방 분이 많이 함유되어 있다. 일반적으로 유지방 18% 이상을 함유하고 있는 농축된 우유를 크림이라 하며, 유지방 75%이상을 함유한 고체로 된 것을 버터라 한다. 이러한 크림에는 유지방분 함유량에 따라 크게 생크림(Fresh Cream 또는 Light Cream)과 휘핑 크림(Whipping Cream 또는 Heavy Cream)으로 나누며, 이 두 크림이 칵테일을 만들 때 주로 사용된다. 생크림은 유지방분이 18~25%정도 함유되어 있고 휘핑 크림은 유지방을 45%정도 함유하고 있다. 커피를 마실 때는 칵테일을 만들 때는 주로 생크림을 사용하고 휘핑크림은 휘핑기를 사용하여 밀가루 반죽 같이 만들어 주로 제과 제빵 용으로 사용한다.

이외에도 영양음료라고 할 수 있는 것은 곡류를 원료로 하여 음료가 있는데, 감주, 두유(豆乳), 식혜, 요구르트, 이온음료나 식이성 음료도 있다.

3. 기호음료(Fancy Taste Drink)

1) 커피(Coffee; Café)

커피는 티(Tea)와 더불어 가장 보편적이면서도 현대인들의 식생활에서 빠지지 않는 기호음료로 일상 생활에 깊은 뿌리를 내리고 있다. 커피가 우리 생활의 필수품은 아니지만 고객들이 잘 알고 있기에 맛, 향, 서비스 등에서 뛰어나지 않으면 고객에게 뛰어난

18) 양주와 칵테일론, 백재현, 형설출판사, 1998, p.175.

서비스가 될 수 없다.

커피의 특성

커피의 생명은 커피가 지니고 있는 향기라 할 수 있다. 이 향기가 커피의 맛을 좌우하며, 향기는 품종, 작황, 생산지, 정제처리, 볶는 방법 등에 의하여 달라진다. 또한 커피는 다양한 맛이 있는데 쓴맛, 떫은맛, 신맛, 구수한 맛이 잘 조화되어 만들어진 미묘한 쾌감을 주는 기호음료로서 커피에는 카페인이 들어 있어 카페인이 중추신경을 자극하여 피로감을 없애 주고 머리를 깨끗하게 하고 혈액순환과 이뇨(利尿), 강심(强心) 작용이 잘 되도록 해준다.

커피의 역사

1554년 콘스탄티노플(지금의 이스탄불)에서 커피점이 문을 열게되고 1645년 베니스에서도 커피점이 성행하기 시작한다. 이렇게 해서 비엔나 등의 유럽지역에서 커피점이 날로 번창하여 지금 현재의 전문 커피점이 생겨나고 있다. 커피의 원산지는 북아프리카 에티오피아의 남서부 지방인 카파(Kaffa)로 추정하고 있으며, 술을 마시지 못하는 회교도들에 의해 세계적으로 널리 퍼졌다.

어원이나 역사의 시작은 명확한 문헌적 근거는 미약하나 커피 역사의 시작은 기원전 6세기경 에티오피아의 고원지대에서 야생으로 자라던 커피열매를 산양이 먹고 취해 있는 것을 칼디라는 목동에 의하여 발견되었다. 그후에 아라비아의 의사였던 라세스(서기 850~922년)와 아비세나(서기 980~1037)의 기록을 보면 약용으로 사용했다는 말이 나온다. 이처럼 커피가 처음부터 기호음료로 사용된 것이 아니라 최초에는 약용으로 사용되다가 후에 식용으로 발전되었는데 본격적으로 음료로서 마시기 시작한 것은 10세기경이며 커피 볶는 기술이 개발된 14세기 말경부터 진정한 커피의 맛을 즐길 수가 있었다.

그후 유럽으로 전해진 것은 약 300년 전의 일이며, 이웃 나라 일본에 상품으로 들어온 것은 약 100년 전의 일이다. 우리나라에서는 1895년 고종 32년 을미사변으로 인하여 러시아 공관으로 피신한 고종황제가 처음으로 시음하였고 그후에는 해외에서 거주하던 동포들이 8.15 해방과 더불어 입국하고 6.25 동란을 거치면서 유엔군의 전투식량으로 포함된 커피가 나오면서 본격적으로 일반인에게 알려졌으며 이때부터 커피의 대중화는 시작되었다고 볼 수 있다.

19) 양주와 칵테일론, 백재현, 형설출판사, 1998, p.175.

커피 제조방법

훌륭한 커피를 끓이기 위해서는 추출에 사용하는 물, 원두의 종류, 배합비율, 특별한 기구 사용, 추출하는 사람의 정성 등이 잘 어우러졌을 때 멋진 향과 맛이 나오게 되는데 다음과 같은 원칙이 지켜져야 한다.

첫째, 커피를 끓일 때는 항상 신선하고 깨끗한 물을 사용하여야 한다. 커피의 99%는 물로 물의 비중은 크다고 할 수 있는데, 물 속에 칼슘, 마그네슘, 철, 망간 등이 많이 들어 있지 않은 것을 연수라 한다. 경수에 들어있는 칼슘이나 마그네슘은 커피에 함유되어 있는 단백질, 지방, 유기산 등과 반응하여 조직을 강화시켜 향기와 맛을 손상시키며 혼탁한 원인이 된다.

둘째, 커피의 양과 물의 양이 맞아야 한다.

셋째, 커피는 항상 신선한 것을 사용하여야 한다.

넷째, 커피 끓이는 기구는 항상 깨끗하게 보관하여야 한다.

다섯째, 커피의 종류에 따라서 알맞은 기구를 사용하여야 한다.

커피는 크게 세 가지로 분류되는데 볶은 원두 그대로의 배전두 커피(Roasted Bean Coffee)와 볶은 원두를 분쇄한 분쇄커피(Ground Coffee)와 분쇄한 커피를 액화시켜 분말이나 과립(Granule)의 형태로 건조시킨 세 가지로 나누어질 수 있는데 각 커피의 특색에 따라서 제조방법을 달리한다.

일반적으로 커피를 끓이는 방법에는 5가지가 있다.

① 드립 방법(Drip; Filter)

일명 휠터법으로 여과지나 여과천을 깐 휠터 위에 분말 커피를 담아 포트 위에 담아 놓은 후 약 98℃ 정도의 끓인 물을 커피분말 위에 붓고 여과지를 통해 커피가 포트로 내려가 추출된다. 이 방법을 사용할 경우에는 사용기구가 간단하여 가격이 저렴하고 추출하는 능력에 따라서 훌륭한 커피를 만들어 내는 것이 가능하다.

▸ 드립식 커피추출

② 사이폰(Siphon) 방법

사이폰 방식은 시각적인 효과를 극대화시키는 추출방법이다. 사이폰 방법(Siphon)은 열을 가했을 때 발생하는 물리적 팽창과 진공을 이용하는 방법을 직접 볼 수 있는 것으로 관(Siphon)을 통하여 커피를 추출하는 방법이다. 플라스크(하부품)와 로드(상품부)를 상하로 연결하는 것으로 플라스크에 물을 붓고 로드에 커피를 넣어 커피와 물을 따로 분리해 놓고 상하로 연결한 후 열을 가하면 93℃에서 끓는 물이 중앙의 관을 통해 로드로 올라가 플라스크로 급속히 내려와 추출되는 방법이다.

사이폰 방식의 특징은 뜨거운 물에 커피를 잠기게 하여 추출하는 일종의 침지식이고, 추출방식만 확실히 지킬 경우는 언제든지 좋은 커피를 만들 수 있다.

▸ **사이폰 식 커피 추출방법**

③ 퍼콜레이터 방법(Pecolator)

퍼콜레이터를 이용하여 불 위에서 직접 끓이는 방법으로서 커피포트의 윗부분에 장치된 여과기에 커피를 분말로 만들어 넣고 일정분량의 물을 넣고 가열하면 물이 비등점에 달했을 때는 포트 중앙의 관을 통하여 여과반 위를 거쳐 밑으로 직하되는 과정을 진한 커피가 추출되는 방법으로 호텔보다는 일반 가정에 많이 쓰인다. 이 방법으로 추출한 커피는 상당시간 끓여 버렸기에 커피 본래의 깊은 맛이 나지 않는 단점이 있다.

▸ **퍼콜레이터 추출방법**

④ 에스프레소(Espresso) 방법

이탈리아의 정통 커피로 에스프레소는 물을 끓여 고압의 수증기로 전환시켜 이것이 용기 속에 담아 놓은 원두커피의 성분을 신속하게 추출하는 방식으로 커피의 농도를 진하게 추출해 내는 방법이다. 에스프레소는 순간적으로 커피를 추출하는 방법으로 카페인을 인위적으로 제거한 디카페인 커피로 카페인의 함유량이 가장 적다.

⑤ 전자동 방법(Bunn Automatic)

최근에 개발된 컴퓨터 제어 장치(Computer Control System)의 커피 머시인 기계로 전열기에서 순간적으로 끓은 물을 중앙 관을 통하여 드립퍼에 있는 커피에 분출시켜 커피를 추출하는 기구이다. 즉 원터치로 커피를 계량, 분쇄, 압축하여 스팀으로 쪄서 커피를 추출하는 방법으로 호텔에서 가장 많이 쓰이고 있는 방법으로 항상 균일한 양과 질의 커피를 생성할 수 있고 다른 방법보다는 간편하지만 기계 구입비가 비싸고 고장시 애프터서비스가 용이하게 이루어져야 한다.

커피원종의 종류

커피열매는 익으면 붉고 달콤하다. 핵과 외피는 두터운 펄프로 싸여 있으며 이것이 약 2밀리미터 두께의 젤리같은 펄프 층을 감싸고 있고 그 속에 씨가 피치먼트라는 단단한 껍질에 싸여 있다.

피치먼트 밑에 개개의 씨를 감싸고 있는 얇은 은색의 껍질이 있는데, 이것을 실버스킨이라고 한다. 커피열매 속에는 대부분 두쪽의 열매가 들어있다. 그러나 때때로 수정이 충분하지 못하거나 영양상태가 좋지 못하거나 나무의 윗부분에서 따낸 열매 중에는 씨가 하나밖에 없는 경우가 있고 모양이 둥근데, 이것을 피베리라고 한다.

정상적인 씨앗은 길고 둥근 모양이며, 한쪽은 볼록하고 반대쪽은 평평하다. 가운데 고랑이 있고 길이는 약 10밀리미터이며, 무게는 0.15g이다. 색은 녹색을 띠며 회색에서 푸른색 또는 붉은 색에서 갈색으로 변하기도 한다.

① 아라비카종(Arabica)

주로 해발 500~2,500미터의 고산지대에서 생산된다. 맛이 풍부하고 향이 깊어 고급품종으로 분류되고 크게 브라질에서 주로 생산되는 브라질 커피와 콜롬비아를 중심으로 한 마일드 커피로 나뉘며 전세계 산출량의 70%를 차지한다.

② 로브스타종(Robusta)

중앙 아프리카와 콩고 지방이 원산지로 쓴맛이 강한 것이 특징이다. 경제적인 가격이라 인스턴트 커피제조에 필수품으로 사용되며, 전세계 산출량의 남은 30%의 대부분을 차지한다.

③ 리베리카종(Liberica)

서부아프리카의 리베리아가 원산지로 자연상태로 5~6미터 자라며 병충해에 아주 강하다. 그러나 맛과 향기가 좋지 못하며, 꽃이 피고 열매 맺는 시기가 일정치 않아서 커피열매를 채취하는데 어려움이 많기 때문에 상품적 가치가 거의 없기 때문에 재배를 거의 하지 않는다.

▸ 커피열매구조

커피의 종류

커피나무는 아가네과에 속하는 상록수로서 역사적으로 18세기 이후부터 야생 재배되었다고 한다.

이러한 커피나무는 수십 종류가 있지만 식용을 목적으로 재배되고 있는 대표적인 것은 아라비카(Arabica)종으로 전세계 생산량의 약 90%를 차지하고 있다. 이외에 로브스타(Robusta)종, 리베리카(Liberica)종이 있다. 아라비카종과 로브스타종을 중심으로 하여 자연적인 교배 또는 인위적인 교배를 시켜 많은 변종이 생겨났다.

이러한 원두로 만든 커피의 종류는 호텔에서 상품으로 제공되는 커피의 형대에 의하여 비알코올성 커피(Non- Alcoholic Coffee)와 알코올성 커피(Alcoholic Coffee)로 크게 두 종류로 나누어질 수 있는데, 각 종류별로 살펴보면 다음과 같다.

비알코올성 커피(Non-Alcoholic Coffee)는 알코올 성분이 첨가되지 않은 순수커피로서 만드는 방법이나 재료의 종류에 따라서 명칭을 달리한다.

① 레귤러 커피(Regular Coffee)

보통 가장 많이 마시는 커피를 말한다.

② 아메리칸 커피(American Coffee)

레귤러 커피에서 더욱 연하게 추출하는 커피로 조식이나 진한 커피를 싫어하는 고객에게 서브 한다.

③ 에스프레소 커피(Espresso Coffee)

진하게 추출한 전통 이탈리안 커피로 보통 일반커피의 절반되는 작은 잔으로 마시며, 특징은 커피 추출시 물과 접하는 시간이 가장 짧기 때문에 카페인의 함량이 가장 적다.

④ 카푸치노 커피(Cappuccino Coffee)

에스프레소 커피와 더불어 이탈리아 전통 커피로 에스프레소 커피를 커피 컵의 1/2을 추출한 다음 우유의 거품을 내는데 거품을 내는 과정에서 데워진 우유를 8부정도 채우고 그 위에 우유 거품을 덮는다. 거품 위에 계피가루를 뿌려서 따뜻하게 서비스한다.

⑤ 비엔나 커피(Vienna Coffee)

오스트리아의 비엔나의 이름을 따온 커피로 휘핑 크림과 브라운 슈거를 넣고 제공하는 커피이다.

⑥ 디카페이네티드 커피(Decaffeinated Coffee)

카페인을 97% 정도 제거한 커피로 가장 유명한 상품은 상카 커피(Sanka Coffee)가 유명하다.

⑦ 라떼 커피(Latte Coffee; Cafe Au Laite)

커피와 핫 밀크를 동일한 량으로 부어서 만드는 커피이다.

⑧ 러시안 커피(Russian Coffee)

커피와 핫 초콜렛을 동일한 량으로 제공하여 같이 마신다.

⑨ 아이스 커피(Ice Coffee)

레귤러 커피를 추출하여 차게 식혀서 슈거 시럽(Sugar Syrup)과 크림을 함께 제공하는 커피이다.

⑩ 커피 플로트(Coffee Float)

큰 글라스에 크러쉬 아이스(Crush Ice)를 넣고 슈거 시럽과 커피 약 60㎖를 넣고 잘 젓는다. 바닐라 아이스 크림을 넣고 휘핑 크림을 장식한 뒤에 롱 스푼과 스트로우를 준비한다.

알코올성 커피(Alcoholic Coffee)는 알코올을 첨가하여 커피 맛을 한층 돋구기 위해서 마시는 방법으로서 첨가되는 술의 종류에 따라서 그 명칭을 달리한다.

① 아이리쉬 커피(Irish Coffee)

아이리쉬 위스키 글라스에 슈거 림(Sugar Rim)[20]을 하여 아이리쉬 위스키와 브라운 슈거, 휘핑 크림을 넣어 커피와 함께 제공하는 커피이다.

② 스페니쉬 커피(Spanish Coffee)

깔로아를 1oz 넣고 설탕을 넣은 후에 글라스를 서서히 돌려서 설탕을 완전히 녹인 후에 커피를 붓고 휘핑 크림을 얹어서 제공한다.

③ 로얄 커피(Royale Coffee)

커피에 브랜디를 넣은 것으로 방법은 커피 컵에 스푼을 걸치고 그 위에 브랜디를 부운 후에 불을 붙인다.

④ 커피 콩퀘스트(Coffee Conquest)

커피에 럼, 그랑 마니에르, 오렌지 껍질, 설탕을 넣어서 제공한다.

⑤ 카페 알렉산더(Cafe Alexander)

아이스 커피와 브랜디, 카카오 향이 함께 어우러진 커피이다.

⑥ 까페 몬스크(Cafe Monks)

커피에 베네딕틴을 넣은 커피이다.

2) 홍차(Tea)

홍차의 의의

홍차의 발생지는 중국이고 차나무의 연한 두 번째 잎은 수확하여 건조과정을 거쳐서 말아서 발효시킨 기호음료이다. 문헌에 나타난 차의 역사는 수(隋: 580~620)의 문제(文帝)부터 당(唐: 780)의 덕종(德宗) 때까지 2세기에 걸쳐서 보급되었다.[21] 그 홍차는 커피나 코코아같이 강한 맛은 없지만 탄닌, 알칼로이드 등이 포함되어 있어 가벼운 흥분과 상쾌함, 섬세하고 미묘하고 우아한 향에 특성에 전체적으로

20) 림(Rim)은 슈거 림(Sugar Rim)과 솔트 림(Salt Rim)이 있는데, 글라스의 입에 닿는 부분에 레몬 슬라이스 즙으로 글라스 밖같 부분만 칠하여 소금을 묻혀서 하는 솔트 림(Salt Rim)과 설탕을 묻히는 슈거 림(Sugar Rim)이 있다.

21) 오정환, 전게서, p.255

홍차의 풍미는 떫은맛이 풍부하게 풍긴다.

홍차의 종류

차의 종류에는 제조방법의 변화에 따라서 여러 가지로 구별이 되는데 그 종류를 살펴보면 다음과 같다.

① 홍차(Black Tea)

홍차는 잎을 끓이지 않고 말려서 잎의 천연 효소작용에 의해 발효하여 검은 색으로 변하고 휘발 향료로 변화하여 특별한 향기를 낸다.

② 녹차(Green Tea)

차 잎을 끓여서 발효를 방지시켜 녹색을 유지하게 한 것이다.

③ 오룡차(Olong Tea)

홍차의 진행 과정에서 중간 발효에서 멈추게 하여 만든 차로 홍차의 일종이지만 맛은 녹차의 성격을 띄고 있다.

차의 종류에서 보면 차나무의 잎의 동일한 재료로 끓이지 않고 말려서 천연효소로 발효시켜 만든 방법은 홍차이고, 오룡차는 홍차의 발효과정에서 중간에 멈추게 하는 방법이다. 녹차는 잎을 끓여서 발효를 방지함으로 녹색을 유지하는 방법으로 제조 방법에 따라서 그 종류가 분류된다.

3) 음료 서비스의 요령

커피 서비스

커피는 영양보다는 맛과 향을 즐기는 기호음료이므로 커피를 제공할 때에는 맛과 향이 살아 있도록 세심한 주의를 요한다. 그러기 때문에 커피는 제 맛을 즐길 수 있는 온도를 맞추기 위하여 커피 컵이 항상 따뜻하게 준비되어야 하며, 크림도 너무 차거나 장시간 사용하면 굳거나 변하기 때문에 크림 피쳐 아래에 코스타를 깔고 서비스한 후에 자주 체크한다. 커피숍과 같이 동시에 대량으로 추출하여 사용할 경우에는 너무 오랫동안 추출하여 두면 향이 날아가기 때문에 이런 상태의 커피를 서브해서는 안 된다.

커피를 서비스할 때는 고객의 우측에서 커피포트에서 커피가 테이블로 흐르지 않도록 하여 서비스하며 커피 잔에 8부정도 따른다. 커피는 약 8~9g으로 한 잔의 양은 100㎖ 정도이고 적정온도는 85~95℃이며 설탕과 크림을 넣었을 때 60~65

℃를 유지해야 커피의 맛이 가장 좋다. 커피 컵은 고객의 우측에서 손잡이가 오른쪽으로 향하도록 물컵 아래쪽에 놓아 드리며, 티스푼은 컵의 앞부분에 손잡이와 평행되게 얹어 놓는다.

깨끗이 준비된 슈거 볼(Sugar Bowl)과 크림어(Creamer)의 양이 충분한지 확인한 후 손잡이가 고객 쪽으로 향하도록 하여 고객이 쉽게 집을 수 있는 위치에 세팅(Setting)한다.

단 이탈리안 정통 커피인 에스프레소 커피(Espresso Coffee)는 보통 커피 컵의 1/2되는 크기의 데미따세(Demitasse)로 슈거와 크림을 제공하지 않는 것이 원칙이나 고객의 요구가 있을 때에는 커피와 함께 제공한다.

커피는 한 잔 이상 마시는 고객이 많으므로 고객들이 커피를 모두 마시면 반드시 더 드실 것인가를 물어보아야 한다. 고객이 세컨드 커피(Second Coffee)를 원할 경우 반드시 새로 추출한 신선한 커피(Fresh Coffee)로 리필(Refill) 한다.

또한 커피를 마실 때 담배를 피우는 사람이 많으므로 커피를 제공할 때는 반드시 재떨이(Ash Tray)유무를 확인하여야 한다. 참고로 커피를 맛있게 마시는 방법은 다음 같다.

① 물의 온도는 85~95℃에서 추출하여 입술에 닿을 때 온도는 65℃가 적당하다.
② 물은 경수보다는 연수나 정수한 물을 사용하는 것이 좋다.
③ 일반 물의 경우에는 1시간 정도 받아 두었다가 사용한다.
④ 크림을 탈 때는 먼저 설탕을 녹인 후 넣는다.
⑤ 크림을 넣을 때는 85℃이하로 떨어진 후에 넣는다.
⑥ 보통 크기 커피 잔 한잔 기준으로 2스푼의 커피가루를 넣는 것이 적당하다.

홍차 서비스

홍차는 특유한 풍미를 잃지 않도록 끓이고 서비스할 때 세심한 주의를 요하며, 홍차를 제공할 때는 커피와 마찬가지로 홍차 컵이 뜨거워야 한다. 홍차는 고객의 기호에 따라서 레몬과 밀그를 넣어서 마신다. 레몬을 넣으면 레몬 과즙에 포함된 향기와 홍차의 풍미가 잘 조화되며, 밀크를 넣으면 떫은 맛(탄닌)의 강한 맛을 제거시켜 부드러운 맛으로 변하게 한다.

레몬을 서브할 때는 칵테일 픽(Cocktail Pick)에 끼운 슬라이스 레몬(Sliced Lemon) 2쪽 또는 뜨거운 우유를 준비하여 고객의 기호에 맞게 서브한다.

정식 코스나 업장의 운영상 식후음료를 제공하면서 초콜릿이나 쿠키를 함께 제공하는데 고객의 왼쪽에서 커피나 홍차의 곁에 두면 된다.

이 밖에 아이스 커피 또는 아이스 티는 톨 글라스(Tall Glass)에 적당히 얼음(Ice

Cube)을 넣고 차게 식힌 커피 또는 티를 글라스에 7부정도 따른 후에 마시기 용이하게 빨대(Straw)와 슈가시럽(Sugar Syrup)을 같이 서브하며, 아이스 티에는 반드시 슬라이스 레몬을 같이 서브한다.

홍차 서비스 온도는 80℃ 정도가 가장 알맞고 반드시 티 포트(Tea Pot)를 사용하여 티백을 넣어서 포트 채로 서브하거나, 티백을 포트에 넣지 않고 서비스할 때는 뜨거운 물과 티백을 따로 서브한다.

제Ⅱ편 칵테일실무편

제7장 칵테일 개론

제1절 칵테일의 개요

1. 칵테일의 정의

칵테일이란 일반적으로 알코올 음료에 또 다른 술을 혼합하거나 혹은 과즙류나 탄산음료 또는 향료 등의 부재료를 혼합하여 만들며, 맛, 향기, 색채의 세 가지 요소의 조화를 살린 예술적 감각의 음료라고 할 수 있다. 즉 여러 가지 양주류와 부재료인 시럽(Syrup), 과즙, 주스, 우유(Milk), 에그(Egg), 탄산음료 등을 적당량 혼합하여 만드는 방법과 주정분에 기타 부재료를 섞어 만드는 방법이 있다. 이들 재료가 쉐이커(Shaker)나 스티어(Stir)의 방법에 의해 혼합되고 냉각되어 맛의 조화가 이루어지는 것이다. 미각에 샤프한 맛을 주지 않으면 안 된다.

칵테일은 넓은 의미의 칵테일과 좁은 의미의 칵테일로 구분할 수 있는데, 전자는 혼합음료의 모두를 가리켜 믹스드 드링크(Mixed Drink)라 말하고 좁은 의미의 칵테일은 두 종류 이상의 술로 주조되는 주로 쇼트 드링크(Short Drink)를 의미한다. 믹스드 드링크는 한 종류의 술에 소프트 드링크를 섞는 롱 드링크(Long Drink)도 포함된다. 칵테일은 오감을 자극하는 맛과 향의 신비로운 예술이라 하여도 과언이 아닐 것이다.

2. 칵테일의 특징

훌륭한 칵테일이 되기 위해선 부재료를 통하여 알코올 섭취로 인하여 파괴되는 비타민, 단백질 등의 영양을 보완하기도 하고 알코올 도수를 낮추어 위와 간의 부담을 적게 한다. 그러한 조건을 갖추기 위해서는 일반적으로 칵테일은 다음 같은 특징을 갖는다.

- 두 종류 이상의 재료의 혼합
- 칵테일은 식욕을 증진시키는 윤활유이다. 식욕을 감퇴시키는 것이 되어선 안되고 너무 단맛이나 주스가 과잉 혼합된 것은 안 된다.
- 칵테일은 식욕과 동시에 마음도 자극하고 무드를 만들어 내어야 한다.

- **맛이 너무 강하거나 약하면 칵테일의 진정한 효과를 얻을 수 없다.**
  그러기 위해서는 혀의 맛, 감각을 자극할 만한 샤프함이 바람직하다. 너무 단 것, 시큼한 것, 쓴 것이나 향기가 너무 강한 것은 실격이다.

- **칵테일은 얼음에 잘 냉각되어 있어야 한다.**

- **맛과 향과 색채가 뛰어나야 한다.**

- **체온의 전달을 방지하기 위하여 냅킨이나 스템(Stem)이 있는 글라스를 사용해야 한다.**

3. 칵테일의 유래

칵테일(Cocktail)에 관한 어원은 전 세계에 걸쳐 많은 설이 있으나 현재에는 어느 것이 정설인지는 정해져 있지 않다. 추측할 수 있는 것은 인간이 술을 만들고 이용하면서 세계 여러 나라에서 다발적으로 행해졌으리라 생각된다.

여기서는 여러 가지 칵테일의 유래 중에서 세 가지만 간략하게 소개하기로 한다.

그리스, 로마 시대의 사람들은 와인에 수지(樹脂)를 타서 마셨다는 기록도 있고, 또한 국제 바텐더 협회의 텍스트북에 실려 있는 내용을 보면 멕시코 유카탄반도 캄페체라는 항구도시의 조그만 바(Bar)에서 기항한 영국인들에게 한 소년이 껍질을 벗긴 나뭇가지를 사용하여 혼합주를 만들고 있었다. 당시 영국인들은 술을 스트레이트로만 마셨기 때문에 그 혼합주에 대하여 물으니 그 소년은 Cora de Gallo라고 대답했다. 이 말은 스페인어로 수탉을 의미하며, 그 소년은 자기가 들고 있던 나뭇가지의 모양이 수탉꼬리처럼 멋있다고 생각되어 한 말이었으나 영국 선원들은 그 후에 혼성주를 Tail of Cock이라고 불렀으며, 이 말이 줄어서 칵테일(Cocktail)이 되었다는 설이 있다.

칵테일이란 말이 처음으로 쓰여진 시기는 영국의 엘리자베스 여왕시절에 남아메리카 카리브 해안을 따라서 여러 지역을 탐방한 바 있는 모험가들에 의하여 나왔다는 설이 있는데, 모험가들은 방문한 지역에서 원시적이고 토속적인 방법으로 증류된 여러 가지 술을 혼합하여 새의 깃과 비슷한 나무뿌리로 젓던 것이 발전된 것이다. 모험가들은 그들의 고향으로 돌아왔을 때 여행 중에 맛보았던 믹스드 드링크를 소개하였고 이 아이디어는 곧 인기를 끌게 되었다.

1920년부터 14년 동안 미국의 금주법은 오늘날의 알코올 혼합 음료의 계기를 만든 중요한 시기였다. 그 당시 애주가들은 정부의 단속을 피하기 위해 밀주나 밀수입된 술을 마셨으며 업주들은 이들의 단속을 피하기 위해 외형적으로 과일 장식이나 주스를 섞어 술이 아닌 일반 음료로 위장하여 판매를 한데서 오늘날의 칵테일로 많은 발전을 보았다.

4. 칵테일의 효과

미각적 효과

칵테일은 알코올의 쓴맛을 완화시키고 단맛, 신맛, 쓴맛을 잘 조화시켜서 주정도를 부드럽게 하여 마시기 좋게 한다. 칵테일에 미각을 돋구기 위하여 혼성주나 과즙류, 설탕, 계란, 향료, 시럽과 같은 부재료를 이용하여 다종다양의 미각을 창조할 수 있다. 특히 시럽은 칵테일을 마실 때 입을 부드럽게 해 준다.

시각적 효과

쉐이커가 흔들리는 모양, 글라스에 부어 비치는 빛에 의하여 반짝이는 얼음 조각 및 증류주의 단조로운 색으로는 마시고 싶은 욕구를 끌어낼 수가 없을 것이다. 그렇기 때문에 혼성주의 기호성과 약효 그리고 과일을 이용한 장식(Decoration)은 눈으로 보기에 아름다운 색을 창조하여 풍미를 배가시킬 수 있다.

저알코올 효과

주정이 높은 알코올을 스트레이트로 마시면 건강을 잃게 되는데, 부재료를 넣으면 칵테일 맛을 더욱 상기시키고 주정의 농도를 저하시킨다.

칼로리 보강 효과

칵테일을 조제시 들어가는 과일, 계란, 설탕, 봉밀, 크림 등으로 알코올로 인한 영양파괴를 보강하기도 하고 비타민도 많이 포함되어 간장에도 효과가 좋고 피로회복과 활력의 요소로 작용한다.

5. 칵테일의 알코올 도수

칵테일은 독한 술을 약하게 해서 마시기 때문에 주정의 강약을 조절 할 수 있다. 칵테일은 재료와 재료의 양에 의하여 알코올 도수를 다르게 산출할 수 있는데, 칵테일의 알코올 도수가 강하고 약함에 따라서 고객의 기호나 용도에 영향을 미치고, 특히 조주방법에 있어서도 칵테일에 얼음이 가해짐으로 알코올 도수에 지대한 영향을 미친다. 즉 쉐이커나 스티어 방법으로 칵테일을 만들려면 재빨리 조제하지 않으면 안 된다. 그것은 쉐이커나 바 글라스 안에서 서서히 냉각을 시키면 얼음이 녹는 양이 많아져서 칵테일이

묽어지기 때문이다.

칵테일의 알코올 도수를 계산할 때는 만드는 방법에 의하여 틀리기 때문에 주의하지 않으면 안 된다.

쉐이커법·스티어법

이 방법은 칵테일에 얼음이 녹는 양의 10㎖정도를 칵테일 재료의 총량에 더해야만 한다.

$$\frac{(\text{알코올 도수(A)} \times \text{사용량}) + (\text{알코올 도수(B)} \times \text{사용량}) + (\text{알코올(C)} \times \text{사용량})}{\text{사용량의 총합계} + \text{얼음이 녹는 예상량(10 ㎖)}}$$

□ A, B, C는 칵테일의 재료를 나타낸다. 위와 같은 공식으로 해서 알코올 도수를 계산해야 하는 칵테일의 예를 들면 다음 같다.

알코올 산출 예제

- **파라다이스(Paradise)**

드라이 진(Dry Gin) 1 oz(40%)
에프리코트 브랜디(Apricot Brandy) $\frac{1}{2}$ oz(40%)
오렌지 주스(Orange Juice) 1 oz(0%)

$$\frac{(40\% \times 30\text{ ㎖}) + (40\% \times 15\text{ ㎖}) + (0\% \times 30\text{ ㎖})}{60\text{ ㎖} + 10\text{ ㎖(얼음이 녹는 량)}} = \frac{1200 + 600 + 0}{85} = \frac{1800}{85} = 21.17\%$$

빌드 법

빌드 법은 직접 글라스 안에다 칵테일을 만드는 방법으로 쉐이커나 스티어 방법처럼 얼음을 걸러내지 않기 때문에 얼음의 녹는 량을 고려하지 않는다.

$$\frac{(\text{알코올 도수(A)} \times \text{사용량}) + (\text{알코올 도수(B)} \times \text{사용량}) + (\text{알코올(C)} \times \text{사용량})}{\text{사용량의 총합계}}$$

알코올 산출 예제

- **솔티 독(Salty Dog)**

보드카(Vodka) $1\frac{1}{2}$ oz(40%)
자몽주스(Grapefruit Juice) $4\frac{1}{2}$ oz(0%)

$$\frac{(40\% \times 45) + (0\% \times 135\ m\ell)}{180} = 10\%$$

제 2 절 칵테일(Cocktail)의 분류

1. 용량에 의한 칵테일의 분류

쇼트 드링크(Short Drinks)

보통 칵테일은 증류주를 기주로 하여 풍미재료를 배합한 음료로 대부분의 쇼트 드링크를 말하는 것으로 120mℓ(4oz) 미만의 용량 글라스로 내는 음료이며 주로 술과 술을 섞어서 만든다. 이것은 좁은 의미의 칵테일에 해당하며, 이름 뒤에 칵테일을 붙여서 표기하기도 하고 부르기도 한다. 예를 들면 맨해튼 칵테일(Manhattan Cocktail)과 같은 것이며, 이러한 칵테일은 잘 냉각된 음료이므로 온도가 올라가지 않은 때에 가급적 빨리 마시는 것이 좋다. 만든 후 10분 정도 경과하면 섞어 놓은 재료가 분리되어 칵테일의 본질이 없어지고 만다.

롱 드링크(Long Drinks)

120mℓ(4oz)의 이상의 용량 글라스로 내는 음료이며, 얼음을 2~3개 넣는 것이 상식이다. 얼음이 녹기 전에 마시면 되는데, 소다류를 사용한 것은 탄산가스가 빠지면 청량감이 없어지므로 되도록 빨리 마시는 것이 좋다. 넓은 의미의 칵테일이란 이 롱 드링크와 쇼트 드링크를 통틀어 혼합 음료 전부를 가리키는 믹스드 드링크(Mixed Drinks)를 말한다. 이러한 롱 드링크에는 여러 가지 유형(Type)이 있으며 이름 위에 그 유형의 명칭을 붙여서 사용한다. 예를 들면 슬로 진(Sole Gin), 피즈(Fizz), 탐 칼린스(Tom Collins) 등이 있다.

2. 마시는 때에 의한 칵테일의 분류

에프리티프 칵테일(Aperitif Cocktail)

식욕증진을 목적으로 식사전에 마시는 칵테일로 일반적으로 단맛이 없는 칵테일로 식사 전에 식욕을 증진시키기 위하여 마시는 칵테일이다. 마티니, 맨해튼, 캄파리를 이용한 칵테일이 대표적인 것이다.

클럽 칵테일(Club Cocktail)

식사할 때 오드볼이나 수프 대신에 나오는 칵테일로 계란과 과즙이 넉넉히 들어 있어 자양분이 충분한 것이 특징이다.

비퍼 디너 칵테일(Before Dinner Cocktail)

식전에서 식중에 걸쳐서 마시는 칵테일로 키어와 같이 약간 쓴 것이 적당하며, 와인과 맥주도 이 타입에 속한다.

샴페인 칵테일(Champagne Cocktail)

파티 등 축하의 좌석에서 마시는 축배의 칵테일이다.

서퍼 칵테일(Supper Cocktail)

알코올 도수가 높은 칵테일로 비퍼 미드나이트 칵테일이라고 하며 만찬 후에 나온다.

나이트 캡 칵테일(Night Cap Cocktail)

밤에 잠자기 전에 심신의 피로를 풀기 위하여 마시는 칵테일로 핫 위스키토디처럼 몸을 덥게 하고 향기로운 것이 적합하다.

식후 칵테일(After Dinner Cocktail)

식사 후에 소화를 돕거나 산뜻한 입가심을 위하여 마시는 칵테일로서 수도 난맛이 나는 칵테일로 주재료는 브랜디나 리큐르를 이용하여 만든 것이 제격이다. 대표적인 칵테일이 브랜디 알렉산더, 글라스하퍼 등 대표적이다.

상시 칵테일(All Day Cocktail)

상시 칵테일은 식사와 상관없이 마시는 칵테일로 신맛이나 단맛의 나는 독특한 맛의 칵테일을 각자의 개성과 분위기에 알맞게 선택하여 마실 수 있다. 그러나 상시 칵테일을 마시는 방법으로는 밤늦게 마실 때는 주로 코인트루(Cointreau), 계란 등과 같이 드라이(쓴맛)하면서 알코올 도수가 강한 것이 좋다.

3. 마시는 방법에 의한 분류

소프트 드링크(Soft Drinks)

비알코올 드링크 칵테일(Non Alcoholic Drinks)로 청량 음료를 나타내는 소프트 드링크(Soft Drinks)와는 다른 의미이며, 소량의 리큐르 등을 사용하는 수도 있으나 알코올 성분은 거의 없다.
예를 들면 플로리다 칵테일(Florida Cocktail), 로버스 드림(Lover's Dream) 등으로 주로 여성이나 어린이가 마시기에 적합하다.

믹스드 드링크(Mixed Drinks)

① 하이 볼(High Ball)

1800년대 후반 세인트 루이스(St. Louis)의 철로에 사용되었던 장치에서 유래된 말로 기관사에게 속도를 내라는 신호를 보내기 위해 철로 변의 높은 전주 위에 큰 볼(Ball)을 올려놓았으며, 이 신호를 High Ball이라 불렀다. 이때 기관사들 사이에서 위스키 워터(Whisky and Water)를 주문하면서 바쁠 때는 속도를 내라는 신호로 하이볼(High Ball)이라는 신호를 사용해서 그후 위스키 워터(Whisky Water)나 위스키 소다(Whisky Soda)같은 음료를 하이볼로 통용하게 되었으며, 요즘에는 증류주나 각종 양주를 탄산 음료와 섞어 하이볼 글라스(Highball Glass)에 나오는 일반적인 롱 드링크(Long Drinks)를 일컫는 의미로 사용되고 있다.
예를 들면 위스키 소다(Whisky Soda), 위스키 콕(Whisky Coke), 진 토닉(Gin Tonic) 등이 대표적인 하이 볼이다.

② 피즈(Fizz)

피즈는 탄산음료를 열 때 나는 피식하는 소리를 나타내는 의성어로서 피즈를 만들 때도 마지막 소다 워터(Soda Water)를 더했을 때 피식하는 소리가 나니까 그렇게 명명된 것이다.
기본 제법은 1/2oz 레몬 주스, 1tsp(티스푼), 파우더 슈거(Powdered Sugar)를 쉐이커하여 하이 볼 글라스에 따른 후 소다수를 넣어서 만든다. 예를 들면 진 피즈(Gin Fizz), 카카오 피즈(Cacao Fizz), 슬로 진 피즈(Sloe Gin Fizz), 골든 피즈(Golden Fizz), 실버 피즈(Silver Fizz) 등이 있다.

③ 카린스(Collins)

처음으로 만든 사람의 이름을 따서 존 카린스(John Collins)라고 하는데, 여름이나 더운 날씨에 잘 어울리는 음료로 영국에서 시작되었다. 피즈(Fizz)의 일종으로 증류주, 레몬 주스, 설탕, 소다수를 채우는 제법도 비슷하다. 다만 피즈보다 소다수를 많이 사용하는 것이 다르다. 카린스 글라스(Collins Glass)에 권하는 피즈라고 할 수 있다. 파생된 음료로는 탐 카린스(Tom Collins), 존 카린스(John Collins) 등이 있다.

④ 사워(Sour)

레몬 주스를 다량으로 사용한 음료로 사워(Sour)의 의미는 시큼한 또는 신맛이 강하다는 의미이다. 기본 제법은 증류주에다 레몬 주스(Lemon Juice), 설탕(Powdered Sugar)을 넣어서 쉐이커를 한 후에 사워 글라스(Sour Glass)를 사용한다.

세계적으로 매우 인기 있는 음료로 나라에 따라서 만드는 방법에 다소 차이가 있다. 미국은 상기 처방으로 널리 행해지고 있으며, 영국은 상기 처방으로 만든 다음 소다를 약간만 겉면에 뿌려 섞지 않고 탄산가스의 자극으로 신맛이 보다 드러나도록 완성시켜서 낸다. 일본이나 우리나라의 일반적 처방은 레몬 주스의 양을 줄여서 상시 처방으로 만든 다음 소다를 듬뿍 넣어서 스푼으로 잘 섞어서 내놓는다. 이것은 신맛을 싫어하는 동양인의 구미에 따라 맞춘 처방이다.

사워의 종류로는 위스키 사워(Whisky Sour), 진 사워(Gin Sour), 브랜디 사워(Brandy Sour) 등이 있다.

⑤ 릭키(Rickey)

조이 릭키라는 사람이 만든 칵테일로 더운 여름에 즐겨 마신다. 신선한 라임(Lime)을 다량으로 사용한 시큼한 음료로써 설탕이 안 들어가며 다이어트(Diet)하는 당뇨병 환자가 마시면 좋다. 기본 제법은 증류주에 라임주스(Lime Juice), 하이볼 글라스, 소다워터, 라임 웨이지(Lime Wage)를 넣는다.

상기의 제법은 현재 보통 사용하는 방법이나 초기에는 병들이 라임(Lime)주스를 사용하지 않고 신선한 라임(Fresh Lime)을 손가락으로 눌러 뭉갠 후 주스를 글라스에 떨어뜨린 다음 건더기도 글라스에 넣어서 만들었다.

릭키 종류의 음료를 예를 들면 진 릭키(Gin Rickey), 스카치 릭키(Scotch Rickey), 럼 릭키(Rum Rickey) 등이 있다.

⑥ 플립(Flip)

와인이나 증류주에 신선한 계란과 설탕, 시럽을 사용하는 음료로 에그녹(Eggnog)과 마찬가지로 자양분이 대단히 많다. 에그녹과 다른 점은 우유를 사용하지 않는다는 점이다. 피곤할 때나 병후의 회복기에 마시면 좋다.

기본 제법은 계란(Whole Egg), 설탕(Powdered Sugar)을 넣어서 쉐이커를 한 후에 플립 글라스(Flip Glass)에 담아서 위에다 넛맥을 뿌린다.

플립의 예를 들면 포트 플립(Port Flip), 쉐리 플립(Sherry Flip), 브랜디 플립(Brandy Flip) 등이 있다.

⑦ 쿨러(Cooler)

카린스와 유사한 음료로 여름에 좋은 음료이며, 차갑고 청량감이 있는 음료로서 갈증 해소에 좋다. 기본 제법은 증류주나 와인에 설탕, 적당량의 소다수나 진저 엘(Ginger Ale), 세븐업 등의 여러 가지 탄산음료를 넣어서 만든다.

먼저 카린스에 설탕과 소다수 2 oz를 넣고 저은 다음 얼음을 넣고 기주를 따른다. 다시 소다수나 진저 엘로 잔을 채우고 저어준 다음 오렌지나 레몬의 나선형의 껍질을 글라스 안에 넣어서 끝을 글라스의 림(Rim)에 걸쳐놓는다. 대표적인 것으로 호스 넥(Horse's Neck), 진 쿨러(Gin Cooler), 럼 쿨러(Rum Cooler), 와인 쿨러(Wine Cooler) 등이 있다.

⑧ 코블러(Cobbler)

미국에서 시작된 음료로 사전적 의미로는 구두 수선공이란 뜻이 있다(지금은 Shoemaker가 보통 쓰인다) 열심히 일하던 구두 수선공이 한 여름 낮 목마름을 달래기 위해 잠시 손을 쉬고 서늘한 나무 그늘에서 마신데서 이 이름이 붙었다는 말이 있다.

화이트, 레드, 포트, 쉐리 등 각종 와인을 주재료로 하여 시럽을 넣고 여러 가지 과일로 장식을 하여 만드는 것을 의미하며, 지금은 증류주를 주재료로 한다. 기본 제법은 고블렛(Goblet) 또는 올드패션 글라스(Old Fashioned Glass)에 설탕을 넣고 소다수를 넣어 용해시킨 다음 얼음(Shaved Ice)으로 글라스를 채워 넣은 후 기주를 넣어 스터(Stir)한다. 계절과일(Season Fruits)을 장식하고 스트로우(Straw)를 꽂아 낸다.

코블러 타입의 대표적인 음료는 브랜디 코블러(Brandy Cobbler), 클라렛 코블러(Clert Cobbler) 등이 있다.

⑨ 줄렙(Julep)

이 명칭은 페르시아(Persia)에서 왔으며 원래의 의미는 쓴 약을 마실 때 입가심을 위해 마신 달콤한 음료를 말한다. 그것이 19C에 미국 남부에서 기분을 상쾌하게 하고 기운을 나게 하는 음료를 의미하는 말로 전용되었다. 처음에는 와인을 주재로 해서 음료를 만들었으나 남북전쟁 후에 위스키를 넣어서 만든다.

기본 제법은 실버 머그(Silver Mug) 카린스 글라스에 박하(Mint) 잎, 물, 설탕을 넣고 저으면서 섞는다. 다음 쉐이브 아이스(Shaved Ice)를 넣고 기주를 넣어 민트 잎에 상처가 나지 않게 조심해서 글라스 표면에 성애가 낄 때까지 잘 섞는다. 이때 손으로 글라스를 잡지 않고 젓는다. 레몬, 오렌지, 파인애플 등의 슬라이스(Slice)와 체리, 민트의 가지로 장식하고 스트로우(Straw)를 곁들인다.

줄렙타입의 칵테일은 버번 위스키를 기주로 한 민트 줄렙((Mint Julep), 브랜디 줄렙(Brandy Julep) 등이 있다.

⑩ 프라페(Frappé)

칵테일 글라스나 소우서 샴페인 글라스(Saucer Champagne Glass)에 크러시드 아이스(Crushed Ice)를 넣고 원하는 술을 부어 준다. 프라페는 프랑스어로서 얼음으로 차게 한, 살짝 얼린 과일즙이란 뜻이 있다. 이 프라페는 20세기초 미국의 캔사스 시티(Kansas City)의 피터 슬로보디씨에 의해 고안되었다. 글라스에 부숴 놓은 얼음을 놓고 중앙에 세로로 머들러(Muddler)로 구멍을 뚫고 거기에 리큐르를 따르고 빨대를 세우는 것이 원형이다.

프라페 타입의 대표적인 음료는 민트 프라페(Mint Frappé), 카카오 프라페(Cacao Frappé), 브루 큐라카오 프라페(Blue Curacao Frappé) 등이 있다. 유사한 방법으로 리큐르 대신에 증류주를 넣으면 미스트(Mist)라고 한다.

⑪ 펀치(Punch)

몇가지를 제외하고는 일정한 처방 규정이 없고 주로 큰 파티 장소에서 많이 이용된다. 큰 펀치 보울(Punch Bowl)에 덩어리 얼음을 넣고 두 가지 이상의 주스나 청량 음료와 두 가지 이상의 술을 넣고 만드는 것이며, 지역이나 계절의 특성을 최대한 살릴 수 있는 것이다. 지역에 따라 특성 있는 과일 등을 작게 썰어서 띄운 후 레들(Ladle)을 펀치 보울에 넣어 두고 손님들이 직접 덜어서 마시게 하는 것이 보통이다.

펀치 타입의 음료를 예를 들면 스트로베리 펀치(Strawberry Punch), 쉐리 펀치(Sherry Punch), 샴페인 펀치(Champagne Punch), 브랜디 샴페인 펀치(Brandy Champagne Punch) 등이 있다.

⑫ 에그녹(Eggnog)

증류주에 계란, 설탕, 우유 등을 섞어서 소형 고블렛에 만들어서 뜨겁게 혹은 차갑게 만들어서 마시는데, 이 음료는 미국의 남부지방에서 크리스마스 아침에 즐겨 마셨던 음료이다.

⑬ 푸스 카페(Pousse Café)

두 가지 이상의 서로 다른 술의 비중이 틀린 점을 이용하여 푸스 카페 글라스에 층층이 쌓는 것을 말하는데, 증류주, 시럽, 리큐르 등을 비중이 무거운 술을 아래로 가벼운 술을 위로 쌓는다. 먹는 방법은 한 입에 넣어서 섞어 마신다. 푸스 카페의 대표적인 칵테일은 레인보우(Rainbow), 프렌치 푸스 카페(French Pousse Café) 등이 있다.

⑭ 슬링(Sling)

증류주를 기주로 하여 레몬주스, 설탕, 소다수를 이용하여 시원하게 만든 음료이다. 초기에는 뜨겁게 마드는 방법과 차갑게 만드는 방법이 있었으나 지금은 소다수를 사용하여 차갑게 만든다.

슬링타입의 음료로는 진 슬링(Gin Sling), 싱가폴 슬링(Singapore Sling) 등이 있다.

⑮ 토디(Toddy)

처음에는 뜨거운 물을 이용하여 만든 핫 드링크였으나 지금은 찬물을 이용하여 만들기도 한다.

하이볼이나 올드 패션 글라스에 증류주, 설탕, 향료를 넣고 뜨거운 물로 채우는 것이 일반적인 제조방법이다. 토디 타입의 대표적인 칵테일은 핫 스카치 토디가 있다.

제 3 절 부재료의 종류

바에서 제공되는 술의 종류는 다양하고 혼합하지 않고 스트레이트 한 가지 종류로 마시기도 하지만 고객들은 칵테일도 즐겨 찾는다. 칵테일은 여러 가지 양주와 과즙을 적당한 분량을 혼합하여 만드는데, 주재(主材; Base)[22] 가 되는 양주로서 진, 위스키, 브랜디, 럼, 보드카 등 주로 증류주가 사용되나 때에 따라 와인이나 리큐르가 주재가 될 때도 있다.

칵테일 중에 가장 많이 사용되는 것은 진으로 무색투명하기 때문에 어떠한 증류주에도 잘 배합되는 장점을 지니고 있다. 칵테일 주재주(主材酒)에 풍미를 내는데 필요한 부재료가 배합되며 색과 맛과 향을 첨가해서 마시는 사람에게 만족감을 주게 된다. 이러한 부재료를 대비하여 보면 풍미를 내기 위해 사용되는 주류 외에 과즙류, 시럽류, 과실류, 향료류, 비터스류, 기타 여러 종류가 있다.

22) 기주(基酒; Base)는 칵테일 조주시에 가장 기본이 되는 술을 의미한다.

1) 청량음료(Soft Drinks; Non-Alcoholic Drinks)

청량음료의 CO_2는 청량감을 주며 미생물의 발육을 저지하여 과실의 향을 오랫동안 보존하는 역할을 한다.

콜라(Cola)

콜라는 칵테일에 들어가면 상쾌한 맛을 내주는데, 럼이나 위스키와 잘 어울리고 주로 롱 드링크에 사용한다.

소다수(Soda Water)

탄산가스와 무기염류가 포함되어 있어 소화제로 마시기도 하나 주로 위스키와 배합하여 조주되면 감촉이 부드럽다. 소다수는 탄산가스가 들어있는 천연적인 것과 인공적으로 탄산가스를 주입시키는 두 가지의 방법이 있다. 물 자체에 탄산가스만 들어있기 때문에 체이서로 많이 사용되며 칵테일을 만들 때는 칵테일의 맛은 변화시키지 않으면서 알코올 도수를 떨어뜨리고 산뜻한 맛을 내는데 좋다.

토닉 워터(Tonic Water)

토닉 워터는 무색투명의 음료로 레몬, 라임, 오렌지, 키니네 껍질(Quinine Peel) 등으로 엑기스를 만들어 당분을 배합한 것이다. 그래서 칵테일에서는 씁쓰레하면서도 상쾌한 맛을 내는 음료로 진을 비롯한 화이트 스피리츠에 잘 어울린다.

세븐업(7up)

구미에서 사이다(Cider)는 사과를 발효해서 제조한 일종의 과실주로 알코올 성분이 1~6%정도 함유되어 있는 청량음료를 말한다. 우리나라에서는 주로 구연산과 감미료 및 탄산가스를 함유시켜 만든다.

진저 엘(Ginger Ale)

생강의 향을 함유한 소다수로 식욕증진이나 소화제로 많이 마시고 있으나, 주로 진이나 브랜디와 혼합하여 마신다. 엘(Ale)은 원래 맥주의 일종을 의미했지만 진저 엘에는 알코올 성분이 들어있지 않다.

카린스 믹서(Collins Mixer)

피즈(Fizz)나 카린스류를 만들 때 쓰이며 소다수에 레몬 주스와 당분을 섞어 만든 음료이다.

탄산수(Sparkling Water)

향기와 맛이 들어있지 않는 순수한 탄산수로 자연적으로 탄산수를 함유하고 있는 것과 양질의 물에 인공적으로 탄산가스를 넣은 탄산수가 있다.

2) 주스(Juice)류

칵테일에 사용되는 프르츠 주스(Fruit juice)는 천연과실이나 병과 캔(Can)류로 가공된 것을 필요 분량대로 사용하게 된다.

주스의 종류를 살펴보면 그레이프 주스(Grape Juice), 레몬 주스(Lemon Juice), 라임 주스(Lime Juice), 오렌지 주스(Orange Juice), 파인애플 주스(Pineapple Juice), 그레이프후르트 주스(Grapefruit juice), 토마토 주스(Tomato Juice) 등이 있다.

3) 과실(Fruit)류

과실류는 신선한 것이 필수적이고 즙을 짜서 칵테일에 풍미를 주거나 장식에 사용한다. 과일은 주스와 칵테일 데코레이션(Decoration)에 다양한 변화와 조화를 이뤄 준다. 과일 데코레이션은 창의성과 바텐더의 기술에 의하여 만들어지며, 칵테일에서 빼놓을 수 없는 프르트 아이템이다. 과일을 이용한 데코레이션은 과일을 자르는 법, 장식 법 등이 다양하며, 조주사의 창의력을 발휘할 수 있는 부분으로 작은 글라스에 개성과 분위기를 예술적인 감각으로 표현하는 것이 칵테일 데코레이트의 기법이다. 과일류는 음료의 특성에 맞게 장식하고 종류는 매우 다양하다.

장식용 과일로는 레몬, 라임, 오렌지, 파인애플, 멜론, 바나나, 딸기, 사과 등이 쓰이고, 올리브, 체리(Cherry), 오니온(Onion) 등의 열매도 사용하며, 칵테일 색채의 변화와 향기를 내기 위해서 장식할 때 사용한다.

올리브(Olive)

원산지는 지중해지역으로 올리브 나무에서 열리는 열매이다. 올리브는 주로 드라이 한 맛이 나는 칵테일에 사용되고, 열매가 완숙되지 않은 것을 수확해서 가성 소다를 넣어 피(皮)를 연하게 하고 소금과 식초를 혼합해서 병으로 포장한다.

칵테일용 올리브는 스터프드 올리브(Stuffed Olive)라 하여 올리브의 씨를 빼낸 뒤 그 자리에 피망(Pimento)을 끼워 넣은 것을 사용한다. 칵테일에 장식을 하는 경우에는 올리브 기름이 있기 때문에 흐르는 물에 반드시 씻은 후에 사용한다.

체리(Cherry)

칵테일에 사용하는 체리는 버찌를 사용하는데, 주 생산지는 유럽과 미국으로 체리(Cherry)는 스위트 맛이 나는 칵테일에 장식하는 것을 기본 원칙으로 하고 있다. 붉은 색인 매러스키노(Maraschino) 체리와 녹색인 민트(Mint) 체리의 두 종류가 있다. 보통 병조림에 것을 많이 사용한다.

칵테일 오니온(Cocktail Onion)

칵테일 오니온(Cocktail Onion)은 작은 양파를 소금과 식초로 혼합하여 절인 것이다. 칵테일 오니온(Cocktail Onion)은 흰색이며 깁슨(Gibson)과 같은 드라이 한 칵테일에 사용된다.

오렌지(Orange)

열대 아시아가 원산지로 칵테일 부재료 뿐만 아니라 주스로도 많이 음용한다. 오렌지는 5㎜두께의 정도로 슬라이스(Slice)하여 감미 칵테일에 액세서리로 곁들인다. 종종 체리와 함께 곁들여 지기도 한다. 칵테일용 오렌지는 인위적으로 가당하거나 다른 성분이 들어있지 않은 100% 원액의 오렌지가 좋다.

레몬(Lemon)

원산지가 동남아로 열대와 아열대 기후에 재배가 적합하며 1년에 3회 수확이 가능하다. 레몬은 당분이 적고 신맛이 강하면서 구연산이 풍부하며 신맛이 강해 비타민 C를 많이 함유하고 있어서 식욕을 증진시킨다. 신맛이 많아서 상쾌한 맛을 내는데, 칵테일에 들어가면 알코올의 쓴맛을 완화시키면서 산뜻한 맛을 내준다. 레몬 1개에서 약60㎖의 과즙을 짤 수 있다.

① 트위스트 레몬(Twist Lemon)

칵테일 조주시 레몬 트위스트를 가장 마지막에 넣는데, 레몬의 양끝을 잘라내고 예리한 칼을 껍질과 과육 사이에 넣어 몸체를 돌려가며 옆으로 껍질만을 벗겨내어 트위스트 레몬을 만는다. 즙을 내는 방법은 칵테일 잔 위에서 양손의 엄지와 집게손가락으로 껍질의 바깥쪽의 밑을 향하게 하고 재빨리 비튼다.

② 스피럴 레몬(Spirals Lemon)

레몬 하나를 나선형으로 전부 벗긴 후 스트로우(Straw)로 감아 준다.

③ 핀치 레몬(Pinch Lemon)

띄우거나 완전히 담는 방법이다.

라임(Lime)

아시아가 원산지로 과일 중에서 신맛이 가장 강하고 열매는 레몬보다 조금 작다. 비타민 C를 많이 함유하고 있으며, 레몬처럼 알코올의 쓴맛을 완화시켜주고 산뜻한 맛을 내주지만 신맛과 쓴맛은 레몬보다 오히려 강하다. 작고 탄력이 있으며 손에 들었을 때 묵직한 것이 좋은 라임으로 1개에서 약40㎖의 과즙을 짤 수 있다.

파인애플(Pineapple)

파인애플은 원산지가 남아메리카 지방으로 칵테일에서는 장식과 과즙으로 사용한다. 유럽에서는 보통 아나나(Ananas)라고 하는데, 청과나 캔에 들어있는 것을 선택하여 사용할 수가 있는데, 초보자는 통조림에 든 것이 좋다.

파인애플에는 브로멜린 성분이 있는데, 그 성분은 단백질을 분해하는 효과가 있다. 파인애플은 위염이나 위산과다 등 위가 좋지 않는 사람은 피하는 것이 좋다.

그레이프후르츠(Grapefruit)

우리말로 자몽이라고 하는 그레이프후르츠의 원산지는 서인도제도로 열매가 포도처럼 주렁주렁 많이 열렸기 때문에 붙여진 이름으로 우리나라의 제주도에서도 생산이 되는 것으로 주스는 조식제공 시 즐겨 찾고 맛은 약간 씁쓸하다. 과육이 노란색과 핑크 색이 있는데, 껍질은 매끄러우면서 탄력이 있는 과일이 좋다. 그레이프후르츠는 건강음료이면서도 피로회복과 피부미용에 탁월한 효능이 있는 것으로 알려졌다. 그레이프후르츠 1개에서 약120㎖의 과즙이 나온다.

4) 시럽(Syrup)류

불어로 시롭(Sirop), 영어로 시럽(Syrup)으로 사탕과 물을 넣어 끓여 여러 가지 과즙이나 당밀을 넣어 맛을 내게 한 것으로 칵테일에는 다음과 같은 종류를 사용하게 된다.

그레나딘 시럽(Grenadine Syrup)

원래는 석류를 원료로 석류의 색과 향을 가진 시럽이지만 현재는 인공착색에 의한 것이 많다.

설탕을 만들고 남은 찌꺼기인 당밀에 석류를 주원료로 해서 풍미를 가한 적색 시럽으로 칵테일의 착색료로 가장 많이 사용된다.

메이플 시럽(Maple Syrup)

캐나다, 미국 등지에서 재배되고 있는 단풍나무의 수액(樹液)을 넣어 만든 것으로 독특한 풍미가 있는데, 칵테일에는 사용하지 않고 아침 식사시 핫케이크 위에 뿌려먹는 시럽이다.

플레인 시럽(Plain Syrup)

찬 칵테일에는 가루설탕이 잘 녹지 않으므로 과거에는 가루 설탕을 사용하던 칵테일에 이 플레인 시럽을 사용해서 조주 작업시간을 단축시키고 있다. 만드는 방법은 설탕과 물을 1대 1의 비율로 넣고 끓여서 만든다. 더욱 투명하게 하려면 계란 흰자위 하나의 분량을 풀어서 시럽에 넣은 뒤 앙금을 걷어내면 된다.

검 시럽(Gum Syrup)

플레인 시럽을 오래 방치해 두면 설탕덩어리가 바닥으로 가라앉아 결정체를 이루게 된다. 이것을 방지하기 위해서 아라비아(Arabia)의 검 분말을 섞어서 만든 시럽이다.

블랙베리 시럽(Blackberry Syrup)

당밀에 검은 딸기의 풍미를 가한 시럽이다.

라스베리 시럽(Raspberry Syrup)

당밀에 나무딸기의 풍미를 가한 시럽으로 바로 위의 블랙베리 시럽과 유사하다.

5) 바 스파이스(Bar Spice)

독특한 향기를 가지고 있어 만들어진 칵테일에 풍미를 한층 더 살리기 위해서 그리고 술의 냄새를 억제하기 위하여 천연 그대로나 건조해서 분말로 또는 가공해서 사용하는 것이 있다. 가장 많이 쓰이는 것은 넛맥(Nutmeg)과 클로브(Clove)이며, 소형 깡통이나 병에 넣어서 판다. 그 중에서는 약용효과가 있어 식욕증진이나 소화제 역할을 하는 것도 있어 향을 소중히 하기 때문에 짧은 기간 내에 모두 사용하는 것이 좋다.

시나몬(Cinnamon)

계피는 방향성 향기와 신맛을 자체적으로 가지고 있어서 알코올의 강한 냄새를 부드럽게 해준다. 칵테일에 가장 많이 쓰이는 것은 파우더 타입이며, 스틱타입은 머들러의 역할도 한다.

넛맥(Nutmeg)

우리말로 육두구라고 하는데, 달콤한 자극성 향기가 나고 계란이나 크림의 비린내를 제거한다.
둥근 타입은 홀 타입, 잘게 부순 것을 그랜드 타입, 가루로 된 파우더 타입의 3종류가 있다. 칵테일에는 주로 파우더 타입이나 홀 타입을 사용한다.

민트(Mint)

박하는 청량감 있는 멘톨 향기가 특징으로 달콤한 향기가 있는 스피아민트, 향기가 약한 쿨민트, 향기가 강한 페퍼민트 등이 있다. 칵테일은 새로 나온 잎이 3~4장이 달린 끝부분을 사용하는데, 페퍼민트는 적게 사용하는 것이 좋다.

페퍼(Pepper)

후추는 검은 후추와 흰 후추가 있는데, 이들은 쓴맛과 자극적인 향기를 갖고 있다. 검은 후추는 쓴맛이 강하고 흰 후추는 향기가 강하다. 칵테일은 향기를 중요시하기 때문에 흰 후추를 사용한다.

클로브(Clove)

정향나무를 말하는 것으로 뜨겁게 하면 달콤한 향기가 나는데, 핫 드링크에 사용하면 알코올의 강한 냄새를 억제할 수 있다.

우스터사워 소스(Worcestershire Sauce)

우리나라의 간장과 같이 생긴 액체로 씁씁한 맛이 나는 소스로 칵테일에서는 주로 토마토 주스를 사용하는 칵테일에 부재료로 사용한다.

타바스코 소스(Tobasco Sauce)

칵테일에서 토마토 주스를 주로 사용한 칵테일에 주로 사용하며, 맵콤하면서 쓴맛도 함께 가지고 있다.

소금(Salt)

테킬라를 스트레이트로 마시거나 솔트 림을 할 때 사용하는 것으로 입자가 부드러운 소금을 사용하는 것이 좋다. 설탕 등 양념류와 향신료도 부재료로 사용된다.

6) 얼음(Ice) 종류

칵테일에서 얼음은 혼합효과와 냉각효과를 내기 위하여 이용한다. 바에서 사용하는 얼음은 용도에 따라서 다양하고 여러 가지의 모양과 형태가 있는데, 그에 따른 명칭이 각각 다르다. 특히 칵테일용으로 사용하는 얼음은 미네날을 사용한 투명하고 맑게 위생적으로 준비된 얼음이 좋다.

세이브드 아이스(Shaved Ice)
가루 얼음으로 후로즌 스타일(Frozen Style), 프라페 스타일(Frappé Style)의 칵테일에 주로 사용되며, 빙수용으로 흔히 볼 수 있는 얼음이다. 요즈음은 아이스 그라인더(Ice Grinder) 등을 이용하여 만든다.

크러시드 아이스(Crushed Ice)
큐브 아이스보다 작은 알맹이로 보통 콩알 크기 형태의 으깬 얼음으로 열대성 칵테일을 만들 때 많이 사용하는 얼음이다.

큐브드 아이스(Cubed Ice)
입방체 모양의 네모 반듯한 각 얼음으로 칵테일용으로 롱 드링크나 주스, 콜라 등을 마실 때도 쓰이는 것으로 얼음 중에 가장 많이 사용된다.

블록 아이스(Block Ice)
비교적 큰 얼음으로 약 1kg 이상의 덩어리 얼음으로 보통 파티나 축제 때 대량으로 만들어 놓은 펀치(Punch)나 컵을 오랫동안 차세하기 위해 사용하는 얼음이다.

럼프 아이스(Lump Ice)
직경 5인치 정도 크기의 덩어리 얼음으로 보통 화채같은 것을 오랫동안 차갑게 유지하기 위하여 사용하는 얼음이다.

크랙크드 아이스(Cracked Ice)
아이스 픽으로 칵테일에 사용하기 알맞게 깬 얼음을 말한다.

7) 비터(Bitters)류

앙고스트라 비터(Angostura Bitters)
칵테일에서 쓴맛을 나게 하는 부재료로 여러 가지 초근목피를 혼합한 알코올 음료이다. 앙고스트라 비터는 1824년 베네주엘라의 앙고스트라 마을에 주둔하고 있던 영국 육군병원 군의장(軍醫長)인 시거트 박사에 의하여 창제되었다. 뛰어난 풍미와 향기로 소프트 드링크, 칵테일 등 있어서 사용량이 증가하고 있다.

오렌지 비터(Orange Bitters)

오렌지를 사용한 비터의 일종으로 English Gin의 메이커가 만든 것이 최초로 이탈리아의 캄파리(Campari)사의 것이 유명하다. 강장, 해열, 건위에 효과가 있으며, 드라이 마티니 칵테일 외에는 그다지 용도는 많지 않다.

8) 설탕(Sugar)

감미료는 인류가 오래 전부터 사용해온 것으로 사탕수수 혹은 사탕무우에서 추출한 당즙을 활성탄을 이용하여 불순물을 제거한 천연식품이다. 이러한 설탕은 칵테일에 들어가서 신맛과 쓴맛을 완화시켜주는 역할을 한다. 설탕을 만드는 방법으로 분류해보면 다음 같다.

그라뉴 슈가(Granulated Sugar)

그라뉴당은 당도가 99%이상으로 수분이나 기타 불순물이 없는 순수한 자당결정이다. 오래 동안 두어도 습기로 인하여 굳어지는 경우가 극히 적어서 보존성이 뛰어난 장점이 있으나 설탕의 결정이 크기 때문에 용해가 쉽지 않다. 그러나 뜨거운 물에는 잘 용해가 되기 때문에 아이스 커피, 아이스 티, 청량음료에 광범위하게 사용을 하고, 바에서는 플레인 시럽을 만드는데 사용한다.

각 설탕(Cubed Sugar)

설탕의 순도는 99.7~99.8%로 상백당에 무색투명 한 당액을 가하여 일정한 각형으로 압축하여 약한 열로 건조시킨다. 주로 조리용이나 뜨거운 음료에 사용한다.

분당(Powder Sugar)

분당은 결정이 큰 백사탕을 분쇄하여 미세한 결정을 만든 것으로 알코올에는 잘 용해되지 않지만 물에는 잘 용해된다. 일반적으로 칵테일을 만들 때 가장 많이 쓰이는 것이다.

갈색 설탕(Brown Sugar)

설탕이 캐러멜화 되기 전의 설탕으로 독특한 맛이 난다. 주로 제과, 제빵, 조리에 많이 사용한다.

인공감미료

합성감미료로 감미를 가진 유기화학물의 총칭을 의미한다. 사카린 나트륨, 수루틴, 사이크라민산 나토리움, 사이크민산 칼슘의 4가지가 대표적인 인공감미료로 청량음료에 많이 사용되고 있다.

9) 유제품(Dairy Products)

칵테일에 부드러운 맛을 내게 하거나 감칠맛을 더하기 위하여 유제품을 부재료로 사용한다. 유성 음료로는 지방질을 제거한 우유와 유지만을 모아 만든 스위트 크림(Sweet Cream) 등이 있다.

유제품은 칵테일의 부재료로 사용할 때 신선미가 가장 중요한 제일의 조건이 된다.

우유(Milk)

유지방이 많으면 입안에서 감칠맛이 있으며, 건강식으로 마시기에는 저지방우유가 좋으나 칵테일에는 지방성분이 들어있는 것이 좋다.

생크림(Cream)

우유에서 유지방 성분을 최대한 살린 것으로 유지방 성분이 18% 이상인 것을 말한다. 15~18%인 것을 라이트 크림이라 하고 45%정도를 헤비 크림이라 한다. 칵테일용으로는 라이트 크림정도면 아주 좋다.

제 4 절 바(Bar)의 비품

주장에서 사용되는 기구류는 주장 영업에 없어서는 안될 소중한 필수품이므로 모든 기구의 사용 방법을 올바르게 숙지하여 조심성 있게 다루어야 한다. 이러한 조제도구는 옛날부터 전통적으로 사용되어온 도구 외에 최근에 개발된 새로운 도구도 적극적으로 갖출 필요가 있다. 또한 바에서 사용하는 부재료의 특성과 용도를 정확히 숙시하여 원활한 업무가 진행되어야 한다.

1. 바 비품의 종류

스텐다드 세이커(Shaker)

칵테일을 만드는데 쓰이는 대표적인 기구로 재질은 주로 스테인레스(Stainless)

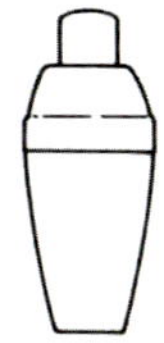

제품이나 최근에는 글라스류나 플라스틱 종류도 많이 쓰인다. 세이커의 명칭은 캡(Cap), 스트레이너(Strainer), 바디(Body)의 세부분으로 나뉘어져 있다. 칵테일의 성격에 따라서 알코올류와 기타 부재료를 바디(Body)에 얼음과 함께 넣고 스트레이너를 끼우고 캡을 덮고 흔들어 안의 재료가 고루 섞이게 하는 기구이다.

세이커를 사용하는 방법은 여러 가지 형태가 있으나 오른손잡이의 조주사를 중심으로 기술하면 다음 같다. 오른손 엄지로 캡을 누르고 새끼손가락과 약지 사이에 바디를 끼우고 중지와 인지로 받친다. 왼손은 엄지로 스트레이너 어깨 부분을 누르고 중지와 약지의 제1관절에서 손가락 끝을 바디 밑으로 돌리고 인지와 새끼손가락으로 바디를 끼는 듯이 하여 잡는다. 이렇게 잡은 세이커를 오른쪽 어깨 높이와 눈 높이 사이로 정면에서 우측으로 약 45도 각도로 비껴서 힘차고 리드미컬하게 흔든다.

재료의 비중이 비교적 무겁고 혼합이 잘 되지 않는 음료를 칵테일 재료로 사용할 때 쓰는 칵테일 기법으로 잘 섞이는 것은 가볍게 단시간에 흔들어 주고 계란이나 우유 등 잘 섞이지 않는 재료일 경우는 빠르고 힘차게 좀 더 흔들어 주어야 한다. 주의할 점은 스파클링(Sparkling)이 있는 음료를 넣어서 흔들면 캡이 튕겨 나올 염려가 있기 때문에 조심해서 다루어야 한다.

보스톤 쉐이커(Boston Shaker)

열대성 과일이나 주스 등을 사용한 열대성 칵테일을 만들 때 쉐이크 하는 기구로 스트레이너 없이 두 부분으로 나누어졌으며 두 개 모두 스테인레스로 된 것도 있고 한쪽은 스텐인레스와 다른 한쪽은 유리로 된 것이 있다.

믹싱 글라스(Mixing Glass; Bar Glass)

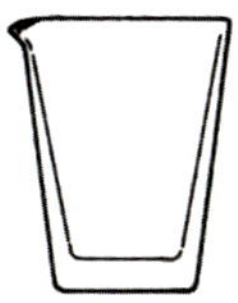

칵테일 조제방법 중 스터링(Stirring)할 때 쓰이는 기구로써 약 75 ㎖용량의 유리제 글라스이며 비커와 같이 술을 따르는 주둥이가 나와 있다. 순도가 높은 재료나 쉐이크하면 탁해지는 재료를 가벼운 방법으로 섞을 때 사용하는 기구로서 유리로 된 제품이 대부분이며 바에서는 쉐이커 바디를 많이 사용하기도 한다.

스핀들 믹서(Spindle Mixer)

미국에서 개발된 전동식 쉐이커로 스텐레스에 재료를 넣고 작은 프로펠러가 달려있는 전동기에 넣어 섞는 전동기구이다. 바에서 사용하는 블렌더는 컵 부분이 분리된 것이 재료를 넣기 쉽고 편리하다.

강, 중, 약의 속도 장치가 되어 있어서 칵테일의 성질에 따라서 조절하여 사용한다.

바 스푼(Bar Spoon)

칵테일 조주시 재료를 휘젓기 위하여 사용되는 스테인레스제의 스푼으로 손잡이가 유난히 긴 18㎝ 이상이다. 바 스푼의 형태는 티스푼 모양으로 생겼으나 길고 중간은 나선형이고 끝 부분은 포크 모양과 같이 생겼으며, 레시피(Recipe)에서 1tsp는 바 스푼 하나의 분량을 의미한다.

바 스푼은 칵테일의 재료 혼합, 재료의 계량, 술의 비중을 이용한 재료를 띄우는 칵테일을 만들 때 사용하는 도구이다. 윗부분의 포크와 같이 생긴 것은 체리나 레몬 조각을 장식할 때 편하게 하기 위하여 만들어 놓은 것이다.

스퀴저(Squeezer)

레몬이나 오렌지와 같은 과일의 즙을 짜는 것으로 보통 유리제품으로 중앙에 나선형의 돌기가 있어서 반으로 자른 과일을 여기에 대고 서서히 눌러서 돌리면서 과즙을 짠다. 너무 강하게 짜면 과피의 쓴맛이 들어가기 때문에 주의하여야 한다.

메져 컵(Measure Cup; Jigger)

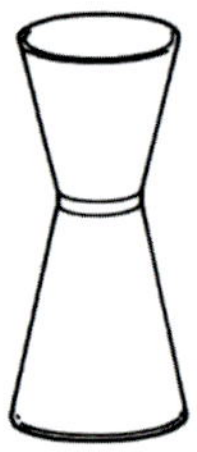

칵테일 조주시 술이나 주스처럼 액체재료의 양을 측정하는데 사용하는 도구로 금속으로 만들어서 많이 사용한다. 메져 컵은 1oz(30㎖)와 $1\frac{1}{2}$oz(45㎖)의 용기가 맞대어 삼각형 형태로 한 세트로 되어있는 것이 바에서 일반적으로 많이 쓰이며, 보통 지거(Jigger)라고도 한다.

메져 컵은 보통 작은 부분만 사용하는데 큰 부분을 쓸 경우는 작은 부분에 남아있던 재료가 흐를 수 있기 때문이다.

아이스 픽(Ice Pick)

얼음을 잘게 부수는 도구로 송곳처럼 생겨서 얼음을 원하는 크기로 나누어 사용하는 것으로 끝이 날카롭기 때문에 안전하게 사용해야 한다.

포우러(Pourer)

술의 양을 조절하기 위하여 병의 입구에 끼워서 사용하는 기구로서 각종 주류를 따를 때 흐르지 않도록 하기 위해 사용하는 기구이다. 포우러는 술의 손실을 예방할 수 있는 경제적이고 편리한 도구한 도구이나 당분이 많은 리큐르는 사용하지 않는 것이 바람직하고 만약 사용할 때는 포우러를 자주 닦아준다.

코르크 스크루(Cork Screw)

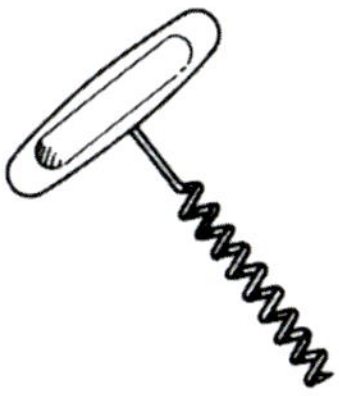

와인을 오픈 할 때 사용하는 것으로 와인은 대부분이 코르크로 되어 있기 때문에 편리하고, 병안으로 찌꺼기가 들어가지 않도록 위생적이면서도 안전하게 사용할 수 있게 한 기구이다.

아이스 페일(Ice Pail)

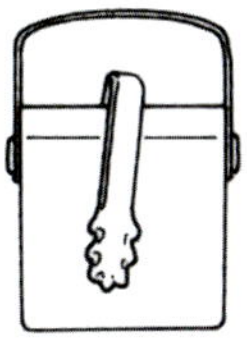

얼음을 넣는 통으로 속에는 녹은 물을 받기 위해 깔개가 있다. 재질로는 금속, 유리, 나무제품 등으로 얼음 집게가 세트로 되어 고객의 테이블에 많이 제공된다.

스트레이너(Strainer)

믹싱 글라스에서 만든 칵테일 술잔에 따를 때 얼음 조각이 쏟아지지 않도록 바치는 역할을 하는 것이며 주걱형의 평평한 스테인레스 판에 나선형의 용수철을 둘러 감아서 만든 것이다.
쉐이커의 스트레이너와 같은 역할을 하나 단순히 스트레이너를 말할 때 이것을 가르킨다. 믹싱 글라스에 끼어서 사용할 때는 오른손 인지로 스트레이너 중앙부분의 돌기를 누르고 다른 손가락은 믹싱 글라스를 감싸서 잡고 글라스에 따른다.

스트로우(Straw)

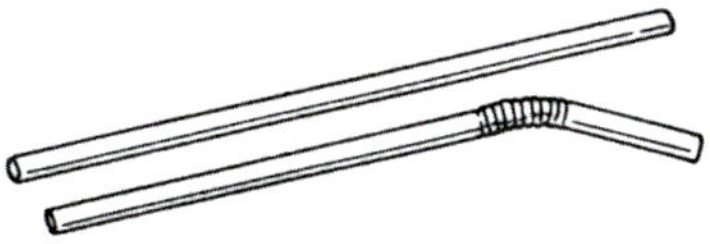

글라스를 들고 마시는데 불편함이 없도록 하기 위하여 제공되며, 입에 직접 대는 것이기에 청결히 다루어야 한다. 예전에는 칵테일에서 스트로우를 사용하는 일이 별로 없었는데, 최근에는 자주 이용하게 된다. 굵기나 색의 다양화를 꾀할 수 있으며 칵테일을 색과 맞추어 조화를 이루면 좋다.

오프너(Opener)

병마개와 캔을 열기 위하여 것으로 바에서 필수품으로 다기능적으로 사용할 수 있게 세트로 되어 있다.

페티 나이프(Petit Knife)
페티 나이프(Petit Knife)의 의미는 작은칼로 칵테일에 장식하는 과일껍질을 벗기고, 자르거나 안주 등을 만들 때 사용한다. 작은 도마와 글라스 타월도 함께 준비해 두면 좋다.

코스터(Coaster)
글라스에 응결된 물기를 흡입과 글라스 아래 받침으로써 언더라인 구실을 하여 정중한 서비스를 이룩할 수 있다. 재질은 종이나 천처럼 물을 잘 빨아들이는 것이 좋고 금속제, 도기제는 적합하지않다.

글라스 홀더(Glass Holder)
뜨거운 음료를 제공할 때 글라스를 쉽게 쥘 수 있도록 만든 금속제 홀더(Holder)이다. 8온스 텀 블러가 표준크기이다.

칵테일 픽(Cocktail Pick)
재질은 목제, 프라스틱제 등으로 되어 있으며, 칵테일에 장식용으로 사용되는 체리, 올리브, 레몬 등을 꽂을 때 사용한다.

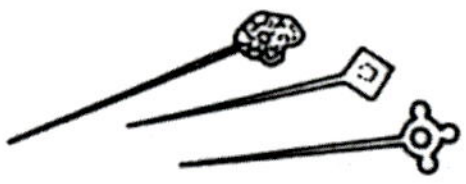

샴페인 쿨러(Champagne Cooler)
화이트 와인, 샴페인, 로제 와인과 같이 차갑게 와인을 제공해야하는 경우 와인을 냉각시키기 위한 용기로서 대부분 금속제로 여기에 가루 얼음(Frappé)을 넣고 스탠드와 함께 사용한다.

와인 바스켓(Wine Basket)
레드 와인을 제공할 때 사용하는 바스켓으로 레드 와인을 더욱 품위 있고 또한 찌꺼기가 가라앉도록 넣어두는 와인 바구니이다.

챠핑 보드(Chopping Board)
바에서 과일을 자르거나 안주 등을 만들 때 사용되는 도마이다.

아이스 스쿠퍼(Ice Scooper)
다량의 조각난 얼음을 다룰 때 사용하는 얼음 삽이다.

스탑퍼(Stopper)

콜라나 사이다와 같이 탄산가스가 들어있는 음료를 사용하고 남은 탄산음료를 보존하고 가스의 유출을 막기 위하여 사용하는 탄산음료의 병마개이다.

롱 스푼(Long Spoon)

바 스푼과 티스푼의 중간 정도의 길이를 가진 스푼으로 핫 드링크를 제공하는데 많이 사용한다. 그러나 최근에는 머들러로 대용하는 일이 많아졌다.

머들러(Muddler)

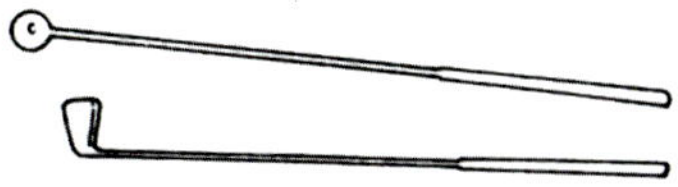

주로 롱 드링크 속의 과일을 으깨거나 섞는데 사용하는 긴 막대이다.

아이스 텅(Ice Tong)

얼음 집게를 말하는 것으로 얼음은 손으로 직접 집지 않고 아이스 텅으로 집는다.

스로트드 랙(Slotted Rack)

스템디드 글라스의 저장과 장식을 위하여 설치한 것인데 바 후론트 위에 설치되어 있는 경우에는 글라스를 꺼내 쓰지 않는다. 왜냐하면 고객들의 담배연기와 안 좋은 성분들이 묻어있기 때문에 사용하지 않는 것이 좋다.

2. 글라스 웨어의 모양

칵테일의 맛과 더불어 분위기를 조성하는데 일조를 하는 것이 여러 가지 형태의 글라스이다. 글라스는 재질에 따라서 고급의 크리스탈 글라스(Crystal Glass)와 노말 글라스(Normal Glass)가 있다. 모양도 글라스에 크게 다리가 달린 스템드 글라스가 있으며, 다리가 없는 원통형 글라스가 있다. 바에서 칵테일을 사용할 때에는 조금은 비싸지만 투명도가 높은 크리스탈을 사용하는 것이 좋고 실용성이 적합한 것이 가장 좋다.

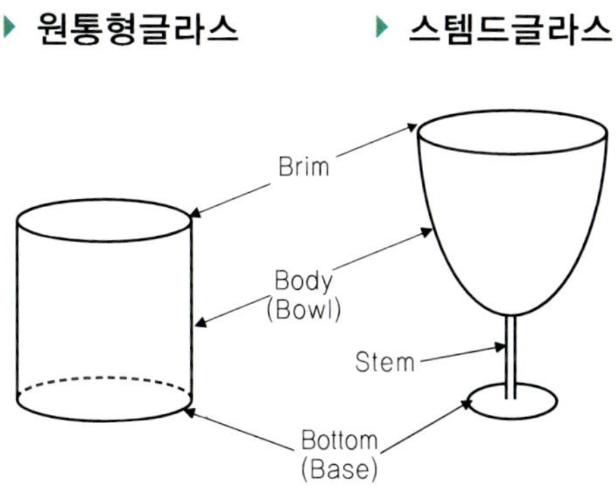

샴페인 소우서(Saucer)

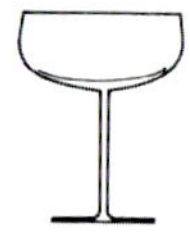

축제용 술인 탄산가스를 함유한 샴페인 및 일반 스파클링 와인을 마실 때 사용하는 글라스로 칵테일 글라스를 조금 크게 한 밑이 평평한 건배용 글라스이다.

샴페인 플루트(Champagne Flute)

샴페인의 거품이 흘러내리지 않고 샴페인 가스가 달아나지 않도록 제작된 가늘고 긴 플루트형으로 키가 크고 입이 좁다. 샴페인 글라스의 용량은 5온스(Ounce; oz)정도의 들이가 적합하다.

와인 글라스(Wine Glass)

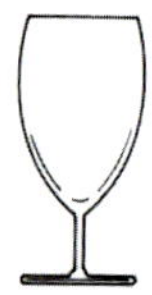

용량은 5~6온스로 폭보다 길이가 길고 글라스는 단색으로 무늬가 없고 투명하며 위(Top)와 밑(Bowl)의 넓이가 비슷하게 생겼다. 레드 와인글라스가 화이트 와인글라스보다 크게 생겼다. 와인글라스는 다른 것보다 일반적으로 재고파악이라든가 보관에 있어서 비교적 스페이스(Space) 차지에 경제적이라 널리 사용되고 있다.

사워 글라스(Whisky Sour Glass)

위스키 사워 글라스는 시큼한 음료를 만들 때 사용하는 것으로 용량은 3~5온스이다. 목줄기(Stem)가 길고 위가 좁고 밑이 깊어 서의 평형형으로 생겼다. 위스키 샤워나 브랜디 샤워는 악취방지용으로서 끝에 마무리로 마시는 음료이다.

고블렛 글라스(Goblet Glass)

텀블러에 짧은 다리(Stem)가 붙어 있는 형태로 맥주나 얼음 냉수를 마실 때 사용하는 글라스이다. 맥주나 소프트 드링크, 얼음을 가득 채운 칵테일을 사용할 때 많이 사용하며 용량은 약 10온스 정도이다.

리큐르 글라스(Liqueur Glass)

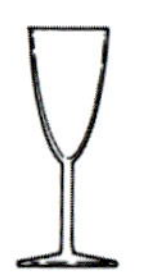

술을 스트레이트로 마시기 위한 용도로 사용하는데, 대체적으로 식후에 마시는 달콤한 여성용의 혼성주를 부어 마실 때 쓰이며 스템이 짧고 대단히 작은 츄립형으로 되어 있다. 용량은 30㎖인 1온스의 용량이 대부분이다.

브랜디 글라스(Brandy Glass)

둥근 모양으로 입부분이 오므라진 글라스로 일명 브랜디 인할러(Brandy lnhaler), 스니프터(Snifter)라고 한다. 브랜디를 스트레이트로 마시는데 사용하는 글라스로 입이 오므라진 형태는 브랜디의 유일한 향기가 밖으로 쉽게 나가지 않도록 하기 위하여 고안된 것이다. 절대 이 잔에 술을 가득 채워 마시지 말고 1~2온스 가량 부어 스템을 둘째와 셋째손가락 사이에 끼워서 손의 온도로 향기를 즐기며 혀끝으로 조금씩 마시는 것이 상례이다. 용량은 6~8온스 정도로 만들어져 있다.

칵테일 글라스(Cocktail Glass)

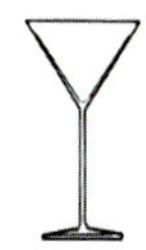

용량은 3~4온스로 대개 역삼각형(V-Shaped)이고 그 크기와 모양은 여러 가지로 변하고 있다.

술이 들어가는 부분을 바디(Body) 혹은 페이스(Face)라고 하며 밑은 좁고 위는 넓고 스템이 붙어 있어서 물리적으로 사람의 체온이 전달되지 않도록 한 배려이다. 그래서 칵테일을 마실 때는 스템을 잡는 것이 매너이다.

쉐리 글라스(Sherry Glass)

쉐리주 용의 글라스로 위는 넓고 밑은 좁아지면서 깊게 생겼다. 쉐리주의 용량은 2~3온스가 된다.

올드 패션 글라스(Old Fashioned Glass)

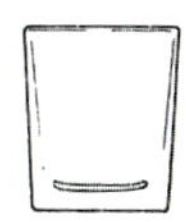

옛날부터 만들어져 오던 고전적인 스타일로 일명 온 더 락(On the Rock) 글라스라고 한다. 작고 두터운(Squat) 글라스로 스템이 없고 위가 밑보다 약간 넓고 용량은 4~6온스이다. 각종 온 더락 타입의 칵테일과 음료수를 제공할 때 사용한다.

텀블러 글라스(Tumbler Glass)

용량은 5~9oz 정도로 일반적으로 8oz의 것을 많이 사용한다. 하이볼 종류의 칵테일을 많이 제공하기 때문에 하이 볼 글라스(Highball Glass)라고도 하는데, 청량음료, 과일주스 등을 제공시에도 사용되기 때문에 사용범위가 다양하다.

톰 카린스 글라스(Tom Collins Glass)

시린드리컬 글라스형으로 가늘고 긴 글라스로 12온스의 용량을 가진 대

형 글라스이다. 롱 드링크의 대표적인 탐 카린스 글라스에 사용하는 글라스이다.

필스너(Pilsner Glass)

맥주전용 글라스로 윗부분은 넓고 아랫부분은 좁은 형태로 되어 있으며 맥주의 거품이 적당히 일어날 수 있도록 하고 맥주의 탄산가스가 조금이라도 늦게 날아가도록 만들었다. 주로 병맥주를 마실 때 사용하는 글라스로 용량은 보통 8온스 정도이다.

스트레이트 글라스(Straight Glass)

브랜디 이외의 증류주를 스트레이트로 마시는 글라스로 보통 사이즈는 1온스 혹은 2~4온스 정도 크기의 글라스도 있다.

제 5 절 칵테일의 계량단위

칵테일의 각각의 특성을 최대한 살려서 제조할 때 가장 중요한 것을 표준 처방에 따라 정확한 분량을 계측하여야 한다. 그 지시대로 조주하지 않아서 재료의 분량이 너무 많거나 적으면 자신이 만들고자 하는 칵테일과는 전혀 다른 음료가 된다. 이를 위해 공인된 표준 용량 단위와 계량컵이 사용된다. 따라서 칵테일 제소라는 용량 딘위에 대한 기본적인 지식을 정확히 이해하고 있어야 한다.

칵테일 제조 방법에 쓰여지는 사용 재료의 분량 표기는 밀리리터(㎖)나 온스(oz)를 혼용하여 사용하고 있다. 또한 1/2, 1/3, 2/3와 같은 분수단위를 사용한다. 우리나라의 경우 미터법의 단위가 보편화되어 있다.

그러나 칵테일 문화가 매우 발달한 미국과 영국 등에서는 갈론(Gallon, Gal)이나 온스(Onuce, oz)등의 단위가 통용되고 있으므로 본서에서는 oz 표기를 채택하였다. 그 외에도 바에서 일반직으로 사용하는 용어로서는 샷(Shot), 지거(Jigger), 핑거(Finger), 하프 앤 하프(Half and Half) 등을 사용한다. 칵테일에 사용되는 주요 계량 단위는 다음과 같다.

▸ 조주표준계량

구분단위	용 량	비 고
1 드롭(drop)	약 1/5㎖	비터 병을 거꾸로 들었을 때 쏟아지는 한 방울(약 1/32 oz)
1 대시(dash)	약 1㎖	비터 병을 거꾸로 들었을 때 떨어지는 양(5□6 방울)
1 티스푼(tsp)	약 5㎖	약 1/8 oz정도의 양
1 온스(oz)	30㎖	다른 말로 포니(pony)라고도 한다.
1 지거(jigger)	45㎖	계량컵에서 큰 쪽 부분
1 글라스(glass)	60㎖	2 oz
1 스플리트(split)	180㎖	6 oz로 1홉과 같다.
1 컵(cup)	240㎖	8 oz
1 핀트(pint)	480㎖	16 oz로 0.5쿼터
1 쿼터(quart)	960㎖	32 oz
1 갤론(gallon)	3840㎖	128 oz

▸ 분수 표기용량 [19)]

분 수	밀리리터	온 스
1/2	30㎖	1oz
1/3	20㎖	2/3oz
2/3	40㎖	1 1/3oz
1/4	15㎖	1/2oz
3/4	45㎖	1 1/2oz

제 6 절 칵테일 만드는 법

칵테일은 어떤 재료와 부재료를 사용하는가에 따라서 조주 방법도 차이가 있다. 탄산가스를 함유한 음료, 농도가 짙은 부재료, 투명도 등에 따라서 조주 방법을 선택해야 한다. 왜냐하면 조주 방법에 따라서 맛이 틀려지기 때문이다. 칵테일에서 사용하는 조주 방법은 크게 쉐이킹, 스터링, 빌딩, 블렌딩 등 네 가지로 구분할 수 있다.

1. 칵테일의 기본과정

칵테일 조주시에는 항상 얼음을 사용하는데, 이것은 냉각과 음료혼합을 위하여 필요하지만 일정시간 이상으로 얼음을 칵테일을 만드는 음료에 닿게 하면 얼음이 녹아서 음료 본래의 맛을 상실하게 된다. 칵테일을 조제할 때 일반적인 기본과정은 다음 같다.

① 칵테일의 제조방법을 기억한다.

19) 분수표기 용량의 기준은 2oz 기준임

② 글라스를 선택한다.
③ 선택된 글라스를 얼음으로 냉각한다.
④ 칵테일 기구를 선택한다.
⑤ 칵테일 기구에 얼음을 투입한다.
⑥ 기주(Base)를 넣는다.
⑦ 부재료를 넣는다.
⑧ 칵테일마다의 적합한 방법으로 조제한다.
⑨ 장식을 완성한다.
⑩ 코스타를 깔고, 고객에게 정중하게 제공한다.

2. 칵테일 조주시 주의 사항

칵테일을 조제할 때는 지켜야할 여러 가지 사항이 있는데, 이것이 지켜지지 않으면 칵테일의 맛, 향기, 색깔이 제대로 지켜지지 않는다. 그러면 고유한 칵테일의 맛을 떨어뜨리는 결과를 초래하기 때문에 특히 유념할 사항은 다음 같다.

① 글라스, 쉐이커나 믹싱 글라스를 차게 해서 사용한다.
② 글라스는 냉각하기 전에는 물기가 없어야한다.
③ 반드시 계량컵을 사용해야 한다. 지거를 잡는 방법은 엄지와 검지로 지거의 중간을 잡고 윗부분만 사용하고 양쪽을 동시에 사용하지 않는다.
④ 고객의 입이 닿는 글라스의 윗부분에 손이 닿아선 안 된다.
⑤ 얼음은 항상 깨끗한 물로 얼린 것만 사용한다.
⑥ 장식을 정확하게 한다.
⑦ 글라스 안에 칵테일은 약 8~9부정도가 되게 한다.

3. 칵테일 조제방법

1) 쉐이킹(Shaking)

칵테일 기법 중에서 가장 많이 알고있는 방법으로 쉐이킹은 우리말로 흔들기라는 의미로 쉐이커(Shaker)에 얼음과 재료를 넣고 흔들어서 만드는 방법으로 조주 기법 중에서 가장 기본적이면서도 조주의 꽃이라고 할 수 있다. 또한 고객들에게 흥미를 제공하는 쇼맨십(Showmanship)이 있어야 한다. 리큐르류나 계란, 우유, 크림, 각종 과일 주스 등 비교적 비중이 무거운 재료를 사용한 칵테일을 만들 때 쓰인다. 쉐이킹으로 만드는 대표적인 칵테일의 종류는 예를 들면 위스키 사워(Whisky Sour), 브랜디 알렉산더(Brandy Alexander), 핑크 레디(Pink Lady), 사이드 카(Side Car) 등이다.

쉐이킹의 특징

① **잘 섞이지 않고 비중이 다른 음료를 조주할 때 적합하다.**
② **얼음이 다량으로 녹지 않도록 주의한다.**
③ **탄산가스가 함유된 음료를 사용할 때는 부적합하다.**
④ **단시간에 음료를 냉각시켜야 할 때 얼음과 함께 이용한다.**
⑤ **작은 쉐이커라도 한 손으로 흔드는 것은 좋지 않다.**
⑥ **고객 쪽을 향하여 쉐이커를 하지 않아야 한다.**
⑦ **쉐이킹 동작은 얼음이 많이 분쇄되지 않게 재빨리 한다.**

쉐이킹 방법

쉐이커에 재료를 넣는 순서는 바텐더의 재량이나 기호에 따라 약간씩 다를 수 있으나 보통은 얼음을 맨 처음 넣고 다음은 기본이 되는 술 그리고 주스나 계란, 크림, 우유 등의 부재료를 나중에 넣는다. 쉐이커를 파줘하는 방법은 오른손의 엄지로 쉐이커의 캡 부분을 누르고 새끼손가락은 바디 밑으로 나머지는 위를 향하게 한다. 왼손의 중지와 약지의 끝 부분(첫째마디)으로 쉐이커의 밑바닥을 잡고 엄지는 스트레이너를 새끼손가락은 밑으로 검지는 위를 향하여 전체적으로 약간의 힘을 주어 쉐이커가 수평이 되게 가슴까지 들어올린다. 양어깨와 팔에 힘을 빼고 가슴에서 곧 바로 앞을 향해 밀었다가 당겨야 되며 최대한 팔을 뻗어야 한다. 흔들 때 손님을 향한 정면은 피하여 약 45도 정도 옆으로 비켜서 흔들어야 한다.

2) 스터링(Stirring)

스터는 우리말로 휘젓다라는 의미로 비중이 가볍고 잘 섞이는 두 가지 이상의 술이나 증류주와 와인 혹은 잘 섞이는 내용물로 구성된 음료를 유리 제품인 믹싱 글라스(Mixing Glass)에 얼음과 술을 넣고 바 스푼으로 저어서 재빨리 조제하는 방법이다. 이때에 주의할 것은 너무 오래 휘젓거나 시간이 걸릴 경우 칵테일이 너무 희석되어 제맛을 내지 못하게 된다. 이 방법에 의하여 조주되는 대표적인 칵테일은 마티니(Martini)와 맨해튼(Manhattan)이라고 하겠다.

드라이한 칵테일의 대부분은 비중이 가벼운 재료를 사용하고 있으므로 쉐이크하면 불투명하고 묽어질 염려가 있기 때문에 스터(Stir)하는 것이다.

스터링의 특징

① **비중이 가볍고 잘 섞이는 주류에 적합하다.**
② **롱 드링크의 조주에 적합하다.**
③ **믹싱 글라스를 사용할 때에는 얼음을 넣어 차갑게 혼합한 다음 스트레이너(Strainer)로 거른다.**
④ **탄산가스를 내포하고 있는 음료는 조금만 저어 준다.**
⑤ **롱 드링크는 믹싱 글라스를 사용하지 않고 일반적으로 직접 저어서 서브한다.**
⑥ **바 스푼이나 머들러(Muddler)를 사용한다.**

스터링의 방법

믹싱 글라스에 얼음과 재료를 넣고 내용물이 충분히 섞이고 차가워진 다음 바 스트레이너(Bar strainer)를 사용하여 걸러서 냉각된 글라스(Serving Glass)에 따라 장식한 다음 코스터(Coaster)나 냅킨 위에 놓아 제공한다. 스터링을 할 때에는 주재료와 부재료를 넣고 오른손의 중지와 약지 사이에 바 스푼의 중간 나선 모양에 오도록 하고 끝 부분은 엄지와 검지의 제일 안쪽에 닿아야 한다. 저을 때에는 한 쪽 방향으로 약 8~12회 정도를 회전시키는데, 순도가 높고 투명도가 좋은 재료는 강하게 혹은 너무 빨리 저으면 색이 탁해지기 쉽다.

3) 빌딩(Building)

빌딩를 다른 말로 푸어링(Pouring)이라 하며 어떤 기구도 사용하지 않고 칵테일을 글라스에서 직접 만드는 방법으로 주로 하이 볼(High Ball)류와 내용물의 비중을 층층이 쌓는 푸스 까페(Pousse Café) 형태의 칵테일 등이 이 방법에 의해 조제된다.

예를 들면 위스키 소다(Whisky Soda), 스크루 드라이브(Screw Driver), 올드 패션(Old Fashioned) , 러스티 네일(Rusty Nail) 등이 있다.

빌딩의 특징

① **칵테일 조제 방법 중에 가장 단순한 도구를 이용한다.**
② **제조방법이 용이하다.**
③ **노 믹싱 칵테일의 경우에는 술의 비중을 이용하여 칵테일에서 색채의 효과를 극대화시킬 수 있다.**
④ **제조단계에서 재료를 냉각시키지 않기 때문에 미리 재료를 냉각시켜둔다.**
⑤ **적당한 양만큼의 얼음을 사용해야만 칵테일이 제 맛이 난다. 예를 들면 텀블러의 경우에는 2~3개의 큐브 아이스를 사용한다.**

⑥ 바 스푼으로 이용하여 상하로 2~3회 저어서 완성한다.

빌딩의 방법

서브 될 용기나 글라스에 직접 얼음과 재료를 한가지씩 단계적으로 넣어 바 스푼으로 휘저어서 만드는 방법이다. 글라스를 선택하여 얼음을 투입한 후에 기주를 넣는다. 부재료를 넣으면서 전체가 8부가 되도록 채운다. 바 스푼으로 2~3회를 상하(上下)로 저어 준다. 이때 탄산가스가 들어 있는 칵테일은 여러 번 휘젓지 않아야 한다. 그 이유는 탄산가스가 날아가기 때문이며, 필요한 장식을 하여 머들러나 스트로를 끼워서 제공하면 된다.

4) 블렌딩(Blending)

믹서기를 사용하여 계란, 크림, 우유 등과 같이 잘 섞이지 않고, 프로즌 스타일(Frozen Style)의 칵테일이나 딸기, 바나나 등 과일(Fresh Fruits)을 사용하여 정열적인 맛을 내는 트로피칼(Tropical)류의 칵테일 거품이 많이 필요한 펀치류를 만들 때 사용하는 방법으로 미국에서는 블렌더(Blender), 일본에서는 믹서(Mixer)라고 표현하는 기계를 사용한다.

예를 들면 프로즌 마가리타(Frozen Margarita), 마이타이(Mai-Tai) 등이 있다.

블렌딩의 특징

① 농도가 짙은 재료를 쉽게 혼합할 수 있다.
② 한꺼번에 많은 분량을 할 수 있다.
③ 블렌딩 시간이 너무 길어서는 안 된다.

블렌딩 방법

칵테일 글라스를 선택하여 글라스를 냉각한 후에 블렌더(믹서기) 안에 큐브 아이스(Cube Ice)를 1/4가량 채워 놓는다. 기주와 부재료를 블렌더 컵에 계량하여 넣고 블렌더 뚜껑을 덮은 후에 칵테일의 성질에 따라서 속도장치를 조절하여 놓는다.
이 방법의 관건은 속도를 잘 조절하는 것으로 너무 오래 블랜딩하면 칵테일이 묽어질 염려가 있고 글라스에 따를 때 거품이 많이 생겨서 좋지 않다. 약 10초 정도의 블렌딩한 후에 블렌드 컵을 들어내어 냉각된 글라스에 스트레이너를 이용하여 따른다. 칵테일에 장식을 하여 서브한다.

5) 기타 방법

플로팅(Floating)

술이나 재료의 비중을 이용하여 내용물을 위에 띄우거나 차례로 쌓기도 하는 방법이다. 플로팅 하는 방법은 바 스푼을 뒤집어 글라스 림(Rim) 안쪽의 끝 부분에서 약간 밑으로 대고 글라스 안의 다른 재료와 섞이지 않게 조심스럽게 따른다. 어떤 사람은 이 방법을 빌딩(Building)의 범주에 넣기도 한다. 예를 들면 푸스 카페(Pousse Café), 엔젤스 키스(Angel's Kiss) 등이 있다.

프로스팅(Frosting)

일명 묻히기로 레몬으로 글라스 가장 자리에 살짝 묻혀서 준비해둔 설탕이나 소금에 살짝 찍어누른다. 이때 글라스는 세워서 해야한다. 눕혀서 프로스팅을 할 경우에는 옆면도 묻게 되어 지저분 상태가 되기 때문에 세워서 해야 한다. 설탕과 소금은 넓게 뿌려 놓은 상태에서 눌러야 한다.

세이커 앤드 빌드(Shaker and Build)

세이킹과 빌딩을 함께 사용하는 방법으로 잘 섞이지 않는 내용물을 먼저 세이커 한 후에 소다수로 희석하는 방법이다. 이 조주방법으로 대표적인 것은 실버 피즈(Silver Fizz), 골든 피즈(Golden Fizz), 싱가폴 슬링(Singapore Sling) 등이 있다.

4. 칵테일의 장식

칵테일은 맛뿐만 아니라 시각 및 후각적으로 즐기는 음료로 장식은 칵테일의 미관상 아름답고 향기를 더하기 위하여 과일이나 향초 등을 글라스 속이나 테두리에 장식을 한다. 칵테일을 장식에는 모조품은 사용해선 안되며, 지정된 장식을 사용할 수 있다. 그것은 장식에 따라서 술의 이름이 달라지는 것도 있기 때문이다. 예를 들면 칵테일 마티니는 올리브를 장식하는데, 이것을 오니온으로 장식하면 깁슨이 된다.

칵테일의 장식은 조주사가 지정된 재료로 독창성과 융통성을 가장 많이 발휘할 수 있는 부분으로 영업시작 전에 미리 장식을 충분히 준비해 두어야 한다.

칵테일 장식 방법[23)]

① 단맛의 칵테일에는 단맛이 있는 체리를 장식한다.

② 쌉쌀한 맛의 칵테일에는 올리브나 오니온을 장식한다.

③ 칵테일 글라스나 와일 글라스 같은 스템이 달려 있는 작은 글라스는 레몬이나 오렌지 슬라이스 등의 큰 장식을 하지 않는다.

④ 올드 패션 글라스에는 하프 슬라이스(Half Slice)만을 장식할 수 있으며 글라스 안에 담아 줘야 하고 홀 슬라이스(Whole Slice)는 장식하지 않는다.

⑤ 텀블러나 고블렛 등의 긴 글라스는 하프 슬라이스와 홀 슬라이스 둘 다 장식을 할 수 있지만 하프 슬라이스는 글라스 안에 담아서 장식해야 하며 홀 슬라이스는 글라스 가장자리에 꽂아서 장식해야 한다.

⑥ 레몬 필(Lemon Peel) 칵테일 조주 시에 레몬 트위스트를 넣어야 할 경우에 레몬의 과피(果皮; Peel)를 넓이 1cm, 길이 3cm정도의 크기로 자른다. 칵테일을 모두 만들어 놓고 레몬껍질을 트위스트(비틀어 짜기)를 한다. 이것은 칵테일에 향유(香油)를 내게 하는 방법으로 트위스트란 양손의 손가락 끝으로 레몬껍질의 표면이 향하게 잡고 글라스 위에서 신속하게 비틀어 짜서 향유를 뿌린다. 과피의 오른손 엄지와 중지로 글라스로 향하게 하고 인지로 과피의 중앙을 가볍게 누르고 엄지와 중지로 과피를 반으로 접는다.

⑦ 넛맥(Nutmeg) 뿌리기
넛맥은 열대성 식물인 육두구나무의 열매로 예로부터 건위재나 향신료로 많이 사용되고 있는데, 칵테일에서는 계란이나 생우유처럼 느끼한 재료가 들어가는 칵테일 위에 뿌려서 사용 한다.

칵테일 장식 시 유의사항

① 과일을 비롯한 장식품은 신선하고 청결해야 한다.

② 장식은 맛과 색이 칵테일과 잘 어울려야 한다.

③ 장식은 글라스의 형태와 잘 어울려야 한다.

④ 칵테일 전체와 잘 어울려야 한다.

⑤ 조잡하거나 지나친 칵테일 픽은 피한다.

⑥ 지나친 장식이 있는 스트로는 피한다.

⑦ 과일장식은 지나친 칼집이나 흠집이 없어야 한다.

⑧ 장식으로 인하여 잡 맛이 베여선 안 된다.

⑨ 글라스의 크기 및 양에 어울리는 장식의 크기, 두께 등을 선택해야한다.

23) 양주와 칵테일, 백재현, 형설출판사, 1999, p.228.

5. 칵테일 용어

드롭(Drop)

우리나라에서는 한 방울이라고 표기하고 있다. 비터즈 보틀에 7할 정도 비터즈를 넣고 거기서 한 방울 떨어뜨린 양을 말한다. 비터즈 보틀을 사용하지 않았을 때는 그것과 같은 양을 말한다.

대쉬(Dash)

대쉬의 뜻은 한번 흔드는 것, 던지는 것, 끼얹는 것으로 비터즈 보틀 캡(Bitter Bottle Cap)에는 작은 구멍이 있는데, 가볍게 한번 쏟으면 약 5~6드롭(방울)의 양 정도가 나온다. 이것을 티스푼으로 계량을 하며 약 1/6 정도의 분량을 칵테일 용어로는 대쉬라고 한다.

디캔터(Decanter)

와인이나 양주를 옮겨 담는 유리병. 컷 글라스의 것이 많다. 앙금이 많은 레드 와인은 원병에서 갑자기 글라스에 따르면 앙금이 흔들려 탁해질 염려가 있기 때문에 미리 앙금을 병 밑바닥에 가라앉히고 조용히 위쪽의 맑은 것만 이 디캔터에 옮겨 마시게 한다. 이렇게 옮겨 놓는 작업을 디캔팅이라고 한다.

사우어(Sour)

신맛이라는 뜻을 가진 증류주가 주재(主材)이나 여기에 신맛과 소량의 감미를 가미하여 과일을 장식한다. 원칙적으로는 소다수를 사용하지 않으나 간혹 소다수나 샴페인으로 채우는 경우도 있다.

스노우 스타일(Snow Style)

글라스의 가장자리에 설탕이나 소금을 발라서 칵테일을 만드는 것으로 가까운 일본에서는 설탕 또는 소금으로 스노우 스타일을 만든다. 작업순서는 완전히 건조한 글라스 가장자리의 바깥쪽을 잘라놓은 레몬조각으로 한 바퀴 돌려 그것을 평평한 접시에 펼쳐놓은 설탕이나 소금에 거꾸로 댔다가 들면 된다.

드라이(Dry)

술의 맛을 의미하는 용어로 칵테일에서 감미가 없고 강한 맛을 내는 독한 맛을 표현하는 형용사이다. 불어로는 섹크(Sec)라고 하며, 이와 상반되는 의미로 감미의 경우 스위트(Sweet), 불어로 독스(Doux)이다.

하프 앤 하프(Half and Half)

각기 다른 두 가지 종류의 술을 소요량의 반분씩 따라 담는 것으로 버머스의 경우 드라이와 스위트를 반반씩 채워 내는 말이다.

레시피(Recipe)

의사의 처방전이나 요리사의 표준량목표처럼 칵테일 제조에 있어서도 재료배합의 기준량이나 만드는 순서를 표시한 것이다.

스트레이트(Straight)

주로 위스키를 비롯한 음료를 다른 음료와 혼합하지 않고 생으로 마시는 일이다.

슬라이스(Slice)

얇게 썰은 것을 말한다. 레몬을 얇게 썰은 것이 레몬 슬라이스, 오렌지는 오렌지 슬라이스라고 한다.

슬링(Sling)

독일어의 마신다고 하는 싱옌(Schingen)에서 비롯된 말이다. 증류주에다 단맛과 신맛을 더해 물로 희석하는 것이 기본형이다. 사용 글라스는 핫(Hot)과 콜드(Cold)의 두 종류가 있다.

체이서(Chaser)

독한 술이나 칵테일을 내놓을 때는 다른 글라스에 물을 담아 놓는 일이 있다. 이 물을 체이서라 하고 그 의미는 사냥꾼, 추격자에서 온 용어이며 독한 술로 화끈해진 입안을 이 물을 마심으로 산뜻하게 하는 것이 목적이다. 독한 술 다음에 따라가듯 마시는데서 그 이름이 있다. 또 기호에 따라 물 대신 소다, 진저 엘 등의 청량음료 혹은 맥주 등을 곁에도 준비해 놓고 마시는 사람도 있는데, 이 때도 그 음료를 체이서라고 한다.

컷(Cut)

슬라이스에 대응되는 말이다 과일을 얇게 써는 것이 아니라 세워서 몇 분의 일로 가르는 경우를 컷한다라고 말한다.

패니어(Pannier)

와인용 바구니를 뜻한다. 와인 병 하나를 뉘어놓을 수 있는 바구니로 와인을 따를 때 앙금이 생기지 않도록 하기 위한 도구인데 액세서리로 사용하기도 한다.

피일(Peel)

피일은 과일 껍질을 말한다. 레몬이나 오렌지의 껍질조각을 도려내어 가볍게 활 모양을 만들어 잡아 칵테일을 짜 넣거나 글라스에 넣거나 한다. 피일의 사용 목적은 껍질 속에 있는 정유(精油)를 칵테일 속에 떨어트림으로서 향을 음료에 옮겨 맛을 내는 것이다. 또한 껍질을 통째로 나선형 모양으로 깍은 것을 스피랄(Spiral)이라 하고 피일을 양손으로 비틀어서 넣는 것을 트위스트(Twist Lemon Peel)로 부른다.

헤어 오브 더 독(Hair of the dog)

아침술을 의미하는데, 헤어 오브 더 독(Hair of the dog) 영어의 뜻은 직역을 하면 개의 털이라고 한다. 이는 먼 옛날 개에게 물리면 그 개의 털을 상처에다 대면 낫는다는 미신이 있었기 때문인데 독에는 독으로 다스린다는 뜻이다. 즉 술을 먹고 취했으면 술로 푼다는 의미이다.

피즈(Fizz)

탄산가스가 물에서 떨어져 나갈 때 피익하는 소리에서 비롯된 의성어이다. 주로 스피리트가 기본이 되며 과즙이나 감미를 가미하여 소다로 희석한다.

핑거(Finger)

영국인들이 술을 주문할 때 많이 사용하는 용어로 8oz의 텀블러 글라스 아래 부분에 손가락을 옆으로 대고 술을 따르면 약 30㎖가 되기 때문에 싱글과 거의 같게 되는데 이것을 원 핑거라고 한다. 손가락 둘이면 더블이 된다. 계량컵을 쓰지 않고 간단히 잴 수 있어서 편리하나 정확성은 떨어진다.

행 오버(Hang Over)

숙취라는 뜻의 미국식 표현이다. 원래는 들고 간다는 뜻이다.

핫 드링크(Hot Drink)

콜드(Cold)드링크와는 반대로 인간의 체온보다 온도를 높인 음료이다. 사람의 체온보다 25～30% 높은 온도인 약 62～67℃ 정도로 해서 마신다.

베이스(Base; 기주)

칵테일을 만들 때 여러 가지 양주나 주스류 등을 적당히 혼합하여 만들게 되는데, 주조할 때 가장 많이 함유되는 양주를 말한다. 그 종류로는 위스키, 진, 보드카, 브랜디 등으로 증류주가 주종을 이루며, 다른 말로 표현하면 기주(基酒)라 한다.

스퀴즈(Squeeze)

압축하다 짜낸다는 의미로 바에서는 보통 오렌지나 레몬의 스퀴즈가 거의 이용되고 있다. 손으로 직접 짜는 방법과, 스퀴즈를 이용해서 짜는 방법으로 이것은 오렌지 또는 레몬껍질에서 나오는 쓴맛으로 일종의 칵테일의 간을 맞추는 역할을 한다.

쇼트 드링크(Short Drink)

주조된 칵테일을 단시간에 마시는 것을 총칭하는 것으로 칵테일 글라스, 샴페인 글라스, 사워 글라스에 나오는 칵테일을 총칭한다. 보통 4oz 이하의 소량으로 칵테일 글라스 안에 얼음이 들어가 있지 않는다.

롱 드링크(Long Drink)

쇼트 드링크와 상반되는 의미를 가진 것으로 상대방과 담소하면서 마실 수 있는 양이 많은 것으로 텀블러 글라스 등에 나오는 비교적 양이 많은 칵테일을 총칭한다. 글라스 속에 얼음이 들어가 있고 보통 4oz 이상의 칵테일을 말한다.

제8장 주장경영

제1절 바(Bar)의 개요

1. 바의 의의

급속한 서구문명의 전래와 더불어 국민생활의 향상으로 음료는 우리 생활에 중요한 부분을 점유하게 됨에 따라서 호텔 식음료 경영에 있어서 바(Bar)는 없어서 안될 필수적인 부분으로 고객에게 휴식과 즐거움을 제공하는 장소가 되었다.

주장(酒場)을 의미하는 바(Bar)는 프랑스어인 바리르(Bariere)에서 그 어원을 찾을 수 있다. 고객과 조주원 사이의 가로질러 놓은 카운터를 바라고 부르던 말이 지금은 술을 판매하는 식당의 의미로 사용되고 있다.

2. 바의 정의

바는 주로 음료를 판매하는 곳으로써 식당이 음식을 통하여 고객에게 식욕을 충족시켜 주는 물적 공간이라면 바는 각종 음료를 제공하면서 실내인테리어와 같은 시설적인 면과 분위기 요소를 가미한 환경적 서비스를 통하여 고객에게 정신적 공간이라 할 수 있다. 따라서 바(Bar)의 정의를 내리면 고객이 이용하기 편리한 장소에 일정한 음료 서비스를 할 수 있는 시설을 갖추어 놓고 이를 판매하거나 제공하는 곳이라 할 수 있다.

제2절 바(Bar)의 종류 및 조직

1. 호텔 바의 종류

바는 아늑한 분위기의 장소에서 바의 성격에 맞는 디자인으로 설계하고 조명과 음악을 곁들이며 뛰어난 조주기술과 서비스를 제공한다.

고객들이 이용하기 편리한 장소에 다양한 성격의 바들의 성을 최대한 살려서 운영되는데 바의 종류는 다음과 같다.

메인 바(Main Bar)

호텔 내의 대표적인 바로서 호텔 이용객들의 이용하기 편리한 메인 식당이나 로비에 위치한다.

멤버쉽 바(Membership Bar)

호텔 투숙객이나 호텔 회원제에 가입이 된 고객과 일행들이 주로 편리하게 이용할 수 있도록 만들어진 바이다.

웨이팅 바(Waiting Bar)

연회 행사나 식당 이용시 좌석이 없는 경우나 고객을 기다리는 기능을 가진 바이다.

라운지 바(Lounge Bar)

고층에 경치가 좋은 곳에 위치한 스카이 라운지 바, 로비에 위치한 로비 라운지, 호텔이 귀빈 층에 위치한 칵테일 라운지, 수영장에 위치한 바 등이 있으며, 이것들을 통틀어 라운지 바라고 하는데, 만남이나 휴식의 공간의 기능을 하는 바이다.

팝 바(Pub Bar)

특정한 규정 없이 대중들이 이용하는 바로서 가격은 저렴하고 게임, 음악, 운동시설 등을 갖춘 바이다.

2. 바(Bar)의 조직

1) 바의 조직

호텔의 주장도 식당부문과 같이 주장의 효율적인 운영을 위하여 각 주장의 테이블수, 가격, 영업시간, 서비스 형태, 경영방침에 따라서 적절한 조직의 편성이 갖추어 져야한다.

특이 주장경영이 성공적인 열쇠는 종업원의 기술과 서비스에 달려 있으므로 바의 인적구성은 매우 중요하다.

▸ 바의 조직

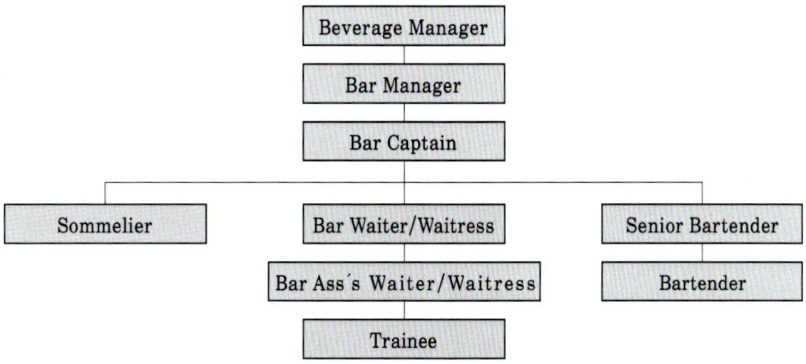

2) 직무분석

직무분석은 바의 효율적인 경영을 위해서 지휘계통의 규정을 정해놓고 직급별로 고유한 업무의 책임과 권한을 주는 것이다.

음료지배인(Beverage Manager)

① 주장영업의 인사, 근무 스케줄 및 경영의 총괄적인 책임을 진다.
② 음료에 대한 충분한 지식으로 종사원들의 교육훈련을 담당한다.
③ 고객의 영접과 서비스 그리고 고객관리에 만전을 기한다.
④ 표준 칵테일 레시피(Recipe)를 준비하고 재고관리를 철저히 한다.
⑤ 위생점검을 매일 실시하여 바를 청결을 유지하고, 영업보고 및 재료 사용보고서를 작성 제출 한다.
⑥ 가격조정과 원가계산의 능력을 갖추어야 한다.
⑦ 식음료의 관리와 재고관리를 감독한다.
⑧ 영업종료시 영업일지 및 인벤토리 시트(Inventory Sheet)를 작성하여 보고한다.

캡틴(Captain)

① 지배인을 보좌하며 지배인이 부재시 임무를 대신한다.
② 담당구역의 영업 준비 상태를 점검한다.
③ 근무편성표에 의한 직원배치를 한다.

④ 고객에게 접객서비스 시 정확한 주문과 서비스를 수행한다.
⑤ 판매하는 상품의 지식, 시간, 순서를 정확히 숙지해야 한다.
⑥ 음료가 제공된 후에 고객의 만족도를 체크한다.
⑦ 고객이 테이블을 떠난 후에 테이블을 정리한다.
⑧ 업장에서 필요한 메뉴얼, 긴급조치 사항을 항상 숙지하고 있어야 한다.
⑨ 신입사원의 교육을 담당한다.

소믈리에(Wine Steward; Sommelier)

① 와인에 대한 전문적인 상식을 가지고 고객에게 와인을 추천, 판매한다.
② 와인의 진열과 재고를 점검, 관리한다.
③ 매일 판매된 와인을 오더하고 창고에 재고를 숙지하고 있어야 한다.
④ 주문 받은 와인을 규칙대로 정중하게 서브한다.
⑤ 시간이 있는 경우에는 아이리시 커피나 다른 리큐르 후람베를 준비한다.
⑥ 업장 서비스와 호텔의 규정에 대하여 알고 있어야 한다.

바텐더(Bartender)

① 지배인과 캡틴을 보좌한다.
② 당일 영업에 필요한 음료와 기물을 준비한다.
③ 글라스, 칵테일 용기를 세척하고, 냉장고, 제빙기의 상태를 점검한다.
④ 음료의 보관 및 서비스에 적정온도인가를 확인한다.
⑤ 각종 기계류의 작동상태를 점검하고 칵테일 부재료를 준비한다.
⑥ 바 카운터내 청결, 정리, 정돈 등을 수시로 점검하여야 한다.
⑦ 칵테일은 반드시 일정량에 의하여 제공되고 지정된 계량기, 지정된 글라스를 사용해야 한다.
⑧ 어떠한 경우에도 판매목적 외에는 수뉴 및 부재료의 사용을 금해야 한다.

웨이터/웨이트리스(Water/Waitress)

① 담당 테이블과 그 주위를 항상 정리 정돈하고 청결을 유지해야 한다.
② 고객에게 정중하게 주문 받아 계산서를 작성한다.
③ 서비스는 정확하게 해야하며 트레이에 담아서 운반해야 한다.
④ 항상 고객을 주시하여 고객의 신호에 즉시 응대해야 한다.

⑤ 고객이 좌석을 떠나면 즉시 테이블을 재사용할 수 있도록 준비한다.
⑥ 기물 취급법, 상표지식 등을 숙지해야 한다.

바 보이(Bar Boy)

① 시니어 바텐더(Senior Bartender)의 직무를 보좌하며, 부재시 대행한다.
② 음료 및 부재료의 보급을 하며 카운터내 청소를 한다.
③ 모든 기물류의 정리 정돈 및 청결을 유지한다.
④ 시니어 바텐더의 지시에 의하여 칵테일을 주조한다.

제 3 절 조주사의 근무수칙

바텐더나 바 종사원의 역할은 주장영업에 있어서 매상과 직접적인 연관이 있기 때문에 근무시에 몸가짐이 특히 중요하다.

1. 일반적인 근무수칙

바의 종사원인 올바른 몸가짐을 가지기 위해선 우선 영업장내 동료들과 좋은 인간관계를 유지하고 서로 협조해야 하며 다음 사항을 명심하여 업무에 임해야 한다.

① 복장은 항상 깨끗하고 단정해야 한다.
② 머리는 짧게 깎고 손질을 자주해야 한다.
③ 단골고객의 기호와 성격 등을 기억해야 한다.
④ 고객과 대화시에는 정치문제, 타인에 대한 인신공격을 해서는 안 된다.
⑤ 항상 예의 바르고 분명한 언어와 태도로 고객을 유도해 나가야 한다.
⑥ 고객에게 지나친 주문을 요구하지 않는다.
⑦ 고객의 숙취상태를 파악하고 있어야 한다.
⑧ 음료를 만들 때 머리, 넥타이 등을 만지지 않는다.
⑨ 바를 찾은 고객들에게 항상 동일한 서비스를 제공해야 한다.

2. 조주시 근무수칙

① 표준 레시피에 의한 조주를 해야한다.
② 명랑하고 즐거운 표정을 짓되 다른 종업원이 바 근처에 서성이지 않도록 한다.
③ 고객이 바나 라운지에 있을 때는 스탠바이를 해야한다.
④ 호스트(Host)의 승낙 없이 빈 병을 다른 사람에게 주어서는 안 된다.
⑤ 특정한 고객이나 동료들에게 술을 무료로 제공해서는 안 된다.
⑥ 남녀 동반시 여자 고객의 주문을 먼저 받도록 한다.
⑦ 고객들과의 대화에 지장이 없도록 레시피를 정확히 숙지하고 있어야 한다.
⑧ 바 카운터 내에서 취식을 해서는 안 된다.
⑨ 근무시간외에는 업장출입을 삼가야 한다.
⑩ 제공된 음료의 강약과 맛을 여쭈어 고객이 원하는 스타일로 만들어 준다.

제Ⅲ편 부록편

조주사 국가기술자격검정 시험 안내

조주사 기능사 실기 예상문제

칵테일 레시피

조주사 예상문제

용어해설

조주사 국가기술자격검정 시험 안내

응시자격 : 응시자격에 제한이 없음
시 행 처 : 한국산업인력공단
검정방법 : 필기시험과 실기시험으로 구분하여 시행하며, 필기시험합격자에 한하여 실기시험을 별도로 시행한다. 필기시험에 합격하고 실기시험에 불합격한 자는 당해 시험의 합격발 표일로부터 2년이 내에 필기시험이 면제된다.
필기시험 : 주장관리개론, 양주학개론, 기초영어
실기시험 : 칵테일조주 작업

1. 필기시험

(1) 필기시험은 60% 이상이 합격(60문항 출제예상)

(2) 주요내용
① 주장관리의 개요, 주장요원의 직무, 저장관리, 위생관리, 주류 취급요령, 재고관리, 영업관리, 접객요령 등
② 술에 대한 일반적 이해, 알코올 음료의 이해, 칵테일 조주기구와 제법, 부재료, 용량 등
③ 주장서비스 영어 및 음료기초 전문용어 등

(3) 준비사항
신분증, 수험서, 수성 싸인펜을 지참하고 지정장소에 지정된 시간에 도착해야 한다.

2. 실기시험

50개의 공개작품 중 무작위 3작품을 7분 이내에 완성해야 합격한다.

(1) 채점기준 : 100점 중 60점 이상이 합격
① 각종 재료 및 기구 선택법(33점)
글라스를 작품에 따라 정확하게 선택(9)
주재료(주류)를 작품에 따라 정확하게 선택(15)
부재료(주류 외의 재료)를 정확하게 선택(9)

② 주재료의 주입법(9)
상표가 손님에게 보이는 방향으로 술병을 잡는다.(3)
술을 따를 때의 숙련도(6)

③ 칵테일 방법(42점)
주재료의 정확한 주입량(12)
각종 재료의 주입순서와 사용방법의 정확성(12)
소다수 사용방법, 슬라이스 숙련도 – 얼음 사용법 등
작품에 따른 조주법의 적용(6)
작품의 양(6)
해당 글라스의 3/4(8부)이 적당
각종 기구의 취급방법(6)

④ 위생상태(10점) : 청결관리 및 수검자 위생상태

⑤ 서비스 자세(6점) : 글라스 잡는 법과 서브방법

(2) 수검자 유의사항

① 시설은 지정하여 준 것만을 사용하며 지정된 장소에 이탈시는 감독위원의 승인을 받아야 한다.
② 시험장내에서는 정숙하여야 한다.
③ 미리 재료를 가지고 시험장에 입실시는 부정행위자로 처리한다.
④ 검정이 완료되면 작품을 즉시 지시한 장소에 제출해야 한다.
⑤ 모든 시설은 파손되지 않도록 주의하여 취급한다.
⑥ 감독위원이 요구한 3가지 작품을 7분 이내에 완료해야 하고, 실기시험이 끝난 수검자는 본인이 사용한 기물을 3분 이내에 세척하여 원위치에 놓고 퇴장한다.
⑦ 요구된 작품 모두의 주재료(주류) 선택이 잘못되면 미완성 작품으로 채점대상에서 제외된다.

조주사 기능사 실기 예상문제

1. Angel's Kiss(엔젤스키스)
2. Manhattan Cocktail(맨해튼 칵테일)
3. Perfect Martini(퍼펙트 마티니)
4. Gimlet Cocktail(김렛 칵테일)
5. Stinger Cocktail(스팅거 칵테일)
6. Wine Cooler(와인 쿨러)
7. Old Fashioned(올드 패션)
8. Brandy Alexander(브랜디 알렉산더)
9. Pink Lady(핑크 레이디)
10. Bloody Mary(블러디 마리)
11. Brandy Eggnog(브랜디 에그넉)
12. Singapore Sling(싱가폴 슬링)
13. Tom Collins(탐 카린스)
14. Black Russian(블랙 러시안)
15. Margarita(마가리타)
16. Irish Coffee(아이리쉬 커피)
17. Rusty Nail(러스티 네일)
18. Brandy Sour(브랜디 사워)
19. B & B(비 앤 비)
20. Hawaiian(하와이안)
21. Daiquiri(다이큐리)
22. Kiss of Fire(키스 어브 파이어)
23. Golden Cadillac(골든 캐딜락)
24. Orange Blossom(오렌지 블러섬)
25. Mew York(뉴욕)
26. Mai Tai(마이타이)
27. Bacardi Cocktail(바카디 칵테일)
28. Screw Driver(스크류 드라이브)
29. Gibson(깁슨)
30. Spritzer(스프리처)
31. Cuba Libre(쿠바 리브레)

32. Grasshoper(그래스호퍼)
33. Gin Tonic(진 토닉)
34. Rob Roy(로브로이)
35. Zoom Cocktail(줌 칵테일)
36. Negroni(네그로니)
37. Gin Rickey(진 릭키)
38. Side Car(사이드카)
39. Gin Fizz(진 피즈)
40 Sloe Gin Fizz(슬로진 피즈)
41. Between the Sheet(비트윈 더 시트)
42. Moscow Mule(모스크 뮬)
43. Apricot Cocktail(에프리코드 칵테일)
44. Olympic(올림픽)
45. Honeymoon Cocktail(허니문 칵테일)
46. Harvey Wallbanger(할비 왈뱅거)
47. Paradise Cocktail(파라다이스 칵테일)
48. Million Dollar(밀리언 달러)
49. Chi-Chi(치치)
50. Tequila Sunrise(데킬라 선라이즈)

칵테일 레시피

재료와 핵심

그래스호퍼(Grasshopper)

페퍼민트(Peppermint)	$\frac{1}{2}$ oz
크렘 드 카카오 화이트(Créam de Cacao)	$\frac{1}{2}$ oz
생크림(Cream)	$\frac{1}{2}$ oz
★ 쉐이크 법(Shaker)	
★ 칵테일 글라스(Cocktail Glass)	

☺ 쉐이커에 얼음과 함께 위 재료의 순서대로 넣고 잘 섞은 후 냉각된 칵테일 글라스에 따른다.
그래스호퍼는 청메뚜기란 의미로 초기에는 카카오와 페퍼멘트 그리고 생크림 순으로 푸스카페 형태로 만들었는데, 상□하는 화이트이며 중간에는 그린으로 청메뚜기가 날아가는 형태처럼 보인다고 해서 붙여진 이름이다.
진한 초콜릿 맛과 생크림을 박하 향이 나는 멘트와 잘 조화시키는 것이 이 칵테일의 생명이다.

재료와 핵심

김렛(Gimlet)

드라이진(Dry Gin)	1 oz
프레쉬 라임 주스(Fresh Lime Juice)	$\frac{1}{2}$ oz
설탕(Sugar)	1 tsp
★ 쉐이크 법(Shaker)	
★ 칵테일 글라스(Cocktail Glass)	

☺ 쉐이커에 얼음과 함께 위 재료를 나열된 순서대로 넣고 섞은 후 차가워진 칵테일 글라스에 따른다. 대영제국 시대에 열대 식민지에서 만든 것으로 가장 영국인들의 정서에 알맞은 칵테일이라고 할 수 있으며, 싱싱한 라임 열매에서 우러나오는 상쾌한 신맛과 향이 이 칵테일의 생명이다.

재료와 핵심

깁 슨(Gibson)

드라이 진 (Dry Gin)	$1\frac{2}{3}$ oz
드라이 버머스(Dry Vermouth)	$\frac{1}{3}$ oz
★ 스터 법(Stir)	
★ 칵테일 글라스(Cocktail Glass)	
★ 오니언 장식(Onion)	

☺ 믹싱 글라스에 얼음과 함께 재료를 순서대로 넣고 바 스푼으로 천천히 저은 후 스트레이너를 사용하여 냉각된 칵테일 글라스에 따르고 오니언을 장식한다. 깁슨은 재료와 제조방법이 마티니에서 장식만 오니언으로 바꾸면 되는 것으로 식초와 소금에 절인 오니언에서 신맛과 짠맛이 칵테일을 조금 더 드라이하게 만든다.

재료와 핵심

네그로니(Negroni)

드라이 진(Dry Gin)	$\frac{1}{2}$ oz
캄파리 비터(Campari Bitters)	$\frac{1}{2}$ oz
스위트 버머스(Sweet Vermouth)	$\frac{1}{2}$ oz
★ 빌드 법(Build)	
★ 올드 패션 글라스(Old Fashion Glass)	
★ 오렌지 장식(Orange)	

☺ 올드패션 글라스에 얼음과 함께 재료를 넣고 바 스푼으로 잘 저어서 믹싱한 후 오렌지를 장식한다. 진과 캄파리의 쓴맛이 잘 어울리며, 스위트 버머스의 단맛과 오렌지 장식이 칵테일의 맛을 조금 부드럽게 한다. 이 칵테일은 이탈리아의 피렌체 한 레스토랑을 즐겨 찾던 카미로 네그로니라는 백작이 개발하여 즐겨 마시던 술로 백작의 이름을 따서 칵테일 이름이 명명되었다.

재료와 핵심

네이키드 레이디(Naked Lady)

라이트 럼(Light Rum)	$\frac{2}{3}$ oz
스위트 버머스(Sweet Vermouth)	$\frac{2}{3}$ oz
애프리코트 브랜디(Apricot Brandy)	$\frac{1}{3}$ oz
레몬 주스(Lemon Juice)	$\frac{1}{3}$ oz
그레나딘 시럽(Grenadine Syrup)	1 tsp
★ 쉐이크 법(Shaker)	
★ 칵테일 글라스(Cocktail Glass)	

☺ 쉐이커에 얼음과 칵테일 재료를 넣고 잘 믹스한 후 냉각된 칵테일 글라스에 따른다. 벌거벗은 여인의 의미로 칵테일을 만들어 놓으면 처음에는 거품으로 인하여 혼탁한 모습을 보이다가 시간이 경과하면 투명해지기 때문에 붙여진 이름이다. 버머스와 그레나딘 시럽의 양을 잘 조절하여 아름다운 색깔이 나도록 하는 것이 중요하다.

재료와 핵심

뉴 욕(New York)

블렌디드 위스키(Blended Whisky)	1 oz
라임 주스(Lime Juice)	$\frac{1}{3}$ oz
그레나딘 시럽(Grenadine Syrup)	1 tsp
설 탕(Sugar)	1 tsp
★ 쉐이크 법(Shaker)	
★ 칵테일 글라스(Cocktail Glass)	
★ 오렌지 피일(Orange Peel)	

☺ 쉐이커에 얼음과 주·부재료를 넣고 믹싱한 후에 냉각된 칵테일 글라스에 따르고 오렌지 피일을 짜내어 오일의 쓴맛과 향을 낸다. 위스키와 라임 주스에다 그레나딘 시럽과 설탕을 잘 조화시켜서 단맛을 산뜻한 맛의 에프리티프용 칵테일이다.

재료와 핵심

니콜라쉬카(Nicolascki)

브랜디(Brandy)	1 oz
레몬 슬라이스(Lemon Slice)	1 ea
설 탕(Sugar)	1 tsp
★ 빌드 법(Build)	
★ 리큐르 글라스(Liqueur Glass)	

☺니콜라쉬카 칵테일은 설탕과 레몬을 입에 넣고 조금 씹은 후에 브랜디를 한번에 입에 넣어서 마시는 독특한 방법으로 그렇게 하기 위해선 리큐르 글라스에 브랜디를 8부 정도 따르고 글라스 위 부분에 레몬 한 조각을 올려놓고 레몬 위 중간 부분에 설탕을 티스푼으로 한 스푼을 올려놓는다. 이것은 구소련에서 보드카를 얼음이 담긴 큰 그릇에 보드카 한 병을 넣고 레몬 한개를 손으로 짜서 즐겨 마시던 습관이 있었는데, 니콜라이 2세도 즐겨 마셨다는 것에서 칵테일 이름이 유래했다.

재료와 핵심

다이퀴리(Daiquiri)

라이트 럼(Light Rum)	1 oz
라임 주스(Lime Juice)	$\frac{1}{4}$ oz
설 탕(Sugar)	1 tsp
★ 쉐이커 법(Shaker)	
★ 칵테일 글라스(Cocktail Glass)	

☺럼과 라임 주스는 가장 잘 어울리는 음료로 칵테일 중의 가장 걸작품으로 손꼽히며 쉐이커에 얼음과 주·부재료를 넣고 잘 믹싱 후 냉각된 칵테일 글라스에 따르면 산뜻한 맛을 낼 수가 있다. 다이퀴리는 쿠바에 있는 광산의 이름에서 유래했으며, 19C 후반 이 광산에서 근무하던 제닝스 콕스가 광산에 찾아온 자기 친구들을 위하여 만든 후에 더위를 식히기 위하여 광산에 근무하던 사람들이 즐겨 마셨다고 한다.

재료와 핵심

러스티 네일(Rusty Nail)

스카치 위스키(Scotch Whisky)	1 oz
드람브이(Drambuie)	$\frac{1}{2}$ oz
★ 빌드 법(Build)	
★ 올드 패션 글라스(Old Fashion Glass)	
★ 레몬필(Lemon peel)	

☺러스티 네일은 녹슨 못의 의미를 함축하고 있으며 올드패션 글라스에 얼음과 함께 주·부 재료를 넣고 바 스푼으로 잘 저어서 제조하는데, 드람브이의 맛과 향이 풍부하고 꿀의 달콤한 맛이 강한 칵테일이다. 이 칵테일의 이름은 주재료인 스카치 위스키와 드람브이가 영국에서 오래된 술이기 때문이라는 설과 러스티 네일이란 사람이 만든 것에서 따온 것이라 한다.
드람부이 대신에 아마레또를 사용하면 갇 파더라는 칵테일이 된다.

재료와 핵심

레드 아이(Red Eye)

라거 비어(Lager Beer)	4 oz
토마토 주스(Tomato Juice)	4 oz
★ 빌드 법(Build)	
★ 필스너 글라스(Pilsner Glass)	
★ 계란 노른자(Egg York)	

☺빌드법으로 만드는 칵테일로 숙취해소에 특히 좋은 술로 알려져 있으며 필스너 글라스에 토마토 주스를 넣고 라거 비어를 잔에 8부 정도 채운 후 바 스푼으로 가볍게 젓는다. 맥주와 토마토 주스의 비율이 1:1이지만 너무 맛이 진하다면 맥주 2, 토마토 주스 1비율로 만들면 좀 더 산뜻한 맛을 즐길 수가 있을 것이다. 계란 노른자를 첨가해서 마셔도 좋다.

재료와 핵심

로브 로이(Rob Roy)

스카치 위스키(Scotch Whisky)	1 oz
스위트 버머스(Sweet Vermouth)	$\frac{1}{2}$ oz
아로마틱 비터스(Aromatics Bitters)	1 dash
★ 스터 법(Stir)	
★ 칵테일 글라스(Cocktail Glass)	
★ 체리 장식(Cherry)	

☺빨간 털의 로봇이라는 의미로 영국 런던에 있는 사보이 호텔의 바텐더가 만든 칵테일로 스터법으로 제조한다. 믹싱 글라스에 얼음과 함께 주·부재료를 넣고 바 스푼으로 천천히 저은 후 냉각된 칵테일 글라스에 따르고 체리를 장식한다. 칵테일의 핵심은 부드러운 맛에 스위트 버머스의 쌉쌀함과 단맛 그리고 비터스의 쓴맛이 잘 조화된 칵테일이다. 비터스의 양이 칵테일의 맛을 좌우한다. 로브 로이의 주재료인 스카치 위스키 대신에 버번 위스키를 사용하면 맨해튼이 된다.

재료와 핵심

롱아일랜드 아이스티(Long Island Ice Tea)

테킬라(Tequila)	$\frac{1}{2}$ oz
드라이 진(Dry Gin)	$\frac{1}{2}$ oz
보드카(Vodka)	$\frac{1}{2}$ oz
라이트 럼(Right Rum)	$\frac{1}{2}$ oz
화이트 큐라소(White Curacao)	$\frac{1}{2}$ oz
레몬 주스(Lemon Juice)	1 oz
설탕 시럽(Sugar Syrup)	$\frac{1}{3}$ oz
콜 라(Cola)	$1\frac{1}{3}$ oz
★ 빌드 법(Build)	
★ 고블렛 글라스(Goblet Glass 크러쉬드 아이스)	
★ 레몬, 체리 장식, 스트로우(Lemon, Cherry, Straw)	

☺롱아일랜드는 미국 뉴욕주에 속해있는 섬으로 1980년대 초경 미국 서해안 지역의 젊은이들이 데킬라를 주재료로 하여 롱아일랜드에서 만든 것에서 유래했다. 크러쉬드 아이스가 담긴 고블렛에 위 재료를 순서대로 넣고 잘 믹싱한 후 레몬과 체리를 장식하고 스트로를 함께 제공한다. 핵심 포인트는 재료에는 홍차가 들어가지 않지만 홍차 색과 맛을 즐길 수 있도록 시럽과 콜라의 양을 잘 조절하여 시원한 홍차 맛과 색깔이 나도록 하는 것이 기술이다.

재료와 핵심

마가리타(Margarita)

테킬라(Tequila)	1 oz
화이트 큐라소(White Curacao)	$\frac{1}{3}$ oz
레몬 주스(Lemon Juice)	$\frac{1}{3}$ oz
★ 쉐이크 법(Shaker)	
★ 칵테일 글라스(Cocktail Glass)	
★ 솔트 프로스트(Rimmed With Salt)	

☺ 마가리타는 맥시코에서 데킬라를 전통적으로 마시는 방법으로 1949년 미국의 LA에 있는 레스토랑에서 근무하던 바텐더의 첫애인 이름에서 칵테일 이름이 유래되었다. 그 애인은 네바다주에 사냥을 하러 갔다가 다른 사냥꾼의 총에 맞아서 그 바텐더의 품에 안기어 죽은 여인이었다. 쉐이커에 얼음과 함께 주□부재료를 넣고 잘 섞은 후 소금으로 프로스트한 냉각된 칵테일 글라스에 따른다. 테킬라의 강한 맛을 큐라소의 오렌지 향과 당분이 완화시켰으며 레몬 주스로서 산뜻한 맛이 나도록 했다. 라임 주스를 대용해도 그 맛을 느낄 수 있다. 프로스트하거나 칵테일을 글라스에 따를 때 글라스 안쪽으로 소금이 떨어지지 않도록 주의하여야 한다.

재료와 핵심

마이애미(Miami)

라이트 럼(Light Rum)	1 $\frac{1}{3}$ oz
화이트 큐라소(White Curacao)	$\frac{2}{3}$ oz
레몬 주스(Lemon Juice)	1 tsp
★ 쉐이크 법(Shaker)	
★ 칵테일 글라스(Cocktail Glass)	

☺ 쉐이커에 얼음과 함께 주·부재료를 넣고 잘 믹싱 후 냉각된 칵테일 글라스에 따른다. 이 칵테일은 신맛이 적게 나도록 만들어야 하며, X·Y·Z 칵테일과 비슷하다.

재료와 핵심

마이타이(Maitai)

라이트 럼(Light Rum)	1 oz
화이트 큐라소(White Curacao)	1 tsp
오렌지 주스(Orange Juice)	1 tsp
파인애플 주스(Pineapple Juice)	1 tsp
레몬 주스(Lemon Juice)	1 tsp
다크 럼(Dark Rum)	2 tsp
★ 쉐이크 법(Shaker)	
★ 올드 패션 글라스(크러쉬드 아이스)(Old Fashion Glass)	
★ 레몬, 파인애플, 체리 장식(Lemon, Pineapple, Cherry)	
★ 스트로우(Straw)	2 ea

☺쉐이커에 얼음과 함께 다크 럼을 제외한 위 재료를 넣고 잘 섞은 후 크러시드 아이스가 담긴 올드패션 글라스에 따르고 그 위에 다크 럼 2 tsp을 살짝 뿌린다. 레몬과 파인애플, 체리를 장식하고 스트로우를 함께 제공한다. 럼의 중후한 맛과 열대성 과일이 조화를 이루는 칵테일로 마이타이는 이 세상 최고라는 의미이며, 남국 특유의 정열적인 스타일과 열대성과일의 신선한 단맛과 화려한 장식이 아름답다.

재료와 핵심

드라이 마티니(Dry Martini)

드라이 진(Dry Gin)	$1\frac{2}{3}$ oz
드라이 버머스(Vermouth)	$\frac{1}{3}$ oz
★ 스터 법(Stir)	
★ 칵테일 글라스(Cocktail Glass)	
★ 올리브 장식(Olive)	

☺믹싱 글라스에 얼음과 함께 주・부재료를 넣고 바 스푼으로 스터 법으로 천천히 저은 후 스트레이너를 사용하여 냉각된 칵테일 글라스에 따르고 올리브로 장식한다. 칵테일의 왕으로 부르고 있으며 마티니 & 로시(Martini&Rossi)사가 자신의 회사의 상표를 선전하기 위하여 만들기 만들었다. 마티니는 가장 만들기 어려운 칵테일로 알려졌는데, 그 이유는 공식적으로 등록된 마티니만 약 300여가지 이상이 되고 한 방울의 차이로 맛이 달라지기 때문에 정확한 맛을 내기가 힘들다.

재료와 핵심

스위트 마티니(Sweet Martini)

드라이 진(Dry Gin)	1 $\frac{1}{3}$ oz
스위트 버머스(Sweet Vermouth)	$\frac{1}{3}$ oz
★ 스터 법(Stir)	
★ 칵테일 글라스(Cocktail Glass)	
★ 체리 장식(Cherry)	

☺믹싱 글라스에 얼음과 함께 주·부재료를 넣고 스터법으로 천천히 저은 후 스트레이너를 사용하여 냉각된 칵테일 글라스에 따르고 체리로 장식한다.

재료와 핵심

퍼팩트 마티니(Perfect Martini)

드라이 진(Dry Gin)	1 $\frac{1}{3}$ oz
드라이 버머스(Dry Vermouth)	$\frac{1}{3}$ oz
스위트 버머스(Sweet Vermouth)	$\frac{1}{3}$ oz
★ 빌드 법(Build)	
★ 칵테일 글라스(Cocktail Glass)	
★ 레몬 피일(Lemon Peel)	

☺믹싱 글라스에 얼음과 함께 주·부재료를 넣고 스터법으로 천천히 저은 후 스트레이너를 사용하여 냉각된 칵테일 글라스에 따르고 레몬 피일로 장식한다.

재료와 핵심

맨해튼(Manhattan)

라이 위스키(Rye Whisky)	1 oz
스위트 버머스(Sweet Vermouth)	$\frac{1}{2}$ oz
아로마틱 비터스(Aromatic Bitters)	1 dash
★ 스터 법(Stir)	
★ 칵테일 글라스(Cocktail Glass)	
★ 체리 장식 Cherry)	

☺믹싱 글라스에 얼음과 함께 주·부재료를 넣고 스터법으로 천천히 저은 후 스트레이너를 사용하여 냉각된 칵테일 글라스에 따르고 체리로 장식한다. 라이 위스키 대신에 버번 위스키를 사용해도 좋다. 위스키의 강한 맛을 스위트 버머스로 부드럽게 하고 비터스의 쓴맛이 버머스와 어울려 맛을 깔끔하게 해준다.

비터스의 맛은 상당히 쓴맛을 가지고 있으나 다른 술의 쓴맛을 완화시키는 역할도 하기 때문에 정확한 분량의 양을 사용하는 기술이 필요하다.

맨해튼은 현재는 뉴욕의 중심지이지만 네덜란드인들이 1626년 이 섬에 도착하여 주인인 인디언들에게 이 섬을 살려고 했으나 그들은 팔지 않았다. 네덜란드인들은 어느 날 밤에 인디언들에게 술을 마시게 하고 매매서에 계약을 하게 만들었다. 그 다음날 인디언들은 취한 상태로 매매계약을 했으니 무효라고 하면서 맨해튼이라고 말했다. 이때 맨해튼이라는 말은 인디언말로 고주망태란 뜻이었으나 네덜란드인들은 이 섬의 이름이 맨해튼인줄 알고 현재까지 부르고 있다.

재료와 핵심

골든 캐디락(Golden Cadillac)

갈리아노(Galliano)	$\frac{1}{2}$ oz
크렘 드 카카오 화이트(Cream de Cacao)	$\frac{1}{2}$ oz
크림(Cream)	$\frac{1}{2}$ oz
넛맥(Nutmeg)	소 량
★ 쉐이크 법(Shaker)	
★ 칵테일 글라스(Cocktail Glass)	

☺골든 캐딜락은 혼성주로 만드는 칵테일로 쉐이커에 얼음과 함께 위의 재료를 순서대로 넣고 잘 흔들어서 칵테일 글라스에 얼음을 걸러서 따른 다음 넛맥 가루를 뿌려준다.

재료와 핵심

드라이 맨해튼(Dry Manhattan)

라이 위스키(Rye Whisky)	1 oz
드라이 버머스(Dry Vermouth)	$\frac{1}{2}$ oz
아로마틱 비터스(Aromatic Bitters)	1 dash
★ 스터 법(Stir)	
★ 칵테일 글라스(Cocktail Glass)	
★ 레몬 피일(Lemon Peel)	

☺믹싱 글라스에 얼음과 함께 주·부재료를 넣고 스터법으로 천천히 저은 후 스트레이너를 사용하여 냉각된 칵테일 글라스에 따르고 레몬 피일로 장식한다.

재료와 핵심

퍼팩트 맨해튼(Perfect Manhattan)

라이 위스키(Rye Whisky)	1$\frac{1}{3}$ oz
드라이 버머스(Dry Vermouth)	$\frac{1}{3}$ oz
스위트 버머스(Sweet Vermouth)	$\frac{1}{3}$ oz
★ 스터 법(Stir)	
★ 칵테일 글라스(Cocktail Glass)	
★ 레몬 피일, 체리 장식(Lemon Peel, Cherry)	

☺믹싱 글라스에 얼음과 함께 주·부재료를 넣고 스터법으로 천천히 저은 후 스트레이너를 사용하여 냉각된 칵테일 글라스에 따르고 레몬 피일과 체리로 장식한다.

재료와 핵심

멕시콜라(Mexicola)

테킬라(Tequila)	$1\frac{1}{2}$ oz
콜 라(Cola)	Fill
★ 빌드 법(Build)	
★ 텀블러 글라스(Tumbler)	

☺텀블러에 얼음을 넣은 후 테킬라를 넣고 차가워진 콜라를 잔에 8부정도 채운 후 바 스푼으로 가볍게 젓는다. 야성적인 술인 테킬라에 단맛의 콜라를 섞어 부드러움과 테킬라의 독특한 향이 잘 어우러지게 만든 칵테일이다.

재료와 핵심

모스코우 뮬(Moscow Mule)

보드카(Vodka)	1 oz
라임 주스(Lime Juice)	$\frac{1}{3}$ oz
진저엘(Ginger Ale)	Fill
★ 빌드 법(Build)	
★ 텀블러 글라스(Tumbler)	

☺얼음이 담긴 텀블러에 보드카와 라임주스를 넣고 차가워진 진저비어를 잔에 8부정도 채운 후 바 스푼으로 가볍게 젓는다. 칵테일의 의미는 모스코바의 노새로 스미노프 보드카 회사의 판매촉진을 위해 1940년경 할리우드에 있는 한 레스토랑의 주인인 잭 모건씨가 만든 작품이다. 신선한 라임 주스와 생강 향이 있는 진저 엘의 양을 잘 조절하는 것이 중요하다. 라임 주스 대신에 라임 열매 1/4조각을 글라스에 넣고 머들러를 함께 제공하여 손님이 자기 취향에 맞게 머들러로 라임의 과즙을 짜서 가볍게 저어서 마실 수 있도록 하는 것도 좋다. 장식은 하지 않으며 주스 대신에 넣는 열매가 장식으로 보일 뿐이다.

재료와 핵심

몬테 카를로(Monte Carlo)

라이 위스키(Rye Whisky)	1 $\frac{1}{2}$ oz
베네딕틴(Benedictine)	$\frac{1}{2}$ oz
아로마틱 비터스(Aromatic Bitters)	2 dash
★ 쉐이크 법(Shaker)	
★ 칵테일 글라스(Cocktail Glass)	

☺ 쉐이커 방법으로 위의 재료와 부재료를 넣고 쉐이킹한 후 냉각된 칵테일 글라스에 따른다.
이 칵테일의 의미는 도박으로 유명한 몬테 카를로의 지명에서 따온 것으로 도박을 한 후에 결과에 상관없이 마음을 편안하게 마시기 위한 술로 그 핵심은 베네딕틴의 달콤함과 비터스의 쓴맛이 조화를 잘 이루어야 한다.

재료와 핵심

미드나이트(Midnight)

에프리코트 브랜디(Apricot Brand)	1 oz
화이트 큐라소(White Curacao)	$\frac{1}{2}$ oz
레몬 주스(Lemon Juice)	$\frac{1}{2}$ oz
★ 쉐이크 법(Shaker)	
★ 칵테일 글라스(Cocktail Glass)	

☺ 쉐이커로 만드는 칵테일로 미드나이트의 이름은 한밤중에 잠자리에 들기 전 한잔쯤 마시는 칵테일이다. 이 칵테일은 독특하게 증류주가 아닌 리큐르를 주재료로 하여 만든 칵테일로 달콤한 살구맛과 오렌지 맛에 레몬 주스의 산뜻한 신맛을 첨가하는데, 레몬 주스의 양이 칵테일의 맛을 좌우한다.

재료와 핵심

미모사(Mimosa)

샴페인(브루뜨)(Champagne Brut)	6 oz
오렌지 주스(Orange Juice)	3 oz
★ 빌드 법(Build)	
★ 고블렛 글라스(Goblet Glass)	

☺빌드 법으로 만드는 칵테일로 고블렛에 차가운 오렌지 주스를 따르고 차가운 샴페인을 잔에 8부정도 채운 후 가볍게 젓는다. 예로부터 프랑스 귀족들이 마시던 칵테일로 미모사는 노란색의 꽃으로 아카시아의 일종인데, 칵테일이 이 꽃을 닮았다고 하여 붙여진 것으로 주스가 너무 진하지 않게 샴페인과 조화를 이루는 것이 핵심이다.

재료와 핵심

밀리언 달러(Million Dollar)

드라이 진(Dry Gin)	1 oz
스위트 버머스(Sweet Vermouth)	$\frac{1}{2}$ oz
파인애플 주스(Pineapple Juice)	2 tsp
그레나딘 시럽(Grenadine Syrup)	1 tsp
계란 흰자(White Egg)	1 ea
★ 쉐이크 법(Shaker)	
★ 샴페인 글라스(Champagne Glass)	

☺쉐이크 법으로 만드는 칵테일로 계란의 분량이 이 칵테일의 맛을 좌우한다. 너무 분량이 많으면 비린내가 나고 쉐이킹할 때에도 보통 칵테일 쉐이킹의 2~3배를 해 준다. 이 칵테일은 일본의 뉴그랜드 호텔 바텐더가 만들었는데, 그 의미는 백만장자를 뜻하며 일본경제가 더욱 좋아지기를 희망하는 기원을 담고 있다.

재료와 핵심

바카디(Bacardi)

바카디 럼(Bacardi Rum)	1 oz
라임 주스(Lime Juice)	$\frac{1}{2}$ oz
그레나딘 시럽(Grenadin Syrup)	1 tsp
★ 쉐이크 법(Shaker)	
★ 칵테일 글라스(Cocktail Glass)	

☺ 쉐이크 법으로 다이퀴리 칵테일에서 설탕대신에 그레나딘 시럽을 사용한 것으로 시럽의 양을 잘 조절하여 연한 핑크 색을 내는 것이 이 칵테일의 핵심이다. 1933년 미국에서 금주법이 해제되자 쿠바의 바카디 회사가 홍보하기 위하여 다이퀴리를 변형시켜 만든 칵테일이다.

재료와 핵심

발렌시아(Valencia)

에프리코트 브랜디(Apricot Brand)	1$\frac{1}{3}$ oz
오렌지 주스(Orange Juice)	$\frac{2}{3}$ oz
오렌지 비터스(Orange Bitters)	2 dash
★ 쉐이크 법(Shaker)	
★ 칵테일 글라스(Cocktail Glass)	

☺ 쉐이크 법으로 만드는 칵테일로 살구와 오렌지 맛이 잘 어울린 칵테일로서 오렌지 비터스의 향이 진하고 비터스의 쓴맛이 이 칵테일을 라이트 하게 한다. 이 칵테일은 리큐르를 기주로 하여 만든 독특한 칵테일로 칵테일의 어원은 스페인의 발렌시아 지방의 특산물인 오렌지를 사용하여 만들었기에 붙여진 이름이다.

재료와 핵심

뱀부(Bamboo)

드라이 쉐리(Dry Sherry)	$1\frac{1}{3}$ oz
드라이 버머스(Dry Vermouth)	$\frac{2}{3}$ oz
오렌지 비터스(Orange Bitters)	1 dash
★ 스터 법(Stir)	
★ 칵테일 글라스(Cocktail Glass)	

☺스터법으로 만드는 칵테일로 특히 칵테일의 용도는 식전용 칵테일로 즐겨 마시며 버머스는 쉐이킹을 하면 탁월해지기 때문에 바 스푼으로 저을 때 칵테일이 혼탁해지지 않게 주의해야 한다. 이 칵테일은 일본의 요코하마에 있는 뉴 그랜드호텔의 오픈 시 바텐더로 근무했던 루이스씨가 만들었으며 부재료인 드라이 버머스 대신에 스위트 버머스를 사용하면 아도니스라는 칵테일이 된다.

재료와 핵심

버번 & 코크(Bourbon & Cock)

버번 위스키(Bourbon Whisky)	$1\frac{1}{2}$ oz
콜 라(Cola)	Fill
★ 빌드 법(Build)	
★ 텀블러 글라스(Tumbler)	

☺빌드 법으로 만드는 칵테일로 얼음이 담긴 텀블러에 버번 위스키를 넣고 차가운 콜라를 잔에 8부정도 채운 후 바 스푼으로 가볍게 젓는다. 이 칵테일은 미국을 대표하는 위스키와 미국을 대표하는 음료를 사용하여 만든 칵테일로 이 칵테일의 핵심은 버번 위스키와 콜라의 비율이 중요하며 알코올의 쓴맛이 나지 않게 콜라의 양을 잘 조절하여 감칠맛이 나도록 해야 된다.

재료와 핵심

브랜디 사워(Brandy Sour)

브랜디(Brandy)	$1\frac{1}{2}$ oz
레몬 주스(Lemon Juice)	$\frac{1}{2}$ oz
설 탕(Sugar)	1 tsp
★ 쉐이크 법(Shaker)	
★ 사워 글라스	
★ 레몬, 체리 장식(Lemon, Cherry)	

☺쉐이커에 얼음과 함께 위 재료를 넣고 잘 섞은 후 차가워진 사워 글라스에 따르고 레몬과 체리를 장식한다. 브랜디의 풍부한 향과 레몬 주스와 설탕의 조화가 중요하며 산뜻한 신맛이 나도록 만드는 것이 좋다.

사워는 신맛을 의미하며 산뜻한 맛 때문에 식사 전에 마시는 칵테일로 적당 하지만 파티나 저녁 만찬이 끝난 후 마시면 입안을 개운하게 해 준다. 다른 증류주를 사용하여 만들 수도 있으며 그럴 땐 주재료 이름으로 부른다. 주재료로 진을 사용하면 진 사워, 위스키를 사용하면 위스키 사워가 된다.

재료와 핵심

베일리스 크림(Baileys Cream)

베일리스 아이리쉬 크림(Baileys Cream)	1 oz
생크림(Fresh Cream)	$\frac{1}{2}$ oz
★ 빌드 법(Build)	
★ 올드 패션 글라스(Old Fashion Glass)	

☺빌드법으로 조주하며, 올드 패션 글라스에 얼음과 주 · 부재료를 함께 넣고 바 스푼으로 잘 젓는다.

이 칵테일의 핵심은 아이리쉬 크림의 초콜릿 맛을 잘 살리는 것이 중요한데, 그러기 위해서는 설탕의 양을 잘 조절하여 계란의 느끼한 맛을 완화시켜야 한다. 이 칵테일 역시 베일리스사의 홍보용으로 만들어졌으나 부드러운 맛으로 여성에게 인기가 많은 칵테일이다.

재료와 핵심

브랜디 에그넉(Brandy Eggnog)

브랜디(Brandy)	1 oz
라이트 럼(Light Rum)	$\frac{1}{2}$ oz
설 탕(Sugar)	2 tsp
계 란(Egg)	1 ea
우 유(Milk)	Fill
★ 쉐이크 법(Shaker)	
★ 텀블러 글라스(Tumbler)	

☺ 쉐이커에 얼음과 함께 우유를 제외한 위 재료를 넣고 잘 섞은 얼음이 담긴 텀블러에 따르고 차가운 우유를 잔에 8부 정도 채운 후 바 스푼으로 잘 젓는다. 기호에 따라 넛멕을 사용해도 좋다. 이 칵테일은 미국에서 크리스마스날 아침에 마시는 칵테일로 설탕의 양을 잘 조절하여 계란의 느끼한 맛을 완화시키는 것이 중요하다.

재료와 핵심

에프리코트 칵테일(Apricot Cocktail)

에프리코트 브랜디(Apricot Brandy)	1 oz
레몬 주스(Lemon Juice)	$\frac{1}{3}$ oz
오렌지 주스(Orange Juice)	$\frac{1}{3}$ oz
드라이 진(Dry Gin)	1 Dash
★ 쉐이커(Shaker)	
★ 칵테일 글라스(Cocktail Glass)	

☺ 쉐이커에 얼음과 함께 위 재료를 나열된 순서대로 넣고 섞은 후에 차가워진 칵테일 글라스에 따른다. 살구와 레몬주스의 신맛과 오렌지의 단맛 진의 쓴 맛이 잘 조화를 이루게 하는 것이 이 칵테일의 포인트이다.

재료와 핵심

블러디 메리(Bloody Mary)

보드카(Vodka)	1 oz
토마토 주스(Tomato Juice)	4 oz
레몬 주스(Lemon Juice)	$\frac{1}{4}$ oz
타바스코 소스(Tabasco Sauce)	2 dash
우스터스샤우어 소스(Worcestershire Sauce)	2 dash
소 금(Salt)	2 dash
후 추(Pepper)	2 dash
★ 빌드 법(Build)	
★ 텀블러 글라스(Tumbler)	
★ 머들러(Muddler)	

☺빌드 법으로 만들며 얼음이 담긴 텀블러에 보드카, 토마토 주스, 레몬 주스를 넣고 바 스푼으로 잘 저은 후 고객의 기호에 따라 향신료를 뿌리고 머들러를 한께 제공한다. 미국의 금주법 시대에 진에다 토마토 주스를 섞어 블러디 샘이란 칵테일로 마신 것이 시초이며 보드카가 미국에서 대중화되면서 주재료가 보드카로 바뀌었다. 주재료를 테킬라로 바꾸면 스트로우 핫, 술을 제외시키고 만들면 버진 메리가 된다. 이 칵테일은 만들 때 주의할 점은 향신료의 양조절이 중요하며 머들러 대신에 셀러리 스틱을 장식해도 좋다.

향신료는 손님의 기호에 따라 사용하기 때문에 용량은 정해 놓지 않아도 좋다. 향신료를 따로 제공하여 손님이 직접 뿌려서 마시기도 한다. 바텐더가 직접 만들 때는 보드카를 넣고 향신료를 먼저 뿌린 후 주스를 넣어 저으며 재료를 좀 더 잘 섞을 수가 있을 것이다.

재료와 핵심

블랙 러시안(Black Russian)

보드카(Vodka)	1 oz
칼루아(Kahlua)	$\frac{1}{2}$ oz
★ 빌드 법(Build)	
★ 올드 패션 글라스(Old Fashion Glass)	

☺빌드 법으로 만드는 칵테일로 올드 패션 글라스에 얼음과 함께 위의 주·부재료를 넣고 바 스푼으로 잘 젓는다. 1933년 미국의 금주법 해제 후 보드카가 서구 사회에서 만들어지기 시작하고 미국에서 유행할 때 만들어진 칵테일로 우리에게도 널리 알려진 칵테일로 블랙 러시안은 검은 소련인이라는 의미인데, 이것은 동구권을 블랙으로 부른데서 유래한 말로 동구권의 술을 이용하여 만들어서 붙여진 이름이다. 달콤한 커피 맛이 나는 칼루아 양의 조절이 중요하며 드라이 한 것을 좋아하는 사람이라면 보드카 2온스에다 칼루아 1tsp를 넣어 만들어 마시면 된다. 또한 이 칵테일은 쉐이커를 할 수도 있는 것으로 두 가지 방법으로 만들어 놓고 맛을 비교하는 것도 흥미롭다. 이 칵테일에다 레몬 주스 1대쉬를 넣으면 블랙 매직이 되고 생크림을 플로트($\frac{2}{3}$온스)하면 화이트 러시안이 된다.

재료와 핵심

롱 블랙 러시안(Long Black Russian)

보드카(Vodka)	1 oz
칼루아(Kahlua)	1 oz
콜 라(Cola)	Fill
★ 빌드 법(Build)	
★ 텀블러 글라스(Tumbler)	

☺빌드 법으로 만드는 칵테일로 얼음이 담긴 텀블러에 보드카와 칼루아를 넣고 차가운 콜라를 잔에 8부정도 채운 후 바 스푼으로 가볍게 젓는다.

재료와 핵심

블루 먼데이(Blue Monday)

보드카(Vodka)	$1\frac{1}{2}$ oz
화이트 큐라소(White Curacao)	$\frac{1}{2}$ oz
블루 큐라소(Blue Curacao)	1 tsp
★ 스터 법(Stir)	
★ 칵테일 글라스(Cocktail Glass)	

☺스터 법으로 만드는 칵테일로 칵테일 어원은 월요병의 의미를 가지고 있으며 블루 큐라소의 양을 잘 조절하여 깨끗하고 시원한 호수의 맑은 색을 내도록 하는 것이 중요하다.

재료와 핵심

블루 코우럴 리프(Blue Coral Reef)

드라이 진(Dry Gin)	$1\frac{1}{3}$ oz
크렘 드 멘트(Créme di Menthe)	$\frac{2}{3}$ oz
★ 쉐이크 법(Shaker)	
★ 칵테일 글라스(Cocktail Glass)	
★ 레몬(가장자리), 체리 장식(Lemon, Cherry)	

☺쉐이크 방법으로 만드는 방법으로 주·부재료를 잘 믹싱한 후에 옆에 놓고 먼저 차가워진 칵테일 글라스의 가장자리에 레몬 즙을 바른 후 글라스에 칵테일을 따라서 체리 한개를 장식한다. 일본에서 만들어진 칵테일로 크렘 드 멘트의 양을 잘 조절하여 드라이진의 송진 향을 적당히 완화시키는 것이 중요하다. 첫맛은 박하맛이 나고 목으로 넘어간 뒤의 끝맛이 약간의 송진 향이 풍기도록 하는 것이 이 칵테일의 생명이다.

재료와 핵심

블루 하와이(Blue Hawaii)

라이트 럼(Light Rum)	1 oz
블루 큐라소(Blue Curacao)	$\frac{1}{2}$ oz
파인애플 주스(Pineapple Juice)	1 oz
레몬 주스(Lemon Juice)	$\frac{1}{2}$ oz
★ 쉐이크 법(Shaker)	
★ 고블렛 글라스(크러쉬드 아이스)(Goblet/Crushed Ice)	
★ 파인애플 장식(Pineapple)	
★ 스트로우(Straw)	

☺쉐이크 법으로 재료들을 잘 믹싱하여 크러쉬드 아이스가 가득 담긴 고블렛에 따르고 파인애플을 장식하고 스트로우를 함께 제공한다. 이 칵테일의 핵심은 블루 큐라소와 주스의 비율을 잘 섞어 시원한 하와이의 푸른 바다를 생각나게 할 수 있도록 블루 색을 내는 것이 중요하다.

재료와 핵심

비 & 비(B & B)

베네딕틴(Benedictine)	$\frac{1}{2}$ oz
브랜디(Brandy)	$\frac{1}{2}$ oz
★ 빌드 법(플로트)(Build/Float)	
★ 리큐르 글라스(Liqueur Glass)	

☺플로트 방식으로 만드는 칵테일로 두 재료가 혼합되지 않게 층층히 쌓는 기법이 이 칵테일의 핵심으로 칵테일의 어원은 기주의 이니셜을 따서 비 앤 비라고 명명했다. 물기가 없는 리큐르 글라스에 베네딕틴을 먼저 넣고 그 위에 바 스푼을 이용하여 브랜디를 쌓는다.

재료와 핵심

비트윈 더 시트(Between The Sheet)

브랜디(Brandy)	$\frac{1}{2}$ oz
라이트 럼(Light Rum)	$\frac{1}{2}$ oz
화이트 큐라소(White Curacao)	$\frac{1}{2}$ oz
레몬 주스(Lemon Juice)	1 tsp
★ 쉐이크 법(Shaker)	
★ 칵테일 글라스(Cocktail Glass)	

☺ 쉐이크 법으로 만드는 칵테일로 이름의 의미는 잠자리에 들면서란 뜻이 있다. 레몬 주스의 신맛을 잘 조절하여 부드러운 맛을 내는 것이 이 칵테일의 생명이다.

재료와 핵심

사이드카(Sidecar)

브랜디(Brandy)	1 oz
화이트 큐라소(White Curacao)	$\frac{1}{3}$ oz
레몬 주스(Lemon Juice)	$\frac{1}{3}$ oz
★ 쉐이크 법(Shaker)	
★ 칵테일 글라스(Cocktail Glass)	

☺ 쉐이커에 브랜디와 오렌지의 향을 잘 살려 산뜻하게 만드는 것이 칵테일을 잘 만들기 위한 요점이며, 사이드카는 오토바이를 개조하여 옆에 한 사람 더 탈 수 있도록 한 것이 사이드카로 칵테일의 유래는 세계 제1차 대전 당시 사이드카를 타고 파리에 진격한 독일군 장교가 후퇴 중에 점령한 프랑스 민가에 들어가서 그 민가에 있는 브랜디와 큐라소를 가지고 레몬 즙을 더하여 즉석 칵테일을 만든 것이 이 칵테일의 시초이다.

재료와 핵심

솔티 독(Salty Dog)

보드카(Vodka)	$1\frac{1}{2}$ oz
그레이프후르트 주스(Grapefruit Juice)	Fill
★ 빌드 법(Build)	
★ 텀블러 글라스(Tumbler)	
★ 솔트 프로스트(Salt Frost)	

☺빌드 법으로 만드는 칵테일로 먼저 텀블러의 가장자리에 레몬 즙을 바르고 소금을 묻인 후 얼음과 보드카를 넣고 차가워진 그레이프후르츠 주스를 잔에 8부정도 채운 후 바 스푼으로 잘 젓는다. 솔티 독이란 영국의 속어로 선박의 갑판원을 의미하는데, 이것은 항상 바닷바람에 옷이 젖어 있어서 이런 말이 생긴 듯하다. 프로스트할 때 소금이 글라스 안쪽으로 들어가지 않게 주의해야 한다. 신선한 자몽 주스의 맛을 잘 느낄 수 있으며 이 칵테일에서 솔트 프로스트를 하지 않고 만들면 그레이 하운드라는 칵테일이 된다.

재료와 핵심

스위트 러브(Sweet Love)

스카치 위스키(Scotch Whisky)	$\frac{1}{2}$ oz
드라이 버머스(Dry Vermouth)	$\frac{2}{3}$ oz
코인트루(Cointreau)	$\frac{1}{3}$ oz
멜론 리큐르(Melon Liqueur)	$\frac{1}{3}$ oz
피치 브랜디(Peach Brandy)	1 tsp
★ 쉐이크 법(Shaker)	
★ 칵테일 글라스(Cocktail Glass)	
★ 체리 장식(Cherry)	

☺쉐이크 법으로 만드는 칵테일로 버머스가 들어가지만 칵테일의 용도는 식후용으로 아르헨티나의 리오넬씨에 의하여 1993년 비엔나 국제 칵테일 경영대회에서 만들어진 작품으로 단맛이 있는 비앙코 버머스의 맛을 잘 느낄 수 있는 칵테일로서 복잡한 과일 맛이 난다.

재료와 핵심

스카치 미스트(Scotch Mist)

스카치 위스키(Scotch Whisky)	2 oz
★ 빌드 법(Build)	
★ 올드 패션 글라스(크러쉬드 아이스)(Old Fashion Glass)	
★ 레몬 피일(Lemon Peel)	
★ 스트로우(Straw)	

☺크러쉬드 아이스가 가득 담긴 글라스에 위스키를 따르고 그 위에 레몬 피일을 한다. 스트로우 2개를 함께 제공한다.

재료와 핵심

스카치 & 소다(Scotch & Soda)

스카치 위스키(Scotch Whisky)	$1\frac{1}{2}$ oz
소다수(Soda Water)	Fill
★ 빌드 법(Build)	
★ 텀블러(Tumbler)	

☺빌드 법으로 만드는 칵테일로 하이볼의 대표적인 칵테일이다. 얼음이 담긴 텀블러에 위스키를 넣고 차가운 소다수를 잔에 8부정도 채운 후 바 스푼으로 상하로 가볍게 젓는다. 스카치 위스키의 향이나 맛을 잘 살릴 수 있으면서 알코올의 도수를 낮추도록 소다수의 양을 잘 조절하는 것이 중요하다.

재료와 핵심

스크루드라이버(Screwdriver)

보드카(Vodka)	$1\frac{1}{2}$ oz
오렌지 주스(Orange Juice)	Fill
★ 빌드 법(Build)	
★ 텀블러(Tumbler)	

☺빌드법으로 만드는 칵테일로 텀블러에 얼음과 보드카를 넣고 마지막으로 차가운 오렌지 주스로 글라스에 8부정도 채운 후 바 스푼으로 잘 젓는다. 이 칵테일은 이란의 유전에서 근무하던 미국인 근로자가 휴식시간에 보드카에 오렌지 주스를 넣고 혼합할 때 허리에 휴대하고 있던 드라이버를 사용한데서 이름을 따왔다. 신선한 오렌지 과즙을 사용하여 만들면 진한 과즙이 보드카의 깨끗한 맛에 의해 산뜻하면서도 풍부한 오렌지의 맛을 살릴 수가 있다.

재료와 핵심

스트로베리 다이퀴리(Strawberry Daiquiri)

라이트 럼(Light Rum)	1 oz
스트로베리 리큐르(Strawberry Liqueur)	$\frac{2}{3}$ oz
라임 주스(Lime Juice)	$\frac{1}{3}$ oz
딸 기(Strawberry)	3 ea
크러쉬드 아이스	$\frac{1}{3}$ sp
★ 블렌드 법(Blend)	
★ 샴페인 글라스(Champagne Glass)	
★ 딸기 장식(Strawberry)	
★ 스트로우(Straw)	

☺브렌드 방법인 전기 믹서기에 위의 주·부재료를 넣고 믹싱한 후에 냉각된 샴페인 글라스에 따른다. 전기 믹서기를 너무 오래 회전시키지 않도록 하고 딸기를 장식하여 스트로우를 함께 제공한다. 신선한 딸기를 사용하는 것이 좋으며 크러쉬드 아이스의 양 조절이 이 칵테일의 생명이다.

재료와 핵심

스팅거(Stinger)

브랜디(Brandy)	$1\frac{1}{2}$ oz
크렘 드 멘트 화이트(Créme di Menthe)	$\frac{1}{2}$ oz
★ 쉐이크 법(Shaker)	
★ 칵테일 글라스(Cocktail Glass)	

☺ 쉐이크 법으로 만드는 칵테일로 스팅어란 침을 가진 동물이나 식물을 말한다. 기주로 브랜디와 멘트를 사용하기 때문에 식후에 마시는 대표적인 식후용 칵테일이다. 이 칵테일은 브랜디 향과 박하향이 잘 어울릴 수 있도록 만드는 것이 중요하고 이 칵테일에서 파생되는 칵테일을 살펴보면 다음 같다. 브랜디 대신에 보드카를 넣으면 화이트 스파이더가 되고 부재료인 멘트 그린 대신에 멘트 화이트를 넣으면 데빌이라는 칵테일이 된다.

재료와 핵심

슬로우 진 피즈(Slow Gin Fizz)

슬로우 진(Sloe Gin)	1 oz
레몬 주스(Lemon Juice)	$\frac{1}{2}$ oz
설 탕(Sugar)	1 tsp
소다수(Soda Water)	Fill
★ 쉐이크 법(Shaker)	
★ 텀블러 글라스(Tumbler)	
★ 레몬 장식(Lemon)	

☺ 쉐이크 법으로 만드는 칵테일로 쉐이커에 슬로우 진, 레몬 주스, 설탕을 넣고 잘 믹싱하여 얼음이 담긴 텀블러에 따르고 차가워진 소다수를 잔에 8부정도 채운 후 바 스푼으로 가볍게 젓어서 레몬 한 조각을 장식한다. 소다수의 양을 잘 조절하여 칵테일을 너무 싱겁지 않게 만드는 것이 중요하다.

재료와 핵심

슬로우 테킬라(Slow Tequila)

테킬라(Tequila)	1 oz
슬로우 진(Slow Gin)	$\frac{1}{2}$ oz
레몬 주스(Lemon Juice)	$\frac{1}{2}$ oz
★ 쉐이크 법(Shaker)	
★ 올드 패션 글라스(크러쉬드 아이스)(Old Fashion Glass)	
★ 오이 장식(Cucumber)	
★ 스트로우(Straw)	

☺쉐이크에 얼음과 함께 주·부재료를 넣고 믹싱한 후에 크러쉬드 아이스가 가득 담긴 올드 패션 글라스에 따르고 오이를 길게 썰어 장식을 하고 스트로우를 제공한다. 새콤달콤한 슬로우 진과 신맛의 레몬 주스가 잘 조화되어야 칵테일의 제맛을 낼 수 있으며 미국의 젊은 여성들이 즐겨 마시는 술이다.

재료와 핵심

싱가폴 슬링(Singapore Sling)

드라이 진(Dry Gin)	1 oz
체리 브랜디(Cherry Brandy)	$\frac{1}{3}$ oz
레몬 주스(Lemon Juice)	$\frac{1}{3}$ oz
소다수(Soda Water)	Fill
★ 쉐이크 법(Shaker)	
★ 텀블러 글라스(Tumbler)	
★ 오렌지(Orange), 체리(Cherry)	

☺이 칵테일은 여름철에 마시기 알맞은 음료로 쉐이크 법으로 얼음과 함께 드라이 진, 체리 브랜디, 레몬 주스를 넣어 쉐이킹 한 다음 얼음이 담긴 텀블러에 따르고 소다수를 잔에 8부 정도 채운 후 바 스푼으로 가볍게 상하로 젓는다. 1915년 싱가폴에 있는 래플즈 호텔의 롱바에서 만들어진 아주 오래된 칵테일로 세계에 널리 알려져 있으며 칵테일 제조시 주의 사항은 소다수가 너무 많이 들어가면 상쾌함이 줄어들고 맛이 싱거워지므로 적절한 양의 조절이 필요하다. 드라이 진의 쓴맛을 레몬 주스가 완화시켰으며 체리 브랜디의 달콤함과 향기가 더 없이 좋은 칵테일이다. 장식은 과일을 장식해야 하지만 보통 레몬 한 조각과 빨간 체리 한개를 장식한다.

재료와 핵심

아메리카노(Americano)

캄파리 비터(Campari Bitters)	1 oz
스위트 버머스(Sweet Vermouth)	1 oz
소다수(Soda Water)	Fill
★ 빌드 법(Build)	
★ 텀블러 글라스(Tumbler)	
★ 레몬 피일(Lemon Peel)	

☺빌드 법으로 만드는 칵테일로 텀블러에 얼음과 캄파리, 스위트 버머스을 넣고 칠링 된 소다수를 글라스의 8부정도 채운 후 바 스푼으로 가볍게 젓는다. 캄파리 비터와 스위트 버머스를 기주로 해서 믹싱하면 단맛이 쓴맛을 완화시켰기 효과 때문에 조화를 잘 이루며 소다수는 칵테일의 상쾌함을 더해 준다. 그 위에 오일의 쓴 맛과 향을 내기 위해 레몬 피일을 한다. 아메리카노는 이탈리어로 미국인을 의미하며 부를 때 사용하는 단어이다.

재료와 핵심

아메리칸 뷰티(American Beauty)

브랜디(Brandy)	$\frac{1}{2}$ oz
드라이 버머스(Dry Vermouth)	$\frac{1}{2}$ oz
오렌지 주스(Orange Juice)	$\frac{1}{2}$ oz
그레나딘 시럽(Grenadine Syrup)	$\frac{1}{4}$ oz
화이트 페퍼민트(White Peppermint)	1 tsp
포트 와인(Port Wine)	Float
★ 쉐이크 법(Shaker)	
★ 칵테일 글라스(Cocktail Glass)	

☺쉐이크 법으로 만드는 칵테일로 포트 와인을 제외한 위 재료를 쉐이커에 넣고 믹싱하여 칵테일 글라스에 따르고 그 위에 포트 와인 1/4온스를 바 스푼을 사용하여 칵테일 위에 살짝 쌓는다. 먼저 만든 칵테일과 섞이지 않게 조심해서 쌓아야 한다. 달콤하면서도 여러가지 복합적인 과일 향이 나기 때문에 여성들이 좋아하며 칵테일을 만들 때 주의할 점은 멘트와 그레나딘 시럽의 양 조화가 이 칵테일의 생명이다. 아메리칸 뷰티는 송이가 큰 장미 품종으로 미국 워싱턴의 심벌이다. 오렌지 계통의 빨간 장미꽃이 부어지면 붉은 장미 꽃 한송이가 된 듯한 느낌이 있다.

재료와 핵심

아이리쉬 커피(Irish Coffee)

아이리쉬 위스키(Irish Whisky)	1 oz
핫 커피(Hot Coffee)	1 cup
설 탕(Sugar)	1 tsp
휩핑 크림(Whipping Cream)	적당량
★ 빌드 법(Build)	
★ 아이리쉬 커피 글라스(Irish Coffee Glass)	

☺아이리쉬 커피 글라스나 작은 고블렛, 또는 커피 컵에 커피를 7부정도 채운 후 설탕과 위스키를 넣고 가볍게 저은 후 휘핑 크림을 그 위에 조심해서 쌓는다. 아일랜드의 샤논 공항에서 추운 날 비행기를 기다리는 동안 몸을 따뜻하게 하기 위하여 마시던 것에서 유래했다. 이는 식후음료나 비오는 여름날 마시기 좋은 칵테일로 아이리쉬 위스키의 개성을 가장 잘 살릴 수 있는 칵테일이다.

재료와 핵심

아카시아(Acacia)

드라이 진(Dry Gin)	$1\frac{1}{2}$ oz
베네딕틴(Benedictine)	$\frac{1}{2}$ oz
킬쉬와써(Kirschwasser)	2 dash
★ 쉐이크 법(Shaker)	
★ 칵테일 글라스(Cocktail Glass)	

☺여름철의 피로에 좋은 칵테일로 재료를 쉐이커에 넣고 얼음을 같이 쉐이커하여 냉각된 칵테일 글라스에 따른다. 투명한 노란색이 아카시아 꽃을 연상하도록 베네딕틴을 사용하여 연노란색과 달콤한 향이 나도록 만드는 것이 중요하다.

재료와 핵심

알래스카(Alaska)

드라이 진(Dry Gin)	$\frac{3}{4}$ oz
샤르뜨뢰즈(Yellow Chartreuse)	$\frac{1}{4}$ oz
오렌지 비터(Orange Bitters)	1 dash
레몬 필(Lemon Peel)	1 ea
★ 쉐이크 법(Shaker)	
★ 칵테일 글라스(Cocktail Glass)	

☺ 쉐이커에 얼음과 함께 위 재료를 넣고 잘 섞은 후 냉각된 칵테일 글라스에 따른 후에 레몬 필을 짜 넣는다. 샤르뜨뢰즈의 단맛이 너무 지나치지 않게 전체적으로 산뜻한 맛이 나도록 하는 것이 중요하다. 리큐르의 여왕으로 불리는 샤르뜨뢰즈를 사용한 칵테일로 약 100여년전 영국의 유서 깊은 레스토랑인 사보이 호텔의 바텐더가 만들어 식전이나 연극 구경을 가기 전에 마시는 칵테일로 만들었다.

재료와 핵심

알렉산더(Alexander)

브랜디(Brandy)	$\frac{2}{3}$ oz
크렘 드 카카오 브라운(Créme de Cacao Brown)	$\frac{2}{3}$ oz
생크림(Cream)	$\frac{2}{3}$ oz
★ 쉐이크 법(Shaker)	
★ 칵테일 글라스(Cocktail Glass)	
★ 넛 멕(Nutmeg)	

☺ 쉐이크 법으로 만드는 칵테일로 위의 주·부재료를 잘 믹싱하여 냉각된 칵테일 글라스에 따르고 마시는 사람의 기호에 따라 그 위에 넛멕을 살짝 뿌린다. 넛멕은 동물성 지방질의 비린 내를 제거시키기 위하여 사용하지만 근래에 들어서는 사용하지 않는 경향이다. 이 칵테일의 탄생 설에 대해서는 영국 국왕인 에드워드 7세가 왕비인 알렉산드라에게 바쳤다는 칵테일이라고도 하며, 영국 왕실의 전통 혼례식 때 축제용으로 만들어 마셨다고도 한다. 이 칵테일에서 파생된 칵테일을 살펴보면 주 재료인 브랜디 대신에 드라이진을 넣으면 프린세스 메리, 보드카를 넣으면 보드카 알렉산더, 럼을 넣으면 파나마란 칵테일이 된다. 또 부재료인 크렘 드 카카오 대신에 크렘 드 멘트 그린을 넣으면 알렉산더스 씨스터가 된다. 향긋한 브랜디의 초콜릿 맛 생크림의 부드러운 조화로 특히 여성들이 식사 후에 한 잔쯤 마시면 좋다.
이 칵테일은 달콤한 사랑과 궁정의 화려함이 깃든 칵테일이라 할 수 있다.

재료와 핵심

어라운드 더 월드(Around the World)

드라이 진(Dry Gin)	$1\frac{1}{3}$ oz
크렘 드 멘트 그린 (Créme de Menthe)	$\frac{1}{3}$ oz
파인애플 주스(Pineapple Juice)	$\frac{1}{3}$ oz
★ 쉐이크 법(Shaker)	
★ 칵테일 글라스(Cocktail Glass)	
★ 녹색체리 장식(Cherry)	

☺ 쉐이커에 얼음과 함께 위 재료를 넣고 잘 섞은 후 차가워진 칵테일 글라스에 따르고 체리를 장식한다. 파인애플 주스의 시고 단맛과 박하향기가 산뜻한 감미로 부인들이 즐기는 칵테일이다.

재료와 핵심

엑스·와이·지(X·Y·Z)

라이트 럼(Light Rum)	1 oz
화이트 큐라소(White Curacao)	$\frac{1}{2}$ oz
레몬 주스(Lemon Juice)	$\frac{1}{2}$ oz
★ 쉐이크 법(Shaker)	
★ 칵테일 글라스(Cocktail Glass)	

☺ 쉐이크 법으로 만드는 칵테일로 주 · 부재료를 넣고 잘 믹싱한 후에 냉각된 칵테일 글라스에 따른다. 레몬 주스의 신맛과 큐라소의 달고 쓴맛이 럼과의 조화를 잘 이루어야 하는 것이 이 칵테일의 핵심이다. 엑스 · 와이 · 지는 일반적으로 바텐더들에게는 굿 바이 또는 안녕히라는 말로 알려져 있다.

재료와 핵심

엔젤스 키스(Angel's Kiss)

크렘드 카카오 화이트(Créme de Cacao)	$\frac{1}{4}$ oz
슬로 진(Sloe Gin)	$\frac{1}{4}$ oz
브랜디(Brandy)	$\frac{1}{4}$ oz
크림(Cream)	$\frac{1}{4}$ oz
★ 빌드 법(플로트)(Build)	
★ 푸스카페 글라스(Pousse Café Glass)	
★ 체리(Cherry)	

☺엔젤스 키스는 플로트 방법으로 만드는 칵테일로 단맛이 난다. 푸스카페 글라스에 위의 재료를 바 스푼을 이용하여 섞이지 않도록 층층이 쌓아서 완성하는 것으로 각 재료의 양을 정확히 맞추는 것이 포인트이다. 글라스에 위 재료의 순서대로 혼합하지 않고 바 스푼의 뒷면을 이용하여 푸스카페 글라스에 쌓아서 완성한다.

재료와 핵심

올드 패션(Old Fashion)

버번 위스키(Bourbon Whisky)	1$\frac{1}{2}$ oz
각설탕(Cube Sugar)	1 ea
아로마틱 비터스(Aromatic Bitters)	1 dash
소다수(Soda Water)	$\frac{1}{4}$ oz
★ 빌드 법(Build)	
★ 올드 패션 글라스(Old Fashion Glass)	
★ 레몬 피일(Lemon Peel)	
★ 오렌지, 체리 장식(Orange, Cherry)	

☺빌드 법으로 만드는 칵테일로 올드 패션 글라스에 각설탕을 먼저 넣고 비터스, 소다수를 넣고 잘 저은 후 얼음과 위스키를 넣고 또 한번 젓는다. 레몬 피일을 하고 오렌지와 체리를 장식한다. 미국 캔터키주의 펜데니스 클럽의 토마스 루이스 위콤이라는 바텐더가 경마 팬들을 위하여 만든 칵테일로 만드는 방식이 옛날 식이라서 올드 패션이라는 이름이 붙여졌다.

재료와 핵심

올림픽(Olympic)

브랜디(Brandy)	$\frac{2}{3}$ oz
큐라소(Curacao)	$\frac{2}{3}$ oz
오렌지 주스(Orange Juice)	$\frac{2}{3}$ oz
★ 쉐이크 법(Shaker)	
★ 칵테일 글라스(Cocktail Glass)	

☺쉐이크 법으로 만드는 가장 기초적인 칵테일로 파리에 있는 리츠 호텔에서 만들어졌으며 파리에서 올림픽을 기념하기 위하여 만든 칵테일이다. 브랜디와 큐라소를 잘 조화시켜 맛과 향을 내고 주스로 알코올 도수를 떨어뜨려서 입맛은 산뜻한 맛을 느낄 수 있다.

재료와 핵심

위도우스 드림(Widow's Dream)

베네딕틴(Benedictine)	$1\frac{1}{2}$ oz
계 란(Egg York)	1 ea
생크림(Cream)	$\frac{2}{3}$ oz
★ 쉐이크 법(Shaker)	
★ 샴페인 글라스(Champagne Glass)	

☺쉐이크 법으로 만드는 칵테일로 쉐이커에 베네딕틴, 계란을 넣고 잘 섞은 후 차가워진 샴페인 글라스에 따르고 그 위에 생크림 2/3온스를 바 스푼을 사용하여 살짝 쌓는다. 이 칵테일의 핵심은 계란의 비린내가 나지 않게 베네딕틴과의 조화가 중요하며 향이 좋고 달콤한 맛이 풍부한 칵테일이다. 위도우스 드림은 과부의 꿈으로 계란과 우유 그리고 브랜디에 약초, 향초, 꿀로서 단맛을 낸 베네딕틴, 건강에 좋은 식품을 재료로 사용한다.

재료와 핵심

위스키 사워(Whisky Sour)

버번 위스키(Bourbon Whisky)	1 $\frac{1}{2}$ oz
레몬 주스(Lemon Juice)	$\frac{1}{2}$ oz
설 탕(Sugar)	1 tsp
★ 쉐이크 법(Shaker)	
★ 사워 글라스(Sour Glass)	
★ 레몬, 체리 장식(Lemon, Cherry)	

☺ 브랜디 사워와 동일한 방식으로 만들고 레몬과 체리를 장식하는데, 버번 위스키의 맛을 잘 살리면서 단맛과 신맛을 조화시키는 요령이 필요하다.

재료와 핵심

유키구니(Yukiguni)

보드카(Vodka)	1 oz
화이트 큐라소(White Curacao)	$\frac{1}{2}$ oz
라임 주스(Lime Juice)	$\frac{1}{2}$ oz
★ 쉐이크 법(Shaker)	
★ 칵테일 글라스(Cocktail Glass)	
★ 슈거 프로스트(Sugar Frost)	
★ 그린체리 장식(Green Cherry)	

☺ 쉐이크 법으로 만드는 부드러운 칵테일로 주 · 부재료를 넣고 잘 믹싱한 후에 설탕으로 프로스트한 차가워진 칵테일 글라스에 따르고 체리를 장식한다. 보드카에 큐라소와 라임 주스를 섞어 산뜻한 맛을 강조했다. 유키구니는 설국(雪國)을 뜻하며 설국이란 뜻과 같이 설탕으로 글라스 가장자리를 프로스트하여 눈이 내린 것과 같이 장식을 한다. 칵테일을 만들기 시작한 역사는 그다지 오래지 않은 1958년으로 일본의 유명한 위스키 회사인 산토리사가 주최한 칵테일 경연대회에서 우승한 작품이다. 세계적인 지명도는 낮으나 스노 스타일과 밑에 가라 앉는 그린체리의 액센트가 아름답다.

재료와 핵심

존 카린스(John Collins)

위스키(Whisky)	$1\frac{1}{2}$ oz
레몬 주스(Lemon Juice)	$\frac{1}{2}$ oz
설 탕(Sugar)	2 tsp
소다수(Soda Water)	Fill
★ 쉐이크 법(Shaker)	
★ 카린스 글라스(Collins Glass)	
★ 레몬, 체리 장식(Lemon, Cherry)	

☺소다수를 제외한 위의 재료를 쉐이커에 얼음과 함께 위스키, 레몬 주스, 설탕을 넣고 잘 섞은 후 얼음이 담긴 카린스 글라스에 따르고 차가운 소다수를 잔에 8부정도 채운 후 바 스푼으로 가볍게 저어 레몬 조각과 체리를 장식한다. 19세기 초 런던에 있는 리머스 클럽의 헤드 웨이터인 존 카린스에 의해 만들어진 작품으로 그 당시에는 주재료가 쥬네브 진이었는데 이것이 시대의 흐름에 따라 지금의 위스키로 바뀌었다.

재료와 핵심

진 릭키(Gin Rickey)

드라이 진(Dry Gin)	1 oz
라임 주스(Lime Juice)	$\frac{1}{2}$ oz
소다수(Soda Water)	Fill
★ 빌드 법(Build)	
★ 텀블러 글라스(Tumbler)	

☺이 칵테일은 단맛이 없는 산뜻한 맛이 돋보이게 하는 것이 핵심으로 얼음이 담긴 텀블러에 진과 라임 주스를 넣고 차가워진 소다수를 잔에 8부정도 채운 후 바 스푼으로 가볍게 젓는다. 19세기말 짐 릭키라는 육군 대령이 미국 워싱톤 D.C의 한 레스토랑에서 만들어졌다고 전해진다.

재료와 핵심

진 & 토닉(Gin & Tonic)

드라이 진(Dry Gin)	1 $\frac{1}{2}$ oz
토닉 워터(Tonic Water)	Fill
★ 빌드 법(Build)	
★ 텀블러 글라스(Tumbler)	
★ 레몬 피일(Lemon Peel)	

☺진 베이스의 칵테일 중에서 가장 대중적인 올데이 칵테일로 얼음이 담긴 텀블러에 드라이진을 넣고 토닉 워터를 잔에 8부정도 채운 후 바 스푼으로 가볍게 젓고 레몬 한 조각을 장식한다. 토닉 워터가 충분히 냉각된 것을 사용해야만 탄산가스가 빨리 날아가지 않고 시원한 청량감이 유지되고 진의 향이 너무 강하지 않게 만드는 것이 중요하다. 처음 맛은 토닉 워터의 쌉쌀한 맛이 나고 마지막 맛은 드라이진의 송진 향이 목안에서 약간 스치듯이 나는 것이 좋다. 대영 제국시대 때 군인들이 열대병인 말라리아를 예방하기 위하여 물에다 키니네를 타서 마셨으며 이것을 기초로 하여 토닉 워터가 만들어진 다음에는 여기에다 이뇨 효과가 있는 진을 첨가하여 마신 것이 진 토닉의 시초이다. 그러므로 스포츠를 하고 난 뒤에 마시면 몸의 열을 식혀준다.

재료와 핵심

진 피즈(Gin Fizz)

드라이 진(Dry Gin)	1 $\frac{1}{2}$ oz
레몬 주스(Lemon Juice)	$\frac{1}{2}$ oz
설 탕(Sugar)	1 tsp
소다수(Soda Water)	Fill
★ 쉐이크 법(Shaker)	
★ 텀블러 글라스(Tumbler)	

☺소다수를 제외한 재료를 쉐이커에 얼음과 함께 진, 레몬 주스, 설탕을 넣고 잘 믹싱한 후에 얼음이 담긴 텀블러에 따르고 냉각된 소다수를 글라스에 8부정도 채운 후 바 스푼으로 가볍게 젓는다. 이는 피즈를 대표할 만한 기본이 되는 피즈로 전체적으로 싱겁지 않게 잘 조화를 시켜 산뜻한 맛이 나도록 하는 것이 중요하다. 드라이진 대신에 기주를 바꾸면 보드카 피즈, 슬로우진 피즈, 카카오 피즈가 된다.

재료와 핵심

체리 블로섬(Cherry Blossom)

브랜디(Brandy)	1 oz
체리 브랜디(Cherry Brandy)	1 oz
큐라소(Curacao)	2 dash
레몬 주스(Lemon Juice)	2 dash
그레나딘 시럽(Grenadine Syrup)	2 dash
★ 쉐이크 법(Shaker)	
★ 칵테일 글라스(Cocktail Glass)	

☺체리 블로섬은 체리 꽃을 의미하며 만들어진 칵테일이 진한 체리 색이 난다. 쉐이커에 얼음과 함께 위 재료를 넣고 잘 섞은 후 냉각된 칵테일 글라스에 따른다. 이 칵테일은 일본에서 만든 브랜디의 향에 여러 가지 과일 맛을 첨가시킨 칵테일로 아주 복합적인 과일향이 나며 봄을 상기시키는 감미가 느껴진다.

재료와 핵심

치 치(Chi-Chi)

보드카(Vodka)	1 oz
파인애플 주스(Pineapple Juice)	4 oz
코코넛 크림(Coconut)	$\frac{2}{3}$ oz
★ 쉐이크 법(Shaker)	
★ 고블렛 글라스(크러쉬드 아이스)(Goblet)	
★ 파인애플, 체리 장식(Pineapple, Cherry)	
★ 스트로우(Straw)	

☺쉐이크 방법으로 만드는 칵테일로 쉐이커에 얼음과 함께 위 재료를 넣고 쉐이킹한 후에 크러쉬드 아이스가 가득 담긴 고블렛 글라스에 따른다. 파인애플과 체리를 장식하고 스트로우를 함께 제공한다. 코코넛의 단맛이 강하게 느껴지지 않도록 파인애플 주스의 풍부가 살아있는 칵테일이 되어야한다. 치치는 미국의 속어로 싱싱한, 멋있는이란 뜻으로 프랑스에서 유래되었는데, 프랑스어로는 앞가슴에 많은 주름을 가진 여성용 브라우스를 말하기도 한다. 보드카 대신 라이트 럼을 기주로 하면 피나콜라다(Pina Colad)가 되고 보드카를 넣지 않으면 버진 치치(Virgin Chi-Chi)가 된다.

재료와 핵심

칼루아 밀크(Kahlua Milk)

칼루아(Kahlua)	1 $\frac{1}{2}$ oz
우 유(Milk)	Fill
★ 빌드 법(Build)	
★ 텀블러 글라스(Tumbler)	

☺빌드 법으로 만드는 칵테일로 얼음이 담긴 텀블러에 칼루아를 넣고 우유를 글라스에 8부정도 채운 후 바 스푼으로 잘 젓는다. 술을 즐기지 않는 사람도 친숙해질 수 있는 달콤한 향기의 커피풍미의 칵테일로 디저트로 마실 수 있다. 글라스의 8부정도를 표준으로 하여 달게 마시고 싶을 때는 우유분량을 적게 넣고 그 반대인 경우에는 우유를 많이 넣는다.

재료와 핵심

카카오 피즈(Cacao Fizz)

크렘 드 카카오 브라운(Créme de Cacao Brown)	1 $\frac{1}{2}$ oz
레몬 주스(Lemon Juice)	$\frac{1}{2}$ oz
설 탕(Sugar)	1 tsp
소다수(Soda Water)	Fill
★ 쉐이크 법(Shaker)	
★ 텀블러 글라스(Tumbler)	

☺쉐이커에 얼음과 함께 카카오, 레몬 주스, 설탕을 넣고 쉐이킹 한 후에 얼음이 담긴 텀블러에 따르고 차가워진 소다수를 잔에 8부정도 채운 후 바 스푼으로 가볍게 젓는다. 최근에는 여성들이 즐겨 마시는 칵테일로 초콜릿의 단맛을 레몬 주스로 산뜻하게 했으며 소다수의 양을 지나치게 많지 않게 하여 싱겁지 않도록 만드는 것이 중요하다.

재료와 핵심

캄파리 & 오렌지(Campari & Orange)

캄파리 비터(Campari)	$1\frac{1}{2}$ oz
오렌지 주스(Orange Juice)	Fill
★ 빌드 법(Build)	
★ 텀블러 글라스(Tumbler Glass)	

☺텀블러에 얼음을 먼저 넣고 그 다음으로 캄파리를 $1\frac{1}{2}$ oz를 넣고 칠링된 오렌지 주스를 글라스에 8부정도 채운 후 바 스푼으로 잘 젓는다. 오렌지 주스 대신에 소다수를 사용하면 캄파리 & 소다가 된다. 이탈리아의 대표적인 리큐르를 사용하여 만든 칵테일로 식전음료롤 적합하며, 캄파리의 쓴맛과 떫은맛에 주스의 신맛이 조화되어야 한다.

재료와 핵심

쿠바 리브레(Cuba Libre)

라이트 럼(Light Rum)	$1\frac{1}{2}$ oz
라임 주스(Lime Juice)	$\frac{1}{2}$ oz
콜라(Cola)	Fill
★ 빌드 법(Build)	
★ 텀블러 글라스(Tumbler)	

☺얼음이 담긴 텀블러에 럼과 라임 주스를 넣고 차가워진 콜라를 잔에 8부정도 채운 후 바스푼으로 가볍게 젓는다. 럼 & 콕에다 라임 주스를 섞은 것으로 럼을 기주로 콜라의 맛에 향기와 톡 쏘는 맛을 가미하였기에 라임 주스의 신맛을 잘 살려야 한다. 오랫동안 스페인의 식민지였던 쿠바가 1902년 독립을 획득했는데, 이 때의 환호성이 비바 쿠바 리브레(Viva Cuba Libre, 자유 쿠바 만세)였다.

재료와 핵심

민트 프라페(Mint Frappé)

크렘 드 멘트 그린(Créme de Menthe Green)	1 oz
★ 빌드 법(Build)	
★ 칵테일 글라스(세이브드 아이스)(Cocktail Glass)	
★ 스트로우(Straw)	

☺ 쉐이브드 아이스가 가득 담긴 칵테일 글라스에 크렘 드 멘트 그린을 8부정도 채운 후 스트로우를 2개 제공한다. 프라페 형태의 칵테일에서는 기주를 갈리아노로 바꾸면 갈리아노 프라페가 되며, 크림 드 카카오 브라운을 사용하면 카카오 프라페가 된다.

재료와 핵심

클로버 클럽(Clover Club)

드라이 진(Dry Gin)	$1\frac{1}{2}$ oz
레몬 주스(Lemon Juice)	$\frac{1}{2}$ oz
그레나딘 시럽(Grenadine Syrup)	$\frac{1}{2}$ oz
계란 흰자(White Egg)	1 ea
★ 쉐이크 법(Shaker)	
★ 샴페인 글라스(Champagne)	

☺ 쉐이커에 얼음과 함께 위 재료를 넣고 잘 냉각한 후에 샴페인 글라스에 따른다. 핑크 레이디에 레몬 주스를 첨가하여 만든 것으로 산뜻한 맛을 내는 것이 중요하며 계란을 사용한 칵테일은 보통 쉐이크 때 보다 2~3배 정도로 많이 하여 계란 흰자위의 거품이 충분히 나오도록 해야 한다. 핑크 색의 아름다움과 단백한 칵테일로서 박하 잎을 2,3개 띄운다. 필라델피아에 있는 한 호텔에서 만들어진 것으로 클럽 칵테일의 대표적인 작품이며 식사 코스에서 수프 대신에 마시는 칵테일이다. 계란 흰자 대신에 계란 노른자를 사용하면 로얄 클로브 클럽이 된다.

재료와 핵심

키스 오브 화이어(Kiss of Fire)

보드카(Vodka)	$\frac{1}{2}$ oz
슬로운 진(Slow Gin)	$\frac{1}{2}$ oz
드라이 버머스(Dry Vermouth)	$\frac{1}{2}$ oz
레몬 주스(Lemon Juice)	2 dash
★ 쉐이크 법(Shaker)	
★ 칵테일 글라스(Cocktail Glass)	
★ 슈거 프로스트(Sugar Froast)	

☺쉐이크 방법으로 만드는 칵테일로 위의 주□부재료를 넣고 잘 믹싱한 후에 설탕으로 프로스트한 냉각된 칵테일 글라스에 따른다. 이 칵테일은 1953년 일본에서 열렸던 제5회 칵테일 경연대회에 출품하여 입상한 작품으로 슬로우 진의 개성을 살려서 신맛과 쓴맛을 잘 조화시키는 것이 중요하며 프로스트한 설탕이 글라스 안쪽으로 들어가지 않게 하는 것이 중요하다.

재료와 핵심

키 어(Kir)

드라이 화이트 와인(Dry White Wine)	5 oz
크렘 드 카시스(Créme de Cassis)	1 oz
★ 빌드 법(Build)	
★ 와인 글라스(Wine Glass)	

☺냉각된 글라스에 칠링 된 와인과 카시스를 넣는데, 크렘 드 카시스(Créme de Cassis)를 먼저 넣고 그 다음 와인을 넣는다. 와인의 맛을 잘 살릴 수 있도록 카시스의 양을 조절하여 넣는 것이 중요하다. 그 다음 바 스푼으로 가볍게 저어 칵테일은 완성한다. 원래 와인은 부르고뉴 알리고떼를 사용해야 하며 카시스와 알리고떼는 부르고뉴 디존시의 특산물이다. 키어는 사람 이름으로 부르고뉴 디존시의 시장인 캐논 페릭스 키어씨가 자기 고장의 특산물인 두 가지를 가지고 만든 식전용 칵테일로서 그 당시 디존시의 공식 리셉션에서는 식사의 에프리티프로 꼭 키어를 마셨다고 한다. 와인 대신에 샴페인을 사용하면 키어 로얄이 된다.

재료와 핵심

탐 카린스(Tom Collins)

드라이 진 (Dry Gin)	$1\frac{1}{2}$ oz
레몬 주스(Lemon Juice)	$\frac{1}{2}$ oz
설 탕(Sugar)	1 tsp
소다수(Soda Water)	Fill
★ 쉐이크 법(Shaker)	
★ 카린스 글라스(Collins Glass)	
★ 레몬, 체리 장식(Lemon, Cherry)	

☺쉐이크 법으로 만드는 칵테일로 얼음과 함께 진, 레몬 주스, 설탕을 넣고 잘 믹싱한 후 얼음이 담긴 카린스 글라스에 따르고 차가운 소다수를 잔에 8부정도 채워 바 스푼으로 가볍게 젓는다. 레몬조각과 체리를 장식하고 산뜻한 맛이 나면서 싱겁지 않게 소다수의 양을 잘 조절하는 것이 중요하다. 영국에서 생산되던 올드 탐 진을 주재료로 하여 탐 카린스가 처음으로 만들어졌고 세계 제2차대전 후 주재료가 지금의 드라이 진으로 바뀌어 오늘날까지 탐 카린스로 불려지고 있다. 주재료를 럼이나 브랜디 등을 사용하여 럼 카린스, 브랜디 카린스라고 부르고 있다.

재료와 핵심

테키니(Tequni)

테킬라(Tequila)	$1\frac{1}{2}$ oz
드라이 버머스(Dry Vermouth)	$\frac{1}{2}$ oz
★ 스터 법(Stir)	
★ 칵테일 글라스(Cocktail Glass)	
★ 올리브 장식(Olive)	

☺이 칵테일은 진보다도 더 강하다는 테킬라를 주재료로 사용하여 만든 것으로 남성적인 강함을 맛볼 수 있다. 테키니는 테킬라 마티니의 애칭으로 마티니처럼 빌드 법으로 만드는 칵테일로 마티니의 진 대신에 테킬라를 사용한 것으로 버머스의 양을 잘 조절하여 드라이하게 만드는 것이 중요하다. 올리브를 장식하는데, 기호에 따라 레몬 피일을 하기도 한다.

재료와 핵심

테킬라 선라이즈(Tequila Sunrise)

테킬라(Tequila)	$1\frac{1}{2}$ oz
오렌지 주스(Orange Juice)	Fill
그레나딘 시럽(Grenadine Syrup)	$\frac{1}{4}$ oz
★ 빌드 법(Build)	
★ 텀블러 글라스(Tumbler)	

☺빌드 법으로 만드는 칵테일로 멕시코의 국민주인 테킬라를 기주로 만든다. 얼음이 담긴 텀블러에 테킬라를 넣고 칠링된 오렌지 주스를 잔에 8부정도 채운 후 바 스푼으로 잘 젓은 후에 그 위에 그레나딘 시럽을 살짝 뿌린다. 이 칵테일의 핵심은 테킬라와 오렌지 주스의 양을 잘 조절하고 그레나딘 시럽으로 약간의 단맛과 석류 향이 나도록 하는 것이 중요하다.

재료와 핵심

파라다이스(Paradise)

드라이 진(Dry Gin)	1 oz
에프리코트 브랜디(Apricot Brandy)	$\frac{1}{2}$ oz
오렌지 주스(Orange Juice)	$\frac{1}{2}$ oz
★ 쉐이크 법(Shaker)	
★ 칵테일 글라스(Cocktail Glass)	

☺쉐이커에 얼음과 함께 위 재료를 넣고 잘 쉐이킹한 후에 냉각된 칵테일 글라스에 따른다.
오렌지 주스와 에프리코트 브랜디가 잘 조화되어 살구와 오렌지의 향과 맛으로 달콤한 칵테일을 만들어 여성에게 인기가 있다.

재료와 핵심

프렌치 75(French 75)

드라이 진(Dry Gin)	$1\frac{1}{2}$ oz
레몬 주스(Lemon Juice)	$\frac{1}{2}$ oz
설 탕(Sugar)	1 tsp
샴페인 글라스(Champagne Glass)	Fill
★ 쉐이크 법(Shaker)	
★ 텀블러 글라스(Tumbler)	

☺진 피즈의 소다수 대신에 샴페인을 사용한 것으로 쉐이커에 얼음과 함께 진, 레몬 주스, 설탕을 넣고 잘 섞은 후 얼음이 담긴 텀블러에 따르고 차가운 샴페인을 잔에 8부정도 채운 후 바 스푼으로 가볍게 젓는다. 발포성 샴페인이 목을 시원하게 해주는 올 데이 칵테일이다.

이 칵테일의 이름은 세계 제1차대전 당시 파리의 앙리 바에서 만들어 졌으며, 이름은 그 때 새로 만들어졌던 75㎜ 대포의 이름을 말한다. 이것을 변형시켜 만든 것으로는 주재료가 버번 위스키인 프렌치 95, 주재료가 브랜디인 프렌치 125가 있다.

재료와 핵심

프로즌 다이퀴리(Frozen Daiquiri)

라이트 럼(Light Rum)	$1\frac{1}{3}$ oz
라임 주스(Lime Juice)	$\frac{1}{3}$ oz
화이트 큐라소(White Curacao)	1 tsp
설 탕(Sugar)	1 tsp
크러쉬드 아이스(Crushed Ice)	1 cup
★ 블렌드 법(Blended)	
★ 샴페인 글라스(Champagne Glass)	
★ 라임, 박하잎 장식(Lime, Mint Leaf)	

☺블렌더에 세이브드 아이스와 위 재료를 전기 믹서기에 넣고 고속회전시켜 샤베트 식으로 만든 후에 냉각된 샴페인 글라스에 따른다. 쿠바의 하바나에 있는 한 레스토랑 바에서 만들어진 칵테일로 무더운 여름날에 마시면 더위를 식혀 준다. 헤밍웨이가 즐겨 마신 칵테일로 유명하며 이것을 헤밍웨이 다이퀴리라고도 한다. 프로즌 다이퀴리는 인기 있는 칵테일로 변형도 가장 많고 봄에는 딸기로 여름에는 파인애플, 바나나 등을 이용하고 있으며 과일이름 뒤에 프로즌 다이퀴리를 붙인다.

재료와 핵심

피나 콜라다(Pina Colada)

라이트 럼(Light Rum)	1 oz
파인애플 주스(Pineapple Juice)	4 oz
코코넛 크림(Coconut Cream)	$\frac{2}{3}$ oz
★ 쉐이크 법(Shaker)	
★ 고블렛(크러쉬드 아이스)(Goblet Glass)	
★ 파인애플, 체리장식(Pineapple, Cherry)	
★ 스트로우(Straw)	

☺ 피나 콜라다란 파인애플이 무성한 고개를 말하며 이 칵테일은 1970 년대 카리브해에 있는 푸에르토리코에서 만들어진 것으로 대표적인 트로피칼 칵테일 중의 하나이다. 쉐이커에 얼음과 함께 위 재료를 넣고 잘 섞은 후 크러쉬드 아이스가 가득 담긴 고블렛 글라스에 따른다. 코코넛 크림의 양이 중요하며 파인애플의 신선한 맛이 살아 있도록 많이 사용하지 않는 것이 좋다. 파인애플과 체리를 장식하고 스트로우를 함께 제공한다.

재료와 핵심

핑크 레이디(Pink Lady)

드라이 진(Dry Gin)	1 $\frac{1}{3}$ oz
그레나딘 시럽(Grenadine Syrup)	$\frac{2}{3}$ oz
계란 흰자(White Egg)	1 ea
★ 쉐이크 법(Shaker)	
★ 샴페인 글라스(Champagne Glass)	

☺ 이름대로 색깔이 아름답고 맛도 부드러운 칵테일로 이 칵테일의 이름은 1912 년 런던에서 크게 인기 있던 연극 핑크레이디의 이름이다. 이 연극이 성황리에 끝난 후 열렸던 파티에서 여자 주인공인 헤이즐 돈을 위하여 만들어진 칵테일이지만 만든 작자는 미상이다. 쉐이커에 얼음과 함께 위 재료를 넣고 잘 섞은 후 냉각된 샴페인 글라스에 따른다. 계란 흰자와 그레나 딘 시럽의 조화가 중요하며 목으로 넘어 간 뒤의 끝맛이 비린내가 나지 않고 연한 송진 향이 나도록 만들어야 한다.

재료와 핵심

핑크 진(Pink Gin)

드라이 진(Dry Gin)	2 oz
아로마틱 비터스(Aromatic Bitters)	2 dash
★ 빌드 법(Build)	
★ 칵테일 글라스(Cocktail Glass)	

☺ 칵테일 글라스에 아로마틱 비터스 2대쉬를 넣고 이 비터스를 글라스 안쪽 면에 골고루 묻이고 남은 비터스는 버린 후 드라이진을 따른다. 옛날 영국인들이 열대 지방의 식민지에서 열병을 예방하기 위하여 진에다 비터스를 타서 마신 것이 시초이다. 아로마틱 비터스의 양이 중요하며 약간이라도 많으면 쓴맛이 너무 강해서 마시기가 불편하다. 얼음이 들어가지 않는 칵테일로 진 & 비터라고도 부르며 만들어진 후의 색깔이 핑크 색이라 붙여진 이름이다.

재료와 핵심

할비 왈뱅거(Harvey Wallbanger)

보드카(Vodk)	1 oz
오렌지 주스(Orange Juice)	Fill
갈리아노(Galliano)	$\frac{1}{4}$ oz
★ 빌드 법(플로트)(Build)	
★ 텀블러(Tumbler)	

☺ 스쿠루 드라이버의 레시피에 갈리아노를 마지막에 뿌려주는 것이다. 이 칵테일은 미국 뉴욕에서 갈리아노 외판원인 Harvey Wallbanger씨가 판매실적이 부진하자 매일저녁 여러 곳의 바를 찾아다니면서 자신의 이름인 할비 왈뱅거(Harvey Wallbanger)를 주문한 뒤에 바텐더가 조주법을 모르자 스크루 드라이버에 갈리아노를 $\frac{1}{4}$ oz 뿌려주면된다고 하여 판매실적을 올리게 되었다는 일화가 있다.

재료와 핵심

핫 스카치 토디

스카치 위스키(Scotch Whisky)	$1\frac{1}{2}$ oz
레몬 주스(Lemon Juice)	$\frac{1}{2}$ oz
설 탕(Sugar)	1 tsp
뜨거운 물(Hot Water)	Fill
★ 빌드 법(Build)	
★ 고블렛 글라스(Goblet Glass)	
★ 클로브, 계피(Clover, Cinnamon)	

☺글라스에 설탕과 약간의 뜨거운 물을 넣고 설탕을 녹인 후 레몬 주스와 위스키를 넣고 뜨거운 물을 8부 정도 채우고 바 스푼으로 잘 저은 후 그 위에 클로브나 계피를 뿌린다. 레몬 주스의 신맛이 뜨거운 물에 의하여 강하게 느껴지므로 주스와 설탕의 양 조절이 중요하다.

옛날부터 미국 남부에서 전해져 내려오는 아주 오래된 칵테일로 본래의 토디는 야자 열매를 발효 시켜 만든 양조주이며 지금은 자기가 좋아하는 일반적인 증류주에다 설탕과 뜨거운 물을 섞어서 마시는 핫 토디라는 칵테일로서도 널리 알려져 있다.

재료와 핵심

허니문(Honeymoon)

애플 브랜디(Apple Brandy)	$\frac{1}{2}$ oz
베네딕틴(Benedictine)	$\frac{1}{2}$ oz
레몬 주스(Lemon Juice)	$\frac{1}{2}$ oz
오렌지 큐라소(Orange Curacao)	3 dash
★ 쉐이크 법(Shaker)	
★ 칵테일 글라스(Cocktail Glass)	

☺쉐이커 방법으로 만드는 칵테일로 허니문은 신혼 여행을 의미하는데, 과거 게르만 민족들은 추운 날씨 때문에 술을 많이 만들어 마셨다. 그 중에서도 벌꿀을 사용하여 마든 술은 결혼한 신혼 부부가 결혼 첫날부터 한달 동안 이 술을 마시면서 지냈다고 하여 허니문이란 말이 생겨났다. 사과의 맛과 향을 잘 살릴 수 있도록 레몬 주스의 양을 조절하는 것이 중요하다.

재료와 핵심

헌터(Hunter)

라이 위스키(Rye Whisky)	$1\frac{1}{2}$ oz
체리 브랜디(Cherry Brandy)	$\frac{1}{2}$ oz
★ 스터 법(Stir)	
★ 칵테일 글라스(Cocktail Glass)	

☺스터법으로 마드는 칵테일로 헌터는 알반 사냥꾼이 아니고 한밤중에 도시에서 사냥을 하는 밤의 사냥꾼을 말한다. 이 칵테일의 핵심은 체리 브랜디의 향과 단맛이 위스키에 잘 조화되어야 하며 너무 달지도 쓰지도 않아야 한다.

재료와 핵심

홀 인 원(Hall in One)

스카치 위스키(Scotch Whisky)	$1\frac{1}{3}$ oz
드라이 버머스(Dry Vermouth)	$\frac{2}{3}$ oz
레몬 주스(Lemon Juice)	2 dash
오렌지 주스(Orange Juice)	1 dash
★ 쉐이크 법(Shaker)	
★ 칵테일 글라스(Cocktail Glass)	

☺쉐이커 방법으로 위의 재료와 부재료를 넣고 쉐이킹한 후 냉각된 칵테일 글라스에 따른다.
홀 인 원은 골프 용어로 미국에서 만들어진 칵테일로 레몬 주스와 오렌지 주스의 신맛을 스카치 위스키와 드라이 버머스에 잘 혼합하도록 해야 한다.

재료와 핵심

화이트 레이디(White Lady)

드라이 진(Dry Gin)	1 oz
화이트 큐라소 (White Curacao)	$\frac{1}{2}$ oz
레몬 주스(Lemon Juice)	$\frac{1}{2}$ oz
★ 쉐이크 법(Shaker)	
★ 칵테일 글라스(Cocktail Glass)	

☺쉐이커 방법으로 위의 재료와 부재료를 넣고 쉐이킹한 후 냉각된 칵테일 글라스에 따른다.
레몬 주스가 진의 알코올 맛을 완화 시켰으며 큐라소의 쓴맛을 잘 조화시키는 것이 중요하다.
1924년 파리의 해리스 바에서 근무하던 바텐더가 만들었으며 화이트 레이디는 고귀한 귀부인을 일컫는다.

재료와 핵심

록 & 라이(Rock & Rye)

라이 위스키(Rye Whisky)	1$\frac{1}{3}$ oz
설탕(Sugar)	1 tsp
레몬 주스(Lemon Juice)	$\frac{1}{2}$ oz
★ 스터 법(Stir)	
★ 올드 패션 글라스(Old Fashion Glass)	
★ 레몬 필(Lemon Peel)	

☺스터 법으로 만드는 칵테일로 위의 재료를 믹싱 글라스에 넣고 잘 저은 후에 냉각된 글라스에 붓는다. 라이 위스키의 풍미에 레몬의 신맛이 잘 조화된 올데이 칵테일이다. 이름처럼 심플한 칵테일이었으나 점진적으로 세련되어 오늘날의 스타일로 바뀌었다.

재료와 핵심

H.B.C 칵테일(H.B.C Cocktail)

스카치 위스키(Scotch Whisky)	$\frac{1}{3}$ oz
베네딕틴 (Benedictine D.O.M)	$\frac{2}{3}$ oz
크렘 디 카시스(Creme di Cassis)	$\frac{1}{3}$ oz
레몬 주스(Lemon Juice)	1 tsp
★ 스터 법(Stir)	
★ 칵테일 글라스(Cocktail Glass)	
★ 라임(Lime)	

☺스터 법으로 만드는 칵테일로 위의 주재료와 부재료를 믹싱 글라스에 넣은 후에 잘 믹싱한 후에 칵테일 글라스를 냉각시킨 후에 붓는다. 달콤하면서도 새콤한 레몬 맛이 살아있는 식전용 및 식후용 칵테일이다. 처음에는 장식에 레몬을 사용했으나 칵테일의 색과 조화를 생각하여 라임을 사용한 것이 포인트이다. 이 칵테일은 1975년 호텔 바-멘즈클럽 창작 칵테일 경진대회의 우승작품이다.

재료와 핵심

Whisky Float(위스키 플로트)

위스키(Whisky)	1 $\frac{1}{2}$ oz
미네랄 워터(Mineral)	적당량
★ 빌드 법(Build)	
★ 텀블러 글라스(Tumbler Glass)	

☺텀블러에 얼음을 넣은 후에 미네랄 워터를 붓고 그 위에 천천히 위스키를 띄운다. 칵테일을 만들어 놓으면 미네랄 워터와 위스키가 두 층으로 분할되어 시각적으로 흥미롭게 해준다.

이 칵테일은 물과 알코올의 비중이 다른 점을 이용하여 만든 것으로 물 1에 대한 알코올의 0.792이다.

재료와 핵심

핫 위스키 토디(Hot Whisky Toddy)

위스키(Whisky)	$1\frac{1}{2}$ oz
각 설탕(Cube Sugar)	1 ea
★ 빌드 법(Build)	
★ 텀블러 글라스(Tumbler Glass)	

☺덥혀 놓았던 텀블러에 각 설탕을 넣어서 약간의 뜨거운 물로 녹인다. 위스키를 붓고 뜨거운 물을 첨가하여 가볍게 젓는다. 레몬 슬라이스로 장식하고 롱 스푼을 첨가한다. 한 겨울 추운 밤에 몸을 녹이는데 최적의 칵테일로 취향에 따라서 클로브, 넛맥, 시나몬 등을 첨가해도 좋다. 취향에 따라서 위스키의 농도도 1~2oz 가량 증감해도 좋다. 좋아하는 스피리트에 각 설탕 등으로 소량의 단맛을 첨가하여 물이나 끓는 물로 희석시킨 것에는 보통 핫이라는 말을 붙인다.

재료와 핵심

버버넬라(Bourbonella)

버번 위스키(Bourbon Whisky)	$1\frac{1}{2}$ oz
드라이 버머스(Dry Vermouth)	$\frac{1}{4}$ oz
오렌지 큐라소(Orange Curacao)	$\frac{1}{4}$ oz
그레나딘 시럽(Grenadine Syrup)	1 dash
★ 스터 법(Stir)	
★ 칵테일 글라스(Cocktail Glass)	

☺믹싱 글라스에 얼음과 재료를 차례로 넣은 후에 잘 저어서 냉각된 칵테일 글라스에 따른다.
1930년대 W. 호이트 필드라는 영국인 바텐더에 의하여 만들어진 칵테일로 드라이 버머스의 쓴맛과 달고 쌉쌀한 오렌지 큐라소를 첨가하여 버번의 독특한 맛을 더욱 짙게 하였다.

재료와 핵심

Banana Bird(바나나 버드)

버번 위스키(Bourbon Whisky)	1 oz
생크림(Cream)	1 oz
바나나 리큐르(Banana Liqueur	$\frac{1}{4}$ oz
바나나(Banana)	1 piece
★ 쉐이크 법(Shaker)	
★ 올드 패션 글라스(Old Fashion Glass)	

☺ 쉐이크 법으로 만드는 칵테일로 바나나 리큐르를 사용하여 만든 특유한 향기와 화려하고 자극적인 버번 위스키 그리고 생크림을 배합하여 바나나로 장식한 풍미가 미묘한 명작 칵테일이다.

재료와 핵심

California Lemonade(캘리포니아 레몬에이드)

아메리칸 위스키(American Whisky)	1$\frac{1}{2}$ oz
레몬 주스(Lemon Juice)	$\frac{2}{3}$ oz
라임 주스(Lime Juice)	$\frac{1}{3}$ oz
그레나딘 시럽(Grenadine Syrup)	1 tsp
설탕(Sugar)	1 tsp
소다수(Soda Water)	적당량
★ 쉐이커법(Shaker)	
★ 텀블러 글라스(Tumbler Glass)	

☺ 쉐이크 법으로 만드는 칵테일로 얼음과 소다수 이외의 재료를 넣어서 쉐이킹한 후에 냉각된 텀블러에 따른다. 그 다음 얼음을 넣고 소다수로 채운다. 소다수가 든 호박색의 아름다운 칵테일로 감칠맛이 좋고 소다수는 취향에 따라서 양을 조절한다.

재료와 핵심

호즈 넥(Horse's Neck)

브랜디(Brandy)	$1\frac{1}{2}$ oz
레몬 피일(Lemon Peel)	1 개분
진저 엘(Ginger Ale)	적당량
★ 빌드법(Build)	
★ 텀블러 글라스(Tumbler Glass)	

☺레몬 피일을 끊기지 않게 준비하여 텀블러에 벗긴 형태 그대로 가장 자리에 담는다. 얼음과 브랜디를 넣어서 차가운 진저엘로 가득 채운다. 호즈 넥이란 말의 머리를 의미하는 것으로 캔터키 부근의 경마 팬이 재수 좋은 이름이라고 하여 예로부터 애음했다고 한다. 루즈벨트 대통령도 즐겨 마시던 칵테일로 알려졌다.

재료와 핵심

스프리처(Spritzer)

화이트와인(White Wine)	$1\frac{1}{2}$ oz
소다수(Soda Water)	Fill
★ 빌드법(Build)	
★ 고블렛 글라스(Goblet Glass)	
★ 라임(Lime)	

J화이트 와인과 탄산을 미리 잘 냉각시켜 두고 라임을 슬라이스 한다. 고블렛 글라스에 화이트 와인과 탄산을 붓고 바 스푼으로 잘 저어서 라임으로 장식한다. 이 칵테일은 오스트리아의 잘스부르크에서 탄생한 칵테일로 스프리처는 독일어로 터지다라는 의미의 Spritzen에서 온 말로 1980년대초 미국에서 인기를 끌었다.

조주사 예상문제

1. 양주의 제조법에 따른 3대 분류에 속하지 않는 사항은?
① 양조주 ② 증류주 ③ 혼성주 ④ 혼합주

2. 발효주에 해당하는 술은 어느 것인가?
① 맥주 ② 진 ③ 브랜디 ④ 보드카

3. 양조주에 속하는 술은 어느 것인가?
① 약주 ② 진
③ 캄파리 ④ 샤르트뢰즈

4. 증류주에 해당하는 술은 어느 것인가?
① 막걸리 ② 맥주 ③ 와인 ④ 데킬라

5. 다음 중에서 음료 분류상 기호 음료가 아닌 것은?
① 사이다 ② 커 피
③ 홍 차 ④ 코코아

6. 혼성주에 속하지 않는 술은 어느 것인가?
① Kava ② Amaretto
③ Sambuca ④ Anisette

7. 다음 중 Liqueur는 어느 것인가?
① Lager Beer ② Whisky
③ Vermouth ④ Galliano

8. 하드 드링크(Hard Drink)란 무엇을 의미하는가?
① 알코올성 ② 음료 영양음료
③ 청량음료 ④ 비알코올성음료

9. 소프트 드링크란 무엇인가?
① 알코올성 음료 ② 영양음료
③ 청량음료 ④ 비알코올성음료

10. 다음에서 양조주의 성격을 잘 설명한 것은?
① 당분을 함유하고 있는 과일이나 곡류를 발효하여 만든다.
② 물과 알코올의 상이한 비등점을 이용하여 단식증류법이나 연속식 증류법으로 만든다.
③ 주정에 초근목피를 넣어서 만든다.
④ 설탕, 밀크, 과즙, 향료 등의 부재료가 첨가된다.

11. 다음 중 증류주의 특징을 잘 설명한 것은
① 당분을 함유하고 있는 과일이나 곡류를 발효하여 만든다.
② 물과 알코올의 상이한 비등점을 이용하여 단식증류법이나 연속식 증류법으로 만든다.
③ 주정에 초근목피를 넣어서 만든다.
④ 설탕, 밀크, 과즙, 향료 등의 부재료가 첨가된다.

12. 우리나라 주세법에서 알코올 정의는 얼마인가?
① 0.2% 이상 ② 0.5% 이상
③ 1% 이상 ④ 5% 이상

13. 맥주를 형성하는 4대 요소가 아닌 것은?
① 맥아 ② 효모 ③ 두송자 ④ 호프

14. 맥아를 만들기 위한 보리의 조건 중 알맞지 않은 것은?
① 전분 함량이 많을 것
② 껍질이 얇고 담황색을 띄고 윤택이 있을 것
③ 수분 함량이 10% 내외로 잘 건조될 것
④ 단백질이 많을 것

15. 다음 중 맥주 원료인 호프의 역할이 아닌 것은?
① 여분의 단백질을 침전, 분리시켜 맑고 투명하게 하는 역할
② 맥주의 쓴맛 및 향과 같은 독특한 맛과 경쾌한 맛을 내는 역할
③ 잡균의 번식을 막고 부패를 방지하는 역할
④ 맥주 탄산가스를 만든다.

16. 맥주의 제조과정으로 옳게 연결된 것은?

① 맥아→당화→숙성→발효
② 발효→당화→숙성→저장
③ 맥아→당화→발효→저장
④ 발효→맥아→저장→숙성

17. 제조과정 중 상면발효맥주로 유명한 국가는?
① 덴마크 ② 영국 ③ 독일 ④ 미국

18. 세계에서 맥주를 가장 많이 마시는 국가는?
① 미국 ② 영국 ③ 독일 ④ 프랑스

19. 맥주제조 과정에서 미살균 상태로 저장되는 맥주를 무엇이라 하는가?
① Black Beer ② Draft Beer
③ Porter Beer ④ Lager Beer

20. 살균하여 마시는 맥주를 일컫는 말은?
① Stout Beer ② Draft Beer
③ Porter Beer ④ Lager Beer

21. 생맥주의 특징이 아닌 것은?
① 맥주의 장기보존이 불가능하다.
② 효모활동을 중지시킨 것이다.
③ 맥주의 향과 맛이 신선하다.
④ 운반 및 저장에 어려움이 있다.

22. 다음 맥주 중에서 하면발효맥주가 아닌 것은?
① 필센(Pilsen) 맥주
② 뮌헨(Munchen) 맥주
③ 도르트문트(Dortmunt) 맥주
④ 에일(Ale) 맥주

23. 다음 중 상면발효맥주가 아닌 것은?
① 보크(Bock) 맥주 ② 엘(Ale) 맥주
③ 포터(Porter) 맥주 ④ 스타우트(Stout) 맥주

24. 맥주를 음미하는 요소로 온도가 중요한데 마시기 적당한 온도는?

① 하절기 0℃ 동절기 10℃
② 하절기 7℃ 동절기 10℃
③ 하절기 5℃ 동절기 10℃
④ 하절기 0℃ 동절기 12℃

25. 맥주에서 드라이하다는 의미는?

① 쓴맛　② 신맛　③ 단맛　④ 담백하다는 말

26. 와인의 품질을 결정하는 주요 요인이 아닌 것은?

① 포도　② 효모　③ 물　④ 양조기술

27. 와인의 분류 중에서 색깔에 의한 분류로 적당한 것이 아닌 것은?

① 화이트 화인(White Wine)
② 레드 와인(Red Wine)
③ 스위트 와인(Sweet Wine)
④ 로제 와인(Rose Wine)

28. 프랑스에서 가장 좋은 상품을 표시하는 섯은?

① AOC　② VDQS　③ DOCG　④ QmP

29. 생선에는 어떤 와인이 잘 어울리느냐?

① Sherry Wine　② White Wine
③ Red Wine　④ Port Wine

30. 다음 중 Aperitif로 잘 어울리는 술은?

① Port Wine　② Brandy
③ Sherry Wine　④ Whisky

31. Tasty Food or Drink at The Beginning of a Meal.

① Appetizer　② Soup
③ Main dish　④ Dessert

32. 저장 숙성하지 않은 술은 어느 것이냐?

① 보드카(Vodka) ② 브랜디(Brandy)
③ 위스키(Whisky) ④ 와인(Wine)

33. 포트 와인(Port Wine)과 관계가 없는 것은?
① 식후용 와인 ② 포르투갈
③ 주정 강화 와인 ④ 멕시코

34. 다음 중 잘못 연결되어진 것은?
① 포티파이드 와인(Fortified Wine) – 주정강화와인
② 스틸와인(Still Wine) – 비발포성 와인
③ 스파클링와인(Sparkling Wine) – 탄산가스를 포함한 와인
④ 포트 와인(Port Wine) – 식전주 와인

35. 스니프트(Snifter)는 어떤 글라스를 일컫는 말인가?
① Highball Glass ② Brandy Glass
③ Sherry Glass ④ White Wine Glass

36. 다음 와인 용도상 분류로 틀린 것은?
① 에프리티프 와인(Aperitif)
② 테이블 와인(Table Wine)
③ 디저트 와인(Dessert Wine)
④ 그레이트 와인(Great Wine)

37. 에피타이저(Hors D'oeuvre)에 가장 잘 어울리는 와인은?
① Sherry Wine ② Red Wine
③ White Wine ④ Port Wine

38. Cavir와 가장 잘 어울리는 술은?
① Gin ② Rum ③ Vodka ④ Whisky

39. Sherry Wine의 특징과 거리가 먼 것은?
① 식전주로 잘 어울린다.
② 스페인산 백포도주이다.
③ 강화주 와인이다.

④ 발포성 와인의 성격도 가지고 있다.

40. 다음 음식과 와인을 함께 마셔도 좋은 것은?

① 샐러드 ② 겨자 ③ 생선 ④ 식초가 들어간 음식

41. Fish와 Meat에 모두 잘 어울리는 와인은?

① 화이트 와인 ② 쉐리 와인
③ 레드 와인 ④ 로제 와인

42. 다음 중 스테이크와 잘 어울리는 와인은?

① 화이트 와인 ② 쉐리 와인
③ 레드 와인 ④ 포트 와인

43. 디저트로 잘 어울리는 술은?

① 화이트 와인 ② 쉐리 와인
③ 레드 와인 ④ 포트 와인

44. 음식의 코스와 상관없이 마실 수 있는 와인이 아닌 것은?

① Champagne ② Spumante
③ Rose Wine ④ Sherry

45. 화이트 와인의 적합한 서브 온도는?

① 1~3℃ ② 2~5℃ ③ 6~10℃ ④ 10~13℃

46. 생맥주 저장시 유지해야할 적합한 온도는?

① 2~3℃ ② 4~5℃ ③ 6~7℃ ④ 8~9℃

47. Smoked Salmon, Shrimp Cocktail에 좋은 술은?

① Sherry Wine ② Red Wine
③ White Wine ④ Port Wine

48. 레드 와인의 적합한 서브 온도는?

① 6~10℃ ② 10~13℃ ③ 15~17℃ ④ 17~20℃

49. 실내 온도에서 서브되어야 할 것은?

① Champagne ② Red Wine
③ White Wine ④ Beer

50. 축배용이나 행사용으로 사용되는 와인은?

① Champagne ② Red Wine
③ White Wine ④ Rose Wine

51. 와인의 보관에서 주의할 사항이 아닌 것은?

① 와인은 묵힐수록 좋기 때문에 먼저 들어 온 것은 오래 묵혀서 판매한다.
② 보관온도가 일정해야 한다.
③ 와인은 눕혀서 보관해야 한다.
④ 환기가 잘되고 빛이 차단되어야 한다.

52. 맥주 저장 조건으로서 틀린 것은?

① 5~20℃
② 통풍이 잘되고 습기가 약간 있는 장소
③ 직사광선이 들어오지 않는 곳
④ 온도 변화가 심하지 않는 곳

53. Claret Wine은 어떤 지역의 무슨 와인인가?

① 부르고뉴 화이트 와인 ② 보르도 레드 와인
③ 스페인의 화이트 와인 ④ 포르투갈의 포트와인

54. 다음은 드링크 주문을 받을 때 필요한 말이다. 알맞은 단어는?

Would you care ________ a drink?

① in ② of ③ to ④ for

55. 브랜디를 첨가하여 만든 술은?

① 포티파이드 와인(Fortified Wine)
② 스틸와인(Still Wine)
③ 플레버디드 와인(Flavored Wine)
④ 스파클링 와인(Sparkling Wine)

56. 스파클링 와인이 아닌 것은?

① Champagne ② Flavored Wine
③ Sekt ④ Spumante

57. 샴페인 중에서 당분 함량이 가장 낮은 것은?

① Brut ② Sec ③ Doux ④ Demi Sec

58. 샴페인의 원료는 무엇인가?

① 맥아(Malt) ② 옥수수(Corn)
③ 포도(Grape) ④ 밀(Wheat)

59. 샴페인과 코르크를 만든 사람은?

① Sommelier[25] ② Sylvius
③ Dom Perignon ④ Smirnoff

60. 와인보관시 항상 눕혀서 보관하는데 그 이유가 아닌 것은?

① 와인을 오픈할 때 코르크가 건조해 지는 것을 방지하기 위하여
② 코르크의 틈으로 향이 배출되는 것을 방지하기 위하여
③ 와인이 공기와 접촉하여 산화되는 것을 방지하기 위하여
④ 와인의 숙성을 위하여

61. 식전주(Aperitif)로 어울리지 않는 것은?

① 드라이 쉐리(Dry Sherry)
② 캄파리(Campari)
③ 두보넷(Dubonnet)
④ 크림 쉐리(Cream Sherry)

62. 식사와 와인의 관계이다. 옳은 것은?

① Appetizer ~ Port Wine
② Dessert ~ Red Wine
③ Entrée ~ Sherry Wine
④ Fish ~ White Wine

25) 와인을 전문적으로 취급하는 사람

63. 디캔터(Decanter)란 무엇인가?
① 와인을 선택하는 과정
② 와인을 공기와 혼합되게 하는 과정
③ 식탁용의 마개가 달린 유리병
④ 레드 와인을 고객에게 제공하기 전에 유리병을 이용하여 침전물을 걸러내고 향과 맛을 좋게 하기 위한 과정이다.

64. 다음 중에서 디캔터(Decanter)가 필요한 와인은?
① Red Wine ② White Wine
③ Rose Wine ④ Champagne

65. 와인 쿨러(Wine Cooler)로 제공되는 와인은?
① Red Wine ② Port Wine
③ Rose Wine ④ Cream Sherry Wine

66. 다음 중 세계3대 와인 생산지가 아닌 곳은?
① 샹파뉴(Champagne) ② 부르고뉴(Bourgogne)
③ 보르도(Bordeaux) ④ 모젤(Mosel)

67. 다음 와인 중에서 생산국가와 주요 생산지가 맞는 곳은?
① 쉐리 와인(Sherry Wine); 스페인 – 헤레스(Jerez)
② 포트 와인(Port Wine); 포르투갈 – 오포르토(Oporto)
③ 끼안띠(Chianti); 이탈리아 – 토스카나(Toscana)
④ 로제 와인(Rose Wine); 독일 – 모젤(Mosel)

68. 빈타지 와인(Vintage Wine)의 뜻은?
① 엄격한 판매 유효기간
② 와인등급
③ 생산지역이 표시된 와인
④ 포도가 특히 잘 된 해의 포도로 만든 와인을 의미한다.

69. 독일 와인의 특징이 아닌 것은?
① Claret 와인의 고향이다.
② 와인의 알코올 도수가 낮다.

③ Q.m.P와 관계가 있다.
④ 화이트 와인의 생산지로 유명하다.

70. 하우스 와인(House Wine)이라?
① 주문생산 와인
② 레스토랑에서 글라스로 판매하는 와인
③ 네고시앙이 만든 와인
④ 프랑스 와인에서 뱅드 빼이급 와인

71. Red Wine is Served with ?
① Appetizer ② Fish
③ Entrée ④ Dessert

72. What is Meaning Wine Sommelier?
① Wine Sommelier ② Bus Boy
③ Manager ④ Bartender

73. 곡물의 전분을 원료로 한 증류주가 못 되는 것은?
① 럼(Rum) ② 보드카(Vodka)
③ 맥주(Beer) ④ 위스키(Whisky)

74. 세계 위스키 4대 생산지가 아닌 곳은?
① 스코트랜드(Scotch Whisky)
② 아일랜드(Irish Whisky)
③ 프랑스(French Whisky)
④ 캐나다(Bourbon Whisky)

75. 스카치 위스키의 특징을 잘못 설명한 것은?
① 맥아를 이탄으로 건조한 것이다.
② 대량생산을 한다.
③ 오크통에서 저장, 숙성한다.
④ 위스키 회사가 영세하다.

76. Malt Whisky의 상표는 어느 것이냐?

① Bell's ② Glenfiddich
③ Passport ④ Cutty Sark

77. Irish Whiskey란 무엇인가?
① 아일랜드산 증류주
② 멕시코산 증류주
③ 영국산 양조주
④ 프랑스산 양조주

78. 위스키의 제조과정이 옳은 것은?
① 대맥발아→건조→증류→당화→저장→숙성
② 침수, 발아→건조→제근, 분쇄→당화, 냉각→증류→저장, 혼합→병입
③ 대맥발아→건조→당화, 냉각→저장→증류
④ 건조→분쇄→당화→혼합→증류→저장

79. 스카치 위스키의 주원료는 무엇인가?
① 옥수수 ② 감자 ③ 호밀 ④ 보리

80. 다음 중 스카치 위스키 상표가 아닌 것은?
① Johnnie Walker ② White Horse
③ Old Craw ④ Vat 69

81. 스카치 위스키의 특성이 아닌 것은?
① 위스키가 처음으로 발생한 지역이다.
② 3천여 상표로 전세계 위스키 생산의 60% 이상을 점유한다.
③ 이탄(Peat)향과 오크통의 숙성시 색과 향이 특색이 있다.
④ 원료의 40% 이상이 몰트와 기타 곡물류이다.

82. 주로 몰트(Malt)를 원료로 한 위스키는?
① Scotch Whisky ② Irish Whisky
③ American Whisky ④ Bourbon Whisky

83. 브렌디드(Blended Whiskey) 위스키의 혼합비율은?
① Malt Whisky 30%와 Grain Whisky 70%

② Malt Whisky 20%와 Grain Whisky 80%
③ Malt Whisky 40%와 Grain Whisky 60%
④ Malt Whisky 50%와 Grain Whisky 50%

84. 몰트 위스키(Malt Whisky)에 대한 올바른 설명은?
① 발아시킨 맥아를 이용하여 만든 향이 강한 위스키
② 두 종류 이상의 위스키를 혼합한 것을 의미한다.
③ 캐나다에서 생산되어 미국으로 수출되는 위스키
④ 옥수수와 감자를 이용하여 만든 위스키

85. 다음 중 스카치 위스키의 역사와 관련이 없는 사항은?
① 오크 통
② 밀조 및 피트탄
③ 연속증류법(Patent Still)
④ 단식증류법(Pot Still)

86. 다음 중 버번 위스키가 아닌 것은?
① Jim Beam ② Old Grand Dad
③ Wild Turkey ④ Chives Regal

87. 다음 중 아이리쉬 위스키가 아닌 상표는?
① John Power ② Black Velvet
③ Doublin ④ John Jameson

88. 아메리칸 위스키의 특성과 다른 것은?
① 위스키의 최대 수입국이며, 소비국가이다.
② 위스키 생산시 안쪽을 그을린 화이트 오크통을 사용한다.
③ 증류시 유출알코올 농도는 95%이하이며, 2년 이상 숙성을 해야 한다.
④ 호밀(Rye) 사용량이 많다.

89. 다음 중 아메리칸 위스키의 상표가 아닌 것은?
① Early Time ② I.W. Harper
③ Jack Daniel's ④ Crown Royal

90. 다음에서 캐나디안 위스키의 특성과 거리가 먼 것은?

① 밀주로 인한 제조기술의 발전
② 호밀의 사용량이 많다.
③ 4년 이상 저장해야 한다.
④ 대부분이 브렌디드(혼합) 위스키로 부드럽고 경쾌한 풍미

91. 다음에서 캐나디안 위스키의 상표가 아닌 것은?

① Seagram's ② Canadian Club
③ George Dickel ④ Black Velvet

92. Please select one of scotch whisky in the following

① Cutty Sark ② Bell's
③ Black & White ④ Jim Beam

93. How much do I _____ you?

① and ② of ④ owe ④ or

94. 옥수수를 51% 이상 원료로 사용하는 위스키는 다음 중 어느 것인가?

① Bourbon Whisky ② Scotch Whisky
③ Irish Whisky ④ Blended Whisky

95. 다음에서 서로 잘 어울리지 않는 것은 어느 것인가?

① 스카치 위스키 - 소다워터
② 브랜디 - 진저엘
③ 아이리쉬 위스키 - 커피
④ 캐나다 위스키 - 진저엘
⑤ 버번 위스키 - 밀크

96. Which of the following are made from grape?

① Beer ② Whisky ③ Wine ④ Coke

97. Choose the different one in followings?

① Carlsberg ② Miller
③ Red Eye ④ Budweiser

98. 브랜디의 원료는?

① 포도 ② 옥수수 ③ 보리 ④ 감자

99. 브랜디에 관한 설명으로 적합하지 않은 것은?

① 꼬냑과 알마냑이 유명하다.
② 와인을 증류한 것이다.
③ 향기가 독특하다.
④ 활성탄으로 증류를 한다.

100. 다음 중 올바른 것을 고르시오

① 브랜디와 꼬냑은 같은 말이다.
② 브랜디는 식후주이다.
③ 브랜디는 꼬냑과 알마냑에서 생산되는 것이다.
④ 브랜디는 식전주이다.

101. 사과를 원료로 해서 만든 브랜디는 어느 것인가?

① Cognac ② Cider ③ Calvados ④ Plum Blandy

102. 꼬냑이 생산되는 나라는?

① 프랑스 ② 영국 ③ 미국 ④ 독일

103. 브랜디와 가장 관련 있는 말은?

① 최대 최고의 신에게 ② 생명의 물
③ 열병의 특효 약 ④ 불사의 영주

104. Have you ever been ___ the bar?

① in ② for ③ on ④ to

105. 다음 대답에 틀린 것은?

How do you like?

① Rare ② Medium
③ Medium Welldon ④ Welldon
⑤ Old

106. 꼬냑 등급을 처음으로 표시한 회사는?

① Camus ② Bisquit

③ Hennessy ④ Remy Martin

107. 다음 중 성격이 틀린 것은?

① Chabot ② Bisquit ③ Jenneau ④ Malliac

108. 브랜디의 등급 중에서 가장 오랜 된 것은?

① V.O ② V.S.O.P ③ Extra ④ X.O

109. Calvados는 무엇인가?

① Apple Brand ② Cognac

③ Cider ④ Kirsch

110. 브랜디 숙성 표시의 표시가 틀린 것은?

① P – Peel ② O – Old

③ X – Extra ④ V – Very

111. 브랜디의 X.O는 몇년정도 숙성한 것인가?

① 2년 이상 ② 10년 이상

③ 50년 이상 ④ 75년 이상

112. 꼬냑의 원료는 무엇인가?

① 맥아 ② 호밀 ③ 포도 ④ 감자

113. 보드카의 설명과 관계가 먼 것은?

① 슬라브 민족의 국민주이다.

② 주니퍼베리를 이용하여 냄새를 제거한다.

③ 무색, 무미, 무취의 특성이 있다.

④ 감자, 호밀, 옥수수 등으로 만든다.

114. 손의 온도로 따뜻하게 해서 마시는 술은?

① 진 ② 보드카

③ 아쿠아비트 ④ 브랜디

115. 다음 사항에서 다른 것에 비하여 관련이 적은 사항은?
① 위스키 - 피이트탄 ② 맥주 - 호프
③ 럼 - 사탕수수 ④ 진 - 두송자

116. 보드카와 관계가 있는 것은?
① 자작나무 숯 ② 호박색
③ 단식증류기 ④ 오크통

117. 철갑상어 알과 잘 어울리는 술은?
① 위스키 ② 보드카
③ 칵테일 ④ 럼

118. 보드카 생산지와 상표가 잘못 된 것은?
① 미국 - Hiram Walker, Smirnoff
② 러시아 - Stolichnaya
③ 핀란드 - Finlandia
④ 영국 - Absolut

119. 보드카의 생산량이 가장 많은 국가는?
① 핀란드 ② 러시아 ③ 미국 ④ 폴란드

120. 1 Proof는 몇 도인가?
① 0.5도 ② 1도 ③ 2도 ④ 5도

121. 영어로 천만의 말씀입니다에 맞지 않는 것은?
① Not yet ② Not at all
③ Don't mention it ④ You are welcome

122. It's up to you means
① It's different for you ② You look convince
③ You mean decide ④ It's just you in front of you

123. 진의 특성으로 옳지 않은 것은?
① 무색, 투명의 증류주이다.

② 처음에는 해열제로 고안되었다.
③ 칵테일의 기주로 널리 쓰인다.
④ 두송자를 넣어서 냄새를 제거했다.
⑤ Cola와 잘 어울리는 술이다.

124. 진의 원료로 적합하지 않는 것은?
① 당밀　② 호밀　③ 포도　④ 옥수수　⑤ 밀

125. 칵테일 기주로 가장 적합한 것은?
① 진　② 럼
③ 보드카　④ 아쿠아비트
⑤ 브랜디

126. 드라이 진 생산지로 유명한 곳은?
① 영국　② 러시아　③ 멕시코　④ 프랑스

127. 진과 잘 어울리는 것은?
① Cola　② Gin Gerale
③ Tonic Water　④ Mineral Water

128. How long have you been ____ Korea?
① on　② in　③ at　④ for

129. _____ is not a gin at all but a liqueur
① Holland Gin　② Dry Gin
③ Sloe Gin　④ Old Tom Gin

130. 드라이진에 2%정도의 당분을 넣어서 만든 진은?
① Old Tom Gin　② Juniper Gin
③ Plymouth Gin　④ Flavored Gin

131. 진에서 칵테일용으로 가장 많이 사용하는 것은?
① Old Tom Gin　② Dry Gin
③ Plymouth Gin　④ Flavored Gin

132. Old Tom Gin에 대한 설명은?
① 미국산 진이다.
② 칵테일 기주로 적합한 술이다.
③ 드라이진에다 당분을 약 2%정도 가미한 술이다.
④ 오크통에서 저장한 진이다.

133. 성인에게 하루에 필요한 물의 량은?
① 1-2ℓ ② 2.5-3.5ℓ
③ 2.35-2.82ℓ ④ 3ℓ 이상

134. 숙취에 효과적인 음료는?
① 콜라 ② 사이다
③ 소다워터 ④ 진저엘
⑤ 양조주

135. 독일에서의 술의 알코올 함량 표시법은?
① 술 100g중 순 에틸알코올을 몇 g 함유하고 있는가에 따라 함량표시
② 온도 60%F의 물 0에 에틸알코올을 200 프루프로 계산
③ 1프루프를 0.5도로 계산
④ 물 0에 순 에틸알코올 175도로 계산

136. 판매하다가 장기간 보관하기 어려운 것은?
① 와인 ② 럼 ③ 브랜디 ④ 테킬라 ⑤ 보드카

137. What kind of wine would you like?
① Beer ② Rose Wine
③ Brandy ④ Vodka
⑤ Gin

138. 럼(Rum)의 특성과 관련이 적은 것은?
① 사탕수수, 당밀을 주정발효시켜서 만든 증류주이다
② 별도의 당화 과정이 필요하다.
③ 남국의 야성미와 독특하고 강렬한 개성이 있다.
④ 카리브해 연안국이 주요 생산지이다.

139. 럼의 분류가 아닌 것은?
① 헤비 럼(Heavy Rum)
② 화이트 럼(White Rum)
③ 미디엄 럼(Medium Rum)
④ 브라운 럼(Brown Rum)

140. When making a cocktail this is the main ingredient into witch other?
① Base ② Basin ③ Build ④ Brandy

141. 럼과 관계가 없는 것은?
① 사탕수수 ② 몰트 ③ 당밀 ④ 서인도 제도

142. Heavy Rum이 생산되는 유명한 나라는?
① 핀란드 ② 미국 ③ 쿠바 ④ 자마이카

143. White Rum이 유명한 국가는?
① 쿠바 ② 자마이카
③ 베네주엘라 ④ 푸이르토리코

144. 칵테일 조제시 사용되는 럼은?
① 헤비 럼(Heavy Rum)
② 화이트 럼(White Rum)
③ 미디엄 럼(Medium Rum)
④ 모든 럼을 사용한다.

145. 스트레이트로 마시는 럼은?
① 헤비 럼(Heavy Rum)
② 화이트 럼(White Rum)
③ 미디엄 럼(Medium Rum)
④ 라이트 럼(Light Rum)

146. 테킬라의 특성이 아닌 것은?
① 용설란과 아가베의 수액으로 만든다.
② 멕시코의 국민주이다.

③ 혼성주이다.
④ 무색투명한 증류주이다.

147. 데킬라(Tequila)와 관계가 없는 것은?
① 풀케 ② 용설란 ③ 멕시코 ④ 호밀

148. 데킬라(Tequila)의 설명이 맞는 것은?
① 스페인산 화이트 와인
② 멕시코산 증류주
③ 프랑스 보르도의 레드 와인
④ 포르투갈의 강화와인

149. 연결이 어색한 것은?
① 포르투갈 - 포트와인 ② 스페인 - 쉐리와인
③ 프랑스 - 꼬냑 ④ 멕시코 - 진

150. 아쿠아비트의 특성이 아닌 것은?
① 북유럽의 특산주
② 곡류와 감자를 원료로 회향풀이나 아니스 향을 넣는다.
③ 차게해서 스트레이트로 마신다.
④ 주요생산국은 독일이다.

151. 아쿠아비트의 상표가 아닌 것은?
① Aalborg ② Malbu ③ Skane ④ Gilde Taffel

152. 혼성주의 특징이 아닌 것은?
① 양조주나 증류주에 초근목피를 넣은 것이다.
② 혼성주를 리큐르 혹은 코디얼이라고도 한다.
③ 색, 맛, 향 등에서 매우 독특하며, 우월하다.
④ 주로 식전주로 애음된다.

153. 리큐르의 재조방법이 아닌 것은?
① 에센스법② 증류법 ③ 추출법 ④ 침출법

154. 리큐르의 제조법 중에서 비용이 가장 적게 드는 것은?
① 에센스법② 여과법 ③ 침출법 ④ 증류법

155. 다음 중 리큐르의 특성이 아닌 것은?
① 증류주에 초근목피를 넣어서 만든 것이다.
② 착향, 착색을 하지 않고 천연재료 그대로 이다.
③ 영국과 미국에서는 코디얼이라고도 부른다.
④ 스트레이트로 마실 수도 있다.

156. 혼성주의 원료로 적합하지 못한 것은?
① 약초 ② 향초 ③ 종자 ④ 과일 ⑤ 곡물

157. 혼성주와의 관계에서 가장 밀접한 내용은?
① 해열제 ② 피로회복제
③ 미용제 ④ 소화제

158. 다음에서 박하의 향이 나는 리큐르는 어느 것인가?
① Cream di Menthe ② Curacao
③ Cointreau ④ Draimduie

159. 쓴맛이 강한 술의 혼성주는?
① Ananas ② Advocate
③ Bitters ④ Apricot
⑤ Anisette

160. 오렌지의 원료가 아닌 혼성주는?
① Curacao ② Cointreau
③ Triple Sec ④ Draimduie

161. 베네딕틴(Benedictine)과 관계가 없는 것은?
① 약 27여 가지의 원료로 만든 43% 가량의 강장주이다.
② 프랑스에서 생산되는 혼성주이다.
③ D.O.M의 글자와 관련이 있다.
④ 식후주로 포르투갈산이 유명하다.

162. 미네랄 워터에 속하지 않는 것은?
① Vichy Water ② Tonic Water
③ Seltzer Wasser ④ Evian Water

163. 주문해 주시겠습니까?라는 의미가 아닌 것은?
① May I take your order?
② Are you ready to order
③ What would you like, Sir?
④ How would you like, Sir?

164. F.I.F.O란 무엇인가?
① 선입 선출 ② 선입 후출
③ 후입 선출 ④ 후입 후출

165. Cocktail Glass는 보통 몇 oz인가?
① 1oz ② 2oz ③ 3oz ④ 4oz

166. No Mixing으로 만드는 칵테일은?
① Pousse Caf ② Sour
③ Fizz ④ Manhattan

167. 칵테일용 기물은 어느 것이냐?
① Round Tray ② Shaker
③ Can Opener ④ Fish Knife

168. 과즙을 짤 때 사용하는 기구는?
① Ice Tongs ② Muddler
③ Squeezer ④ Ice Pick

169. 축제나 파티 등에서 많이 제공되는 칵테일은?
① Fizz ② Sour ③ Collins ④ Cup

170. 바에서 Bar Helper란 무엇인가?
① 고객관리자

② 고객안내자
③ 바텐더를 보조하는 사람
④ 칵테일을 손님에게 서브하는 사람

171. Straight를 제공할 때는 몇oz를 사용하느냐?

① 1oz ② 2oz ③ 3oz ④ 4oz

172. 주장 관리의 의의에 해당되지 않는 것은?

① 원가 관리 ② 매상 관리
③ 재고 관리 ④ 예약 관리

173. 리큐르, 계란, 설탕 등이 들어갈 때는 어느 기구를 사용해야 되나?

① Shaker ② Mixing Glass
③ Blender ④ Bar Spoon

174. 주장에서 사용하지 않는 시럽은?

① Gum Syrup ② Grenadine Syrup
③ Orgeat Syrup ④ Maple Syrup

175. Any liquor + Carbonated Liquids + Ice

① Fizz ② Collins ③ Sour ④ Highball

176. Stir할 때 필요하지 않는 것은?

① Body ② Strainer
③ Mixing Glass ④ Bar Spoon

177. 세계 4대산 White Spirit가 아닌 것은?

① Aquavit ② Rum ③ Tequila ④ Vodka

178. 주장에서 바의 높이는 보통 어느 정도이냐?

① 80 cm ② 90 cm ③ 100 cm ④ 110 cm

179. Highball은 어느 것이냐?

① Screwdriver ② Gin and Tonic

③ Gin Fizz ④ Tom Collins

180. Shaker를 보통 3개로 나눈다. 틀린 것은?
① Body ② Top ③ Strainer ④ Cap

181. Measure Cup은 언제 사용하느냐?
① 주재료만 Measure Cup을 사용한다.
② 부재료만 Measure Cup을 사용한다.
③ 모든 재료는 Measure Cup을 사용한다.
④ 위의 것 모두 다 맞다.

182. Manhattan의 기주는?
① Irish Whiskey ② Scotch Whisky
③ Dry Gin ④ Bourbon Whiskey

183. Martini의 장식(고명)은?
① Cherry ② Olive ③ Onion ④ Lemon

184. Gin Base가 아닌 것은?
① Rusty Nail ② Negroni
③ Tom Collins ④ Martini

185. 얼음을 넣어서 마실 수 있는 와인는?
① Champagne ② Vermouth
③ White Wine ④ Red Wine

186. 음료판매가격 결정의 기준이 못되는 것은?
① 구매원가 ② 목표원가율
③ 경쟁업체의 판매가격 ④ 주장의 전년도 총수익

187. Jigger는 몇 ㎖인가?
① 30 ㎖ ② 45 ㎖ ③ 60 ㎖ ④ 75 ㎖

188. One Pony는 몇 Ounce인가?

① 1oz ② 2oz ③ 3oz ④ 4oz

189. 1oz는 몇 ㎖인가?

① 15㎖ ② 20㎖ ③ 25㎖ ④ 30㎖

190. Split는 몇 ㎖를 말하는가?

① 180㎖ ② 240㎖ ③ 480㎖ ④ 960㎖

191. Which is not Scotch Whisky?

① Jim Beam ② Old Parr
③ VAT69 ④ Cutty Sark

192. Vermouth나 Whisky를 On the Rocks로 제공할 때 사용되는 Glass는?

① Whisky Glass ② Liqueur Glass
③ Old Fashioned Glass ④ Tumbler

193. Sommelier(Wine Steward)의 주임무는?

① 바 영업관리 ② 와인의 검수
③ 바 청소 ④ 와인의 판매

194. Standard Recipe는 무슨 뜻인가?

① 표준양목표 ② 표준 구매표
③ 표준 조직표 ④ 표준 판매표

195.. Par Stock이란 무엇인가?

① 일일 적정 재고량 ② 음료 총 구매량
③ 음료 판매량 ④ 약 한달 재고량

196. 위생적인 세척을 하기 위해서 사용하는 씽크로 적당한 것은?

① 1 씽크 ② 2 씽크 ③ 3 씽크 ④ 4 씽크

197. Bar Counter의 여건이 아닌 것은?

① Bar Counter 높이가 1~1.5m정도
② Bar Counter의 넓이는 넓을수록 좋다

③ Back Bar 아래쪽은 여분의 술을 저장 할 수 있도록 한다.
④ Under Bar의 높이는 80-90cm가 좋다.

198. 바텐더의 주임무가 아닌 것은?
① 칵테일을 조주한다. ② 재고 정리 및 관리를 한다.
③ 바 정리정돈을 한다. ④ 홀을 청소하고 정리한다.

199. Virgin Mary에 사용되는 주스는?
① Kiwi Juice ② Lime Juice
③ Grapefruit Juice ④ Tomato Juice

200. Inventory를 할 때 가장 적당한 때는?
① 한가한 시간에(업무 시간 중)
② 영업 시작하기 전에
③ 영업이 끝나고 난 후에
④ 시간 날 때 수시로 한다.

201. Straws를 제공하는 칵테일은?
① Screwdriver
② Cr me de Cafe
③ Cr me de Menthe Frapp
④ Kiss of Fire

202. Please Select the Cocktail Based Gin in the following
① Martini ② Prairie Oyster
③ Sidecar ④ Rob Roy

203. What is Sommelier?
① Bartender ② Wine Steward
③ Greetress ④ Waiter

204. You are wanted _____ the Phone?
① in ② on ③ of ④ for

205. Which do you like better, Gin ___ Whisky?

① and ② or ③ to ④ with

206. 칵테일 안주로 주로 제공되는 것은?

① Canape ② Olive ③ Fruits ④ Bread

207. Dry Gin $1\frac{1}{2}$oz + Dry Vermouth $\frac{1}{2}$oz + Olive + Stir + Cocktail Glass

① Manhattan ② Martini

③ Campari Soda ④ Gin Fizz

208. On the Rocks글라스의 용량은?

① 1~2oz ② 2~3oz ③ 4~6oz ④ 6~8oz

209. Bloody Mary에 사용되는 주스는?

① Kiwi Juice ② Lime Juice

③ Grapefruit Juice ④ Tomato Juice

210. Bourbon Whisky + Sugar and Mint + Frosted Tumbler + Crushed Ice

① Julep ② Toddy ③ Flip ④ Highball

211. 바텐더가 영업개시전 준비하지 않아도 되는 업무는?

① 레드 와인을 냉각시켜 놓는다.

② 글라스의 청결도를 점검한다.

③ 칵테일용 얼음을 준비한다.

④ 모든 칵테일 부재료를 준비해 놓는다.

212. Grasshopper의 주재료와 부재료는?

① Curacao + Peppermint

② Cacao + Peppermint

③ Peppermint + Cacao

④ Cacao + Cream

213. Shake법으로 만드는 것은?

① Alexander ② Martini

③ Gibson ④ Angel's Tip

214. On the Rocks를 만들 때 사용하는 것은?
① Goblet Glass ② Sour Glass
③ Old Fashioned Glass ④ Liqueur Glass

215. What kinds of drink would you____?
① like to ② like ③ liking ④ likes

216. You had better ( ) home and rest
① want ② go ③ gone ④ going

217. 사용하다 남은 주스는 어떻게 보관하는가?
① 그대로 냉장고에 보관한다
② 유리용기 등에 담아서 냉장고에 보관한다
③ 후론트 바 위에 보관한다
④ 언더바 밑에 보관한다

218. 와인 시음의 3요소가 아닌 것은?
① Looks Good ② Smells Good
③ Tastes Good ④ Chills Good

219. 과일즙을 낼 때 사용하는 기구는?
① Ice Tongs ② Muddler
③ Strainer ④ Squeezer

220. 술의 양을 조절하기 위해 술병 입구에 사용하는 것은?
① Cork ② Straw ③ Coaster ④ Pourer

221. Hot Drink에 사용되는 Spice는?
① Cherry ② Lemon ③ Clove ④ Sugar

222. Which of the following, Tumbler is one of glass cup and what kinds of beverage we should serve it?

① We serve Champagne
② We serve cold water
③ We serve Rose
④ All kinds of whisky we serve it

223. 동물성 지방질의 비린내를 제거시키기 위한 것은?
① Nutmeg　② Onion
③ Cinnamon　④ Mint

224. 해피아워(Happy Hour)란?
① 고객을 위한 여흥시간
② 하루 중 일정한 시간을 정하여 실시하는 가격절하 시간
③ 종사원을 위한 특별행사
④ 근무시간 중 가장 행복한 시간

225. 총수익의 목표를 80%라고 한다면 매출원가는 판매가의 몇 %가 되어야 하는가?
① 10%　② 20%　③ 30%　④ 40%

226. 칵테일 서비스에서 바텐더의 창의성을 가장 요하는 항목은?
① 가니쉬(장식)　② 향신료(부재료) 선택
③ 글라스 선택　④ 기주 선택

[해 답]

1 ④ 2 ① 3 ① 4 ④ 5 ① 6 ① 7 ④ 8 ① 9 ④ 10 ①

11 ② 12 ③ 13 ③ 14 ④ 15 ④ 16 ③ 17 ② 18 ③ 19 ② 20 ④

21 ② 22 ④ 23 ① 24 ② 25 ④ 26 ③ 27 ③ 28 ① 29 ② 30 ③

31 ① 32 ① 33 ④ 34 ④ 35 ② 36 ④ 37 ① 38 ③ 39 ④ 40 ③

41 ④ 42 ③ 43 ④ 44 ④ 45 ③ 46 ① 47 ① 48 ④ 49 ② 50 ①

51 ① 52 ① 53 ② 54 ④ 55 ① 56 ② 57 ① 58 ③ 59 ③ 60 ④

61 ④ 62 ④ 63 ④ 64 ① 65 ③ 66 ④ 67 ④ 68 ④ 69 ① 70 ②

71 ③ 72 ① 73 ③ 74 ③ 75 ④ 76 ② 77 ① 78 ② 79 ④ 80 ③

81 ① 82 ① 83 ② 84 ① 85 ③ 86 ④ 87 ② 88 ④ 89 ④ 90 ①

91 ③ 92 ④ 93 ③ 94 ① 95 ⑤ 96 ③ 97 ③ 98 ① 99 ④ 100 ②

101 ③ 102 ① 103 ② 104 ① 105 ⑤ 106 ③ 107 ② 108 ③ 109 ① 110 ①

111 ④ 112 ③ 113 ② 114 ④ 115 ③ 116 ① 117 ② 118 ④ 119 ③ 120 ①

121 ① 122 ③ 123 ⑤ 124 ③ 125 ① 126 ① 127 ③ 128 ② 129 ③ 130 ①

131 ② 132 ③ 133 ③ 134 ③ 135 ① 136 ① 137 ② 138 ② 139 ④ 140 ①

141 ② 142 ④ 143 ① 144 ② 145 ① 146 ③ 147 ④ 148 ② 149 ④ 150 ④

151 ② 152 ④ 153 ③ 154 ① 155 ② 156 ⑤ 157 ④ 158 ① 159 ③ 160 ④

161 ④ 162 ② 163 ① 164 ① 165 ③ 166 ① 167 ② 168 ③ 169 ④ 170 ③

171 ① 172 ④ 173 ① 174 ④ 175 ④ 176 ① 177 ② 178 ④ 179 ② 180 ②

181 ③ 182 ④ 183 ② 184 ① 185 ② 186 ④ 187 ② 188 ① 189 ④ 190 ①

191 ① 192 ③ 193 ④ 194 ① 195 ① 196 ③ 197 ② 198 ④ 199 ④ 200 ③

201 ③ 202 ① 203 ② 204 ① 205 ② 206 ① 207 ② 208 ④ 209 ④ 210 ①

211 ① 212 ③ 213 ① 214 ③ 215 ② 216 ② 217 ② 218 ④ 219 ④ 220 ④

221 ③ 222 ② 223 ① 224 ② 225 ② 226 ①

용어해설

A

Abstinthe : 쑥을 비롯하여 여러 가지 향초의 즙을 사용하여 만든 알코올 도수가 강한 (58~68%) 리큐르로 식전주에 어울린다. 향미가 독특하여 칵테일을 만들 때 많이 이용되며 물이 들어 있는 글라스에 떨어뜨리면 우유 빛으로 변하게 하는 특성이 있다.

Acetic : 저농도 알코올이 공기와 접촉하면 생성되는 유기산으로 식초 냄새가 날 정도로 변한 와인을 말한다.

Acidity : 산도를 나타내주며 상큼하거나 새콤하다는 맛과 향의 총체적인 표현으로 과다하면 샤워(Sour)하다는 부정적인 표현이 따르게 되고 너무 부족하면 플아트(Flat)하다는 역시 부정적인 측면이 있다. 당도는 높은데 산도가 너무 낮으면 달지만 새콤한 맛이 없는(flat한) 설탕물 같은 와인이 되고 만다.

Ade : 과일즙에 설탕, 물을 혼합하여 넣은 것을 말함.

Adega : 와인을 제조, 저장하는 곳을 의미하는 포르투갈어

Advocaat(아드보카트) : 브랜디에 계란 노른자, 설탕, 바닐라 향을 착향시킨 상당히 진득한 네델란드산의 리큐르로서 일명 에그 브랜디(Egg Brandy)라 한다. 약 18도 정도의 주정을 가지며 사용하기 전에 병을 잘 흔들어 스트레이트로 마시며, 용도는 식후주로 주로 이용된다.

Aerobic : 생육하는데 공기가 필요한 미생물

After Taste : 술이나 음료를 마신 뒤에 입안에 남아 있는 맛과 향의 뒷맛을 말한다.

Aging : 양조된 술이나 증류된 술을 나무통 속에 넣어 저장, 숙성시키는 것을 말한다.

Amaretto : 살구의 핵을 물과 함께 증류하여 몇 종류의 향초 추출액을 중성 알코올과 혼합하여 탱크에서 숙성 후 시럽을 첨가하여 만든다.

Amelioration : 와인 양조과정에서 포도즙의 당도와 산도를 조절하기 위하여 설탕이나 물등을 첨가하는 작업

Amer Picon : 진한 갈색의 프랑스산 리큐르로 에페리티프로 쓴맛과 오렌지 향이 배합된 술로 주 정도는 27%이다. 보통 그레나딘 시럽과 소다수를 혼합하여 식전주에 마신다. 1873년 프랑스 군인 가에 탄 피콘이 아프리카에서 만든 쌉쌀한 술이며 주정에 오렌지 껍질, 용담 뿌리, 설탕을 배합하여 만든다.

Angostura Bitters : 칵테일의 방향제로 사용되는 리큐르로서 용담 뿌리의 즙이 배합된 쓴맛으로 중남미에서 생산된다.

Anisette : 지중해 지방산의 미나리과 식물인 아니스(Anise)향을 착향시킨 무색 리큐르이다.

Aperitif : 매우 넓은 의미를 포함하는 용어로 주로 식사전에 식욕을 촉진하기 위해 마시는 것으로 식전주라고도 한다. 식전에 마시는 식욕촉진주의 총칭이다. 따라서 식전에 마시는 칵테일이나 쉐리, 캄파리, 샴페인, 와인, 각종 리큐르 등이 이에 속하며 프랑스의 드라이 버머스(Dry Vermouth)는 대중적인 에페리티프로 그 인기가 높다.

Appellation Controlee : 특정지역의 와인에 대한 품질보증관리의 명칭이다.

Apple Jack : 미국산의 사과 브랜디(Apple Brandy)이다.

Apricot Brandy : 살구 향이 나는 35도의 혼성주로 달콤한 맛과 독특한 향으로 여성에게 적합한 식후주이다.

Aquavit(아쿠아비트) : 북유럽 스칸디나비아 지방의 특산주로서 무색이며 주원료는 감자와곡류이며 차갑게 냉각하여 주로 스트레이트나 맥주를 곁들여 마시기도 한다. 'Auua(물)+Vitae(생명)' 의 생명 수란 뜻으로 주정도는 45% 이다.

Arak : 서인도 제도에서 사탕수수의 줄기와 쌀 등을 원료로 사용하여 만든 술

Armagnac(아르마냑) : 프랑스 보르도지방의 남쪽 피레네 산맥에 가까운 아르마냑 지역에서 생산되는 브랜디의 일종으로 프랑스의 유명한 브랜디 꼬냑과 아르마냑을 들 수 있다.

Aroma : 원료포도 자체로부터 느껴지는 향으로서 Fruity(과일향), Flower(꽃향), Grassy(풀입향)등이 이에 속한다.

Assemblage : 나무통에 들어 있는 와인끼리 섞는 것으로 블렌딩(Blending)이라고도 하며 프랑스의 보르도와 샹파뉴 지방에서 상용하는 용어이다.

Astringency : 떫고 약간의 쓴맛까지 느껴지는 것으로 탄닌 성분 때문이며 탄닌을

많이 함유하고 있는 포도껍질에서 보통 추출된다. 따라서 포도껍질 채로 발효되는 레드 와인의 경우 훨씬 더 많이 느껴지는 맛이다. 탄닌 성분은 지방질의 중성화를 도와주는 장점이 있어 레드 와인이 육류요리와 잘 어울리며 너무 떫은맛의 와인은 초보자에게 거부감을 줄 수 있는데 이는 숙성기간이 짧은 레드 와인에서 많이 느낄 수 있다. 이떫은맛은 포도의 씨 또는 껍질의 분쇄시 포도즙으로 배게 되는데 숙성을 오래할수록 탄닌 성분으로 인한 쓰고 떫은맛이 감소하게 된다.

Auslese : 독일에서 사용되는 포도주 용어로서 특별히 선정된 포도로 만든 와인을 가리킨다.

B

Base : 기주를 의미하는 용어로 칵테일 조주시 가장 기본이 되는 주재료의 술을 말한다.

Bacardi : 쿠바나 푸에르토리코에서 생산되는 럼의 유명한 상표이름

Balance : 와인 감정용어로 균형 된 포도주란 향, 뒷맛 등이 잘 어울리는 것을 말한다. 연한 맛에는 향과 뒷맛이 섬세하며 진한 맛에는 진한 도수에 맞추어 향과 특성을 내야 한다. 균형이 잘 잡혔다고 반드시 좋은 술은 아니다. 종류와 등급에 꼭 맞아야 훌륭한 술이다.

Balsam : 서인도제도의 바나나 리큐르를 말한다.

Bar Spoon : 재료를 혼합시키기 위해 사용하는 자루가 긴 스푼이다. 믹싱 스푼(Mixing Spoon)이라고도 하며 보통 스푼과는 달리 자루가 길고 나선형으로 되어있고, 한쪽 끝은 포크로 되어있다.

Barrel : 술을 제조하여 숙성시키는 나무통

Beerenauslese : 선별된 포도로 만든 독일의 와인 용어

Benedictine(D.O.M) : 1519년경 프랑스 북부 페에칸시의 베네딕트파 사원에서 비법으로 만들기 시작하였으나 현재는 개인 기업에 의해 제조되고 있다. 수십 종의 약초, 향초를 가미하여 참나무통 속에서 숙성된 달고 중후한 맛을 지니고 있다. DOM은 "최대, 최소의 신에게(Deo Optimo Maximo : To God Most Good, Most Great)"라는 뜻이다. 여러 가지 약초를 사용한 호박색의 Liqueur로 주정도수는 약 42도 이다.

Bianco Wine : 이탈리아어로 화이트와인을 뜻하며 프랑스에서는 Blanc, 포르투갈어는 Brance, 스페인어로는 Blanco 라고 한다.

Bin : 주류 저장고 내의 술을 넣어두는 장소 또는 컵을 끼워 놓는 컵 보드(Cup Board)를 말하며 얼음을 담는 용기는 아이스 빈(Ice Bin)이라고 한다.

Bitters : 칵테일이나 드링크류에 착향하기 위한 착향제로 쓴맛이 난다. 간혹 쓴맛이 나는 음료를 말하기도 한다.

Blackberry Brandy : 블랙 베리(검은 딸기)를 원료로 제조한 리큐르로 소화촉진에 효과가 있고 주정은 약 25도 정도이다.

Black Currants : 여러 가지 레드 와인에서 나는 냄새와 향기

Blender : 블렌더, 즉 믹서를 사용하여 만드는 방법으로, 프로즌 타입이나, 우유, 계란 등 혼합하기 어려운 재료를 사용하는 칵테일에 사용한다.

Bodega : 스페인의 와인 저장창고이다.

Body : 입안을 무겁게 채워주는 듯한 느낌으로서 알코올 도수가 높을수록 진한 맛을 주며 여러가지 향과 맛이 복합될 경우에도 역시 진한 맛을 느끼게 되는데 이때 흔히 Full-Bodied라는 표현을 쓴다. 다시 말해서 물이 Light-Bodied하다면 우유는 Full-Bodied 하다고 할 수 있는데 굳이 우리말로 바꾼다면 진한 맛(Full-body)과 가벼운 맛(Light-body)라고 할 수 있다.

Bordeaux : 프랑스의 최고급 레드 와인 생산지이며, 그 지방에서 생산되는 포도주를 총칭하기도한다.

Bottle Aging : 주로 고급 레드 와인에 적용되는 용어로 병 속에서 숙성을 뜻한다.

Bottle Stink : 너무 오래된 와인에서 나는 불쾌한 냄새

Bottling : 술이나 음료를 병입하는 작업을 말한다.

Bouchonne : 불량코르크로 인해 변질된 와인을 일컫는 용어(프랑스어)

Bouquet : 와인 제조과정에서 발효나 숙성 등의 와인 제조자의 처리방법에 따라 생겨지는 향이다. 아로마(Aroma)보다 미묘해서 파악하기 힘들지만 와인 전체의 입맛을 결정해 주는 중요한 종류의 향이다. 오크 통에서 오랫동안 숙성함으로써 배어 있는 오크 향이 좋은 예이다. 화이트보다 레드 와인의 경우 더 따지게 되는 향이며, Aroma가 천연적인 향이라면 이 Bouquet는 인공적이다.

Breathe : 와인 코르크를 뽑아 오픈 후 와인이 공기와 접촉하는 상태를 말한다.

Breed : 독일에서 포도의 종류, 토질 및 양조기술에 의한 좋은 와인이 될 수 있도록 품질적인 균형을 이룰 수 있도록 인위적으로 조절하는 작업

Brown : 세리와인 또는 마데이라(쉐리 와인의 일종) 와인을 제외한(Brown Wine은 오래된 것이다.

Brut : 샴페인이나 스파클링 와인의 용어로 매우 드라이한 것이다.

Build : 칵테일 조주법의 하나로 글라스에 직접 재료를 넣어 만든 방법으로 칵테일 만드는 방법으로서는 가장 간단한 것이다.

C

Calaret : 프랑스 보르도 지방의 레드 와인을 영국에서 지칭하는 말이다.

Calisay : 씁쓸한 맛이 나는 스페인산 리큐르이다.

Calvados : 프랑스 노르망디 지방에서 생산되는 담감색의 사과브랜디로서 주정도수는 약 43도이다.

Campari : 이탈리아에서 생산되는 대표적인 에프리티프로 각종 식물의 뿌리, 씨, 허브, 껍질등 70여 가지의 재료로 만들어진다. 매우 쓴맛의 리큐르로서 주로 아페리티프로 애음 되며 소다수나 오렌지주스와 잘 배합된다. 제조기간은 45일이 걸린다. 캄파리는 빨간색의 페루 캐너리섬에서 수입한 색소를 첨가한 것으로 세계 170여 개국에서 애용되고 있다.

Cantina : 이탈리아에서 와인을 제조하여 저장하는 곳

Cask : 숙성시키는 나무통으로 배럴(Barrel)과 같은 뜻이지만 Cask는 이동성이 없는 나무통을 지칭하는 경우에 사용된다.

Cave(Cellar) : 프랑스에서 와인을 제조하여 저장하는 곳으로 햇빛이 들지 않고 습기가 없는 지하에 만든다.

Cellar Master : 와인 제조책임자를 일컫는 말이다.

Cellat : 와인을 제조, 저장하는 곳

Chai : 포도주를 병입하기 전 와인을 저장하는 곳으로 주로 프랑스 보르도 지방에서 사용하는 용어

Chambraise : 야생딸기를 원료로 만든 프랑스산 리큐르

Chambrer : 레드 와인에 적용되는 용어로 와인을 마시기 전에 저장실에서 와인을 마시는 장소로 가져와 실내온도에 맞도록 유지시켜 주는 상태를 말한다.

Chartreuse : 1605년 파리 근교의 카프토 교단에서 처음 만들어졌으며, 이를 바탕으로 1764년 프랑스의 동남부의 그르노블 산중의 샤트루즈 수도원에서 만들어지기 시작하다. 샤르트루즈는 리큐르의 여왕 불려지는 유명한 술로 알프스의 약초를 포도주에 담가 수도승들의 활력증진을 위해 애음 되었던 것이 나중에 증류주가 되어 널리 퍼졌다.

Chaser : 위스키, 브랜디, 보드카 등 알코올 도수가 강한 술이나 칵테일을 마실 때 알코올 도수를 낮추거나 마시기 편하게 함께 내 놓는 청량음료나 생수이다.

Cherry Brandy : 버찌와 브랜디로 만든 것으로 버찌로만 만든 것도 있다. 짙은 적색으로 네덜란드와 덴마크산이 유명하다.

Cherry Heering : 버찌를 원료로 만든 덴마크산 빨간색 리큐르이다.

Cider : 사과를 발효시켜 만는 사과주(Apple Wine)를 밀힌다.

City Cocktail : 칵테일의 이름에 도시이름에서 유래한 것으로 싱가폴 슬링, 뉴욕, 상하이 등이 있다.

Clos : 프랑스어로 부르고뉴 지방의 담으로 둘러싸인 포도밭(원)을 뜻한다.

Coaster : 음료를 제공할 때 글라스나 컵의 바닥에 깔개로 받치는 것으로 용도의 특성으로는 수분을 잘 흡수하도록 하는 재질을 사용한다. 그래서 두꺼운 종이나 코르그가 많다.

Cobbler : 이 말은 구두 수선공이란 뜻으로 여름철 더위를 식히는 음료이다. 알코올 도수가 낮고 Fruity한 과일주를 베이스로 한다.

Cocktail Pick : 장식인 올리브나 체리 등을 꽂는 핀으로 칵테일핀(Cocktail Pin)이라고도 한다.

Cointreau : 화이트 큐라소의 최고급품으로 엄선된 오렌지로부터 엣센스를 뽑아내어 고급 브랜디와 섞어 만든 최고급 리큐르이다. 1849년 프랑스의 르와르에서 탄

생하여 처음에는 꼬잉트루 트리플섹이라 부르다가 후에 꼬잉트루라 불리어졌다.

Colheita(Vintage) : 포르투갈어로 포도 수확연도

Collins : 칼린스 가족에 의해 만들어졌기 때문에 이렇게 이름이 붙여졌다. 술에 레몬이나 라임 즙과 설탕을 넣고 소다수로 채우는 칵테일의 형식

Commune : 프랑스의 작은 와인 생산구역으로 특정관리지역이다.

Complex : 다양한 향기와 맛이 복합되어 어우러져 좋은 느낌을 갖게 해준다 의미이다.

Cooler : 술, 설탕, 레몬(또는 라임)주스를 넣고 소다수로 채우는 칵테일의 형식

Cooperative : 프랑스어로 와인의 협동조합

Cordial : 리큐르(Liqueru)와 동일

Corkage/Corkage Charge : 코르크 마개를 뽑아 드리는 품삯이란 의미로 레스토랑이나 연회장에서 고객이 가져온 와인이나 위스키 등을 마실 경우 술의 가격에 따라 차등적으로 글라스와 얼음을 제공하고 받는 요금

Corked, Corky : 곰팡이 낀 코르크 마개에서 나오는 와인의 맛과 냄새

Corkscrew : 와인과 같은 술의 코르크 마개를 따는 도구로 와인 오프너(Wine Opener)라고도 한다. 여러 가지 모형이 있으나 접었다 폈다 할 수 있는 바 나이프와 오프너가 세트되어 있는 웨이터 나이프 또는 소믈리에 나이프(Sommelier's Knife)라 불리는 것이 사용하기 좋다.

Cote : 포도가 재배되는 언덕(구릉)을 일컫는 말

Cradle : 레드 와인을 제공할 때 사용되는 바구니

Creme de Ananas : 파인애플로 만든 리큐르이다.

Creme de Banana : 바나나 엣센스로 향미를 낸 리큐르이다.

Creme de Cacao : 코코아의 풍미와 바닐라의 향기를 지니고 있는 갈색(Brown)과 무색(White) 두 종류가 있다.

Creme de Caf : 볶은 콩을 중성알코올에 배합하여 시럽을 첨가하고 커피의 향미를 첨가한 리큐르이다.

Creme de Cassis : 크렘이란 말은 최상의 뜻으로 크렘 드란 브랜디에 과일, 약초 등

의 맛을 내게하고 감미를 첨가한 리큐르로 스트레이트로도 애음되고 칵테일에도 많이 사용된다. 크렘 드 카시스는 검은 까치밥 나무열매로 만든 검붉은 색의 약간 산미가 있는 리큐르로 샴페인에 크렘 드 카시스를 혼합한 키어 로얄(Kir Royal)은 에프리티프로 유명하다.

Creme de Menth : 박하향을 가미한 리큐르로 그린, 화이트, 핑크가 있다.

Creme de Moka : 진한 커피 리큐르

Creme de Rose : 장미꽃잎으로 착향시킨 리큐르

Creme de Vanilla : 바닐라 향의 리큐르

Creme de Violet : 제비꽃에서 추출된 오일로 향기를 낸 달콤하고 아름다운 자색의 리큐르이다.

Creme de Yvette : Creme de Viole 와 같음

Criadera : 스페인어로 쉐리 와인의 솔레라 시스템에서 쌓아 놓은 나무통을 가리키는 용어

Cru : 와인의 숙성이나 질을 표시한다.

Crust : 빈테이지 포트와인의 병 속 침전물

Crusta : 술에 레몬주스, 약간의 리큐르(또는 비터)를 넣은 것으로 레몬 껍질이나 오렌지 껍질을 넣은 칵테일이다.

Curacao : 남미의 큐라소 섬에서 생산되는 쓴맛의 오렌지 껍질을 브랜디, 기타 스프리트에 담가 감미를 친 리큐르로 짙은 갈색의 오렌지 큐소와 무색투명한 큐라소가 있다. 무색 투명한 큐라소는 트리플 섹이라고도 하며 그린, 레드, 블루 큐라소도 있다.

D

Daisy : 증류주에 레몬, 라임주스, 그레나딘시럽(또는 리큐르) 등을 혼합한 뒤 소다로 채우는 칵테일의 형식

Danzig : 무색투명의 오렌지 리큐르로 미세한 금박조각을 띄운 아름다운 술

Decant : 레드 와인의 침전물을 걸러내기 위해 술을 옮겨 담는 장식용 병류를 사용되는 것으로 와인을 서브하기 전 원래의 병에서 다른 용기 Caraf 나 Decanter 등에 옮겨 담는 것을 말한다.

Delicate : 와인 감정의 용어로서 섬세하고 신선한 가벼운 와인을 지칭한다.

Delicatessen : 독일어로 섬세하고 멋있는 음식 또는 가벼운 기호음식이라는 의미이다.

Demi-sec : 미디움 드라이 와인(Medium Dry Wine)의 뜻으로 Semi Dry라고도 한다.

Distaste : 전분 당화 효소로 녹말을 분해하여 포도당으로 변화시키는 효소이다.

Domaine : 프랑스의 부르고뉴 지방의 와인 제조업체를 가리키는 용어

Doux : 프랑스어로 Sweet를 의미한다.

Drambuie : 스카치, 꿀, 허브, 스파이스로 만들어진 최고급의 리큐르 중의 하나로 1745년부터 만들어지기 시작하였다.

Dry : 단맛(Sweet)의 반대 표현으로 당도가 0.5% 이하일 때를 주로 가리킨다.

Duboonet : 프랑스산의 세계적으로 유명한 식전 포도주

Duice : 스페인어로 Sweet를 의미한다.

E

Eaux de Vie(오드비) : 브랜디 혹은 Marc, Grappa와 같은 알코올성의 술을 말하는 것으로 생명의 물 (Water of Life)의 의미이다.

Eggnogs : 미국 남부지방의 남부전설에서 유래된 연말(크리스마스) 칵테일이다. 달걀과 우유를 사용한다.

Elegant : 와인 감정용어로서 맛이 우아하고 품위 있음을 의미한다.

Elevage : 프랑스어로 와인을 발효해서 병입까지 와인 제조의 전반을 뜻하는 용어

Embotellado de Origen : 스페인어로 와인이 제조된 곳에서 병입했다는 뜻이다.

Engarrafado na Origen(Estate-bottled) : 포르투갈어로 와인이 제조된 곳에서 병입했다는 뜻이다.

Eomzlla : 독일어로 개인 소유 포도밭을 뜻하며 프랑스 보르도 지방의 Chateau개념과 동일하다.

Espumante(에스푸만테) : 스페인, 포르투갈어로 발포성 와인을 말한다.

Estate-bottled : 와인을 제조한 곳에서 병입했다는 뜻이다.

Estufa : 포르투갈, 스페인어로 난로를 가리키는 말이지만, 와인과 관련해서는 마데이라(Madeira)를 만드는 곳을 뜻한다.

F

Fat : 개성이 없고 무미한 맛을 말하며 Elegant가 여성적임을 뜻하는 반면 이는 남성적임을 뜻한다.

Fermentation : 와인 양조의 발효과정으로 포도주수가 포도주로 변하는 과정

Fermentation Malo-Lactic : 주로 수확연도의 다음해 봄에 거치는 제 2차 발효과정으로 테이블 와인의 대부분이 1차 발효 후 짧은 기간의 발효를 거친다.

Fiasco(Flask) : 이탈리아 와인에서 짚으로 둘러싼 키안티 와인 병

Filtering : 화이트 와인 양조시 포도주를 맑게 걸러주기 위해서 필터를 통과시켜 여과하는 과정

Fine Champagne : 꼬냑 지방의 그랜드 상파뉴지역과 페티트 상파뉴 지역의 원료만을 사용하여 제조한 꼬냑

Fix : 크러쉬드 아이스를 채운 글라스에 레몬주스와 파인애플 시럽을 넣고 스피리츠나 리큐르로 채운 칵테일의 형식

Fizz : 피즈라는 이름이 붙게된 이유는 탄산음료를 개봉할 때 또 따를 때 피-하는 소리가 난데서 비롯된다. 진, 리큐르 등을 베이스로 설탕, 라임(또는 레몬)주스, 소다수를 넣고 과일로 장식하는 칵테일의 형식

Flavor : 맛, 향기, 입안의 촉감 등에 의해 종합된 총체적인 맛

Flip : 대개 와인을 사용하며 달걀, 설탕을 넣은 것으로 에그 녹과 비슷하다.

Float : 칵테일을 만들 때 비중이 서로 다른 술이나 크림 등을 조심스럽게 따라서 서로

섞이지 않게 띄우는 방법

Flute : 샴페인 글라스의 플루트형(Flute)으로 향기가 나가지 못하도록 글라스의 입구가 약간 오므라져 있다.

Forbidden Fruit : 시큼한 왕귤 열매를 브랜디에 침출하여 만든 미국산 적갈색 리큐르이다.

Fortified Wine : 발효시킨 와인이다 발효 중인 와인에 브랜디를 첨가하여 발효를 정지시켜 알코올 함유량을 높인 주정강화 와인

Framboise : 주정도 25도 정도의 나무딸기로 만든 리큐르

Frapp : 프랑스어로 잘 냉각 된 얼음이란 의미로 칵테일 조주시 가루 얼음을 이용하여 만드는 형태로 가루 얼음에 술을 넣고 스트로우를 2개 꼽는 칵테일의 형태이다.

Froast : 글라스의 표면을 서리 모양으로 하얗게 장식하는 것

Fruit Flavored Brandy : 브랜디를 기주로 하여 과일의 즙을 가미하여 향미를 내거나 착색시킨 브랜디 타입의 리큐르이다.

Fruity : 원료포도 종류마다 미묘하게 다른 과일 향을 갖는데 보통 사과, 산딸기, 나무딸기등의 과일 향기를 느낄 수 있고 레드 와인보다는 화이트 와인에서 더 느낄 수 있다.

G

Galliano : 이탈리아산의 리큐르로 알프스와 지중해에서 생산되는 40여종의 향료를 배합하여 만든 리큐르로 갈리아노라는 이름은 에티오피아 전쟁에서 활약한 쥬세페 갈리아노(Giuseppe Galliano) 장군의 이름에서 따온 이름으로 이탈리아 토스카나 지방의 리구리아 해안도시 리보르노에서 나오는 최고의 리큐르이다. 황금색으로 상쾌한 향이 특징이며 약간의 박하 향을 가지고 있다.

Glass Holder : 뜨거운 음료를 마실 때 글라스를 끼울 수 있도록 만든 기구이다.

Golden Gin : 일반적인 진과는 달리 나무통속에 저장하여 진한 호박색을 갖고 있는 진

Grand Cru : 오래된 숙성

Grand Marnier : 1827년에 탄생한 오렌지 베이스의 리큐르로 3~4년 숙성된 꼬냑

에 타히티산 오렌지 껍질을 배합하여 오크통에서 숙성시킨 최고급 리큐르의 하나로 로즈와 엘로우가 있다.

Grapy : 포도의 질보다 더 잘 빚어진 양질의 와인

Grassy : 풀잎 같은 향기인데 화이트와인의 원료 품종인 쇼비뇽 블랑(Sauvigono Blanc)에서 강하게 느껴지는 향기

Grenadine Syrup : 석류의 맛이 나도록 원래 석류를 사용하여 만든 시럽이었으나 근래에는 인공색소를 이용하여 만든다.

Gris : 엷은 색의 로제 와인으로 프랑스 몇몇 지방의 특산주

H

Hair of the Dog : 해장술을 의미하며 개에게 물린 상처는 개의 털로 치료한다는 속설에서 유래하였다.

Hang Over : 숙취를 뜻하는 미국식 표현

Hard : Young Red Wine을 강하게 하는 탄닌 성분

Haut(oh) : 높은, 최고라는 감탄어

Heady : 알코올의 농도가 비교적 높음을 나타내는 말

Herb : 줄기, 잎, 뿌리 등이 약용이나 향료의 목적으로 쓰이는 식물

Herbaceous : 초본류라는 사전적 듯을 갖고 있는데 향기의 일종으로서 레드 와인 품종인 기베르네 쇼비뇽(Cabernet Sauvignon) 이나 멀로(Merlot) 또는 화이트와인 품종인 쇼비뇽 블랑에서 많이 느껴지는 향기

High Ball : 증류주를 베이스로 하이볼 글라스에 얼음을 넣고 청량음료를 넣어 혼합한 칵테일 형식

Honey : 좋은 Sweet Wine에서 나타나는 아주 복합적인 맛으로 잘 익혀지고 아주 고상하게 숙성된 것

Hop : 맥주 양조에 사용되는 원료로 맥주 특유의 향기와 쓴맛 그리고 맥주 특유의 상쾌한 맛을 주며 맥아 즙의 단백질을 침전시켜 제품을 말게 하고 잡균의 번식을 방

지하여 저장성을 높여주는 여러 가지 효능이 있다.

I

Ice Pail : 얼음을 넣어 두는 용기로 아이스 바스켓(Ice Basket)이라고도 한다. 안쪽 바닥에 받침이 있어 녹은 얼음물이 아래쪽에 고이도록 되어 있다.

Ice Pick : 큰 덩어리의 얼음을 사용하기 편안하게 잘게 부술 때 사용하는 기구로 끝이 송곳처럼 뾰족하다.

Ice Tongs : 얼음을 집기 쉬도록 끝이 톱니 모양으로 된 집게이다. 아이스 페일과 세트로 파는 것이 많으나 별도로 사는 것이 좋다.

Irish Mist : 아이리쉬 위스키에 오렌지 과피, 향초, 벌꿀 등을 혼합해서 숙성시킨 리큐르

Irish MIst : 아일랜드에서 생산되는 40도 정도의 담갈색 리큐르

Julep : 민트 줄기를 넣은 칵테일이다.

K

Kabinett Wine : 선별된 포도로 만든 독일의 와인

Kahlua : 멕시코 산의 커피 리큐르 커피빈스, 코코아 빈스, 바닐라로 만든다.

kava : 폴리네시아산 관목의 뿌리로 만든 토속주

Kirschwasser : 앵두와 그 씨를 으깨어 발효시켜 만든 무색투명한 술로 강한 향기와 독특한 맛을 가지고 있다.

Kummel : 발트해 동쪽 연안 지방의 특산주로서 브랜디에 아니스와 회향 풀을 착향시킨 무색 리큐르

L

Lactic Acid : 포도 내에 있는 유기산의 일종

lagari : 스페인어, 포르투갈어로 포도를 발로 밟아서 으깰 때 쓰이는 돌로 만든 용기

Lemon Gin : 레몬 향이 아주 강한 레몬 색의 리큐르

Liqueur : 발효나 증류시킨 주정에 초근목피의 향료성분을 배합한 혼성주

Liquor : 곡류나 과실류를 사용하여 발효 증류시킨 술

Lodge : 포르투갈 와인 창고 또는 도매상

M

Maderization : 화이트와인이 오래되거나 산화작용으로 갈색으로 변화되는 현상으로 마데이라의 갈색 와인에서 유래된 용어

Malt : 엿기름이라고도 하며 발아된 맥아로서 효소가 포함되어 있다.

Mandarin : 만다린 오렌지의 향미를 가미한 적갈색 리큐르

Marasquin : 유고슬로비아 서부의 다르마티아 지방에서 나는 야생버찌열매를 증류해서 만든 무색투명의 리큐르

Marc : 프랑스에서 와인을 만들 때 남은 찌꺼기로 만든 오드비

Mash : 당화시키기 전 더운물을 넣은 맥아와 곡류의 혼합물

Masson Paul : 캘리포니아로 이민간 부르고뉴 출신인의 이름으로 캘리포니아 산 와인의 대표적 상표가 되었다.

Mead : 벌꿀 술로서 꿀에다 맥아, 이스트(yeast), 향료, 물 등을 넣어 발효시킨 봉밀주

Measure Cup : 일명 지거(Jigger)이라고도 하며 술이나 주스의 양을 잴 때 사용하는 금속성 컵이다. 한쪽은 용량이 30㎖인 포니(Pony)와 다른 한쪽은 용량이 34㎖인 지거(Jigger)가 맞붙은 장구 모양을 하고 있다.

Mineral Water : 천연광천수

Mist : 프라페와 비슷하고 크러쉬드 아이스(Crushed Ice)를 사용하며 용량이 약간 많다.

Mixer : 혼합하기 어려운 재료를 섞거나 프로즌 스타일의 칵테일을 만들 때 사용한다. 미국에서는 블렌더(Blender)라 부르며, 믹서라고 하면 전동식 쉐이커, 스핀들 믹서(Spindle Mixer)를 지칭한다.

Mixing Glass : 비중이 가벼운 것 등 비교적 혼합하기 쉬운 재료를 섞거나, 칵테일을 투명하게 만들기 위해 사용한다. 바아 글라스라고도 하며 두꺼운 유리로 만들며 종류는 1종뿐인고, 큼직한 텀블러로 대용할 수도 있다.

Mou(Moo) : 프랑스의 와인 감정용어로서 특별한 개성을 갖지 않고 단지 부드럽고 깔끔한 맛을 나타낸다.

Muddler : 주로 롱 드링크에 곁들여, 칵테일을 섞거나 안에 든 과일을 으깰 때 쓰는 막대이다. 모양, 재질은 여러 가지이지만 심플한 디자인으로 된 플라스틱 제품이 좋다.

Muscat : 스위트 디저트 와인을 만드는 포도품종

N

Natural Wine : 강화 와인에 반대되는 개념으로 발효시켜서 만든 천연와인

Negociant : 프랑스에서 와인 상인이나 중간제조업자를 일컫는 말로 와인을 구입하여 숙성, 블렌딩하여 판매하는 와인 제조업자

Nutmeg : 육두구 나무의 열매로 분말로 만들어 사용하며 칵테일 등의 향을 돋구는데 사용한다.

O

On the Rrocks : 얼음만 넣고 그 위에 술을 넣은 상태로 마시는 것

Opener : 병마개를 따는 도구, 캔 오프너와 같이 붙어 있는 것도 있으나, 병마개를 열 때 통조림 따개의 칼날에 손을 다치는 경우가 있으므로 따로 있는 것이 좋다.

Orgeat : 씁쓰름하고 단맛을 가지 아몬드 향의 시럽

Oxidation : 산화. 와인은 공기와 오랫동안 접촉하면 변질되지만 나무통에서는 천천히 산화되면서 숙성된다.

P

Pannier : 와인을 제공할 때 와인 병을 뉘어 놓을 수 있게 만들어 놓은 장식용 바구니이다.

Parfait Amour : 시트론(Citron)열매로 만든 자주색의 감미가 높은 리큐르

Pasteurization : 저온살균법. 파스퇴르가 발명한 살균방법

Peel : 레몬이나 오렌지의 껍질을 말하여 도려내어 글라스 가장자리에 장식한다.

Petit : 불어로 Little, Small을 의미한다.

Pilsner : 체코의 필센 지방에서 생산되는 맥주의 한 유형으로 홉향이 강하며 엷은 색을 가지고 있다.

Port : 포르투갈산의 디저트 와인

Proof : 미국에서 사용하고 있는 알코올 도수의 표시방법으로 100proof는 우리나라의 50%에 해당된다.

Prunelle : 서양살구 Prune나 Plum의 향미를 가미한 갈색 리큐르

Pulque : 용설란과의 아가베(Agave)의 수액을 발효시켜 만든 멕시코 국민주이다.

Punch : 펀치볼(큰그릇)에 과일, 주스, 술, 설탕, 물을 혼합하여 큰 얼음을 띄워 여러 사람이 떠서 먹은 음료이다. 또 술의 특성을 강조한 1인용 펀치도 있으며 이것은 코블러와도 유사하다.

Punch Bowl : 펀치류를 만들 때 사용하는 큰 그릇

Q

Quench : 프랑스 알사스 지방에서 생산되는 오얏으로 만든 증류주

Quinquina : 키니네와 약초들로 착향시킨 적갈색의 방향성 와인

Quinta : 포르투갈의 포도원

R

Raisned : 수확한 포도를 말려서 수분을 증발시켜 당분 함량을 높여 건포도를 만든 것

Rancio : 알코올 함량이 높고 오래 묵은 스페인의 카탈로니아 지방의 와인

Rickey : 라임을 짜서 즙도 넣고 그 자체를 글라스에 넣고 소다수 또는 물로 채운 것으로 달지 않은 칵테일이다.

Rock & Rye : 과일주스, 얼음 설탕, 라이 위스키로 만든 리큐르로 병 속에 과일조각이 들어 있는 것이 특징이다.

Rosado : 스페인, 포르투갈의 로제(Rose) 와인을 의미한다.

Rosato : 이탈리아의 로제(Rose) 와인을 의미한다.

Rosso : 이탈리아어로 붉은(Red) 의미를 함축하고 있다.

Rouge : 프랑스어의 붉은(Red) 의미이다.

Rum : 사탕수수나 설탕을 만들고 남은 당밀을 원료로 하여 만든 증류주이다.

Rye Whisky : 호밀 51% 이상을 원료로 하여 만든 라이 위스키

S

Sabra : 초콜릿 맛이 나는 이스라엘산 오렌지 리큐르

Sangaree : 와인 도는 증류주에 설탕, 레몬주스를 넣고 물로 채운 칵테일의 형식

Sardine : 어린 정어리에 올리브유를 넣어 통조림 한 것

Sec(Dry) : 프랑스에서 단맛이 없는 주류를 총칭하는 것으로 이탈리아에서는 Secco (dry), 스페인과 포르투갈에서는 Seco라고 한다.

Sekt : 독일의 발포성 와인(Sparkling Wine)

Semi Dry : Demi Dry

Shake : 쉐이커를 사용하여 비교적 비중이 무거워 혼합하기 어려운 재료를 재빨리 섞는 동시에 대번에 식히는 칵테일 조주 방법으로 알코올 도수가 강한 술을 쉐이크하면 마시기가 쉬워진다.

Shaker : 혼합하기 힘든 재료를 잘 썩는 동시에 냉각시키는 기구이다. 재질은 양은, 크롬도금, 스테인레스, 유리 등이 있으나, 다루기 쉬운 점에서는 스테인레스가 가장 좋다. 크기는 대.중.소가 있는데 1인용인 것은 얼음이 별로 들어가지 않으므로 3, 4인용인 중간 것이 좋으며, 캡(Cap), 바디(Body). 스트레이너(Strainer)의 3부분으로 나누어져 있다.

Silvowitz :서양살구를 원료로 만든 술로 유고 일부지역의 국민주

Sling : 피즈와 비슷하나 약간 용량이 많고 리큐르를 첨가하여 과일을 장식한 칵테일의 형식

Sloe Gin : 슬로베리 맛을 낸 감미가 적고 시큼한 리큐르이다.

Smash : 줄립과 비슷하나 쉐이브드 아이스(Shaved Ice)를 사용하며 설탕, 물을 넣고 민트줄기를 장식한 칵테일 형식

Snifter : 서양배 모양 혹은 큰 정구공 같은 형태의 글라스로 일명 스니프트라고도 한다.

Snow Style : 칵테일 장식의 한 기법으로 글라스의 가장자리에 레몬 즙을 둘러 설탕이나 소금을 찍어내는 방법을 말한다.

Solera : 쉐리나 마데이라 와인에 사용하는 용어로 오래 숙성시킨 와인과 새로운 와인을 포함시켜 같은 맛을 지니게 하는 방법

Sommelier : 고급 레스토랑이나 호텔에서 고객에게 와인을 추천하고 감정이나 관리를 전문적으로 하는 종사자로 Wine Steward라고도 한다.

Sour : 칵테일에서는 시큼한 맛을 의미하나 와인에서는 좋지 않은 의미로서 신맛이나 시큼한 맛의 표현인데 원료포도의 산도가 너무 높을 때 수확하면 과다한 신맛을 낼 수도 있고 저장을 잘못했거나 오랫동안 빛이나 열에 노출되어 알코올 성분이 신맛으로 변했을 때 느껴지는 맛이다.

Southern Comfort : 버번에다 복숭아 향을 착향시킨 미국산 리큐르이다.

Sp tlese : 과숙된 포도만을 선별하여 만든 독일 와인

Spicy : 화이트와인의 원료에서 나오는 향기(Aroma)로서 자극적인 맛

Spirits : 알코올 함량이 매우 높은 술 도는 주정으로 증류주를 뜻한다.

Split : 반병, 반잔이란 뜻으로 1 Split은 16온스이다.

Spumante : 이탈리아의 발포성 와인(Sparkling- Wine)이다.

Squash : 과일즙을 짜서 낸 다음 설탕, 소다수를 넣는 칵테일의 형식

Squeezer : 레몬이나 오렌지 등 감귤류의 과즙을 잘 대 사용하는 기구로 소재는 유, 도기, 플라스틱 등이 있으며 용기 중앙이 돌출 된 모양을 하고 있다.

Stein : 주로 맥주 용기로 쓰이며 뚜껑이 달리 것이 특징이다.

Stir : 믹싱 글라스를 사용하여 비교적 혼합하기 쉬운 술끼리 섞으면서 냉각시키거나, 칵테일에 투명감을 주기 위해 때 사용하는 방법이다. 스터란 휘젓다라는 뜻으로서, 만드는 방법의 설명 중에 스터라 되어 있을 때는 젓는다는 의미이다.

Straight Up : 술에 아무 것도 넣지 않은 상태로 마시는 것

Strainer : 믹싱 글라스로 만든 칵테일을 글라스에 옮길 때 믹싱 글라스 가장자리에 대고 안에 든 얼음을 걸러주는 역할을 한다.

Straw : 장식으로는 드링킹 스트로우(Drinking Straw)라고 하며, 짧고 가느다란 것은 칵테일을 혼합시키기 위한 것으로서 스터링 스트로(Stirring Straw)라고 부른다. 크래쉬드아이스를 사용한 칵테일이나 열대산의 드링크 등 마시기 힘든 칵테일에 곁들이는데, 색깔이나 모양 및 길이 등은 칵테일의 분위기에 맞게 선택하면 된다.

Sweet : 독일에서는 Doux, 이탈리아에서는 Abboccato

Sweet Mash : 당화액에 순수 배양한 효모만을 사용하여 발효시키는 방법

Sweetness : 으깨어진 포도즙의 천연당분은 효모에 의해 분해되어 알코올로 변하는데 완전히 분해되지 않고 약간의 당분을 남겨둘 수 있다. 이러한 발효과정시 당도측정을 하여 잔류당분의 양을 조절하루 수 있다. 와인의 단맛을 잔류당분의 양에 따라 차이가 나고 보통 당도가 최저 1%일 대 느껴지기 시작하며 당도가 2%일 때 단맛이 강하여 맛있게 느껴진다.

Swizzle : 술에 라임주스 등을 혼합하여 쉐이브드 아이스(shaved Ice)와 함께 글라스

에 서리가 맺히도록 젓는다. 스매쉬와 비슷하지만 알코올도수가 낮은 시원한 칵테일이다.

T

Table Wine : 식탁용 와인 또는 고급 와인이 아닌 값싼 와인을 가리키는 말로도 사용된다

Taste : 혀로 느낄 수 있는 맛

Tawny(토니) : 나무통속에 숙성시킨 포르투갈의 포트와인

Tia Maria : 자마이카산 블루 마운틴 커피로 만든다.

Tiedy : 캐나디언 위스키를 기주로한 리큐르

Tinto(Red) : 스페인, 포르투갈에서 레드 와인을 가리키는 말

Toasty : 그을린 오크통에 숙성한 와인의 오크 향은 숯불에 구운 듯한 향이며 이때 표현되는 단어로서 "Heavily Toasted" 함은 구운 듯한 향일 강할 때이다.

Toddies : 화주를 글라스에 넣고 뜨거운 물을 탄 음료

Toddy : 뜨거운 물(또는 차가운 물)에 설탕, 술을 넣은 것이다.

Triple Sec : 남 프랑스에서 12세기부터 약초를 원료로 만들어진 오렌지 베이스 리큐르이다.

Trocken(Dry) : 독일에서 단맛이 없는 드라이 타입을 말한다

Tropical Cocktail : 열대성 칵테일을 이미하며 과일주스, 시럽 등을 이용하여 달고 시원하며 과일을 장식한 양이 많은 칵테일이다.

Two Liquor Drink : 증류주와 혼성주의 배합비율이 2:1로 된 온 더 락스 스타일의 음료

V

Vanderhum : 남미에서 생산되는 여러 가지 향료를 가미한 귤향의 리큐르 한 위스키 등을 숙성시킬 때 사용되는 커다란 나무통

Vat : 참나무통으로 만든 저장용 탱크.

Velho(Aged) : 포르투갈에서 오래된 레드 와인

Vendange(Vintage) : 프랑스의 포도수확연도

Vendemmia(Vitage) : 이탈리아의 포도수확연도

Vendimia(Vintage) : 스페인의 포도수화연도

Vigneron : 프랑스에서 포도를 재배하고 와인을 제조하는 사람

Vignoble(Vine Yard) : 프랑스에서 포도밭을 말한다.

Vin de Presse(Press Wine) : 프랑스어로 압착하여 나온 Must로 만든 와인을 말한다.

Vin Gris : 적포도를 살짝 압착시켜서 나온 주스로 만든 약한 핑크 빛 와인

Vin Ordinaire : 와인제조를 뜻하는 말이다.

Vin(Wine) : 프랑스어로 와인을 말한다.

Vin Doux Naturel : 프랑스산 보강 감미주(Fortified Sweet Wine)이다. 이 와인 종류의 대부분이 스페인 국경 근처의 지중해 연안 Grand Roussilon지역에서 생산되며, 브랜디를 첨가하여 발효를 정지시키므로 높은 알코올 도수(약 17%)의 미발효한 당분이 함유되어 감미를 느끼게 한다.

Vine : 포도나무

Vineyard : 포도밭

Vinho(Wine) : 포르투갈어로 일반 테이블 와인을 말한다.

Vinification : 이탈리아, 스페인에서 와인을 말한다.

Vino da Pasto : 이탈리아어로 식탁용 와인을 말한다.

Vino da Tavola : 이탈리아어로 일반테이블 와인을 말한다.

Vino de Mesa : 스페인어로 일반테이블 와인을 말한다.

Vino(Wine) : 이탈리아, 스페인에서 와인을 말한다.

Viticulture : 포도재배

W

Wash : 효모가 첨가되어 발효가 시작되거나 끝난 상태의 발효액

Weeper : 코르크(Cork)마개가 잘못된 와인 병

Werin(Wine) : 독일에서 와인을 말한다.

Wild Yeast : 포도껍질에 묻어 있거나 흙, 공기 중에 분포되어 있는 야생효모

Wine Maker : 와인을 만드는 공장

Woodu : 나무 냄새라고 직역되겠지만 보통 오크통에서 오랜 숙성을 통해 배게되는 향을 표현하는 말이다. 오크통이 미국산인지 유럽산인지에 따라 차이가 있다고 하는데 이정도 차이를 감지하는 것은 와인 제조자 같은 극히 일부의 전문가에게만 가능할 것이다. 또한 오크통 내부를 숯불 등으로 그을려 그 안에 와인을 담아 숙성하기도 하는데 그을림의 정도에 따라 오크향의 미묘한 차이를 느낄 수 있나.

Wort : 맥아 즙

Z

Zubrovka : 유럽지역에서 자라는 버팔로 풀을 보드카에 담아 연한 황색과 약간의 향을 가미한 술로 그 용도는 대개 보드카와 동일하게 사용된다.

참 고 문 헌

Barbara Ensrud, *wine & cheese*, Pitman press Ltd.

Eckhard Supp, *Wein Für Einsteiger*, Gr fe und Unzer Verlag Gmbh, 1999.

Peter A. Hallgarten, *Spirit and Liqueurs*, 1979.

Stuart Walton and Brian Glover, *The Ultimate Encyclopedia of Wine Beer Spirits & Liqueurs*, Lorenz Book, 1998.

김경숙 외, 음료주장관리론, 대왕사, 1999.

김동승, 현대음료개론, 기전연구사, 1990.

김준철, 양주상식, 도서출판 노문사, 1996.

김충호, 양주학개론, 형설출판사, 1996.

김한식, 현대인과 와인, 태웅출판사, 1990.

레저산업진흥연구소, 호텔용어사전, 백산출판사, 1998.

박영배, 호텔 음료 · 주장관리, 백산출판사, 1998.

박인규 외, 호텔식음료실무경영론, 기문사, 2000.

오문환 외, 호텔주장서비스론, 형설출판사, 1999.

오승일, 주장관리, 형설출판사, 기문사, 1997.

오정환, 양주와 주장관리론, 기문사, 1992.

원융희, 와인 이야기, 학문사, 1992.

윤대순 외, 주장경영론, 대왕사, 1999.

윤영로 외, 커피(The book of coffee), 도서출판 윤문, 1993.

이길진 역, 칵테일베스트 100, 태학원, 1996.

임경인, 호텔식당실무, 학문사, 1996.

장인식 외, 조주기능해설, 기문사, 2000.

장홍, 문화를 포도주 병에 담은 나라 프랑스, 도서출판 고원, 1998.

최훈, 포도주 그 모든 것, 행림출판, 1997.

하나자키 가즈오, 베스트 칵테일, 하서출판사, 1999.

한국관광식음료학회, 음료학개론, 백산출판사, 1999.

저·자·소·개

■ 박 인 규

- 경희대학교 경영대학원 관광경영학과 수료(경영학 석사)
- 대구대학교 경영대학원(박사과정 수료)
- 르네상스호텔 서울 근무
  현) 김천대학교 국제호텔관광경영학과 부교수

■ 최 민 우

- 세종대학교 경영대학원 호텔경영학과 수료(경영학 석사)
- 세종대학교 대학원 호텔 · 관광경영학과 박사과정 수료
- 서울 프라자호텔 근무, 서울 힐튼호텔 근무
- 르네상스호텔 서울 근무
- 전문대학교육협의회 관광계열 특성학과 평가위원
  현) 부산정보대학 호텔관광과 교수

주장실무관리

● 발행일

2001년 2월 28일 초 판 발행
2002년 8월 10일 1판 2쇄 발행
2003년 8월 10일 1판 3쇄 발행
2006년 8월 15일 1판 4쇄 발행
2010년 2월 15일 1판 5쇄 발행

● 저 자

박인규 · 최민우

● 발행인

한 인 환

● 발행처

도서출판 **기 문 사**
서울시 동대문구 용두2동 730-4번지 홍신빌딩 3층
대표전화 : 02) 2265-7214/922-8662~8663
팩시밀리 : 02) 922-8772
homepage : www.kimoonsa.co.kr
e-mail : book@kimoonsa.co.kr
등 록 : 1978. 8. 9. NO. 6-0637
ISBN : 978-89-7723-435-2 93900

〈정가 : 22,000원〉